Meine Rezeptebibliothek 8

von Ute Marion Wilkesmann

Dies ist der achte Band einer mehr als 20-teiligen Reihe, in die ich meine gesamten Rezepte einarbeite. Dieser Band umfasst die Zeit Dezember 2012 bis Juni 2014, insgesamt sind das knapp 800 Rezepte.

Meine Rezeptebibliothek 8

Dezember 2012 bis Juni 2014

Von Ute Marion Wilkesmann

Bibliografische Information der Deutschen Nationalbibliothek:
Die Deutsche Nationalbibliothek verzeichnet diese Publikation in der Deutschen Nationalbibliografie; detaillierte bibliografische Daten sind im Internet über dnb.dnb.de abrufbar.

© 2024 Ute-Marion Wilkesmann

Verlag: BoD · Books on Demand GmbH, In de Tarpen 42, 22848 Norderstedt
Druck: Libri Plureos GmbH, Friedensallee 273, 22763 Hamburg

ISBN: 978-3-7597-9540-3

Vorwort

Die Reihenfolge dieser Bände bzw. Rezepte ist rein chronologisch, statt eines Inhaltsverzeichnisses gibt es daher ein ausführliches Stichwortverzeichnis am Ende. Die überwiegende Anzahl der Bilder habe ich selbst aufgenommen. In den Fällen, wo ich keine Vorlage hatte, habe ich diverse graphische KIs zu Hilfe genommen. Alle rezeptbegleitenden Aufnahmen sind aus Kostengründen (Buchpreis) schwarzweiß.

Entschuldigen möchte ich mich für eventuell vorhandene Tipp- und/oder andere Fehler. Auch bei sorgfältiger Arbeit lassen sie sich nicht immer komplett vermeiden. Hier sei auch mein Dank an diejenigen gerichtet, die mir über die Jahre Fehler auf der Webseite gemeldet haben.

Die Rubriken des Stichwortverzeichnisses am Ende können von Band zu Band variieren, weil sich meine Küchenschwerpunkte über die Jahre verändert haben. Was ich 2003 noch in eine Rubrik fassen konnte, ist 2016 vielleicht besser in einer Oberkategorie und mehrere Unterkategorien aufgeteilt.

Persönliche Anmerkungen habe ich kursiv vom restlichen Text abgehoben. Es sind Texte, die beim Originalrezept stehen. Wenn ich heute etwas hinzufüge, ergänze ich das Datum.

Bei manchen Zutaten verweise ich auf einen älteren Band. Meist lässt sich diese Zutat einfach durch etwas anderes ersetzen. Wenn ich aber alles, was ich vorher aufgeschrieben habe, auch in jeden Band neu aufnehmen will, nimmt das wertvollen Platz für neue Rezepte, so meine Überlegung.

Eines kann ich garantieren: Meine Bücher enthalten ausnahmslos Alltagsrezepte, es wurden nicht nur die besten Dinge ausgesucht und mit stundenlangem Aufwand dekoriert. Ich wünsche allen Lesern viel Spaß beim Durchblättern und Ausprobieren!

Oktober 2024
Ute-Marion Wilkesmann

Allgemeines:

Ich verwende stets einen *Heißluftofen*. – Im Laufe der Zeit bin ich dazu übergegangen, *Gewicht* nur noch in netto anzugeben, das heißt, nach Vorbereiten, Schälen, Entkernen usw. Ebenso wiege ich später Flüssigkeiten in Gramm ab. *Kartoffeln, Möhren, Äpfel* usw. schäle ich nicht.

Auch wenn ich vielleicht in zehn Rezepten *gleichartige Arbeitsvorgänge* vorgenommen habe, beschreibe ich sie in der Regel jedes Mal neu. Wer will beim Kochen blättern? Es gibt wenige Ausnahmen. Zum Beispiel Brote, die es in mehreren Varianten gibt, und Schokolade, bei denen die Herstellung identisch ist. Die Zubereitung der *Gemüsepfanne* und des *Sauerteigansatzes* habe ich im Vorwort einmal ausgeführt.

Bei den Rezepten für diesen Band habe ich mein *Getreide* selbst gemahlen. Das geht nicht nur mit der Mühle, sondern auch z. B. mit einem Thermomix. Wer beides nicht hat, dem empfehle ich gekauftes Mehl (Vollkornmehl oder Typ 1050). Es verbackt sich sogar etwas leichter als Mehl aus der *eigenen Mühle*, es kann aber zu leichten Unterschieden bei der der Flüssigkeitsmenge kommen, die zugegeben wird. *Nackthafer* bedeutet keimfähiger Hafer, dasselbe gilt für *Nacktgerste*. Wer weder auf Rohkost noch auf Vollwerternährung nach Dr. Bruker besonderen Wert legt, nimmt einfach „normalen" Hafer bzw. „normale" Gerste.

Relativ sind *Mengenangaben:* Was für einen als Hauptspeise reicht, ist für den anderen nicht genug. Dennoch ist es ein Hinweis. Wenn ich bei einem Rezept keine Zahl der Portionen angebe, ist es ein Gericht für eine Person.

Abkürzungen:

EL = Esslöffel
TL = Teelöffel
LS = Löffelspitze
MS = Messerspitze
Pr = Prise
Min. = Minute(n); Sek. = Sekunde(n), Std. = Std.(n)
fr. = frisch
geh. = gehäuft (vor der Einheit) bzw. gehackt (nach der Einheit)
gem. = gemahlen / ger. = gerieben / getr. = getr.
kl. = klein

FKG = Abkürzung für Frischkorngericht nach Bruker oder einfach für Frühstück

TK = Tiefkühl...

TM = Thermomix

Evtl. unbekannte Begriffe: *Garam Masala* ist eine indische Gewürzmischung (s. auch 6/4361), ebenso *Tandoorigewürzmischung*. *Asafoetida* ist ein indisches Gewürz, das sich durch Knoblauch ersetzen lässt. *Cumin* und *Kreuzkümmel* sind Synonyme, dasselbe gilt für *Bataten* und *Süßkartoffeln*.

Gelegentlich beziehe ich mich auf ältere Rezepte und verweise auf Band und Nummer (3/2008 bedeutet Band 3, Rezept Nr. 2008). Was ich immer wieder mitgebe, sind die Standardsalatsoße und der Sauerteigansatz, weil sie häufig vorkommen. *Mr. Magic* und *Magic Maxx* sind Markennamen für zwei kleine, damals sehr preiswerte starke Mixer. Ich habe die Begriffe im Text durch „kleiner Mixer" ersetzt, genau wie „Speedy" durch Zerkleinerer. Sollte ich eine Nennung übersehen haben, kann man hier nachlesen. Den Markennamen *Vitamix* verwende ich synonym für Hochleistungsmixer. Statt im *Reiskochtopf* lässt sich Reis auch herkömmlich garen. *Peng-Schüsseln* sind Plastikschüssel, deren Deckel mit „Peng" aufspringt, wenn die Hefe ausreichend gegangen ist. *Grüne Rosinen* finde ich sehr lecker, sie färben auch in der Verarbeitung nicht alles dunkel ein. Sie sind teurer, lassen sich in Gerichten geschmacklich gleichwertig durch normale Rosinen (Sultaninen, Weinbeeren) ersetzen.

Sauerteigansatz:

- 70 g Roggen/110 g Wasser
- 70 g Roggen/110 g Wasser
- 70 g Roggen/ 70 g Wasser

Ein schmales hohes Glasgefäß suchen. Schmal im Durchmesser sollte es sein, damit die Kontaktfläche mit der Luft nicht so groß ist. Die Höhe ist erforderlich, weil der Teig enorm geht. Locker das Sechsfache des ersten Ansatzes muss es fassen. 70 g Roggen fein mahlen und in dem Glasgefäß mit 110 g Wasser verrühren. Auf ein Fensterbrett über der Heizung stellen und mit einem Geschirrtuch abdecken. Nach 24 Std. 70 g Roggen mahlen und mit weiteren 110 g Wasser zu dem Ansatz geben und verrühren. Wieder abdecken. Nach weiteren 24 Std. nochmals 70 g Roggen mahlen und mit 70 g Wasser zu dem Ansatz geben, verrühren und abdecken. Nach weiteren 24 Std. ist der Sauerteig fertig.

Das Prinzip der Gemüsepfanne

Pfanne lieber zu groß als zu klein wählen. Angegebene Flüssigkeitsmenge in die Pfanne geben. Darauf die anderen Zutaten wie klein geschnittenes Gemüse usw. Deckel auflegen und auf höchster Einstellung zum Kochen bringen, bis Dampf unter dem Deckel austritt. Auf kleinste Einstellung bringen und 15 Min. dünsten. Dies ist eine durchschnittliche Zeitangabe. Je nach Rezept kann diese Zeit anders aussehen.

5291. Spitzes Muhammara, Dezember 2012

Vorspeise für 2 Personen. 60 Std. Keimzeit

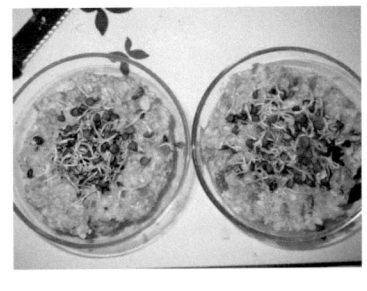

- 25 g Nacktgerste
- 2 EL Sonnenblumenöl (18 g)
- 11 g Zitronensaft (1/2 kleine Zitrone)
- 1/2 TL gem. Kreuzkümmel
- 30 g Pekannüsse
- 95 g Spitzkohl
- 1 Tomate (95 g)
- 1 geh. TL Knoblauch-Ingwerpaste (6/4276)
- 1/2 TL Salz
- 1 knapper TL Honig
- 1 EL Linsensprossen (60 Std.)

Gerste flocken, mit Öl und Zitronensaft mit dem Kreuzkümmel verrühren und quellen lassen, bis die anderen Arbeitsschritte vollzogen sind. Pekannüsse im Zerkleinerer hacken, nicht zu fein. Nüsse in eine Schüssel umfüllen. Tomate und Spitzkohl vorschneiden, mit der Paste und dem Honig gründlich mit dem Zerkleinerer raffeln. Dann diese Masse in einer Schüssel mit Gerste und Nüssen verrühren.

Hinweis: Auf zwei kleine Schüsselchen verteilen, in die Mitte ein paar Linsensprossen streuen. Ich habe es vormittags vorbereitet und in einer Primaklima-Dose bis zum Essen aufbewahrt.

5292. Schokokaki mit Himbeere, Dezember 2012

2 Desserts; zählt als Rohkost, wenn alle Zutaten Rohkostqualität haben.

Schokomasse:

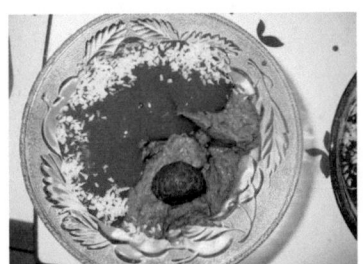

- 25 g Kakaobohnen
- 25 g Cashewnüsse
- 1 nicht zu große Kaki (205 g netto)
- 20-40 g Honig (je nach Reifegrad der Kaki)

Beerensoße:

- Saft von 1/2 Zitrone (10-11 g)
- 20 g Honig
- 50 g gefrorene Himbeeren (2 intakte zur Seite legen)

Deko: 1-2 TL Kokosraspeln

Pudding: Kakaobohnen mit Nüssen im Vitamix (0,9 Liter) fein schlagen. Feste Masse mit einem Löffel lösen. Kaki in Stücke teilen und mit dem Honig zu der Schokomasse geben, gut durchschlagen. Wird recht steif, da sowohl Kakaobohnen als auch Kaki gelieren. In Noppen (Esslöffel oder Eislöffel) auf 2 Schüsselchen verteilen.

Soße: Die Zutaten im Zerkleinerer, kleiner Becher, gut verquirlen, mit einem Teelöffel über die Hälfte der Schokonocken geben. Die beiden übrig gelassenen Himbeeren auf die offene Schokomasse setzen, den roten Teil am Rand mit Kokosraspeln bestreuen. Gut kühlen.

5293. Knusperknäcke, Dezember 2012

- 150 g Weizen,
- 75 g Roggen und
- 25 g Hirse mischen und mit
- 1/2 TL Kümmel mahlen. Mit
- 1 TL Salz verrühren, mit Schneebesen
- 30 g Olivenöl und
- 275 g Wasser einrühren; dann
- 2 EL Sesam ungeschält
- 2 EL Leinsamen gold
- 2 EL Sonnenblumenkerne
- 2 EL Buchweizen einrühren.

Mit einem nassen Teigschaber auf einem mit Dauerfolie ausgelegten Backblech verteilen. Mit einem Teigrädchen in Stücke schneiden und in den kalten Ofen schieben, 50-60 Min bei 160 °C mehr trocknen als backen

5294. Klassischer Heilig-Abend-Kartoffelauflauf überbacken, Dez. 2012

Für 2 Personen. – Mit Käse. Vorbereitung vormittags.

Kartoffeln

- 415 g Kartoffeln (brutto), klein mit mittelgroß, Sorte Nicola
- 130 g Wasser

Möhrenschicht

- 45 g Wasser
- 1/2 Zwiebel (35 g netto)
- 2 Knoblauchzehen (7 g netto)
- 1 Möhre (120 g)

Soße

- 20 g Cashewnüsse
- 10 g Sonnenblumenöl
- 1/2-1 TL Salz
- 10 g Apfelessig
- 1 gestr. TL Paprikapulver edelsüß
- 2-3 Prisen gem. Koriander
- 200 g Wasser
- Einige Käsescheiben

Kartoffeln: Im Schnellkochtopf (2,5 Liter) 5 Min. auf Stufe 2, dann abdampfen lassen. Die größeren Kartoffeln sind in der Mitte noch etwas zu fest. Abkühlen lassen, abpellen und in Scheiben schneiden.

Möhren: Gemüse klein schneiden und mit dem Wasser als Gemüsepfanne 5 Min. dünsten, dann noch 5 Min. auf der ausgeschalteten Herdplatte stehen lassen.

Soße: Die Soßenzutaten im kleinen Mixer, großer Becher, gut verquirlen.

Fertigstellung: Eine Auflaufform einölen. Die Hälfte der Kartoffeln hineingeben, dann die Möhren-Zwiebeln, darauf die zweite Kartoffelschicht. Die Soße darüber gießen. Deckel auflegen, in den kalten Ofen schieben und 20 Min. bei 200 °C backen. Öffnen, nach Belieben in Scheiben geschnittenen Käse darauflegen und weitere 10-15 Min. (oder bis der Käse leicht gebräunt ist) backen.

Hinweis: *Wer keinen Käse will, lässt es einfach in den letzten Min. so offen backen, gibt auch eine leckere Kruste. Oder man kann es auch mit Sonnenblumenkernen bestreuen.*

5295. Kichernd süßkartofflige Steinpilze, Dezember 2012

Hauptgericht:

- 75 g Kichererbsen in
- 300 g Wasser über Nacht einweichen. Morgens im Schnellkochtopf 8 Min. kochen, Stufe 2, abdampfen lassen, leicht salzen. Abends
- 60 g der restlichen Kochflüssigkeit in eine Pfanne geben. Dazu
- 90 g tiefgekühlte Steinpilze
- 100 g Süßkartoffeln und als Gemüsepfanne 10 Min. dünsten (ab Kochen); gekochte Kichererbsen hinzufügen. Im kleinen Mixer verquirlen:
- 100 g Wasser
- 10 g Trockentomaten (2 Stück)
- 20 g Knoblauch-Ingwer-Paste (6/4276)
- 15 g Sonnenblumen-Kokosmus
- 2 Prisen Cumin, unterrühren und aufkochen.

Salat vorher:

Salatdressing:

- 1 Prise Salz
- 1 EL Apfelessig
- 1 EL Macadamianussöl
- 1 LS Honig
- Ca. 40 g Wasser verquirlen

Gemüse:

- 25 g Süßkartoffel
- 30 g Chicorée
- 20 g Porree
- 70 g Spitzkohl
- 1 EL Linsensprossen

5296. Weizenbratlinge mit saurer Hirse, Dezember 2012

Bratlinge:	Hirse:
• 125 g Rotkornweizen oder Weizen	• 50 g Hirse
• 175 g heißes Wasser	• 150 g Wasser
• 50 g Mandeln	• 1 Prise Salz
• 2 gestr. TL Salz	• 65 g Rotsauerkraut
• 2 Prisen ger. Muskatnuss	
• 1 gestr. TL gem. Paprika edelsüß	
• 2 Knoblauchzehen	
• 100 g Süßkartoffel	
• 45 g Nacktgerste	
• Öl zum Ausbraten	

Hirse mit Wasser in einem kleinen Topf zum Kochen bringen, Wecker auf 20 Min drehen. Herd abstellen, den geschlossenen Topf 20 Min quellen lassen. Salz und Sauerkraut unterrühren, evtl. nochmals kurz erhitzen.

Bratlinge: Weizen grob schroten (7/9, Hawos Novum), mit heißem Wasser vermengen und ca. 6 Std. quellen lassen. Mandeln im kl. Mixer hacken, mit Muskatnuss, Paprika und Salz unter den Getreideschrot kneten. Gemüse zusammen im Zerkleinerer fein raspeln, unter den Schrot rühren. Gerste flocken und einkneten. Pfanne anwärmen, Öl in der Pfanne heiß werden lassen (Stufe 12/12), Bratlinge im Volumen eines gehäuften Esslöffels zwischen den Händen formen und in das heiße Fett setzen, dann den Herd auf 9 herunterstellen. Sobald die Bratlinge gut gebräunt sind, umdrehen und jetzt mit geschlossenem Deckel 5 Min. garen. Reicht für 2-3 Portionen.

5297. Kohlrabi-Möhren-Pizza, Dezember 2012

Dünner knuspriger Boden.

Teig:
- 100 g Weizen
- 1 Prise Salz
- 5 g Trockenhefe (etwa 1-2 TL)
- 10 g Olivenöl
- 50 g Wasser

Getreide mahlen, trockene Zutaten mischen und mit den Flüssigkeiten zu einem festen Teig mindestens 5 Min. kneten. In einer Pengdose ca. 4 Std. gehen lassen. Eine kleine Pizzaform ölen, Teig passend ausrollen (einfach) und den Boden damit auslegen. Mit einer Gabel mehrmals einstechen Warten, bis die Beläge fast fertig sind, 5 Min bei 200 °C in den kalten Ofen schieben (10 Min. wäre auszuprobieren!).

Belag 1:
- 30 g Tomatenmark
- 5 g Knoblauchzehen
- Salz
- 25 g Sonnenblumenöl und
- 60 g frische Tomate im kleinen Mixer verquirlen, auf die warme Pizza streichen;

Belag 2:
- 55 g Möhre und
- 55 g Kohlrabi im Zerkleinerer fein raffeln; auf die Pizza geben;
- leicht salzen

Belag 3:
- 1 in Scheiben geschnittene Tomate (105 g) auf legen, mit
- Pizzakräutern (ca. 1-2 TL) zwischen den Fingern verrieben, bestreuen

Belag 4:
- 40 g Sonnenblumenkerne
- 30 g Sonnenblumenöl
- 1 Prise Salz
- 60 g Wasser und
- Saft von 1/2 Zitrone (20 g) im kleinen Mixer zu einer glatten Masse schlagen; auf der Pizza gleichmäßig verteilen.

Im vorgeheizten Ofen 25 Min bei 200 °C (Heißluft) backen (Gitterrost).

5298. Murinata, Dezember 2012

(= Farinata mit Mungbohnen)
- 100 g Mungbohnen in
- 250 g Wasser 24 Std. einweichen; Einweichwasser mit
- Ca. 20 g Wasser auf 150 g Wasser auffüllen; mit
- 1-2 Prisen Salz und
- 30 g Olivenöl im Vitamix zu einer glatten Creme verarbeiten. Eine Pizzaform gut einölen, Teig darauf fließen lassen, nach Geschmack
- Schwarzkümmel darüber streuen.

In den möglichst vorgeheizten Ofen schieben, bei 230 °C insgesamt 30 Min. backen. War lecker, pappte jedoch an der Pizzaform wie verrückt.

5299. Buchweizen-Sauerteigbrot für Michael, Dezember 2012

Vorläufer: 6/5139
Am Abend vorher
- 200 g Roggen fein mahlen, mit
- 215 g Wasser und
- 150 g Sauerteigansatz verrühren, in Plastikschüssel abgedeckt bis abends auf der Fensterbank stehen lassen.

Morgens
- 150 g vom neuen Sauerteig abnehmen und in einem Schraubglas im Kühlschrank aufbewahren.
- 400 g Roggen
- 200 g Rotkornweizen
- 100 g Buchweizen mischen und fein mahlen. An trockenen Zutaten unterrühren:
- 1 geh. EL Salz
- 2 EL Brotgewürz
- 125 g Sonnenblumenkerne. Dann
- 420 g Sauerteigansatz
- 85 g Schmand
- 600 g Wasser hinzugeben.

Getreide fein mahlen, alles mit der Hand verrühren. Eine 30 cm Oetker-Profi-Emaille-Backform mit Butter einfetten, Teig hineingeben und mit der Hand glatt streichen. Brot mehrmals schräg einschneiden. In einen Plastikbeutel geben und 3 Std. gehen lassen. Ofen (Heißluft) auf 225 °C vorheizen, das dauert bei mir 18 Min., und mit Wasser einsprühen. Form auf dem Gitterrost in den Ofen schieben und 1 Std. bei 200 °C backen. Auf ein Kuchengitter stürzen, Klopfprobe machen. Umdrehen, mit Wasser einsprühen und auskühlen lassen.

5300. Frühstücks-Beereneis, Dezember 2012

- 20 g Macadamianüsse mit
- 2-3 cm² getr. Orangenschale,
- 2 cm Vanillestange und
- 50 g Wasser im Vitamix pürieren.
- 2 EL Nacktgerste mit
- 1 EL Leinsamen flocken, im Vitamix noch mit pürieren
- 1 Banane (235 g brutto, 145 g netto) geschält
- 100 g gemischte tiefgekühlte Beerenmischung und
- 80 g Eiswürfel hinzugeben, mit dem Stopfer zu einem weichen Eis verarbeiten. In einer Schüssel mit
- Pistazienkernen bestreuen.

5301. Hirse mit Weißkohl schlicht, Dezember 2012
- 50 g Hirse
- 175 g Wasser
- 1 Tomate (125 g)
- 155 g Weißkohl als Gemüsepfanne 15 Min. dünsten. Dann mit
- 1/2 TL Salz und
- 2 EL Sonnenblumenöl verrühren.

5302. Amaranthcreme mit Pflaumendecke, Dezember 2012

2 Desserts.

- 50 g Amaranth mit
- 1 g Orangenschale getr. (ca. 2 cm²)
- 1 g Vanilleschote (ca. 2 cm)
- 125 g Kokosmilch (fertig gekauft)
- 140 g Wasser
- 20 g Honig im Vitamix etwas über 4 Min. schlagen, es dickt dann. Auf 2 Schüsselchen verteilen, einigermaßen kalt & fest werden lassen. Im kl. Mixer
- 200 g aufgetaute Pflaumen (inklusive Saft; oder anderes Obst) mit
- 1/4 TL gem. Vanille und
- 35 g Honig (Honigmenge je nach Obst) verquirlen, einen Teil über die Amaranthcreme gießen, den Rest getrennt reichen. Mit
- Etwas Kokosraspeln bestreuen.

5303. Bataten-Fenchel-Vorspeise, Dezember 2012

- 30 g Salat (bei mir: 4 Blätter) auf je zwei Dessertteller „gespreizt" auslegen. im kleinen Mixer
- 20 g Macadamianüsse
- 15 g Sonnenblumenöl
- 20 g Apfelessig
- 5 g Honig
- 4 g Salz
- 50 g Wasser verquirlen, in den Zerkleinerer geben. Dort mit (vorgeschnitten):
- 110 g Süßkartoffel (Batate) und
- 115 g Fenchel raffeln, in Noppen auf den Salat geben, den Rand mit
- 60 g Orange = 1/2 netto, in feine Halbscheiben geschnitten, belegen, mit ca.
- 1-2 EL Mungbohnensprossen (48 Std.) am Rand bestreuen.

5304. Amaranth-O-Schokolado, Dezember 2012

- 30 g Amaranth
- 100 g Cashewnüsse
- 65 g Kakaobohnen
- 15 g Kakaonibs
- 5 g getr. Orangenschale
- 2 cm Vanilleschote
- 1 kl. Prise Salz
- 30 g Sesamöl
- 20 g Walnussöl
- 60 g Honig
- 20 g Carobpulver
- 10 g Kakaopulver
- 45 g Kokosöl
- 55 g Kakaobutter
- 50 g Orangeat

Amaranthkörner unter Rühren in einer trockenen beschichteten Pfanne rösten (Stufe 7-9 von 12), bis sie gut duften und hellbraun sind. In eine Schüssel umfüllen.

Cashewnüsse, Kakaobohnen, Kakaonibs, Schale, Schote und Salz im Vitamix (1,4 L-Becher) mahlen, ab und zu vom Rand lösen. In die Schüssel umfüllen. Öl, Honig, Carob, Kakaopulver und Kokosöl in den Vitamix abwiegen. Amaranth-Kakaomasse dazugeben. Kakaobutter fein abraspeln und obenauf geben. Mit dem Stopfer mit langsam steigender Geschwindigkeit verarbeiten. Zwischendurch mit einem Spatel die Ecken „ausheben" und Reste vom Rand herunterdrücken. Immer wieder neu auf Höchststufe laufen lassen, bis die Schokolade weich und gleichmäßig braun und warm, aber noch nicht heiß ist. Wieder in die Schüssel geben und mit Oran- geat mischen. Schokoladenmasse in die Blockformen für Eis mit Holzstäbchen geben. Dann 2-3 Std. kalt werden lassen, kurz (20 Min.) tiefkühlen, aus den Formen nehmen und im Kühlschrank aufbewahren.

5305. Quinoa-Spitzkohl-Möhrenpfanne, Dezember 2012

2 Hauptspeisen.

- 240 g Wasser
- 260 g Spitzkohl
- 100 g Quinoa
- 160 g Möhren
- 100 g Schmand
- Salz (1 TL gestr.)

Bei der Zubereitung habe ich zwei Dinge anders gemacht: Ich habe den Quinoa nicht gespült (mache ich nie); ich habe die Möhren in Scheiben geschnitten, statt sie zu raspeln.

Originaltext: *Das Wasser in eine Pfanne geben, den abgespülten Quinoa mit hinein. Den Spitzkohl mit einem Messer in feine Streifen schneiden, die Möhren raspeln. Das Gemüse auf die Quinoa legen, die Pfanne mit einem Glasdeckel schließen und alles kurz zum Kochen bringen. Wird Dampf in der Pfanne sichtbar, Temperatur herunterschalten (z. B. Stufe 2 von 9) und ca. 20 min. dünsten. Dann 150 g Schmand einrühren, nach Geschmack salzen und gut durchmischen.*

5306. Quinoa-Weißkohl-Tomatenpfanne, Dezember 2012

2 Hauptspeisen. Angelehnt an 5304 (Preisausschreiben).

- 100 g Quinoa
- 300 g Wasser
- 1 Tomate (130 g)
- 250 g Weißkohl
- Salz (1 TL gestr.)
- 20 g Zitronensaft
- 20 g Sonnenblumenöl
- 40 g Wasser
- 10 g Cashewnusskerne

Das Wasser in eine Pfanne geben, Quinoa hinzufügen. Tomate in Scheiben, Weißkohl mit einem Messer in Streifen schneiden. Das Gemüse auf die Quinoa legen, die Pfanne mit einem Glasdeckel schließen und alles kurz zum Kochen bringen. Wird gut Dampf in der Pfanne sichtbar, Temperatur herunterschalten (z. B. Stufe 2 von 12) und ca. 23 min. dünsten (wenn kein Strunk dabei, sicher auch kürzer. Die restlichen Zutaten im kleinen Mixer verquirlen, unterrühren. In der Pfanne servieren.

5307. Weißkohl mit Kartoffeln (Schnellkochtopf), Januar 2013

Im Schnellkochtopf 2 Min (nach 1 Min. Herd abstellen):

- 125 g Wasser
- 1 Knoblauchzehe
- 160 g Weißkohlstreifen
- 160 g Kartoffelscheiben
- 1 gestr. TL Kümmel

Dann im kleinen Mixer mischen:
- 60 g Kochwasser
- 1/2 TL Salz
- 1 gestr. TL Paprika edelsüß
- 15 g Sonnenblumen-Kokosmus (7/5259), unterrühren, aufkochen

5308. Wirsing mit Amaranth, Januar 2013

2 Hauptspeisen. Amaranth schmeckt durchaus gut, sieht nur optisch etwas sandig aus.

Als Gemüsepfanne (15 Min):
- 100 g Amaranth
- 275 g Wasser
- 1 Zwiebel (35 g netto)
- 1 kleine Knoblauchzehe
- 275 g Wirsing netto; im kleinen Mixer dann eine Soße aus:
- 60 g Kokosmilch
- 5 g Meerrettichcreme
- 5 g Salz
- 40 g Wasser; unterrühren & aufkochen

5309. Orangen-Carob-Drink, Januar 2013

Im Vitamix 4-5 Min. schlagen:

- 2-3 cm² Orangenschale frisch
- 2 cm Vanillestange
- 1 EL Rundkorn-Naturreis
- 2 EL Quinoa
- 2 TL Carob
- 300 g heißes Wasser

5310. Gefüllte O-Schoko, Januar 2013

Vorbereitung: im Vitamix 2 x schlagen:

- 70 g Cashewnüsse
- 30 g Mandeln
- 5 g Orangenschale getr.
- 2 g Vanillestange = 4 cm
- 80 g Kakaonibs

Hauptstufe: in Vitamix warm schlagen.

- 50 g Walnussöl
- 60 g Blütenhonig
- 40 g Kokosöl
- 60 g Kakaobutter in feinen Stücken
- 15 g Carobpulver
- 10 g Kakao stark entölt
- Ein paar Krümel Salz
- 20 g Orangeat (abgetropft)

Schokoform mit je 1 EL Schoko füllen, bis zur Vorbereitung des Marzipans tiefkühlen.

- 60-70 g Marzipan in 48 kleine Stücke schneiden

Marzipan in die einzelnen Vertiefungen drücken, mit 2-3 EL Schoko bedecken. 2 Std. Kühlschrank, 20 Min Tiefkühlschrank.

5311. Roggende Blümchen in O-Soße, Januar 2013

Als Gemüsepfanne 15 Min.:

- 300 g Wasser (s. Hinweis unten)
- 100 g Roggenflocken
- 300 g Blumenkohlröschen

Soße im kleinen Mixer:

- 1/2 Apfelsine (70 g netto)
- 1 TL Salz
- 1 TL Knoblauch-Ingwerpaste (6/4276)
- 1 EL Walnussöl (o. Ä.)
- 100 g Wasser

Verquirlen, unterrühren und erhitzen, bis es ganz leicht dickt.

Hinweis: Meine Wassermenge war deutlich zu wenig! Ist aber zum Glück nicht angebrannt, also Geschmack okay. Sofort umgefüllt, weitergemacht: Sehr lecker!

5312. Blitzkekse, Januar 2013

- 160 g Weizen, feingemahlen
- 50 g Mandeln, gemahlen
- 1 TL Weinsteinbackpulver
- 1 EL Weinbrand
- 1 Prise Salz
- 90 g Honig
- 85 g Sonnenblumenöl
- 1 Prise gem. Vanille
- 1 EL Ingwerpulver (auch ohne Ingwer sehr lecker!)

Mit einem Löffel verrühren, wie unten (5687) beschrieben formen, in den kalten Ofen schieben und 17 Min. bei 160 °C (Heißluft) backen.

5313. Röstgerste-Sauerteigbrot im Doppelpack, Januar 2013

(Siegerbrot eines Preisausschreibens; Vorläufer: 6/5273)

Am Abend vorher

- 800 g Roggen fein mahlen, mit
- 875 g Wasser und
- 150 g Sauerteigansatz verrühren, in Plastikschüssel abgedeckt bis abends auf der Fensterbank stehen lassen.

Morgens

150 g vom neuen Sauerteig abnehmen und in einem Schraubglas im Kühlschrank aufbewahren.

- 200 g Nacktgerste in einer Pfanne rösten, bis es ordentlich knackt und gut duftet
- 400 g Roggen
- 400 g Dinkel und die geröstete Gerste mischen und fein schroten (2/9)
- 4 EL Brotgewürz
- 2 EL Salz
- 250 g Mandeln. Dann
- 1670 g Sauerteigansatz
- 1 guter TL Honig (45 g)
- 800 g Wasser hinzugeben.

Getreide fein mahlen, alles mit der Hand verrühren. Zwei 30 cm Oetker-Profi-Emaille-Backformen mit Butter einfetten, Teig hineingeben und mit der Hand glatt streichen. Mehrmals schräg einschneiden. In einen Plastikbeutel geben und 2,5 Std. gehen lassen. Ofen (Heißluft) auf 225 °C vorheizen, das dauert bei mir 18 Min. Mit Wasser einsprühen. Formen auf dem Gitterrost in den Ofen schieben und 1 Std. bei 200 °C backen. Auf ein Kuchengitter stürzen, Klopfprobe machen. Umdrehen, mit Wasser einsprühen und auskühlen lassen. Erst am nächsten Tag anschneiden.

Hinweis: *Das zweite Brot ging an die Siegerin des Spitzkohl-Rezeptwettbewerbs.*

5314. Nuss-Strietzel, Januar 2013

Hefeteig, Küchenmaschine Knethaken, aus:

- 1 P Hefe, 42 g, gelöst in
- 125 g Wasser
- 50 g Dinkel in Pfanne geröstet
- 450 g Dinkel
- 1 Prise Salz
- 80 g Olivenöl
- 25 g Cashewnüsse gut verquirlt mit
- 105 g Wasser

Für die Füllung:

- 250 g Nüsse mahlen
- 50 g Hirse fein mahlen, mit
- 200 g Wasser verquirlen, mit
- 50 g Sonnenblumenöl
- 1 Prise Salz und
- 100 g Honig aufkochen, mit den Nüssen mischen

30-45 Min. gehen lassen, zu einer Teigplatte ausrollen, senkrecht halbieren. Nussmasse gleichmäßig darauf verteilen. Beide Teile von der Längsseite her aufrollen. Quer durchschneiden, mit der Schnittfläche nach oben miteinander verdrehen. Nebeneinander auf einem ausgelegten Blech 15 Min. gehen lassen, Heißluftofen auf 175 °C vorheizen. 30 Min. backen. Auf dem Gitterrost mit 2 TL Honig bestreichen.

Tipp: *Könnte süßer sein.*

5315. Chicorée mit Roggen als Fotoroman, Januar 2013

Für die Pfanne / 2 Personen

- 300 g Wasser
- 270 g Chicoree

- 100 g Roggen geflockt

Für die Soße
- 1/2 Apfelsine (70 g netto)

- 1 TL Salz
- 1 geh. TL Knoblauch-Ingwer-Paste (6/4276)
- 10 g Walnussöl (o. Ä.)
- 100 g Wasser

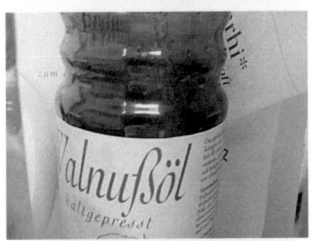

300 g Wasser in die Pfanne geben.

Chicorée in Streifen schneiden und in das Wasser legen.

Roggen darüber schütten.

Deckel auflegen und auf höchster Einstellung zum Kochen bringen,

bis Dampf unter dem Deckel entweicht, und 5 Min. auf kleinster Einstellung dünsten.

Die Orange in Stücke schneiden & in den kleinen Becher des kleinen Mixers geben und Salz hinzugeben, dann Knoblauch-Ingwerpaste (o. Ä.)

sowie Öl und Wasser und verquirlen

unter den fertigen Chicorée rühren und etwas erhitzen / kurz aufkochen. Reicht für 2 Teller.

5316. Resteburger, Januar 2013

- Etwas weniger als die Hälfte des Rezeptes von 5313 (Chicorée mit Roggen) o. Ä., Rest von etwa einer Portion
- 30 g Gerste und
- 1 EL Leinsamen flocken, mit
- gem. Kreuzkümmel und
- 1 TL Paprika edelsüß unter die Gemüsereste geben.
- 2-3 EL Erdnussöl in einer guten Keramikpfanne stark erhitzen, als Nocken hineinsetzen, etwas flacher drücken und auf beiden Seiten gut braten (kurz ruhig auch mal mit Deckel).

Hinweis: *Geht schnell, da ja nur erhitzt, nicht gegart werden muss. Schmeckt gut zu einer süßscharfen Soße.*

5317. Erdmandel-O-Drink, Januar 2013

Im Vitamix 4-5 Min.:

- 30 g Erdmandeln
- 1 gestr. EL Nacktgerste
- 1 Stück getr. Orangenschale (ca. 2 x 2 cm)
- 2 cm Vanillestange
- 350 g Wasser

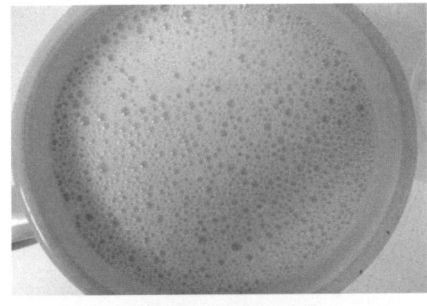

5318. Kartoffel-Rosenkohl-Pfanne mit wenig Fett, Januar 2013

Für 2 Personen

Als Gemüsepfanne (15 Min., da Kartoffeln festkochend):

- 100 g Wasser
- 1 EL Erdnussöl (o. Ä.)
- 400 g Kartoffeln in Scheiben, netto
- 300 g Rosenkohl, halbiert, netto

Für die Soße im kleinen Mixer:

- 30 g Kichererbsen mahlen; in getrenntem Becher schlagen:
- 20 g Pesto von Lebegesund (oder 10 g Öl)
- 5 g Salz
- 1 TL Paprika edelsüß
- 125 g Wasser mischen, Mehl dazu und gut durchschlagen. Unter das Gemüse rühren, evtl. noch 50-100 g Wasser hinzufügen, kurz aufkochen.

5319. Röst-BW-Schoki, Januar 2013

- 50 g Buchweizen
- 70 g Cashewnüsse
- 30 g Mandeln
- 80 g Kakaonibs
- 5 g Orangenschale getr.
- 2 cm Vanilleschote
- Eine winzige Prise Salz
- 40 g Walnussöl
- 60 g Honig
- 20 g Carobpulver
- 10 g Kakaopulver (stark entölt)
- 40 g Kokosöl
- 60 g Kakaobutter
- 50 g (grüne) Rosinen

Buchweizen unter Rühren in einer trockenen beschichteten Pfanne rösten (Stufe 7-9 von 12), bis die Körner gut duften und hellbraun sind. In eine Schüssel umfüllen.

Cashewnüsse, Mandeln, Kakaonibs, Schale, Schote und Salz im Vitamix (1,4 L-Becher) mahlen, ab und zu vom Rand lösen. In die Schüssel umfüllen. Öl, Honig, Carob, Kakaopulver und Kokosöl in den Vitamix abwiegen. Kakaobutter fein abraspeln und obenauf geben. Mit dem Stopfer mit langsam steigender Geschwindigkeit verarbeiten. Zwischendurch mit einem Spatel die Ecken „ausheben" und Reste vom Rand herunterdrücken. Immer wieder neu auf Höchststufe laufen lassen, bis die Schokolade weich und gleichmäßig braun und warm, aber noch nicht heiß ist. Wieder in die Schüssel geben und mit Buchweizen und Rosinen mischen.

Schokoladenmasse in die Blockformen für Eis mit Holzstäbchen geben. Dann 2-3 Std. kalt werden lassen, kurz (20 Min.) tiefkühlen, aus den Formen nehmen und im Kühlschrank aufbewahren.

5320. Erdige Augenpfannkuchen mit Sauerkraut, Januar 2013

- 38 g Augenbohnen fein mahlen (kleiner Mixer)
- 20 g Weizen mit
- 12 g Erdmandeln fein mahlen (Gerät gut festhalten, sonst shreddert das Messer); mit
- 1 Prise Salz,
- 5 g Erdnussöl und
- 100 g Wasser vermischen. Kurz quellen lassen.
- 125 g Sauerkraut (z. B. Apfelrotkraut) mit
- 50 g Wasser in einer kleinen Pfanne erwärmen. 25 g Erdnussöl in einer Keramikpfanne erhitzen, Pfannkuchenteig hineingeben und auf nicht zu hoher Stufe backen; wenn der Rand braun ist, umdrehen. im kleinen Mixer vermischen:
- 15 g Nussmus
- 1 TL Mehl
- 50 g Wasser
- 1 Prise Salz, unter das Rotkraut rühren und aufkochen.

Mit dem Pfannkuchen servieren.

5321. Sauerkraut und so, Januar 2013

Gemüse:
- 125 g Wasser
- 200 g Kartoffeln
- 125 g Sauerkraut (Apfelrotkraut mit Knofi)
- 55 g Maronen

Soße:
- 1 gute Prise Salz
- 2-3 gute Prisen Cumin gem.
- 1/2 TL Tandoorigewürzmischung (Brecht)
- 10 g Nussmus (beliebig)
- 1 TL Mehl (5 g)
- 50 g Wasser

Gemüsezutaten m Schnellkochtopf auf Stufe II bringen, Herd abschalten, 1 Min. warten, dann abdampfen. Für die Soße im kleinen Mixer die Zutaten verquirlen. Unter das Gemüse rühren, kurz aufkochen.

5322. Hirse mit Kohlrabi und Maronen, Januar 2013

- 70 g Hirse
- 210 g Wasser
- 125 g Kohlrabi netto in Stiften
- 50 g Maronen gekocht; als Gemüsepfanne 15 Min. dünsten. Im kleinen Mixer verquirlen:
- 1 Mandarine
- 1 TL Olivenpaste (gekauft; evtl. weglassen)
- etwas Salz
- 1 TL Sonnenblumen-Kokosnussmus
- Wasser - unterrühren

5323. Heidelbeereis frisch, Januar 2013

- 1 kleine Banane (83 g netto)
- 4 g Ingwer vorgeschnitten
- 50 g frische Heidelbeeren und
- 10 g Cashewnüsse im Vitamix pürieren. Mit dem Stopfer einarbeiten (wegen der geringen Menge gibt's keine Raute)
- 150 g gefrorene Heidelbeeren
- 100 g Eiswürfel

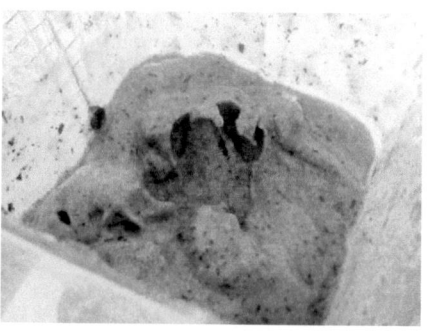

5324. Kichererbsenpfannkuchen mit Shiitake-Pilzen, Januar 2013

Pilze

- 15 g getr. Shiitake-Pilze ca. 15 Min. in
- 200 g kochendem Wasser einweichen. Von dem Einweichwasser 70 g zur Seite abfüllen. Pilze mit restlichem Einweichwasser und
- 1/2 Zwiebel (40 g brutto) in Scheiben als Gemüsepfanne 8 Min. dünsten. im kleinen Mixer das restliche Einweichwasser
- 10 g Dinkelmehl
- 5 g beliebiges Nussmus
- 1 gute Prise Salz
- 10 g Knoblauch-Ingwerpaste (5/4276) verquirlen, unterrühren und aufkochen. Eventuell noch Wasser einrühren (ich habe noch
- ca. 30 g Wasser eingerührt).

Pfannkuchen

- 40 g Kichererbsen mahlen,
- 30 g Dinkel mahlen, beides mit
- 1/2 TL Salz vermischen.
- 5 g Erdnussöl
- 100 g Wasser hinzugeben und gut im kleinen Mixer verquirlen; kurz quellen lassen. In einer Pfanne
- 20-30 g Erdnussöl gut heiß werden lassen, Pfannkuchen von beiden Seiten auf 10/12 darin braten.

Zusammen servieren.

5325. Shiitake-Pilze mit Kicherwaffel, Januar 2013

Pilze:

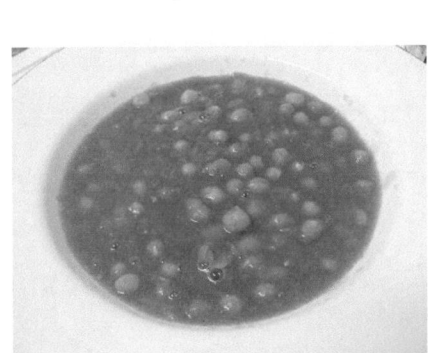

- 17 g getr. Shiitake in
- 200 g kochendem Wasser möglichst 20-30 Min. einweichen. 50 g Einweichwasser in eine Pfanne geben, dazu
- 1/2 Zwiebel in Stücken (40 g brutto) und als Gemüsepfanne 8 Min. dünsten. im kleinen Mixer für die Soße
- 7 g getr. Tomaten (2 Stück) mit
- 75 g Einweichwasser und
- 50 g Wasser
- 20 g Lebe gesund-Pesto (o. Ä.)
- 1 Prise Salz
- 10 g Mehl
- 1/2 TL Paprika edelsüß verquirlen, unterrühren, aufkochen. Evtl. noch mit Wasser verdünnen.

Waffeln:

- 40 g Kichererbsen in die laufende Mühle fallen lassen und mahlen
- 30 g Dinkel mahlen, mit
- 1 Prise Salz mischen. Dazu
- 5 g Walnussöl und
- 65 g Wasser, gut verrühren und zum Quellen stehen lassen.

Waffeleisen heiß machen, etwas Erdnussöl aufpinseln und backen, bis schön die Waffeln goldbraun sind.

5326. Erbsen in Tomatensoße, Januar 2013

- 100 g grüne Erbsen in
- 350 g Wasser 24 Std. einweichen. Mit Einweichwasser (250 g) und
- 1 Zwiebel (50 g netto) in Ringen und
- 2 geschälten Knoblauchzehen im Schnellkochtopf 12 Min. auf Stufe 2 kochen. im kleinen Mixer:
- 1 geh. TL Mehl (7 g)
- 2 getr. Tomaten (10 g)
- 5 g Salz
- 15 g Tomatenmark
- 125 g Wasser und
- 1/2 TL Honig verquirlen. Unterrühren und aufkochen.

5327. Tagsüber-Brot mit Urroggen, Januar 2013

Vorläufer: 5311.

Morgens

- 400 g Roggen fein mahlen, mit
- 405 g Wasser und
- 150 g Sauerteigansatz verrühren, in Plastikschüssel abgedeckt bis abends auf der Fensterbank stehen lassen.

Abends

150 g vom neuen Sauerteig abnehmen und in einem Schraubglas im Kühlschrank aufbewahren.

- 100 g Buchweizen
- 200 g Urroggen (oder Roggen) und
- 200 g Dinkel mischen und fein schroten (Hawos Novum Stufe 2/9)
- 1 EL Brotgewürz
- 1 EL Salz
- 100 g Mandeln. Dann
- 775 g Sauerteigansatz
- 450 g Wasser hinzugeben.

Getreide fein mahlen, alles mit der Hand verrühren. Eine 30 cm Oetker-Profi-Emaille-Backform mit Butter einfetten, Teig hineingeben und mit der Hand glatt streichen. Mehrmals schräg einschneiden. In einen Plastikbeutel geben und 2 Std. gehen lassen. Ofen (Heißluft) auf 225 °C vorheizen, das dauert bei mir 18 Min. Mit Wasser einsprühen. Formen auf dem Gitterrost in den Ofen schieben und 1 Std. bei 200 °C backen. Auf ein Kuchengitter stürzen, Klopfprobe machen. Umdrehen, mit Wasser einsprühen und auskühlen lassen. Erst am nächsten Tag anschneiden.

5328. Mon Arachide-Schokolade, Januar 2013

Vorbereitung:

- 50 g getr. Süßkirschen (Jallal d'Or) in
- ca. 60 g Weinbrand ca. 12 Std. einweichen

Im Vitamix 2 x schlagen:

- 40 g Cashewnüsse
- 60 g Mandeln
- 2 g Orangenschale getr.
- 1/2 TL Vanille gem.
- Etwas Salz
- 80 g Kakaobohnen

Hauptstufe:

- 30 g Walnussöl
- 60 g Blütenhonig
- 40 g Kokosöl
- 20 g Carobpulver und 10 g Kakao stark entölt im Vitamix warm schlagen. Kirschen abtropfen, halbieren.
- 50 g gesalzene, geröstete Erdnüsse

hinzugeben und die Schokolade aus dem Vitamix. Alles verrühren. 3 Std. im Kühlschrank stehen lassen, dann löst sie sich gut aus der Form.

5329. Gesnickertes Eis, Januar 2013

- 1 Banane (120 g netto)
- 30 g Erdnüsse gesalzen & geröstet
- 1 geh. TL Kakao (7 g)
- 1 gute MS Vanille gem. und
- 1 TL Honig (15 g) im Vitamix, 0.9 L-Becher, pürieren. Dann

Mit dem Stößel einarbeiten:

- 105 g gefrorene Banane
- 100 g Eiswürfel; in der Schüssel mit
- ein paar Erdnüssen dekorieren.

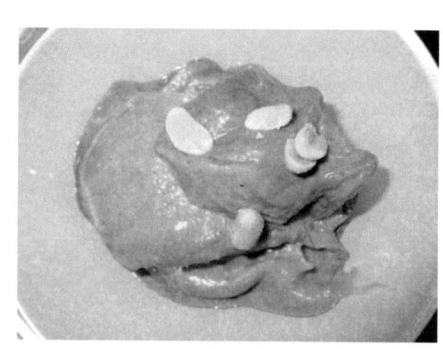

5330. Steinpilze mit Kichernudeln, Januar 2013

Pilze:

- 15 g getr. Steinpilze in
- 200 g kochendem Wasser möglichst 20-30 Min. einweichen.
- 50 g Einweichwasser in eine Pfanne geben, dazu
- 1 Zwiebel in Stücken (90 g brutto) und als Gemüsepfanne 8 Min. dünsten. Im kleinen Mixer für die Soße
- 20 g Erdnüsse mit 90 g Einweichwasser und
- 1 TL Salz
- 10 g Mehl
- Schw. gem. Pfeffer
- 1 gestr. TL Honig (5 g) verquirlen. Einrühren & aufkochen.

Nudeln:

- 40 g Kichererbsen in die laufende Mühle fallen lassen und mahlen
- 30 g Dinkel mahlen, mit
- 1 Prise Salz mischen. Dazu
- 5 g Walnussöl und
- 30 g Wasser, gut verkneten und zum Quellen stehen lassen.

Mit Hilfe von etwas Streumehl möglichst dünn ausrollen (bei mir war es max. 1 mm), mit dem Teigrädchen in Streifen schneiden. Auf einem Gitterrost 15 Min. trocknen lassen. 1,7 Liter Wasser im Wassertopfkoch zum Kochen bringen, Nudeln hineingeben. In siedendem Wasser ca. 4-5 Min. ziehen lassen.

5331. Sauerkraut mit Kartoffeln und scharfer Soße, Januar 2013

Gemüsepfanne, 10-12 Min:

- 10 g Erdnussöl
- 90 g Wasser (z. B. Nudelkochwasser)
- 210 g Kartoffeln in Scheiben
- 120 g Rotsauerkraut mit Apfel & Knoblauch (o. Ä.)

Soße (kleiner Mixer), unterrühren & aufkochen;

- 1 g gelbe Senfsamen
- 15 g Erdnüsse
- 1 cm eingelegte Peperoni (7/4573)
- 1 Prise Salz
- 5 g Honig
- 10 g Mehl
- 100 g Wasser (50 g, dann 50 g zum Nachspülen)

5332. Kalter Geburtstagskuchen, Januar 2013

Mit den entsprechenden Zutaten: Rohkost; 18-cm-Springform mit Folie ausgelegt.

Nussmasse:

- 250 g Haselnüsse im Vitamix-Trockenbecher mahlen (soll nicht musig werden), dann aus
- 50 g Mandeln
- 50 g Cashewnüsse
- 80 g Kakaonibs
- 4 g Orangenschale getr.
- Etwas Salz
- 3 cm Vanillestange
- 30 g Walnussöl
- 65 g Honig
- 30 g Carobpulver
- 10 g Kakaopulver stark entölt
- 50 g Kokosöl
- 50 g Kakaobutter / eine Schokolade herstellen. Mit den gem. Nüssen gut verkneten, in die Springform geben
- 1 Banane (235 g brutto) in Scheiben schneiden, leicht in die Nussmasse drücken

Kokosdeckschicht
- 35 g Zitronensaft
- 2 cm2 Orangenschale getr.
- 70 g Honig
- 100 g Kokosraspeln
- 30 g Kokosöl im 0,9 Liter-Becher des Vitamix zu einer glatten Masse verarbeiten, auf den Bananen verteilen. Darauf achten, dass alle Bananen bedeckt sind (sollen nicht oxidieren). Mit
- 2 EL Pistazien und
- Einigen Macadamianüssen dekorieren

Im Kühlschrank aufbewahren. Vermutlich nach 2 Tagen wegen der Bananen und des frischen Zitronensafts besser einfrieren,

5333. Rote Bete-Gulasch, Januar 2013

- 30 g Erdnussöl
- 70 g Wasser
- 50 g Zwiebel netto gehackt
- 2 Knoblauchzehen
- 1 kleine Kartoffel (50 g) (im Alligator) gestiftelt, und
- 120 g Rote Bete wie Kartoffeln vorbereitet; als Gemüsepfanne 12 Min dünsten (s. Vorwort). Dann
- 50 g Dinkel flocken; davon 10 g im kleinen Mixer mit
- 2 cm Peperoni eingelegt (oder frisch / oder Chili, je nach Schärfe-wunsch)
- 1 TL Paprika edelsüß
- 1/2 TL gem. Kümmel
- 1 TL Salz
- 40 g Wasser verquirlen, unter das Gemüse rühren, aufkochen. Die restlichen Flocken einrühren und kurz erhitzen, bis alles gut vermengt ist und sich vom Boden löst.
- einige Streifen Chinakohl als Deko auflegen.

5334. Rotkohl in Erdnuss-Meerrettich-Soße, Januar 2013

Im Schnellkochtopf 4 min. auf Stufe 2, dann abdampfen lassen:
- 125 g Wasser
- 165 g Rotkohl
- 40 g Zwiebel
- 2 kl. Knoblauchzehen
- 150 g Kartoffeln

Für die Soße im kleinen Mixer:
- 15 g Erdnüsse
- 15 g Macadamianussöl
- 1/2 TL gem. Kümmel
- 1 TL Salz
- 15 g Meerrettichcreme
- 30 g Wasser. Unter den Rotkohl rühren, kurz aufkochen.
- 20 g Buchweizen mit
- 1 TL schw. Senfkörner anrösten & über den Rotkohl streuen.

5335. Snickerdrink, Januar 2013

Im Vitamix 0,9 L-Becher 4-5 Min. schlagen:
- 20 g Erdnüsse geröstet & gesalzen
- 1 TL Honig 15 g
- 1 geh. TL Kakaopulver (7 g)
- 1 gute MS Vanille gem.
- 10 g Erdmandeln (optional)
- 5-10 g Buchweizen
- 310 g heißes Wasser

5336. Marzipan-Erdnuss-Schokolade, Februar 2013

Vorbereitung: im Vitamix 2 x schlagen:

- 50 g Cashewnüsse
- 50 g Erdnüsse
- 3 g Orangenschale getr.
- 2 cm Vanillestange
- 90 g Kakaobohnen

Hauptstufe: in Vitamix warm schlagen:

- 30 g Mandelöl
- 65 g Honig
- 40 g Kokosöl
- 20 g Carobpulver
- 60 g Kakaobutter in feinen Streifen; dann
- 50 g Erdnüsse im Zerkleinerer mahlen/hacken

Schokolade mit Erdnüssen mischen, Schokoform mit je 1 EL Schoko füllen, bis zur Vorbereitung des Marzipans tiefkühlen.

- 60-70 g Marzipan in 48 kleine Stücke schneiden

Marzipan in die einzelnen Vertiefungen drücken, mit 2-3 EL Schoko bedecken. 2 Std. Kühlschrank, 20 Min. Tiefkühlschrank

5337. Auberginen mit Linsen, Februar 2013

Linsen

- 75 g Linsen mit
- 200 g Wasser im Schnellkochtopf, 2. Stufe, 9 Min. garen (300 Watt; Wasser verbraucht!; 8 Min. wäre auch okay)

Als Gemüsepfanne 10 Min. garen:

- 20 g Erdnussöl
- 30 g Wasser
- 1 Zwiebel (75 g netto)
- 2 Knoblauchzehen (10 g netto)
- 30 g kleine Tomaten halbiert
- 200 g Aubergine in Scheiben

Für die Soße im kleinen Mixer:

- 5 g Piri Piri (oder Peperoni)
- 1 TL Paprika edelsüß
- 1/2 TL Salz
- 40-60 g Wasser
- 10 g Nussmuss. Mit den anderen Bestandteilen mischen, kurz aufkochen.

5338. Aubergine mit Erbsen, Februar 2013

- 75 g ungeschälte Erbsen 24 Std. in
- 300 g Wasser einweichen. Im Schnellkochtopf im Rest Einweichwasser (220 g) auf Stufe II 12 Min. (zu lang) garen. Dann
- 20 g Erdnussöl
- 70 g Wasser
- 135 g Zwiebel netto
- 2 Knoblauchzehen und
- 110 g Aubergine als Gemüsepfanne garen für 10 Min. Dann
- 10 g getr. Tomaten (2 Stück)
- 10 g Tomatenmark
- 10 g Zitronenschaum
- 20 g Bärlauchmix (oder Pesto)
- 5 g Piri Piri (oder Peperoni)
- 1 Prise Salz
- 10 g Mehl und
- 60 g Wasser + 45 g Kochwasser der Erbsen. Im kleinen Mixer mischen, alles vermischen, aufkochen.

5339. Kichererbsenpfannkuchen, Februar 2013

Glutenfrei.

Kichererbsen:
- 75 g Kichererbsen in
- 300 g Wasser ca. 24 Std. einweichen

Teig:
- 165 g gekochte abgetropfte Kichererbsen
- Ca. 140 g vom Einweichwasser
- 1 TL Salz
- 10 g Olivenöl im Vitamix ganz glatt schlagen, in eine Schüssel umfüllen und etwas stehen lassen.

Gemüse:
- 50 g Einweichwasser
- 130 g Champignons und
- 1 große Tomate (135 g) als Gemüsepfanne in einer 20-cm-Keramikpfanne (5 Min.) zubereiten:
- Für die Soße im kleinen Mixer schlagen:
- 25 g Einweichwasser
- 1/2 TL Piri Piri oder 1 cm Peperoni
- 10 g Zitronensaft
- 1 gestr. TL Salz
- 10 g Mehl

Unter das Gemüse rühren. Eine Crêpepfanne mit 2-3 EL Erdnussöl erhitzen, Teig hineingeben und braten, bis er auf der Oberseite fast trocken ist. Mit Hilfe eines Tellers drehen und mit etwas neuem Öl auf der anderen Seite ebenfalls braten. Auf einen Teller geben. Das Gemüse aufkochen, bis die Soße eingedickt ist. Den Pfannkuchen halb umschlagen, Gemüse daneben gießen.

Hinweis: *Der Pfannkuchen backt in der Mitte zuerst an. Fehler der Pfanne (Berndes) oder hat die Induktionsplatte in der Mitte mehr Hitze? Sehr schön lockerer Pfannkuchen, fast Konsistenz wie Püree.*

5340. RöstBW-Sauerteigbrot Nr. 1, Februar 2013

Vorläufer: 7/5273

Am Abend vorher
- 200 g Roggen fein mahlen, mit
- 215 g Wasser und
- 150 g Sauerteigansatz verrühren, in Plastikschüssel abgedeckt bis abends warm stehen lassen.

Morgens
- 150 g vom neuen Sauerteig abnehmen und in einem Schraubglas im Kühlschrank aufbewahren.
- 100 g Buchweizen in einer Pfanne rösten, bis es ordentlich knackt und gut duftet
- 300 g Urroggen (oder normaler Roggen)
- 300 g Dinkel und den gerösteten Buchweizen untermischen und fein schroten (Hawos Novum Stufe 2/9)
- 2 EL Brotgewürz
- 1 EL Salz
- 125 g Haselnüsse (ebenfalls geröstet).
- 400 g Sauerteigansatz
- 1 TL Honig (30 g)
- 600 g Wasser hinzugeben.

Getreide fein mahlen, alles mit der Hand verrühren. Eine 30 cm Oetker-Profi-Backform Emaille mit Butter einfetten, Teig hineingeben und mit der Hand glatt streichen. In einen Plastikbeutel geben und 2,5 Std. gehen lassen. Ofen (Heißluft) auf 225 °C vorheizen, das dauert bei mir 18 Min. Brot mehrmals schräg einschneiden und mit Wasser einsprühen. Form auf dem Gitterrost in den Ofen schieben und 1 Std. bei 200 °C backen. Auf ein Kuchengitter stürzen, Klopfprobe machen. Umdrehen, mit Wasser einsprühen und auskühlen lassen. Erst am nächsten Tag anschneiden.

5341. Kalter Geburtstagskuchen Röstversion, Februar 2013

Vorläufer: 5328 – kleine Kastenform. Form am Boden und an den Seiten mit Haushaltsfolie auslegen.

Nussmasse:

- 250 g Haselnüsse in der Pfanne rösten. Schalen durch Reiben in einem Küchentuch großteils entfernen. Im 1,4-Liter des Vitamix mahlen (soll nicht musig werden),
- 50 g Mandeln und
- 50 g Cashewnüsse rösten, mit
- 80 g Kakaobohnen
- 4 g getr. Orangenschale
- Etwas Salz
- 3 cm Vanillestange
- 30 g Mandelöl
- 70 g Honig
- 25 g Carobpulver
- 10 g Kakaopulver stark entölt
- 50 g Kokosöl
- 50 g Kakaobutter eine Schokolade herstellen. Mit den gemahlenen Nüssen gut verkneten, in die Form geben
- 100 g Honigmarzipan in Scheiben schneiden, auf der Nussmasse verteilen.

Kokosdeckschicht

- 45 g Zitronenschaum
- 1/2 Orange (90 g netto)
- 2 cm² getr. Orangenschale
- 70 g Honig
- 100 g Kokosraspeln
- 30 g Kokosöl im 0,9-Liter-Vitamixbecher zu einer glatten Masse verarbeiten, auf dem Marzipan verstreichen.

Deko:

- 2 EL Pistazien und
- einige Trockenfrüchte. Im Kühlschrank aufbewahren.

5342. Amaranth-Nudeln mit Brokkoli-Champignon-Sößchen, Februar 2013

Nudeln:

- 30 g Amaranth, im kleinen Mixer mahlen
- 40 g Hartweizen, in der Mühle mahlen
- 2 Prisen Salz
- 5 g Olivenöl
- 30 g Wasser - verkneten, ca. 15-30 Min. ruhen lassen. Dünn ausrollen, in Streifen schneiden. In kochendem Wasser 3 Min. kochen. In einem Sieb abtropfen lassen.

Gemüse:

- 50 g Wasser
- 65 g Brokkoli und
- 65 g Champignons als Gemüsepfanne 7 Min.

Soße (Vitamix):

- 1/2 TL Piri Piri (oder 1 Prise schwarzer gem. Pfeffer)
- 1 TL Bärlauch eingelegt
- Ca. 25 g Cashewnusspaste oder -mus
- 1 geh. TL Mehl
- Salz
- ca. 100 g Wasser (Soße 2 x mit je 50 g Wasser; wird am Ende nicht alles verbraucht)

5343. Hirse mit Gemüse auf Induktion, Februar 2013

Hirse:
- 60 g Hirse
- 180 g Wasser

Hirse und Wasser in einem kleinen Topf 20-40 Min. quellen lassen. Auf höchster Stufe zum Kochen bringen. 10 Min. Zeit einstellen und solange auf 300 Watt kochen, bis es fast überlauft. Auf 60 Grad stellen. Vom Herd nehmen und nachquellen lassen. Während die Hirse kocht, die Gemüsepfanne vorbereiten:

Gemüse:
- 55 g Wasser
- 1 Zwiebel (45 g netto)
- 135 g Champignons
- 75 g rote Paprikaschote (netto)
- 1 Tomate (75 g)

Als Gemüsepfanne 8 Min. dünsten lassen (zwischendurch mal auf 60 °C stellen, sonst auf Induktion 300 W). Für die Soße im kleinen Mixer verquirlen:
- 20 g Cashewnussmus
- 4 g Salz
- 1 TL Piri Piri (oder eine Prise schwarzer Pfeffer)
- 1 TL Paprika edelsüß
- 55 g Wasser (Becher dann anschließend nochmal mit etwas Wasser nachspülen).

Unter das Gemüse rühren, aufkochen. Hirse in Nocken auf das Gemüse setzen, 1-2 Min. bei geschlossenem Deckel köcheln lassen.

5344. Kichererbsen-Amaranth-Schmarren mit Brokkoli, Feb. 2013

Teig:
- 40 g Kichererbsen mahlen
- 30 g Amaranth mahlen, mit
- 1 gute Prise Salz
- 5 g Sonnenblumenöl
- 145 g Wasser (Schneebesen) verrühren und quellen lassen, bis Gemüse fertig.

Gemüse, als Gemüsepfanne 5 Min.:
- 50 g Wasser
- 120 g Brokkoli, Strunk & Röschen

Für die Soße im kleinen Mixer mixen:
- 15 g Cashewnussmus
- 1 TL Mehl
- 1 TL Senfkörner (5 g)
- 70 g Wasser. Soße unter das Gemüse rühren, Becher nachspülen mit ca. 30 g, hinzufügen & kurz aufkochen. Dann
- 2-3 EL Erdnussöl erhitzen, Teig hineingeben und backen.

Hinweis: Mir riss der Teig beim Umdrehversuch, also habe ich den geplanten Pfannkuchen in einen Schmarren umfunktioniert. Stelle ich vielleicht die Hitze nicht weit genug runter? Öl lief zum Rand der Pfanne, kann ja auch nicht richtig sein.

5345. Leichter Tomaten-Chinakohl-Salat, Februar 2013

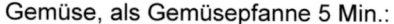

- 2 Tomaten (200 g) in Spalten schneiden, am Rand eines flachen Tellers auslegen,
- 100 g Chinakohl in Streifen schneiden und in die Mitte häufeln; aus
- 1 geh. TL Cashewnussmus
- 2 geh. TL grünen Rosinen
- 1 TL Hoisin-Soße (5472) und (kl. Mixer)
- 40 g Wasser eine Soße mixen, in einem Kreis obenauf gießen

5346. Schoko-Hafer-FKG, Februar 2013

Für 2 Personen, vegan

Flocken:

- 6 EL Hafer
- 2 EL goldener Leinsamen

Im Vitamix zu einer Milch verarbeiten (Banane erst zugeben, wenn alles fein ist):

- 2 gestr. EL Cashewnüsse
- 1 EL Kakaobohnen
- 2 cm² Orangenschale getr.
- 2-3 cm Vanillestange
- 250 g Wasser
- 245 g Banane (brutto). Unter die Haferflocken rühren,
- 2 kleine Äpfel (210 g) halbieren, würfeln und in je 2 Hälften auf das Müsli setzen, mit
- 1-2 EL Kokosraspeln bestreuen.

5347. Kicherreis mit Sauerkraut, Februar 2013

- 50 g Kichererbsen mit
- 50 g Naturreis und
- 300 g Wasser 8 Std. quellen lassen. 11 Min. im Schnellkochtopf, Stufe 2, garen.
- 30 g Wasser plus
- 10 g Kokosöl in eine kleine Pfanne geben, dazu
- 1 Zwiebel (55 g netto) plus
- 125 g Rotsauerkraut (o. Ä.), als Gemüsepfanne 5 Min. dünsten. im kleinen Mixer

- 15 g Nussmus mit
- 1 TL gem. Kreuzkümmel
- 1 gute Prise Kardamom
- 75 g Erbsenkochwasser pürieren, alles in einem Topf mischen und aufkochen.

5348. Porreesuppe mit Einlage, Februar 2013

Für 1 Person; Herstellung: 20 Min. mit Schnellkochtopf.

- 125 g Porree waschen, in Ringe schneiden (grünen Teil)
- 50 g kleine Tomaten halbieren, beides mit
- 1/2 TL Salz und
- 350 g Wasser im Schnellkochtopf, Stufe II, 2 Min. kochen, dann langsam abdampfen lassen.

In der Zwischenzeit den **Teig** für die Einlage anrühren:

- 50 g Dinkel mit
- 5 g Linsen und
- 5 g Hartweizen fein mahlen,
- 1/2 TL Salz und
- 1 TL Paprika edelsüß untermischen, dann mit
- 1 TL Tomatenmark (5 g)
- 5 g Sonnenblumenöl und
- 75 g Wasser verrühren (Wasser könnte weniger sein, dann gibt's Spätzle).

Topf öffnen, Spätzlebrett auflegen und bei 80-100 °C, also siedend bis leicht kochend, den Teig durch das Brett drücken. Evtl. abschmecken und sofort auftragen. Ergibt 2 Teller.

5349. Porreetopf in 15 Min., Februar 2013

Die gesamte (!) Herstellungszeit betrug 15 Min. dank Schnellkochtopf &
Induktionsplatte.

2 Min Schnellkochtopf, dann langsam abdampfen lassen:

- 105 g Porree
- 100 g Möhre
- 1/2 TL Salz
- 125 g Wasser

Unterrühren:

- 50 g Hafer geflockt
- 1,5 TL Cashewmus
- 1/2 TL PiriPiri (oder Peperoni) aufkochen lassen

5350. Nougat Variante 2, Februar 2013

- 250 g Haselnüsse rösten (Induktion 2000 W, dann runter auf 1200-800 Watt, bestimmt 10 Min); in einem Küchentuch einen Teil der Schalen abreiben
- 50 g Cashewnüsse mit
- 50 g Mandeln und
- 50 g Kakaonibs rösten, weniger heiß und nicht ganz so lange; alle Nüsse zusammen im Vitamix zu einer schönen glatten Masse verarbeiten (Stößel, 1,4-Liter-Becher). Umfüllen. Im Becher
- 20 g Macadamianussöl
- Einige Salzkörnchen
- 1 gestr. TL gem. Vanille
- 70 g Honig und
- 50 g Kokosöl geben; die Nussmasse oben auffüllen, bedecken mit
- 50 g Kokosbutter, in feinen Scheiben. Mit dem Stößel gut verarbeiten, etwa so lange wie Schokolade, damit das Fett sich nicht absetzt (diesmal ganz gut gelungen). In eine Schokoladenform geben und im Kühlschrank fest werden lassen

5351. Porreesuppe mit Kichererbsen ‚Indisch', Februar 2013

Herstellungszeit mit Schnellkochtopf und einer Induktionsplatte: 32 Min.

Kichererbsen:

- 100 g Kichererbsen 24 Std. vorher in
- 350 g Wasser einweichen (ich brauche nur knapp die Hälfte der Kichererbsen, der Rest ist für den nächsten Tag; für das Essen reichen ca. 40 g) Einweichwasser auf
- 350 g auffüllen. Im Schnellkochtop auf Stufe II 12 Min. kochen.

Porree:

- 50 g Wasser in eine kleine Keramikpfanne geben,
- 130 g Porree in Scheiben (weiße Teile) hinzufügen. Zum Kochen bringen. Sobald Dampf unter dem Deckel austritt, auf kleinster Einstellung bei geschlossenem Deckel 5 Min. dünsten. Kochwasser der Kichererbsen mit 110 g gekochten Kichererbsen und dem Porreegemüse mischen. Das Seasoning (steht jetzt bereit) wie folgt herstellen:

Seasoning:

- 1 EL Erdnussöl in einer kleinen Keramikpfanne erhitzen,
- 1/2 TL Kreuzkümmel und
- 1/2 TL schwarze (oder gelbe) Senfkörner darin anbraten, bis sie springen.
- 20 g geschälte, gewürfelte Zwiebel,
- 1 Knoblauchzehe, abgezogen, in Scheiben und
- 1 TL Salz hinzugeben, unter Rühren mit anbraten.
- 15 g Kokosraspeln einrühren, bis diese hellbraun sind,
- 1/2 Tomate (60 g) gewürfelt hinzufügen, dazu
- 40 g Wasser und unter Rühren köcheln, bis das Wasser verdampft ist. Alle Zutaten in den Schnellkochtopf geben, offen aufkochen. Auf dem Teller mit frischen Porreeringen dekorieren.

5352. Fünf-mal-Fünf-Minutenbrot, Februar 2013

Basierend auf dem 5-Min.-Brot (das ja eigentlich auch ein 20-Min.-Brot ist von der Arbeitszeit her). Da das Rösten aber etwas Zeit braucht, war es etwas länger. Außerdem habe ich es im Gegensatz zu den 5-Min.-Broten noch außerhalb des Ofens 30 Min. gehen lassen. Das hat es sehr schön locker gemacht!

- 100 g Nackthafer
- 400 g Dinkel
- 30 g frische Hefe (3/4 P)
- 450 g handwarmes Wasser
- 110 g Sonnenblumenkerne
- 2 TL Salz
- 1 EL Brotgewürz
- 2 EL Apfelessig
- 1 TL Honig
- Butter zum Einfetten der Form

Hafer in einer Pfanne (26 cm) rösten. Mit dem Dinkel mischen und fein mahlen. Hefe im Wasser auflösen. Sonnenblumenkerne rösten, bis sie knacken und duften. Zusammen mit den restlichen Zutaten gut durchkneten. Eine 30-cm-Form fetten, Teig hineingeben und in einer Plastiktüte 30 Min. gehen lassen. Auf dem Gitterrost in den kalten Backofen schieben. 1 Std. bei 200 °C (Heißluft) backen, aus der Form stürzen, mit Wasser einsprühen und auf einem Kuchengitter auskühlen lassen. Sehr knusprig!

5353. Waffeln mit Himbeereis, Februar 2013

Waffelteig:
- 50 g Dinkel mit
- 10 g Hirse mischen & mahlen,
- 1 Prise Salz,
- 2 Prisen Backpulver und
- 2 Prisen gem. Vanille untermischen.
- 10 g Cashewnüsse in
- 100 g Wasser (Magic) zu einer Milch verarbeiten, mit dem Mehl zu einem glatten Teig rühren und eine Weile stehen lassen. Waffeleisen vorbereiten und aufheizen. In der Zeit das Eis herstellen:

Himbeereis (im Vitamix):
- 1 Banane (185 g brutto) geschält mit
- 10 g Cashewnüssen und
- 15 g Honig im Vitamix auf der Höchststufe pürieren, mit dem Stößel
- 70 g gefrorene Bananenscheiben
- 125 g gefrorene Himbeeren
- 90 g Eiswürfel unterarbeiten.

Hinweis: *Das Eis ist reichlich für die Waffel! Drei Bällchen auf je einen Teller setzen und in den Gefrierschrank setzen, bis die Waffeln fertig sind. Waffeln backen und beides zusammen servieren.*

5354. Ki-Creme-Suppe, Februar 2013

- 75 g Kichererbsen ca. 4 Std. lang in
- 300 g Wasser einweichen. Wasser mit ca.
- 275 g Wasser auf 455 g auffüllen; dazu
- 1 Möhre (105 g) in groben Stücken
- 2 Lorbeerblätter
- 25 g Naturreis im Schnellkochtopf Stufe II ca. 20 Min. kochen.
- Rest Cashewnussmus nach der Herstellung (2-4 TL) mit Kochflüssigkeit und
- 1 TL Salz pürieren, unter die Suppe rühren, aufkochen,
- 1 EL Zitronensaft unterrühren

5355. Luxusfrühstück, Februar 2013

2 Personen

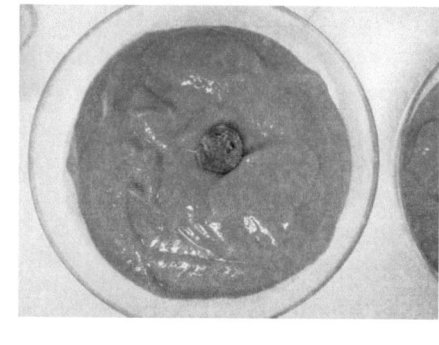

- 30 g getr. Mango und
- 30 g Cashewnüsse in
- 250 g Wasser über Nacht einweichen. Morgens im Vitamix pürieren.
- 4 EL Nackthafer mit
- 2 EL goldenem (oder braunem) Leinsamen flocken, mit
- 2 EL Buchweizen mischen, die Mangocreme unterrühren. Im benutzten Vitamix
- 1 Banane (185 g brutto)
- 2 Äpfel (250 g) und
- 110 g gefrorene Himbeeren pürieren, über die Flockenschicht geben, in die Mitte
- Je 1 Himbeere (=2 Stück) legen.

5356. Röstgerste-Röstkerne-Sauerteigbrot, Februar 2013

Vorläufer: 7/5273.

Am Vorabend:

- 200 g Roggen fein mahlen, mit
- 215 g Wasser und
- 150 g Sauerteigansatz verrühren, in Plastikschüssel abgedeckt bis abends auf der Fensterbank stehen lassen.
- 150 g Nacktgerste in einer Pfanne rösten, bis es ordentlich knackt und gut duftet
- 125 g Sonnenblumenkerne ebenfalls rösten
- 150 g Dinkel fein schroten und mit
- 400 g Wasser verrühren, über Nacht stehen lassen

Morgens 150 g vom neuen Sauerteig abnehmen und in einem Schraubglas im Kühlschrank aufbewahren.

- 300 g Roggen
- 100 g Dinkel und die geröstete Gerste mischen und fein schroten (3/9), darunter mischen
- 2 EL Brotgewürz
- 1 EL Salz. Dann
- 400 g Sauerteigansatz, den Dinkelansatz und
- 1 TL Honig (30 g)
- 310 g Wasser hinzugeben.

Alles mit der Hand verrühren. Eine 30 cm Oetker-Backform Profi-Emaille mit Butter einfetten, Teig hineingeben und mit der Hand glatt streichen. In einen Plastikbeutel geben und 2,5-3 Std. gehen lassen. Ofen (Heißluft) auf 230 °C vorheizen, das dauert bei mir 18 Min. Brot mehrmals schräg einschneiden und mit Wasser einsprühen. Form auf dem Gitterrost in den Ofen schieben und 1 Std. bei 200 °C backen. Auf ein Kuchengitter stürzen, Klopfprobe machen. Umdrehen, mit Wasser einsprühen und auskühlen lassen. Am nächsten Tag anschneiden.

5357. Nougat Variante 3: Mandelnougat

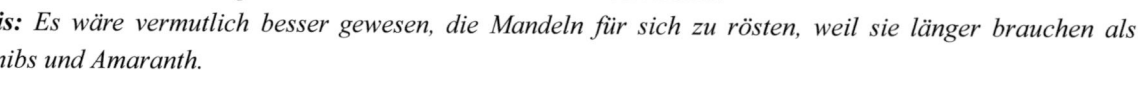

- 350 g Mandeln mit
- 50 g Kakaonibs und
- 20 g Amaranth rösten (2000 W, dann runter auf 800-600 Watt, 10 Min unter rühren), nach einer Weile
- 30 g Erdnussöl hinzugeben, mit
- 1 Pr. Salz im Vitamix zu einer schönen glatten Masse verarbeiten (Stößel, 1,4-Liter-Becher),
- 80 g Honig hinzufügen, nochmals durcharbeiten. Dann zum Schluss:
- 65 g Kokosöl und
- 35 g Kokosbutter in feinen Scheiben. Mit dem Stößel gut verarbeiten.
  In eine Schokoladenform geben und im Kühlschrank fest werden lassen

Hinweis: Es wäre vermutlich besser gewesen, die Mandeln für sich zu rösten, weil sie länger brauchen als Kakaonibs und Amaranth.

5358. Weißkohl mit Roggen in Tomato Sauce, Februar 2013

Im Schnellkochtopf 2-3 Min., dann langsam abdampfen lassen:

- 125 g Wasser
- 200 g Weißkohl
- 1 kleine Knoblauchzehe

Für die Soße im kleinen Mixer:

- 1 gestr. TL Salz
- 1 gestr. TL Paprikapulver edelsüß
- 15 g Tomatenmark
- 2 Stückchen Peperoni in Essig (7/4574)
- 20 g Cashewnüsse oder Cashewnussmus
- 1 Prise Pizzagewürz
- 50 g Wasser.

Roggen:

- 50 g Roggen ohne Fett in einer Pfanne rösten, bis alle Körner wie Dinkel aussehen, dann flocken.

Flocken und Soße unter den Kohl rühren, kurz aufkochen. Mit Petersilie oder ein paar Möhrenscheiben dekorieren.

5359. Reis indisch mit Zwiebeln und Erbsen, Februar 2013

Reis:

- 100 g Naturreis
- 1 TL Öl und
- 300 g Wasser im Reiskochtopf garen.

Soße:

- 2-3 EL Erdnussöl erhitzen, darin nacheinander anbraten:
- 1/2 TL Kreuzkümmel
- 1/2 TL Senfkörner
- 1 geh. TL Knoblauch-Ingwer-Paste
- 65 g Zwiebel netto in Scheiben
- 5 g Knoblauch netto in Scheiben
- 1 gestr. TL Salz
- 1 TL Sambar (oder Zitronensaft)
- 50 g Wasser hinzufügen, 6-8 Min. garen.
- 80 g Tiefkühlerbsen hinzufügen,
- 20 g Nussmus in
- 25 g Wasser verrühren, ebenfalls unterrühren, aufkochen.

5360. Blumenkohlschmarren, Februar 2013

Als Gemüsepfanne

- 70 g Wasser
- 250 g Blumenkohl (6 Min 300 Watt, Induktion)

Schmarrenteig

- 50 g Kichererbsen
- 25 g Dinkel
- 1/2 TL Salz
- 1/2 TL Paprikapulver
- 80 g Wasser
- 20 g Olivenöl

Wenn das Gemüse fertig ist, den Teig einrühren und anrösten, bis er sich überall vom Boden löst und bräunt (Rossmann-Pfanne ging wunderbar).

5361. Die etwas andere Erbsensuppe, Februar 2013

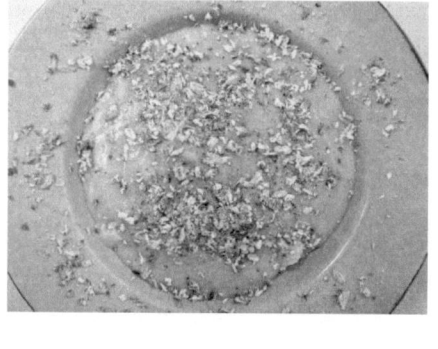

Am Vorabend:

- 75 g grüne Erbsen in
- 300 g Wasser einweichen

Am Kochabend mit

- etwa 230 g Wasser das Einweichwasser auf 400 g auffüllen, die Erbsen hinzufügen sowie
- 1 geschälte Knoblauchzehe
- 80 g Weißkohl. Im Schnellkochtopf = 12 Min
- 125 g Blumenkohl in
- 50 g Wasser als Gemüsepfanne 6 Min. garen
- 20 g Nackthafer rösten, flocken. In den Vitamix geben:
- 20 g Olivenöl
- 1 TL Salz
- Kümmel gem.
- 1 Prise Koriander

Erbsen etc. zum Vitamix hinzufügen, langsam auf Höchstgeschwindigkeit bringen und kurz pürieren. Blumenkohl untermischen. Teller mit gerösteten Flocken bestreuen.

5362. Kicherchampignons megalecker, Februar 2013

- 75 g Kichererbsen in
- 300 g Wasser ca. 24 Std. Einweichen. Einweichwasser (200 g) mit den Kichererbsen garen (Schnellkochtopf, Stufe II, 12 Min.). Als Gemüsepfanne 9 Min. garen:
- 30 g Olivenöl
- 30 g Wasser
- 1 Zwiebel in Scheiben (50 g netto)
- 1 Tomate klein geschnitten (130 g)
- 2 geschälte Knoblauchzehen in Scheiben (5 g netto). Im kleinen Becher eines kleinen Mixers verquirlen: Kochwasser (135 g), 50 g gekochte Kichererbsen mit
- 1 gestr. TL Salz
- 1 gestr. TL Paprika edelsüß
- frisch gem. Pfeffer
- 15 g Nussmus
- 2 TL Dinkelmehl. Mit den restlichen Kichererbsen in die Pfanne geben, unter Rühren aufkochen.

5363. Mandelnougat geröstet, aber nicht verbrannt, Februar 2013

- 250 g Mandeln rösten (Induktion: 2000 W, dann runter auf 1200-600 Watt, bestimmt 10 Min); umfüllen, dann rösten:
- 35 g Cashewnüsse mit
- 65 g Mandeln und
- 50 g Kakaonibs (erst am Ende hinzugeben) nicht ganz so lange; Kakao riecht dann etwas „säuerlich";
- 2 cm Vanillestange und
- einige Salzkörnchen mit den Nüssen/Kakao zusammen im Vitamix zu einer schönen glatten Masse verarbeiten (Stößel, 1,4-Liter-Becher). Hinzufügen:
- 20 g Macadamianussöl
- 80 g Honig und
- 50 g Kokosöl; die Nussmasse hinzugeben, bedecken mit
- 50 g Kokosbutter, in feinen Scheiben. Mit dem Stößel gut verarbeiten, etwa so lange wie Schokolade, damit das Fett sich nicht absetzt (diesmal ganz gut gelungen). In eine Schokoladenform geben und im Kühlschrank fest werden lassen

5364. Trauben-Nussröst-Schoko, Februar 2013

Vorbereitung:

- 50 g Mandeln in einer Pfanne rösten, dann
- 20 g Honig hinzugeben und etwas kandieren lassen; umfüllen, Pfanne sofort mit heißem Wasser reinigen. Mandeln kalt stellen. Im Vitamix 2 x schlagen:
- 55 g Cashewnüsse
- 45 g Mandeln
- 4 g getr. Orangenschale
- 3 cm Vanillestange (= 1 g)
- 80 g Kakaobohnen
- 1 Prise Salz

Hauptstufe: in Vitamix warm schlagen:

- 30 g Sesamöl
- 65 g Honig
- 40 g Kokosöl
- 20 g Carobpulver roh
- 10 Kakaopulver roh
- 60 g Kakaobutter in feinen Streifen
- 50 g grüne Rosinen mit den gerösteten Mandeln mischen; Mandeln auseinanderbrechen. Im Zerkleinerer grob zerkleinern (Rosinen verhindern das Aneinanderpappen der Mandeln) Schokolade mit Nuss-Traubenmischung verrühren. In Form geben, in Kühlschrank hart werden lassen.

5365. Dinkel mit Mittelmeerpfanne

- 100 g Dinkel 24 Std. in
- 200 g Wasser einweichen. Im Schnellkochtopf den Dinkel mit 125 g Einweichwasser 15 Min. garen.

Gemüsepfanne, 9 Min. Garzeit:

- 30 g Olivenöl
- 30 g Wasser (Rest Dinkeleinweichwasser)
- 1 Tomate (125 g)
- 1 Zucchini (135 g netto)
- 125 g Champignons, alles in Scheiben schneiden
- 2 Knoblauchzehen (8 g nett), geschält in Scheiben

Soße im kleinen Mixer:

- 10 g Tomatenmark
- 15 g Nussmus
- 1 TL Salz
- 1 TL Paprika edelsüß
- 1 MS gem. Zimt
- 1 schwach geh. TL Dinkelmehl
- Frisch gem. schwarzer Pfeffer
- Nach Geschmack etwas Chilipulver
- 100 g Wasser. Gut verquirlen, unter das Gemüse rühren und einmal aufkochen. Nebeneinander anrichten.

5366. Zucchinisüppchen für Kranke, Februar 2013

- 200 g Wasser
- 1 Zucchini (mittelgroß)
- 1 Knoblauchzehe
- 1 Prise Salz - 9 Min. kochen, im Vitamix mit
- 1 geh. TL Nussmus
- 1-2 EL Sonnenblumenöl und
- 1 Prise schwarzer Pfeffer frisch gem. mixen,
- 1 geh. TL Mehl mit
- 20-30 g Wasser verrühren, Suppe im Topf damit aufkochen lassen.

5367. Bratdünstkartoffeln, Februar 2013

- 50 g Erdnussöl in eine relativ breite (24 cm) Keramikpfanne geben.
- 335 g Kartoffeln (netto), gebürstet, gewaschen, in Scheiben hinzugeben. Scharf anbraten, bis es raucht, dann 10 Min. auf kleiner Einstellung (festkochende Kartoffeln brauchen entsprechend lange).

Die Pfanne brät nach. Salzen, pfeffern, evtl. noch ein wenig braten.

Hinweis: Keine Ahnung, woran es liegt - aber das Fett war noch fast komplett in der Pfanne!

5368. Sauerkraut-Nudelauflauf, Februar 2013

Eine Mahlzeit, die bis auf kleine Abweichungen (vor allem Zwiebel und Knoblauch) auf ein Rezept von Frau Schmidt zurückgeht. Danke vielmals, das ist so lecker, dass ich es direkt meinen Lesern vorstellen möchte. Die Portion an sich ist nicht groß, daher gibt es vorher eine Salatplatte. Den Teig 2 Std. vor dem Kochen zubereiten. Menge ist für eine Person zum Sattwerden.

Teig:
- 35 g Dinkel mit
- 15 g Hartweizen fein mahlen, mit
- 1 gute Prise Salz vermischen;
- 5 g Öl
- 25 g Wasser hinzufügen und zu einer Kugel verkneten, abgedeckt ruhen lassen. In dieser Zeit die Soße herstellen:

Soße:
- 20 g Erdnussöl in eine kleine Pfanne geben,
- 1 Zwiebel (40 g netto) geschält, in Scheiben und
- 1 Knoblauchzehe, geschält in Scheiben, hinzufügen. Auf höchster Einstellung erhitzen, sobald es sprudelnd kocht, auf kleinster Einstellung 5 Min. dünsten (300 W auf Induktionsplatte). im kleinen Mixer
- 25 g Nussmus
- 15 g Tomatenmark
- 1 gute Prise Salz
- 100 g Wasser vermischen, unter die Zwiebel rühren und einmal kurz aufkochen.

Dünn evtl. mit Hilfe von Streumehl ausrollen und mit dem Teigrädchen in Streifen schneiden. Leicht antrocknen lassen. Mit

- 85 g Sauerkraut vorsichtig mischen; das muss relativ flott vonstatten gehen, weil die frischen Nudeln mit der Sauerkrautflüssigkeit benetzt sonst anfangen zu kleben.

Eine kleine Auflaufform mit etwas Öl einpinseln, Sauerkraut-Nudelgemisch hineingeben und mit der Soße übergießen. In den kalten Ofen geben und ohne Deckel 20-25 Min. bei 180-200 °C (Heißluft) backen. Das Gericht ist fertig, wenn die Oberfläche und die Zwiebelspitzen, die oben liegen, leicht gebräunt sind.

5369. Dezentes Mango-Frühstück, Februar 2013

2 Personen.
- 25 g getr. Mango mit
- 30 g Cashewnüssen und
- 250 g Wasser im Vitamix pürieren,
- 6 EL Sechskorngetreide fein schroten (2/9 Hawos Novum) mit
- 2 EL Leinsamen, geflockt, in zwei Schüsseln mit der Mangosoße verrühren. Von
- 2 kleinen Äpfeln (195 g) einen würfeln und auf das Getreide geben; den anderen im Vitamix pürieren mit:
- 1 Banane (215 g brutto)
- 1 Grapefruit (230 g netto); Obstpüree auf Getreide gießen, mit
- Ca. 2 EL Kokosraspeln bestreuen, in die Mitte
- 2 EL Pampelmusat geben (2/950).

5370. Brot-Kartoffel-Plätzchen, Februar 2013

Im Vitamix vermischen:

- 100 g Brot (in meinem Fall nicht sehr trocken)
- 125 g Kartoffeln, vorgeschnitten, roh
- 95 g Weißkohl
- 1 Knoblauchzehe (10 g)
- 1-2 Prisen Salz
- frisch gem. schwarzer Pfeffer
- 1 TL Paprika edelsüß
- 15 g Olivenöl
- 50 g Wasser
- 1 MS Honig

In eine Schüssel umfüllen und mit 20 g Sonnenblumenkernen vermischen. Erdnussöl in eine leicht angewärmte Pfanne geben, erhitzen und die Plätzchen darin von beiden Seiten braten. Mit etwas Eisbergsalat dekorieren. Schmeckt gut mit einem süßlichen Chutney.

5371. Erbsensuppe Zigeunerart, März 2013

- 75 g grüne Erbsen in
- 300 g Wasser 24 Std. einweichen, dann das Wasser auf 300 g auffüllen; im Schnellkochtopf 13 Min. (alte Erbsen!) garen. Wenn der
Topf abdampft in einer Pfanne als Gemüsepfanne (9-10 Min.):
- 20 g Olivenöl
- 1 Tomate (125 g) in Scheiben
- 1 Zwiebel (60 g netto) geschält in Würfeln
- 2 Knoblauchzehen (10 g netto) geschält in Scheiben
- 1 Stück rote Paprika (35 g netto) in feinen Streifen; das gegarte
Gemüse zu den Erbsen geben, dazu
- 1 TL Salz und
- frisch gem. schwarzer Pfeffer, alles einmal durchrühren,

Anmerkung: *Wie lange wird es eigentlich noch Zigeunerschnitzel gegeben, bevor auch hier die politische Bevormundung der Political Correctness durchschlägt und wir „Roma-Schnitzel" kaufen müssen? [Sep. 2024: Damals hielt ich das für absurd. Jetzt ist es eingetroffen. Ich lasse es dennoch so als Namen stehen.]*

5372. Nougatschokolade mit Knack, März 2013

Stufe 1:

- 100 g Mandeln, in der Pfanne geröstet
- 25 g Kakaonibs, am Ende mitgeröstet
- 25 g Kakaonibs ungeröstet
- 3 cm Vanillestange (1 g)
- 2 g getr. Orangenschale
- 1 kl. Pr. Salz

Stufe 2 (Vitamix einarbeiten):

- 30 g Sesamöl
- 63 g Honig
- 40 g Kokosöl
- 60 g Kakaobutter

Einlage:

- 50 g Buchweizen, kurz geröstet

Stufe 1 im Vitamix (1,4 L-Becher) mahlen, ab und zu vom Rand lösen. In eine Schüssel umfüllen. Die Zutaten von Stufe 2 ohne die Kakaobutter in den Vitamix abwiegen. Kakaomasse dazugeben. Kakaobutter fein abraspeln und obenauf geben. Mit dem Stopfer mit langsam steigender Geschwindigkeit verarbeiten. Vorsichtig darauf achten, wann die Masse flüssig (dickflüssiger als andere Schokolade) ist. Auch auf Wärme achten! Auf Höchststufe laufen lassen, bis die Schokolade weich und gleichmäßig braun und warm, aber noch nicht heiß ist.

Schokoladenmasse in die Blockformen für Eis mit Holzstäbchen geben.

Erst in den Kühlschrank und dann in den Tiefkühlschrank stellen.

5373. Kichernder vegetarischer Gulasch, März 2013

- 75 g Kichererbsen in
- ca. 300 g Wasser 24 Std. lang einweichen. Im Schnellkochtopf 12 Min. garen. Während des Abdampfens Gemüse als Gemüsepfanne (12 Min.) zubereiten:
- 15 g Olivenöl
- 15 g Sonnenblumenöl
- 30 g Wasser
- 1 Zwiebel (65 g netto)
- 2 eingelegte Knoblauchzehen (oder frisch; 15 g netto)
- 4 g eingelegte Peperoni (oder frisch)
- 1 kleinere rote Paprikaschote (125 g netto)
- 1 Tomate (85 g). Dann die Soße einrühren, die im kleinen Mixer verquirlt wurde:
- 20 g Sonnenblumenkernmus
- 1 TL Salz
- 1 TL Paprika edelsüß
- 75 g Wasser + restliches Kochwasser der Kichererbsen
- 1 geh. EL Dinkelmehl. Aufkochen, die Kichererbsen unterrühren und köcheln lassen, bis alles gleichmäßig heiß ist. Auf dem Teller mit
- etwas Petersilie dekorieren

5374. Snickers gefüllt, März 2013

Stufe 0:

- 50 g getr. Süßkirschen (Jallal d'Or) in
- 75 g Weinbrand 12 Std. einweichen

Stufe 1:

- 50 g Erdnüsse, geröstet, gesalzen,
- 50 g Cashewnüsse mit
- 80 g Kakaonibs

Einlage:

- 50 g Erdnüsse, geröstet, gesalzen
- die abgetropften, halbierten Süßkirschen

Stufe 2:

- 30 g Sesamöl
- 1/2 TL gem. Vanille
- 20 g Carob roh
- 10 g Kakao roh
- 55 g Honig
- 40 g Kokosöl
- 60 g Kakaobutter

Stufe 1 im Vitamix (1,4 L-Becher) mahlen, ab und zu vom Rand lösen. In eine Schüssel umfüllen. Die Zutaten von Stufe 2 ohne die Kakaobutter in den Vitamix abwiegen. Kakaomasse dazugeben. Kakaobutter fein abraspeln und obenauf geben. Mit dem Stopfer mit langsam steigender Geschwindigkeit verarbeiten. Vorsichtig darauf achten, wann die Masse flüssig (dickflüssiger als andere Schokolade) ist. Auch auf Wärme achten! Auf Höchststufe laufen lassen, bis die Schokolade weich und gleichmäßig braun und warm, aber noch nicht heiß ist. Mit der Einlage mischen. Schokoladenmasse in die Blockformen für Eis mit Holzstäbchen geben. Erst in den Kühlschrank und dann in den Tiefkühlschrank geben.

5375. Kirsch-Fruchtgummi, März 2013

- 200 g Cashewnüsse
- Einige Salzkörnchen
- 25 g Honig
- 150 g getrocknete Süßkirschen.

Im Vitamix alle Zutaten mit dem Stößel bearbeiten, bis sich eine homogene Masse ergibt. Sie ölt ein wenig. In große Schokoladenformen pressen, überstehendes Fett mit Küchenpapier abtupfen.

5376. Rösthafer-Sauerteigbrot mit Quellstück, März 2013

Vorläufer: 5352.

Am Abend vorher

- 200 g Roggen fein mahlen, mit
- 215 g Wasser und
- 150 g Sauerteigansatz verrühren, in Plastikschüssel abgedeckt bis abends auf der Fensterbank stehen lassen.
- 100 g Nackthafer in einer Pfanne rösten, bis es ordentlich knackt und gut duftet
- 200 g Dinkel und
- 100 g Roggen fein schroten (3/9) und mit
- 400 g Wasser verrühren, über Nacht stehen lassen

Morgens

150 g vom neuen Sauerteig abnehmen und in einem Schraubglas im Kühlschrank aufbewahren

- 100 g Urroggen (oder Roggen)
- 100 g Dinkel und den gerösteten Hafer mischen und fein schroten (4/9)
- 2 EL Brotgewürz
- 1 EL Salz. Dann
- 400 g Sauerteigansatz, den Quellansatz
- 125 g Sonnenblumenkerne und
- 300 g Wasser hinzugeben.

Alles mit der Hand verrühren. Eine 30 cm Oetker-Profi-Backform Emaille mit Butter einfetten, Teig hineingeben und mit der Hand glatt streichen. In einen Plastikbeutel geben und 2,5-3 Std. gehen lassen. Dann den Ofen (Heißluft) auf 230 °C vorheizen, das dauert bei mir 18 Min. Brot mehrmals schräg einschneiden und mit Wasser einsprühen. Form auf dem Gitterrost in den Ofen schieben und 1 Std. bei 200 °C backen. Auf ein Kuchengitter stürzen, Klopfprobe machen. Umdrehen, mit Wasser einsprühen und auskühlen lassen. Erst am nächsten Tag anschneiden.

5377. Weißkartoffeln à la Gulasch, März 2013

Als Gemüsepfanne (12 Min.):

- 30 g Sonnenblumenöl
- 30 g Wasser
- 190 g Weißkohl
- 180 g Kartoffeln
- 2 Knoblauchzehen (eingelegt)

Für die Soße (kleiner Mixer):

- 1 TL Salz
- 1 TL Paprika edelsüß
- 1 TL gem. Kümmel
- 1 geh. TL Mehl
- 50 g Wasser plus
- ca. 20-30 g Wasser zum Nachspülen

Würzen mit:

- schwarzem Pfeffer; auf dem Teller mit
- gezupfter Petersilie dekorieren

5378. Szegedinger Gulasch vegetarisch, März 2013

Im Schnellkochtopf 2 Min.:

- 125 g Wasser
- 245 g Kartoffelscheiben
- 105 g Sauerkraut
- 1 Knoblauchzehe
- 1/2 Paprika rot (110 g)

Für die Soße im Vitamix:

- ca. 50 g Wasser (Auffüllen der Koch-flüssigkeit auf 100 g)
- 2 TL Paprika edelsüß
- 1 TL Salz
- 30 g Sonnenblumenkernmus
- 10 g Tomatenmark. Soße unter Gemüse rühren, aufkochen. Auf dem Teller mit Petersilie dekorieren.

5379. Hirse im Schnellkochtopf mit Gemüse, März 2013

- 300 g Wasser
- 200 g Weißkohl und
- 65 g Paprika 5 Min. Schnellkochtopf Stufe 2
- 100 g Hirse (oben drauf)

Soße:
- 15 g Knoblauch-Ingwer-Paste (6/4276)
- 20 g Peperoniessig (aus 4573)
- Salz
- Gem. Kümmel
- Curry 1/2 TL
- 20 g Cashewmus (o. Ä.) und
- 30 g Wasser. Köcheln, bis ein Teil verdampft ist.

5380. Brätzeli im Hörnchenautomat Nr. 1, März 2013

- 40 g Dinkel fein mahlen mit
- 1 Prise Salz (2 g) mischen; hinzugeben:
- 1 EL Sonnenblumenöl (10 g)
- 1 EL + 1 TL (15 g) Wasser, verkneten. Zwei runde Plätzchen ausrollen.

Hörnchenautomaten aufheizen, auf Stufe 4 backen.

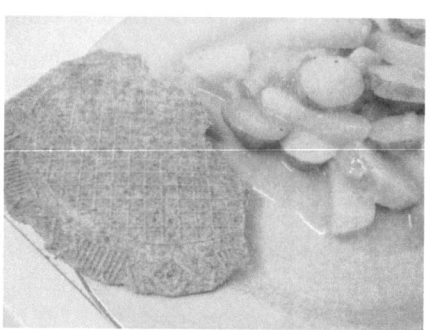

5381. Mango-Schokolade (weiß), März 2013

0,9-Liter-Becher Vitamix. Menge zu wenig, vielleicht deshalb stückig?
- 10 g Mandelöl
- 20 g flüssiger Honig
- 50 g Cashew
- 45 g Mango getr. in Stücken, soweit geht, zerkleinern, dazu
- 20 g Kokosöl
- 30 g Kakaobutter, mischen, bis schokowarm, dann noch
- 15 g Kokosraspeln einarbeiten

Gibt 4 EL = 2 Fächer in der weißen Form.

5382. Brätzeli im Hörnchenautomat Nr. 2, März 2013

- 100 g Dinkel fein mahlen mit
- 1 Prise Salz (2 g) mischen; hinzugeben
- 15 g Sonnenblumenöl
- 45 g Wasser, verkneten.

18-19 g schwere Teigstücke sehr dünn ausrollen, dabei können noch Gewürze, feine Saaten usw. eingeknetet werden. Man muss aber fix mit dem Ausrollen sein, weil sonst die Maschine piept, bevor das nächste ausgerollt ist. Würde demnächst nur noch eine Sorte machen. Auf Stufe 5 lecker, allerdings etwas unregelmäßig braun, was nicht stört.

Variationen: Leinsamen, Sesam, Paprika (schlecht nachträglich einzuarbeiten, Pizzagewürz.

5383. Brätzeli im Hörnchenautomat Nr. 3, März 2013

Aus Rührteig. Backt zwar gleichmäßig, aber werden sehr hell. Sind im Biss etwas „zäh". Rollen lassen sie sich nicht, dafür braucht man vielleicht die Eier?
- 20 g Dinkel fein mahlen mit
- 1 Prise Salz (2 g) mischen; hinzugeben
- 5 g Sonnenblumenöl
- 30 g Wasser, verrühren.

Je 1 EL in die Maschine geben, gut zudrücken, und backen.

5384. Kochbanane Teil 1, März 2013

Gebacken. – Lange Jahre habe ich den Kochbananen als „zu exotisch" widerstanden. Aber heute stolperte ich quasi im ganz normalen Supermarkt darüber. Mal probieren schadet ja nicht. Vielleicht ist es die Entdeckung meines Lebens? Drei Bananen waren in der Packung, von unterschiedlicher Reife: schwarze Schale (geeignet für Desserts), gelbe Schale mit schwarzen Punkten (zum Backen, Frittieren usw.) und grüngelbe Schale (zum Kochen wie Kartoffeln). Die Infos auf der Packung fand ich hilfreich, dennoch habe ich die schwarze einfach gebacken. Ich hatte mir dazu einen YouTube-Film angesehen, wo eine Nigerianerin eine Kochbanane in Scheiben schneidet, salzt und dann backt. So habe ich das auch gemacht, gewogen habe ich nichts:

- 1 große Kochbanane, von außen schwarz, die sich im unteren Teil schon matschig anfühlte, geschält. Und zwar indem ich oben die Kappe abgeschnitten und einen senkrechten Schnitt an der Banane herunter gemacht habe. Erfreulicherweise war auch im Schwarzen noch nicht alles Brei, noch gerade schneidbar. In einer 20-cm-Keramikpfanne den Boden mit
- Erdnussöl bedeckt, auf größte Hitze aufgehelzt, die Scheiben hineingegeben und mit
- etwas Salz bestreut. Auf mittlere Hitze weiter. Sobald die Scheiben von unten braun waren, gedreht, Hitze noch kleiner gestellt.

Hinweise: Nach dem Braten habe ich sie auf Küchenpapier gelegt und auch mit Küchenpapier bedeckt, um das überschüssige Fett abzusaugen. In der Pfanne war noch recht viel Fett über, was mich hoffen lässt, dass die Banane das eben nicht aufgesaugt hat.

Ich habe sie einfach so gegessen. War nicht schlecht, aber auch nichts, was ich jetzt unbedingt wiederholen muss. Im Internet las ich nämlich mehrmals: „Wer einmal Kochbanane isst, wird süchtig danach." Mal schauen, was die nächsten Varianten bringen. Ich fand's zwar okay, war aber wie oben gesagt, nicht überwältigt.

5385. Mango-Schokolade (weiß) cremig, März 2013

- 50 g Cashew
- 45 g Mango getr. in Stücken, etwas zerkleinern einige Std. in
- 125 g Wasser aufquellen lassen, in 0,9-Liter-Vitamixbecher geben. Dazu
- 15 g Honig und
- 30 g Kakaobutter; schlagen bis lauwarm, dann kalt stellen.

Gibt 6 EL = 3 Fächer in der weißen Form; wird auch mit Tiefkühlen keine Schokolade, nur ein leckerer Eispudding.

5386. Kochbanane Teil 2 - Linsensuppe, März 2013

Als Suppeneinlage
- 75 g Linsen mit
- 350 g Wasser und
- 1 Knoblauchzehe (eingelegt in Öl, etwa 9 g) und
- 2 EL scharfem Essig im Schnellkochtopf 10 Min. garen.

Gemüsepfanne 9 Min:
- 60 g Wasser in eine 24-cm-Keramikpfanne geben, dazu in Scheiben bzw. Streifen:
- 100 g Kochbanane, von außen gelb mit schwarzen Punkten,
- 40 g Möhren
- 40 g Paprikarot
- 1 kleine Zwiebel (25 g netto). Von der Linsenkochflüssigkeit ca. 50-60 g mit
- 45 g Mandarine
- 1 geh. TL Salz, die gekochte Knoblauchzehe aus der Suppe und
- 1 geh. TL Mehl verquirlen, im Topf verrühren und aufkochen. Auf dem Teller mit
- etwas Petersilie dekorieren.

Hinweis: Auch hier: Ganz lecker, mir aber doch zu bananig.

5387. Brätzeli im Hörnchenautomat Nr. 4, März 2013

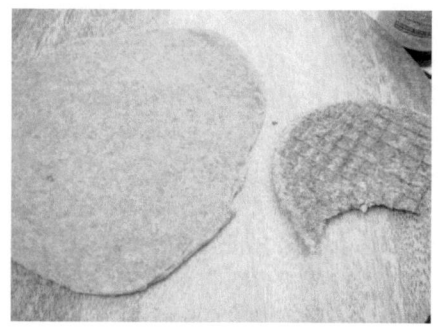

- 300 g Dinkel fein mahlen mit
- 1 TL Salz g) mischen; hinzugeben
- 60 g Sonnenblumenöl
- 120 g Wasser, verkneten in der Küchenmaschine.

18-19 g schwere Teigstücke sehr dünn ausrollen, dabei können noch Gewürze, feine Saaten usw. eingeknetet werden. Man muss aber fix mit dem Ausrollen sein, weil sonst die Maschine piept, bevor das nächste ausgerollt ist. Würde demnächst nur noch eine Sorte machen. Auf Stufe 4.5-5 lecker, allerdings etwas unregelmäßig braun, was nicht stört.

Hinweis: Es geht auch lecker, aber anders, wenn man 3 mm dick lässt (Foto oben, rechts angebissen). Käme auf Versuch bei den Testern an.

5388. Brätzeli im Hörnchenautomat Nr. 5, März 2013

Aus Hafer-Rührteig. Backt zwar gleichmäßig, aber werden sehr hell. Jetzt schmecken sie auch besser, da nicht ganz so dünner Teig. Mit Honig drin: dann kann man schnell rollen, werden aber sehr viel schneller braun, Vorsicht!

- 20 g Hafer
- 1 Prise Salz (2 g) mischen; hinzugeben
- 6 g Sonnenblumenöl
- 20 g Wasser, verrühren

Je 1 EL in die Maschine geben, gut zudrücken.

5389. Kochbananen Teil 3, pseudokaribisch, März 2013

Als Gemüsepfanne, 10 Min., dünsten:

- 25 g Sonnenblumenöl
- 50 g Wasser
- 25 g Cashewnüsse
- 115 g Zwiebel netto in Ringen
- 100 g Kochbanane
- 2 größere Knoblauchzehen, 15 g netto
- 2 große Tomaten, jeweils geviertelt (225 g)
- etwas Salz (ausnahmsweise! Zwiebeln garen dann schneller)
- Mit schwarzer Pfeffer bestreuen.

Dann in einer kleinen Pfanne rösten:

- 5 g Erdnussöl
- 15 g Kokosraspeln,
- 2 Prisen Salz über das Gemüse streuen & noch mit
- 1 TL tiefgekühlte Kräutermischung bestreuen.

5390. Kochbanane Teil 4: Dreiländereck, März 2013

Als Gemüsepfanne 10 min. dünsten:

- 60 g Wasser
- 125 g Sauerkraut
- 125 g Kochbanane
- 50 g Möhre
- 45 g vorgegarte Maronen. Zur Seite stellen. In einer kleinen Pfanne eine

Tomatensoße herstellen:

- 10 g Erdnussöl erhitzen
- 2 TL Panchphoran (6/4376 oder Senfsamen); Vorsicht: springt;
- 1 Tomate (80 g) mit
- 1 TL Salz im kleinen Mixer verquirlen, hinzufügen, durchköcheln. Becher mit ca.
- 20-30 mg Wasser nachspülen, mit aufkochen, über das Gemüse gießen.

5391. Kochbanane Teil 5: Geroggelt, März 2013

- 50 g Roggen auf nicht zu großer Einstellung rösten, bis er in der Farbe wie Dinkel aussieht. In der Zeit lässt sich schon mal die Gemüsepfanne vorbereiten (10 Min. garen):
- 125 g Wasser
- 105 g Spitzkohl in Streifen
- 1 Tomate (75 g) in Halbscheiben
- 1/2 Kochbanane (ca. 100 g netto) gewürfelt
- 1/2 TL Kümmel, ungemahlen (wahlweise). Den abgekühlten Roggen flocken, einrühren und evtl. noch
- 50 g Wasser unterrühren,
- 1 TL Salz
- Frisch gem. schwarzer Pfeffer und
- 2 EL Sesamöl einrühren

Hinweis: *Ich kann mich nach wie vor für Kochbananen nicht begeistern. Mit der richtigen Umgebung sind sie okay. Aber andere Sachen kann ich mir leckerer vorstellen.*

5392. Erbsensuppe Champonella, März 2013

- 75 g grüne Erbsen in reichlich Wasser ca. 24 Std. einweichen. *[heute habe ich zum ersten Mal die Erbsen dann abgespült, weil da irgendwelche schwarzen kleinen Elementchen im Wasser waren, sah aus wie Sand.]* Dann mit
- 350 g Wasser im Schnellkochtopf, Stufe 2, 12 Min. kochen. Derweil
- 20 g Erdnussöl in eine 20-cm-Pfanne geben
- 1 Zwiebel (60 g netto) in Ringe
- 1 Knoblauchzehe (9 g netto) in Scheiben und
- 140 g Champignons in feine Scheiben schneiden. Während die Suppe abdampft, Zwiebel, Knoblauch und Champignons in dieser Reihenfolge in die Pfanne geben und 7 Min. als Gemüsepfanne (Induktion!) garen. Erbsen mit Kochwasser und
- 1 TL Salz
- Etwas schwarz gem. Pfeffer im Vitamix pürieren, mit dem Pfanneninhalt mischen, aufkochen, auf dem Teller
- 1-2 TL gemischte tiefgekühlte Kräuter darüber streuen.

5393. Brot-Quiche mit Champignons, März 2013

Ofen (Heißluft) auf 220-230 °C stellen. Im Zerkleinerer zerkleinern (muss nicht superfein sein, ist schön beim Essen, wenn noch ein paar festere Krümel dabei sind):

- 100 g Brot (war bei mir einfach über, aber noch nicht hart)
- 1 Tomate vorgeschnitten (100 g)
- 1-2 EL Sesamöl

Eine Pizza- oder Quicheform (18-20 cm) mit Öl einpinseln, den Brotteig darin verteilen. Es muss eine Form sein, aus der man direkt essen kann, weil der Teig sehr weich ist. Darüber

- 110 g Champignons in feinen Scheiben und
- 25 g Zwiebel in Ringen verteilen.

Darauf kommt jetzt noch eine rote Soße, kleiner Mixer, hochstehendes Messer:

- 25 g Mandeln
- 1 Tomate (105 g)
- 1 TL Paprika edelsüß
- 1 TL Salz
- 10 g Peperoniessig (7/4537 oder einfacher Essig & etwas Chilipulver)
- 15 g Sesamöl
- 50 g Wasser

In den heißen Ofen schieben, 20 Min. bei 200 °C backen, die letzten 3-4 Min. Grill zuschalten. Vor dem Servieren noch mit etwas Petersilie bestreuen.

5394. Brätzeli im Hörnchenautomat Nr. 6, März 2013

Rührteig in größerem Maßstab: Sind natürlich viel einfacher als die ausgerollten, werden aber nicht wirklich braun genug. Der Teig sollte vorher 30 Min quellen, die letzten wurden nämlich besser. In der Konsistenz immer noch etwas zäh, ich will aber den Fettanteil eigentlich nicht noch weiter erhöhen. Für 200 g Mehl mit allem Drum und Dran max. 45 Min.

* 150 g Dinkel mit
* 50 g Hafer fein mahlen,
* 1 gestr. TL Salz (2 g) untermischen; mit dem Handrührgerät
* 50 g Sonnenblumenöl
* 200 g Wasser, verrühren

Je 1 geh. TL in die Maschine geben, gut zudrücken. Auf höchster Stufe backen.

5395. Brätzeli Rote Bete im Hörnchenautomat Nr. 7, März 2013

* 200 g Dinkel fein mahlen. Im Vitamix
* 105 g Rote Bete, vorgeschnitten
* 1 TL Salz (4 g)
* 1 gestr. TL Koriander (3 g)
* 35 g Peperoniessig (7/4573)
* 165 g Wasser fein mixen, mit
* 60 g Öl zum Teig geben und dem Handrührgerät verrühren; 30-45 Min. stehen lassen.

Je 1 geh. TL in die Maschine geben, gut zudrücken. Auf höchster Stufe backen.

5396. Veganes Rosinen-Maom, März 2013

* 100 g Cashewnüsse mit
* 100 g Rosinen im Vitamix zu einer glatten Masse verarbeiten;
* 10 g Kokosöl
* 20 g Kakaobutter untermischen.

Fett tritt aus, bevor es aufgelöst ist, geschmacklich ein wenig zu süß.

5397. Pfannenkartoffel supersimpel, März 2013

* 50 g Erdnussöl in eine 24-cm-Pfanne (Keramik) geben
* 300 g kleine Kartoffeln längs durchschneiden, mit der Schnittfläche nach oben in die Pfanne setzen, mit
* Salz und
* Paprika edelsüß bestreuen.

Deckel auflegen, auf höchster Stufe (Induktion 2000 Watt) erhitzen, bis Dampf austritt, dann auf niedrigster Stufe (hier: 300 Watt) je nach Größe und Art der Kartoffeln 15-25 Min. garen.

5398. Brätzeli Kartoffelchips Nr. 8, März 2013

* 100 g Dinkel fein mahlen,
* 1 gestr. TL Salz (2 g) und
* 1 TL Paprika edelsüß untermischen; im Vitamix
* 130 g Kartoffeln, ungeschält
* 70 g Wasser
* 30 g Peperoniessig (7/4573) gut mixen, mit dem Handrührgerät mit
* 30 g Sonnenblumenöl unterrühren. Abgedeckt ca. 30 Min. stehen lassen

Je 1 geh. TL in die Maschine geben, gut zudrücken. Auf höchster Stufe backen.

5399. Rösthafer-Sauerteigbrot mit Quellstück Nr. 2, März 2013

Vorläufer: 5371. Ist praktisch nicht gegangen.

Am Abend vorher

- 200 g Roggen fein mahlen, mit
- 215 g Wasser und
- 150 g Sauerteigansatz verrühren, in Plastikschüssel abgedeckt bis morgens auf der Fensterbank stehen lassen.
- 100 g Nackthafer in einer Pfanne rösten, bis es ordentlich knackt und gut duftet
- 300 g Dinkel schroten (4/9) und mit
- 400 g Wasser verrühren, über Nacht stehen lassen

Morgens

150 g vom neuen Sauerteig abnehmen und in einem Schraubglas im Kühlschrank aufbewahren.

- 200 g Roggen den gerösteten Hafer mischen und fein schroten (3/9), mischen mit
- 125 g Sonnenblumenkerne, in der Pfanne geröstet
- 2 EL Brotgewürz
- 1 EL Salz. Dann
- 400 g Sauerteigansatz, den Quellansatz und
- 200 g Wasser hinzugeben.

Alles mit der Hand verrühren. Eine 30 cm Oetker-Profi-Backform Emaille mit Butter einfetten, Teig hineingeben und mit der Hand glatt streichen. In einen Plastikbeutel geben und 4 Std. gehen lassen. Dann den Ofen (Heißluft) auf 230 °C vorheizen, das dauert bei mir 18 Min. Brot mehrmals schräg einschneiden und mit Wasser einsprühen. Form auf dem Gitterrost in den Ofen schieben und 1 Std. bei 200 °C backen. Auf ein Kuchengitter stürzen, Klopfprobe machen. Umdrehen, mit Wasser einsprühen und auskühlen lassen. Erst am nächsten Tag anschneiden.

5400. Brätzeli Möhrenchips Nr. 9, März 2013

- 65 g Dinkel mit
- 135 g Weizen fein mahlen,
- 1 gestr. TL Salz (2 g) untermischen; im Vitamix
- 100 g Möhre
- 30 g Knoblauchingwerpaste
- 175 g Wasser (oder mehr) und
- 60 g Sonnenblumenöl unterrühren. Mischen. Abgedeckt ca. 30 Min. stehen lassen.

Je 1 geh. TL in die Maschine geben, gut zudrücken. Auf höchster Stufe backen.

5401. Brätzeli Maronencracker Nr. 10, März 2013

- 200 g Weizen fein mahlen,
- 1 gestr. TL Salz (2 g) untermischen; im kleinen Mixer
- 100 g Maronen
- 200 g Wasser (oder mehr)
- 15 g Sonnenblumenöl mischen und unterrühren. Abgedeckt ca. 30 Min. stehen lassen
Je 1 geh. TL in die Maschine geben, gut zudrücken. Auf höchster Stufe backen.

5402. Bohnenkraut in Öl, März 2013

- 1 kleine Handvoll Bohnenkraut, frisch aus dem Garten in
- 500 g Öl (leere Sahneflasche) geben, 10 Min. fest verschraubt auf den Kopf stellen und 2 Wochen ziehen lassen.

5403. Brätzeli im Hörnchenautomat, süß, März 2013

Vorsichtig gebacken, nach ersten Erfahrungen. Eric: Die schmecken irgendwie. ... wie Eishörnchen. Gut :-)

- 50 g Hafer geflockt
- 1 Prise Salz (2 g) mischen; hinzugeben
- 10 g Mandelöl
- 20 g Dinkelmehl
- 1 LS gem. Vanille
- 20 g Honig
- 75 g Wasser, verrühren

Je 1 TL in die Maschine geben, gut zudrücken. Auf Stufe 2-3. Nach dem Backen noch im Eisen rollen.

5404. Lasagne unkompliziert, März 2013

Also ich fand sie unkompliziert.

Schritt 1: Teig
- 60 g Dinkel fein mahlen, mit
- 5 g Sonnenblumenöl und
- 30 g Wasser zu einem Nudelteig verarbeiten; Kugel formen und abgedeckt ruhen lassen

Schritt 2: Rote Soße
- 5 g Erdnussöl in eine kleine Pfanne geben
- 1 kleine Zwiebel (45 g brutto) und
- 1 Knoblauchzehe schälen, in Scheiben schneiden, in der Pfanne anrösten (Induktion 1300 Watt). Im kleinen Mixer verquirlen

- 1 Tomate in Stücken (105 g)
- 40 g Paprika rot
- 40 g Möhre in Scheiben
- 1 TL Salz
- 1 TL Paprika edelsüß
- 25 g Wasser, zu den Zwiebeln geben und 6 Min köcheln (Induktion 300 Watt/80 °C);
- 25 g Weizen flocken und unterrühren

Schritt 3: Weiße Soße
- 25 g Cashewnüsse
- 5 g Apfelessig
- 1 TL Salz
- 15 g Sesamöl (gibt starken Geschmack!)
- 100 g Wasser im kleinen Mixer verquirlen

Schritt 4: Zusammenstellen

Teig auf 2 Portionen verteilen (47 + 48 g bei mir); in Größe der Lasagneform ausrollen, Teig klebt nicht. Etwas weiße Soße in die Form gießen, darauf eine Teigplatte legen. Hälfte der roten Soße darüber geben. Mit weißer Soße bedecken. 2. Teigplatte auflegen. 25 g Cashewnüsse mit dem Rest Soße (war etwa die Hälfte) verquirlen (nicht nötig, wenn die weiße Soße gleich mit etwas weniger Wasser hergestellt wird). Weiße Soße auf der oberen Teigplatte verteilen. In den kalten Ofen schieben, 25 Min bei 225 °C backen.

5405. Kohlsuppe bunt und schärflich, März 2013

Im Schnellkochtopf 2 Min auf Stufe 2, dann 1 Min. auf der Induktions-platte stehen lassen, dann abdampfen:

- 145 g Weißkohl
- 80 g Möhre
- 70 g Kohlrabi (netto)
- 90 g Kartoffeln (alles klein geschnitten)
- 1 Lorbeerblatt
- 5 Wacholderbeeren
- Rosmarin (hier: in scharfem Essig eingelegt)

- 1 kleines Stück Peperoni in Essig (7/4573)
- 1 Knoblauchzehe, geschält in Scheiben
- 350 g Wasser

Wacholderbeeren, Rosmarin und Wacholder herausfischen. Dann im Mixer
- 25 g Sonnenblumenkernmus (2/1480)
- 100 g Kochflüssigkeit durchmixen, unter die Suppe rühren, mit noch etwas Kochflüssigkeit den Becher leerspülen
- 1-2 TL klein geschnittene Tiefkühlkräuter unterrühren, aufkochen

5406. Michaelis-Mandel-Brot, März 2013

Vorlage: 5348

- 100 g Nacktgerste
- 400 g Dinkel
- 1 P frische Hefe (42 g)
- 450 ml handwarmes Wasser
- 100 g Mandeln
- 2 TL Salz
- 1 EL Brotgewürz o. Ä.
- 2 EL Apfelessig
- 1 TL Honig
- Butter zum Einfetten der Form

Gerste in einer Pfanne (26 cm) rösten. Mit dem Dinkel mischen und fein mahlen. Hefe im Wasser auflösen. Alle Zutaten zusammen gut durchkneten (hier: Küchenmaschine). Eine 30-cm-Form fetten, Teig hineingeben und in einer Plastiktüte 30 Min. gehen lassen. Auf dem Gitterrost in den kalten Backofen schieben. Eine Std. bei 200 °C (Heißluft) backen, aus der Form stürzen, mit Wasser einsprühen und auf einem Kuchengitter auskühlen lassen. Sehr knusprig!

Hinweis: Michael fand's enorm lecker.

5407. Rosinen-Maom Nr. 2, März 2013

- 100 g Cashews
- 85 g grüne Rosinen
- 30 g fein geraspelte Kakaobutter

Im Vitamix, 1,4-Liter-Becher: Verarbeiten, bis alles gelöst.

Vorsicht: Butter setzt sich in die Ecken, musste ich mit Löffel rausholen.

Fett setzte sich auch hier ab.

5408. Gemüsetopf „Woll Nr. 1", März 2013

Als Gemüsepfanne 12 Min.:

- 50 g Wasser
- Eine Prise Salz
- Ca. 200 g Gemüse: kleine Zwiebel, 1 Möhre, etwas Brokkoli, weiße Porreeringe
- 1 Tomate (ca. 90-100 g)
- 200 g Kartoffeln

Für die Soße im kleinen Mixer:
- 1 geh. TL Mehl
- Salz nach Geschmack
- 1 geh. TL Knoblauch-Ingwerpaste (6/4276)
- 1 gestr. TL Sonnenblumenkernmus (2/1480)
- gefühlte 50-75 g Wasser

Hinweis: Der Woll-Topf hält mit aufgelegtem Deckel super die Wärme! Müsste ich mal ausprobieren, Hirse drin kochen & die nachquellen lassen, während ich Soße in der Pfanne zubereite.

5409. Brätzeli à la Pizza im Hörnchenautomat Nr. 12, März 2013

Rührteig mit Nüssen (von 5389)

- 200 g Dinkel fein mahlen,
- 1 gestr. TL Salz (2 g) und
- 2 TL Pizzakräuter, zwischen den Händen zerrieben untermischen; im kleinen Mixer
- 50 g Mandeln mit
- 100 g Wasser 1 Min. mixen, zum Teig geben, Becher mit
- 130 g Wasser ausspülen;
- 40 g Sonnenblumenöl und
- 10 g Mandelöl hinzufügen, mit dem Handrührgerät verrühren.

30 Min. abgedeckt stehen lassen. Je 1 geh. TL in die Maschine geben, gut zudrücken. Auf Stufe 5 backen.

5410. Rosinen-Maom Nr. 3, März 2013

- 100 g Cashews
- 80 g grüne Rosinen
- Etwas gem. Vanille
- 20 g Kokosöl

Im Vitamix, 0,9-Liter-Becher verarbeiten, bis alles gelöst. Fett setzte sich hier nicht ab, da nur lauwarm geworden, aber nicht ganz so fein vermahlen.

5411. Kichererbsenauflauf in Woll-Gusspfanne Test Nr. 1

- 75 g Kichererbsen 20-24 Std. in mindestens
- 350 g Wasser einweichen

Am Kochabend:

Kichererbsen mit 135 g vom Einweichwasser im Schnellkochtopf (Stufe 2) 12 Min. garen. Während die Erbsen abdampfen, das Gemüse in der geschlossenen Pfanne zubereiten:

- 1/2 TL Sonnenblumenöl in der Pfanne mit dem Finger verteilen
- 50 g Kichererbseneinweichwasser, oder Wasser, wenn keines mehr übrig ist, in die Pfanne geben, darauf
- 1 Zwiebel (35 g netto), geschält, gewürfelt
- 1 Knoblauchzehe, geschält, gewürfelt
- 105 g rote Paprika in Streifen (netto)
- 135 g Champignons in Scheiben
- 40 g Porree in Scheiben; als Gemüsepfanne 9 Min. garen

Während das Gemüse noch gart, die Soße zum Überbacken herstellen. Dafür im kleinen Mixer verquirlen:

- 20 g Wasser (oder Einweichwasser der Kichererbsen)
- 65 g Kochwasser (evtl. mit Wasser aufgefüllt)
- 50 g gekochte Kichererbsen
- 25 g Sonnenblumenkernmus
- 1 TL Salz
- 1 MS gem. Chili

Kichererbsen mit dem Gemüse verrühren, Soße darüber gießen und 10 Min. überbacken & grillen.

5412. Schokoeis zum Frühstück, März 2013

- 1 Banane mittelgroß
- 1 TL Kakaopulver
- 1 kleine Handvoll grüne Rosinen
- 1 geh. EL Cashewnüsse
- 1 EL Nackthafer, geflockt - im Vitamix pürieren; dazu
- 160 g Eiswürfel mit dem Stößel unterarbeiten

5413. Schaumkakao mit Marzipan, März 2013

Im Vitamix 5,5 Min.:

- 1,5 cm breites Stück Marzipan von 250 g; ca. 30 g?
- 1 geh. EL Cashewnüsse
- 2 Scheiben frischer Ingwer
- 1 TL Kakaopulver
- 1 EL Hafer, geflockt

5414. Mischmaom, März 2013

Im Vitamix in der aufgeführten Reihenfolge mit dem Stößel verarbeiten bis weich und püriert; bleibt aber ein wenig stückig:

- 15 g Kakaobutter
- 55 g grüne weiche Rosinen
- 40 g getr. Mango
- 120 g Macadamianüsse

5415. Gemüsepfanne mit Nudeln, schnell & leicht, März 2013

Nach dem Theater war nicht viel Zeit. Zum Glück hatte ich schnellkochendes Gemüse zur Hand. Und die Woll-Pfanne ist sagenhaft, inkl. Sicherheitsdeckel!

- 260 g Wasser (zu viel, da Pfanne kein Wasser verliert)
- 75 g Hörnchennudeln
- 380 g Gemüse (ca. 100 g Champignons, 120 g Tomate, 160 g Aubergine). Als Gemüsepfanne 10 min. garen. Im Mixer verquirlen:
- 1 TL Paprika edelsüß
- 1 MS Chili gemahlen
- 1 TL Salz
- 1 geh. TL Nussmus
- 1 gestr. TL Dinkelmehl, in das Gemüse einrühren.

5416. Kartoffeln mit Sauerkraut „einfach einfach", März 2013

In eine Pfanne:

- 45 g Erdnussöl
- 285 g Kartoffeln gewaschen, abgerieben in Scheiben
- 50 g Porreegrün in Streifen
- 150 g Sauerkraut verteilen, Deckel auflegen, auf 2000 Watt (höchste Einstellung) zum Kochen bringen, bis Dampf hochsteigt, auf 300 Watt 12 Min. garen. Mit
- 1/2-1 TL Salz und
- 1 MS Chili gem. bestreuen, unterrühren

5417. Maom Banane, März 2013

In der aufgeführten Reihenfolge in den Vitamix geben:

- 105 g getr. Banane (Jallaldor)
- 20 g Orangeat
- 150 g Cashewnüsse
- 30 g fein geraspelte Kokosbutter

Gut mit dem Stößel verarbeiten, bis es eine homogene lauwarme Masse ist, in der das Fett gerade austreten will. In drei „Eisformen mit Stiel" füllen.

5418. Austernpilzpfanne Terracotta, März 2013

Terracotta-Deckel mindestens 15 Min. wässern. Die Pfanne mit

- 1 EL Sonnenblumenöl einreiben,
- 75 g Wasser
- 1 gestr. TL Salz hinzufügen, dann - wo nötig gewaschen (Kartoffeln) bzw. geschält (Zwiebel, Knoblauch) -, kleingeschnitten:
- 1 Zwiebel (50 g netto)
- 1 Knoblauchzehe
- 220 g Kartoffeln
- 60 g Paprikaschote, mit
- 1 TL Paprika edelsüß bestreuen,
- 150 g Austernpilze, mit
- Frisch gem. Pfeffer bestreuen

Vor Zugabe
Sonnenblumenkernmus

Kalt auf den Gitterrost stellen, 90 Min. bei 200 °C, nach 20 und 40 Min. heißes Wasser in die Griffmulden des Deckels geben. Beim Aufmachen sah es trocken aus und unten angesetzt, war aber sehr lecker! Vielleicht etwas zu weich. Habe den ersten Teller so gegessen, dann 1-2 TL Sonnenblumenmus mit ca. 50-70 g Wasser verquirlt, unter den Rest gerührt und auf der Induktionsplatte aufgekocht. Gab fast eine Bratensoße (Farbe deutlich dunkler als im Bild), sehr lecker. Da wäre mal ein Nussbraten zu probieren.

Hinweis: Beim nächsten Mal werde ich die doppelte Menge Wasser nehmen. Wenn das klappt, vielleicht die Zeit im Ofen reduzieren. Sehr aromatisch!

5419. Schoko-Maom vegan, März 2013

- 100 g Cashewnüsse
- 25 g Kakaonibs
- 90 g grüne weiche Rosinen

In der aufgeführten Reihenfolge in den Vitamix geben. Gut mit dem Stößel verarbeiten, bis es eine homogene lauwarme Masse ist, in der das Nussfett gerade austreten will. In zwei „Eisformen mit Stiel" füllen oder Kugeln formen.

5420. Brätzeli im Hörnchenautomat Nr. 13: Kichererbsen, März 2013

- 65 g Kichererbsen, dann
- 55 g Dinkel fein mahlen mit
- 1 TL Salz mischen und
- 1 TL Schwarzkümmelsamen (ca. 2 g) mischen; hinzugeben
- 30 g Sonnenblumenöl
- 50 g Wasser, verkneten mit dem Handrührgerät, Knethaken

15 g schwere Teigstücke sehr dünn ausrollen, ergibt 12 Stück. Auf Stufe 4 gut.

5421. Spinat-Brätzeli im Hörnchenautomat Nr. 14, März 2013

- 25 g Babyspinat mit
- 100 g Wasser im kleinen Mixer, hochstehendes Messer, gut mixen.
- 100 g Dinkel fein mahlen,
- 1 gestr. TL Salz (2 g) untermischen;
- 30 g Sonnenblumenöl und Spinatwasser hinzufügen, mit dem Handrührgerät verrühren

45-60 Min. abgedeckt stehen lassen. Je 1 geh. TL in die Maschine geben, gut zudrücken. Auf Stufe 4-5 backen.

5422. Terracotta-Deckel über Spinat, März 2013

Terracotta Deckel ca. 15 Min einweichen.

In eine Wollpfanne geben:

- 10 g Sonnenblumenöl
- 10 g Wasser
- 210 g Kartoffeln, gewaschen, gebürstet, in Scheiben
- 1 Knoblauchzehe, geschält, in Scheiben
- 1 kleine Zwiebel, geschält, in Scheiben (25 g netto)
- 100 g Babyspinat, gewaschen & abgetropft; nach der Hälfte des Spinats eine Lage
- 50 g Roggen, geflockt. Deckel auflegen, auf 2000 Watt (Induktion) erhitzen. Dampf austreten geht hier wohl nicht, also nach „Nase", wenn's duftet 12 min. auf 300 Watt dünsten.
- Salz nach Geschmack und
- frisch gem. Pfeffer darüber geben, verrühren, bis der Roggen Flüssigkeit aufgesogen hat

5423. Pepperoni-Brätzeli im Hörnchenautomat Nr. 15, März 2013

Gibt ca. 18 Stück.

- 100 g Dinkel fein mahlen,
- 1 gestr. TL Salz (2 g),
- 1 TL Paprika edelsüß und
- 1/4 TL Chilipulver untermischen; im kleinen Mixer
- 50 g rote Paprika mit
- 100 g Wasser, hochstehendes Messer, gut durchschlagen.
- 25 g Sonnenblumenöl und Paprikawasser hinzufügen, mit dem Handrührgerät verrühren

45-60 Min. abgedeckt stehen lassen. Je 1 geh. TL in die Maschine geben, gut zudrücken. Auf Stufe 3-4 backen.

5424. Tandoori-Brätzeli im Hörnchenautomat Nr. 16, März 2013

Gibt ca. 18 Stück.

- 50 g Weizen zusammen mit
- 50 g Quinoa fein mahlen,
- 1 gestr. TL Salz (2 g),
- 1 geh. TL Tandoori-Gewürzmischung (Brecht) oder Curry untermischen;
- 100 g Wasser und
- 25 g Sonnenblumenöl hinzufügen, mit dem Handrührgerät verrühren.

45-60 Min. abgedeckt stehen lassen. Je 1 geh. TL in die Maschine geben, gut zudrücken. Auf Stufe 3-4 backen.

5425. Mandel-Cracker-Schokolade, März 2013

- 50 g Cashewnüsse
- 50 g Mandeln
- 2 g getr. Orangenschale
- 4 cm Vanillestange (= 2 g)
- 80 g Kakaonibs und
- 1 Prise Salz im Vitamix 2 x schlagen.

Im Vitamix warm schlagen:

- 15 g Mandelöl
- 10 g Sesamöl
- 70 g Honig
- 40 g Kokosöl
- 20 g Carobpulver roh
- 10 g Kakaopulver roh
- 60 g Kakaobutter in feinen Streifen
- 100 g Mandeln hinzugeben und kurz mit durchschlagen, sodass einige in Stücke gebrochen werden.

In die Form geben, in Kühlschrank kalt und hart werden lassen.

5426. Kichererbsen mit Zitronenblumenkohl, März 2013

Am Vorabend

- 75 g Kichererbsen in ca.
- 350 g Wasser einweichen. Am Kochabend die eingeweichten Kichererbsen in
- 150 g Einweichflüssigkeit im Schnellkochtopf, Stufe 2 für 13 Min. garen. Den Rest Einweichflüssigkeit verwahren. Während die Kichererbsen kochen, die Gemüsepfanne vorbereiten; sie wird gekocht, während die Kichererbsen abdampfen. Da das Abdampfen schneller geht, kann ich auch schon die Soße vorbereiten.

Gemüse:

- 15 g Kokosöl
- 50 g Wasser in eine Woll-Pfanne, hoher Rand, geben;
- 5 g Honig darin verrühren
- 200 g Blumenkohl klein schneiden,
- 15 g Porreegrün in Ringe schneiden und beides in die Pfanne geben. Als Gemüsepfanne d8-9 Min. garen. Für die Soße im kleinen Mixer
- 15 g Sonnenblumenkerne mit
- 1 TL Salz
- 1 Prise gem. Koriander
- 120 g Wasser (bei mir Einweichwasser und Kochwasser von den Kichererbsen)
- Saft und Fleisch von 1 Zitrone (50 g)
- 15 g Dinkelmehl gut verquirlen.

Die Kichererbsen zu dem Gemüse geben, Sauce hinzufügen, unterrühren und einmal kurz aufkochen lassen.

5427. Bananen-Zitroneneis vegan & erfrischend, März 2013

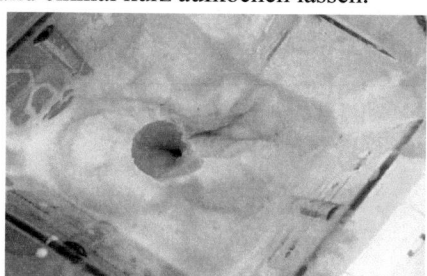

- 1 Banane (120 g netto)
- 25 g Cashewnüsse
- 50 g Zitronensaft & -fleisch und
- 35 g grüne Rosinen im Vitamix pürieren. Dann mit dem Stößel bis zur Raute einarbeiten:
- 260-270 g Eiswürfel

5428. Kokos-Brätzeli im Hörnchenautomat Nr. 17, März 2013

- 25 Kokosöl auf 60 °C flüssig werden lassen,
- 40 g Kokosraspeln hinzugeben und auf 80 / 100 °C rösten, bis sie hellbraun sind. 25 g von der Masse mit
- 150 g Wasser im kleinen Mixer fein mahlen.
- 100 g Dinkel in der Mühle fein mahlen, mit
- 1/2 TL Salz verrühren, geröstete Masse und Wasser hinzufügen, mit dem Handrührgerät verrühren

Je 1 geh. TL in die Maschine geben, gut zudrücken. Auf Stufe 5 backen.

5429. Reis-Brätzeli im Hörnchenautomat Nr. 18, März 2013

- 20 g Azukibohnen mit
- 80 g Naturreis fein mahlen. Im Vitamix
- 80 g Blumenkohlgrün mit
- 135 g Wasser zu einer glatten Masse schlagen, mit Reisgemisch,
- 1/2 TL Salz
- 1 TL Kreuzkümmel gemahlen und
- 2 EL Dinkelmehl mit dem Handrührgerät verrühren

Je 1 geh. TL in die Maschine geben. Auf Stufe 3-4 backen. Gegen Festhängen hilft, nach Auftragen des Teigs erst eine kleine Weile zu warten & dann das Eisen zu schließen.

5430. Mango-Schoko, März 2013

Im Vitamix 2 x schlagen:

- 80 g Kakaobohnen
- 50 g Cashewnüsse
- 50 g Mandeln
- 50 g getr. Mango, in Stücke gebrochen
- 5 g Orangenschale getr.
- 3 cm Vanillestange
- 1 Prise Salz

Hauptstufe, im Vitamix warm schlagen:

- 25 g Sesamöl
- 45 g Honig
- 40 g Kokosöl
- 20 g Carobpulver roh
- 60 g Kakaobutter in feinen Streifen

Aufpassen, dass nicht zu lange geschlagen wird, wird „fest" und Fett tritt aus. In Form geben, in Kühlschrank kalt und hart werden lassen.

5431. Bananen-Grapefruit-Eis vegan & erfrischend, März 2013

Im Vitamix pürieren:

- 1 Banane (115 g netto)
- 25 g Cashewnüsse
- 1 kleine Grapefruit (135 g netto)
- 20 g grüne Rosinen. Dann mit dem Stößel ebenfalls auf der höchsten Stufe bis zur Raute einarbeiten:
- 260-270 g Eiswürfel

Tipp: Eine leckere Variante mit Zitrone statt Grapefruit erfordert 50 g Zitronenfleisch und -saft sowie 35 g grüne Rosinen,

5432. Sauerkraut Terracotta, März 2013

Terracotta-Deckel 10-15 Min in Wasser legen, in der Zeit in der Pfanne:

- 20 g Kokosöl bei 60 Watt zerlassen; mit
- 200 g Wasser und 1 Prise Salz vermischen
- 200 g Kartoffeln unter fließendem Wasser abbürsten, in Scheiben schneiden, in die Pfanne geben, darauf
- 60 g Zucchini in Scheiben und
- 150 g Sauerkraut (ohne Wacholder / Lorbeerblatt). Terracotta-Deckel auflegen, die Mulden mit Wasser füllen. In den kalten Ofen schieben und 80 Min. bei 200 °C backen. Für die Soße mit dem kleinen Mixer mischen:
- 60 g Wasser mit
- 1 geh. TL Sonnenblumenkernmus (2/1480) und
- 1 geh. TL Meerrettichcreme vermischen, unter das Gemüse rühren.

5433. Weißkohl-Brätzeli im Hörnchenautomat Nr. 21, April 2013

- 200 g Dinkel und
- 50 g Buchweizen fein mahlen,
- mit 2 Prisen Salz und
- 1/2 TL gem. Kümmel vermischen, im Vitamix
- 125 g Weißkohl, vorgeschnitten mit
- 300 g Wasser verquirlen, mit
- 50 g Sonnenblumen zum Mehl geben und mit dem Handrührgerät verrühren

Ca. 45 Min. quellen lassen. Je 1 geh. TL in die Maschine geben, schließen. Auf Stufe 4-5 backen. Werden ziemlich labberig, müsste wohl mehr Mehl sein.

5434. Möhrenküchlein, April 2013

- 200 g Möhren mit
- 3 EL Wasser und
- 1 EL Apfelessig im Zerkleinerer (bei mir: Zerkleinerer) raffeln.
- 250 g Dinkel mahlen, mit
- 1 P Weinsteinbackpulver
- 1/2 TL gem. Vanille und
- 1 Prise Salz mischen
- 100 g Mandeln in zwei Portionen mahlen (im kleinen Mixer); mit
- 80 g Sonnenblumenöl
- 2 EL Wasser und
- 125 g Honig zu einem Rührteig verarbeiten (bei mir: Küchenmaschine). In Portionen zu je 2 geh. TL auf 15 Muffinförmchen (auf Backblech stehend) verteilen.
- 50 g Sonnenblumenkerne mit
- 50 g Nackthafer mischen und vorsichtig flocken (das kann nicht jeder Flocker, im Zweifelsfalle nur 100 g Hafer nehmen und die Sonnenblumenkerne weglassen). In einer kleinen Pfanne auf kleiner Einstellung (60 °C oder weniger)
- 50 g Honig mit
- 10 g Sonnenblumenöl zerlassen, mit den Flocken gut durchrühren. Jeweils 1 TL auf die Muffinförmchen geben.

Backblech in den kalten Heißluftofen schieben und 30 Min. bei 175 °C backen. Evtl. in den letzten 5 Min. mit Folie abdecken.

5435. Gefüllte Paprika mit Kartoffelecken, April 2013

Verwertung von Gemüseresten; zu Beginn der Arbeiten Terracotta-Deckel in warmes Wasser legen.

- 20 g Kokosöl bei kleiner Flamme in einer Pfanne zerlassen,
- 100 g Wasser und
- 1 Prise Salz hinzugeben
- 1 große Paprikaschote (285 g brutto) halbieren, Kerne und Wände entfernen. Mit der Öffnung nach oben auf ein Brett setzen. Wenn eine Hälfte nicht gut steht, unten etwas abschneiden. Im Zerkleinerer
- 120 g Blumenkohlgrün
- 60 g Möhre
- 45 g Linsensprossen (60 Std.)
- Eine Prise Salz
- 1 EL Sonnenblumenöl
- 1 MS Chilipulver
- Etwas frisch gem. schwarzer Pfeffer fein raffeln; die Paprikahälften damit füllen und in die Pfanne setzen.
- 150 g Kartoffeln unter fließendem Wasser abbürsten, längs vierteln und in die Pfanne geben. Auf höchster Einstellung zum Kochen bringen, Terracotta-Deckel auflegen und 20 Min bei kleiner Einstellung köcheln *(was ein Fehler war, ich hätte es mit geschlossenem Deckel wie üblich noch erhitzen sollen, bis Dampf austritt). Mit einem Messer testen ob Kartoffeln und Gemüse gar sind - waren sie bei mir nicht; also nochmals 20 Min. bei 600 Watt, dabei heißes Wasser in die Mulden gießen (scheint wichtig).* Im Mixer
- 15 g Sonnenblumenkernmus
- 1 gute Prise Salz
- 5 g Mehl und
- 100 g Wasser verquirlen, unterrühren und aufkochen.

Normalerweise hätte ich dieses Essen im Ofen garen lassen, aber ich war zeitlich zu knapp dran. Die Soßen aus den Woll-Pfannen sind dermaßen lecker, dass ich diese Pfannen auch Fleischessern, die gerne Soße herstellen, wärmstens ans Herz legen kann.

5436. Gemüsepfanne Sommerglück, April 2013

- 10 g Kokosöl und
- 50 g Wasser sowie
- 1 Prise Salz in eine 20-cm-Alugusspfanne mit hohem Rand geben. Darauf
- 130 g Kartoffeln (gebürstet unter fließendem Wasser, in Scheiben)
- 325 g gemischtes Gemüse in Stücken/Scheiben (Zucchini, Möhre, Paprika, Tomate, Porree). Deckel auflegen, auf höchster Einstellung zum Kochen bringen, bis Dampf austritt. Auf kleinster Watt-Einstellung 12 Min. garen. Im Mixer für die Soße Folgendes mixen:
- 1/2 TL Salz
- 15 g Sonnenblumenkernmus (2/1480)
- 8 g Mehl
- 1 TL Paprika edelsüß
- 1 LS gem. Kümmel
- 1 MS Chilipulver
- 5 g Zitronensaft
- 100 g Wasser. Unter das Gemüse rühren & einmal aufkochen

5437. Reis im Schnellkochtopf, April 2013

- 10 g Wildreis
- 90 g Langkorn-Naturreis
- 250 g Wasser
- 2 g Öl

15 Min. auf Stufe II - war mir immer noch zu hart. Reis zu alt?

5438. Falsches Kaninchen, April 2013

Wollpfanne mit Terracotta-Deckel, 24 cm; als erstes Deckel in warmes Wasser legen.

- 40 g Mandeln mit
- 1 TL Salz
- 1 gestr. TL Paprika edelsüß
- Frisch gem. schwarzer Pfeffer
- 1/2 gestr. TL gem. Kümmel im Zerkleinerer grob zerkleinern; hinzugeben:
- 130 g Austernpilze, in Stücke geschnitten
- 40 g Zwiebeln netto in Scheiben
- 1-2 Knoblauchzehen (5 g netto)
- 1/2 Zucchini (75 g) in Scheiben, raffeln, bis alles eine homogene Masse ist und in eine Schüssel umfüllen
- 50 g Roggen flocken und
- 50 g Kichererbsen fein mahlen (30 Sek., kl. Mixer), unter die Gemüse-Pilzmasse kneten, evtl. nochmals salzen.
- 25 g Sonnenblumenkerne ebenfalls unterkneten; in der vorgewärmten Pfanne
- 10 g Erdnussöl heiß werden lassen; Braten darin gut anbraten, auch von den anderen Seiten, dann
- 200 g Kartoffeln (gewaschen, gebürstet) sowie
- 90 g Möhren in nicht zu dünnen Scheiben hinzufügen, mit
- 230 g Wasser begießen. Deckel auflegen, die Mulden mit Wasser füllen und in den kalten Ofen schieben. Griff abnehmen; 75 Min. bei 200 °C erhitzen. Aus dem Backofen nehmen, „Braten" auf einen Teller legen. Im kleinen Mixer:
- 1 TL Salz
- 160 g Wasser
- 10 g Tomatenmark
- 5 g Mehl verquirlen, mit dem Pfannensud aufkochen

5439. Tomaten-Brätzeli im Hörnchenautomat Nr. 19, April 2013

- 150 g Dinkel mit
- 50 g Hartweizen fein mahlen, im Vitamix
- 1 große Tomate (180 g) mit
- 1 gr. Knoblauchzehe (9 g netto)
- 1 TL Salz
- 1 TL Paprika edelsüß
- 50 g Wasser feinmahlen, zum Getreide geben, Becher mit
- 25 g Wasser nachspülen, ebenfalls zum Getreide geben,
- 50 g Sonnenblumenöl zugeben und mit dem Handrührgerät ver-rühren

Ca. 45 Min. quellen lassen. Je 1 geh. TL in die Maschine geben, gut zudrücken. Auf Stufe 3-4 backen.

5440. Oliven-Brätzeli im Hörnchenautomat Nr. 20, April 2013

- 50 g Dinkel mit
- 50 g Buchweizen fein mahlen,
- mit 2 Prisen Salz und
- 1 TL Pizzagewürz vermischen, im Mixer, hochstehendes Messer
- 75 g Oliven in Kräutern und Knoblauch
- 100 g Wasser verquirlen, mit
- 15 g Sesamöl zum Mehl geben und mit Handrührgerät verrühren.

Ca. 45 Min. quellen lassen. Je 1 geh. TL, auf Stufe 3-4 backen.

5441. Spinat in Hafersoße mit Pilzbraten, April 2013

- 30 g Kokosöl in einer warmen Pfanne zerlassen, mit
- 25 g Wasser mischen, dort hineinschichten:
- 200 g Kartoffeln, in Scheiben geschnitten
- 1 kleine Prise Salz
- 1 Knoblauchzehe, geschält & in Scheiben
- 1 große Tomate (120 g) in Scheiben
- 120 g Spinat, gut gewaschen & klein geschnitten. Sicherheitsdeckel auflegen, als Gemüsepfanne 12 Min dünsten.
- 12 g Hafer fein mahlen, mit
- 20 g Cashewnüssen
- 1/2 TL Salz
- 15 g Zitronensaft und
- 105 g Wasser 30 Sek. mixen. Unter das Gemüse rühren, einmal kurz aufkochen. Deckel auflegen, Pfanne beiseite stellen. In einer zweiten kleinen Pfanne
- 10-20 g Erdnussöl erhitzen, von dem „falschen Kaninchen"-Rest (5431) die Hälfte in 2-3 Scheiben schneiden und in dem Öl anbraten.

5442. Kohlrabi-Frühstück, April 2013

- 50 g Dinkel am Vorabend grob schroten, mit
- 65 g Wasser verrühren. Morgens
- 1 Tomate (130 g) halbieren, mit
- Etwas Salz,
- 15 g Zitronensaft
- 1 EL Mandelöl (10 g) verquirlen, unter den Schrot rühren und in einen Suppenteller geben. Im Zerkleinerer
- 1 Prise Salz
- 170 g Kohlrabi (200 g brutto) in Stücken
- 10 g Mandelöl
- 5 g Zitronensaft
- 20 g Schnittlauch gehackt und
- 20 g ungeschälte Mandeln raffen, nicht zu fein, und an den Rand des Schrots legen. Die zweite Tomatenhälfte in Spalten schneiden und auf den Rand legen.

5443. Feines Kartoffelbrot, April 2013

Vorabend:

- 200 g Roggen fein mahlen, mit
- 210 g Wasser und
- 150 g Sauerteigansatz verrühren, in Plastikschüssel abgedeckt bis abends auf der Fensterbank stehen lassen.

Backmorgen:

160 g vom neuen Sauerteig abnehmen und in einem Schraubglas im Kühlschrank aufbewahren.

- 300 g Roggen
- 200 g Dinkel und
- 100 g Weizen mischen und fein mahlen
- 1 EL Brotgewürz
- 1 EL Salz
- 125 g Sonnenblumenkerne unterrühren. Im Vitamix
- 290 g Kartoffeln (ungeschält, gewaschen) mit
- 300 g Wasser (mit 200 g anfangen, damit Wasser zum Nachspülen bleibt) ganz fein-schaumig mahlen,
- 150 Wasser und
- 30 g Sonnenblumenöl zur Mehlmischung geben, dazu noch
- 400 g Sauerteigansatz.

Alles mit der Hand verrühren. Eine 30 cm Oetker-Profi-Backformen Emaille mit Butter einfetten, Teig hineingeben und mit der Hand glatt streichen. Mehrmals schräg einschneiden. In einen Plastikbeutel geben und 4 Std. gehen lassen.

In den letzten 15 Min. den Ofen (Heißluft) auf 225 °C vorheizen. Mit Wasser einsprühen. Formen auf dem Gitterrost in den Ofen schieben und 1 Std. bei 200 °C backen. Auf ein Kuchengitter stürzen, Klopfprobe machen. Umdrehen, mit Wasser einsprühen und auskühlen lassen. Erst am nächsten Tag anschneiden.

5444. Linsen-Brätzeli im Hörnchenautomat Nr. 22, April 2013

- 50 g Linsen 12 Std. einweichen, dann 12 Std. keimen lassen und mit
- 200 g Wasser im Vitamix pürieren.
- 50 g Roggen und
- 50 g Dinkel fein mahlen, mit
- 1 TL Paprika edelsüß
- 1 LS Chilipulver
- 1 TL Salz verrühren,
- 25 g Sesamöl hinzugeben und mit dem Handrührgerät verrühren.

Ca. 45 Min. quellen lassen. Je 1 geh. TL in die Maschine geben, schließen. Auf Stufe 3,5 - 4,5 backen.

5445. Apfelhauch-Schoko mit Knack, April 2013

Im Vitamix 2 x schlagen:

- 80 g Kakaobohnen
- 10 g Sonnenblumenkerne
- 90 g Mandeln
- 15 g getrocknete Äpfel
- 3 cm Vanillestange
- 1 Prise Salz

Hauptstufe: in Vitamix warm schlagen:

- 25 g Sesamöl
- 60 g Honig
- 40 g Kokosöl
- 20 g Carobpulver roh
- 10 g Kakaopulver roh
- 60 g Kakaobutter in feinen Streifen
- 50 g Buchweizen mit
- 50 g Sonnenblumenkernen rösten, unter die fertige Schokolade rühren.

Aufpassen, dass nicht zu lange geschlagen wird. In Form geben, in Kühlschrank kalt und hart werden lassen.

5446. Ravioli mit Tomatensoße, April 2013

Mit Pilzbratenresten (5432)

Teig:
- 50 g Dinkel und
- 25 g Hartweizen fein mahlen, mit
- 1/2 TL Salz und
- 1 gestr. TL Curry vermengen, dann mit
- 35-40 g Wasser und
- 5 g Öl zu einem glatten Teig kneten; abgedeckt 3-4 Std. stehen lassen.

Füllung:
- 1/3 „Falsches Kaninchen"-Rest mit
- 6 g geh. Schnittlauch
- 10 g Sonnenblumenöl und
- 30 g Wasser mit der Gabel verkneten.

Teig mit Hilfe von Ravioli-Förmchen füllen. Zur Seite legen. Dann eine Pfanne mit Öl einpinseln (bei größeren Portionen das Backblech nehmen), die Ravioli nebeneinander hineinsetzen und oben mit Öl einpinseln. In den kalten Ofen schieben, 10 Min. bei 200 °C, dann nochmals 10 Min. auf der anderen Seite bei 200 °C. Auf ein Haushaltspapier geben.

Soße:
- 1 EL Erdnussöl erhitzen,
- 1 TL Senfsamen und
- 1 TL weißer Mohn darin erhitzen, bis sie springen,
- 25 g Porree in Streifen schneiden, mit
- 1 TL Knoblauch-Ingwer-Paste (6/4276) mit anbraten.
- 1 Tomate (160 g) in Stücke schneiden, in die Pfanne geben, gefolgt von
- 50 g Wasser und
- 1 Prise Chilipulver. Köcheln lassen, bis die Tomaten fast zerkocht sind.
- 50 g Wasser mit
- 10 g Zitronensaft
- 15 g Sonnenblumenmus (2/1480)
- 5 g Honig
- 1 Prise Salz
- 1 TL Paprika edelsüß mit der Gabel verquirlen, einrühren und noch etwas kochen. Dann
- 50 g Wasser mit
- 8 g Mehl und ggf.
- Etwas Salz verrühren, unterrühren und aufkochen.

5447. Weißkohl mit Kartoffeln süßlich, April 2013

In einen kleinen Topf geben:
- 70 g Wasser
- 130 g Weißkohl ohne Strunk kleingeschnitten
- 300 g Kartoffeln, in Scheiben
- 20 g grüne Rosinen
- 1 Prise Salz. Als Gemüsepfanne 13 Min. garen. Kochwasser mit
- 30 g Cashewnussmus (6/4295)
- 1/2 TL Salz
- 1 TL Knoblauch-Ingwer-Paste (6/4276) oder 1 Knoblauchzehe geschält)
- 30 g Zitronensaft (und Zitronenfleisch)
- 150 g Wasser mit einem Mixer (Vitamix) gut mixen, unter das Gemüse rühren, aufkochen. Auf dem Teller mit
- 1-2 TL gehacktem Schnittlauch bestreuen

5448. Verweißkohlte Mungbohnen mit Red Sauce, April 2013

Da die Mungbohnen vorgekeimt waren, ging alles sehr flott!

- 50 g Mungbohnen ca. 48-60 Std. keimen lassen (meine keimten sehr schlecht), die gekeimten Bohnen (ca. 105 g) mit
- 200 g Weißkohl (davon 50 g reiner Strunk), klein geschnitten und
- 135 g Wasser 5 Min. auf Stufe II kochen, abdampfen lassen. im kleinen Mixer
- 80 g Tomate mit
- 1 TL Salz
- 1 TL Paprika edelsüß
- 1 MS Chilipulver
- 10 g Dinkelmehl
- 20 g Cashewnussmus und
- 40 g Wasser verquirlen, unterrühren & kurz aufkochen. Auf dem Teller mit
- 1-2 TL geh. Schnittlauch dekorieren.

5449. Weiße Soße (Art Spargelsoße), April 2013

- 20 g Zitronensaft
- 15 g Cashewnussmus
- 1 TL Salz
- 100 g Wasser
- 1 geh. TL Mehl (ca. 7 g)

Im kleinen Mixer verquirlen, unterrühren, aufkochen. Evtl. mit einer winzigen Prise Kurkuma färben.

5450. Mungbohnen mit Gemüse in Soße, April 2013

- 100 g Mungbohnen 24 Std. in Wasser einweichen, mit
- 125 g Einweichwasser im Schnellkochtopf, Stufe 2, 5-6 Min. garen. In einer 20-cm-Pfanne
- 10 g Sonnenblumenöl und
- 30 g Wasser mischen, dazu
- 95 g Porree in feinen Ringen und
- 90 g Möhre, halbiert, in Stiften, als Gemüsepfanne 9-10 Min garen. Im kleinen Mixer
- weiße Soße (5443) herstellen und unterrühren.

Tipp: *Die Mungbohnen mussten erst abdampfen, waren dann im mit Deckel geschlossenen Schnellkochtopf, dass sie noch recht warm waren. Da die Soße salzig genug ist, fand ich das okay. Sonst das Salz halbieren, eine Hälfte unter die gegarten Mungbohnen geben. Wer mag, kann auch alles in der Pfanne mischen.*

5451. Schödel-Schokolade, April 2013

Rösten:
- 50 g Quinoa bis zum Knacken
- 50 g Kokosraspeln bis goldbraun

Im Vitamix 2 x schlagen:
- 80 g Kakaobohnen
- 100 g Cashewnüsse
- 5 g Orangenschale getr.
- 3 cm Vanillestange
- 1 Prise Salz

In Vitamix warm schlagen:
- 30 g Sesamöl
- 65 g Honig
- 40 g Kokosöl
- 20 g Carobpulver roh
- 10 g Kakaopulver roh
- 60 g Kakaobutter in feinen Streifen

Aufpassen, dass nicht zu lange geschlagen wird, wird „fest" und Fett tritt aus. Eine Form pur gießen (für Herrn Schödel, der Interview am 11.4. mit mir für einen sächsischen Sender gemacht hat), den Rest mit den gerösteten Zutaten vermischen, in die volle Form geben, in Kühlschrank kalt und hart werden lassen.

5452. Quinoa aus dem Reistopf, April 2013

Vollwertreis im Reiskochtopf geht gut, dauert aber sehr lange. Also suche ich nach schnelleren Alternativen. Quinoa ist da empfehlenswert.
Quinoa:

- 6 g Sesamöl in die Reistopfform geben,
- 100 g Quinoa und
- 295 g Wasser hinzufügen, Topf einschalten. Es dauert recht lange, also bestimmt 30 Min.

Soße:

- 15 g Sesamöl und
- 35 g Wasser in einen kleinen „Concept pro"-Topf geben,
- 110 g Zucchini in Scheiben schneiden, auf der induktionsplatte 5 Min. garen, dann
- 100 g Tiefkühl-Mais hinzufügen, Deckel auflegen und warten, bis der Reistopf fertig ist. im kleinen Mixer
- 15 g Peperoniessig (7/4573)
- 1 kl. Stück eingelegte Peperoni (1 cm)
- 1 gestr. TL Salz
- 15 g Tomatenmark
- 1 TL Paprika edelsüß
- 1 MS Chilipulver
- 20 g Cashewnussmus
- 1 TL Mehl
- 125 g Wasser gut verquirlen, unterrühren, aufkochen.

Jeweils eine Hälfte nebeneinander auf einen Teller geben.

5453. Rigatoni mit Möhren-Nuss-Sauce, April 2013

- Ca. 1,5 Liter Wasser aufkochen (Wasserkochtopf), mit
- reichlich Salz (die Nudeln sind ungesalzen) aufkochen, dann
- 80 g Rigatoni Einkorn Vollkorn von Biohof Walz hinzugeben, bei kleiner Einstellung 10 Min. kochen, abgießen, und im Topf warmhalten
- 15 g Sesamöl
- 35 g Wasser in eine Pfanne geben
- 1 Zwiebel (35 g netto)
- 1 Prise Salz und
- 1 geschälte Knoblauchzehe klein schneiden, hinzufügen. Im Zerkleinerer

- 45 g Paranüsse mit
- 85 g Möhre raffeln (hier hätte ich auch Zwiebeln und Knoblauch hinzugeben können, wäre dann sehr schnell gegangen!), auch in die Pfanne geben. Als Gemüsepfanne. 5 Min. dünsten.
- 25 g Cashewnussmus
- 10 g Schnittlauch
- 35 g Wasser unterrühren, kurz aufkochen.

Hälfte der Nudeln in einen Suppenteller geben, Klecks Soße drauf. Macht satt!

5454. Kichererbsen geröstet aus der Pfanne, April 2013

- 120 g gekochte Kichererbsen (von 50 g Rohware; 13 Min. in Schnellkochtopf) auf einem Handtuch antrocknen lassen. In einer kleinen verschließbaren Plastikdose
- 1 gute Prise Salz
- 1 gestr. TL Paprika edelsüß
- 1 kleine Prise gem. Chilipulver
- 2 TL Olivenöl verrühren, Kichererbsen hinzufügen, Deckel schließen und gut durchrütteln.

In einer 20-cm-Keramikpfanne bei mittlerer Hitze ca. 10 Min unter gelegentlichem Rühren erhitzen.

5455. Blumenkohlgrün mit Kichererbsen, April 2013

- 100 g Kichererbsen in genügend Wasser (also ca. 400 g) ca. 20-24 Std. einweichen - für das Gericht brauche ich nur die Hälfte der Kichererbsen. Im Schnellkochtopf auf Stufe 2 für 13 Min kochen & langsam abdampfen lassen
- 1 EL Erdnussöl in einer vorgewärmten Woll-Pfanne erhitzen, darin anbraten:
- 1 knapper TL schwarze Senfsamen
- 1 knapper TL Kreuzkümmel
- 2 TL weißer Mohn, umrühren, bis es zu springen anfängt. Hinzu:
- 1 Stück eingelegte Peperoni (74573; 2 cm) in feinen Ringen
- 1 geh. TL Knoblauch-Ingwerpaste, gefolgt von
- 1/2 TL Kurkuma und
- 1 LS Chilipulver (nach Geschmack) und
- 1 TL Salz, vom Einweichwasser oder auffüllen:
- 75 g Wasser
- 1 TL Tomatenmark
- 1 geh. TL Cashewnussmus gut verrühren und zum Köcheln bringen, mittlerweile sind die Erbsen abgedampft,
- 75 g Kochwasser unterrühren (oder mit Wasser auffüllen)
- 180 g Blumenkohlgrün, gewaschen, getr., kleingeschnitten und
- 1 Möhre (60 g netto) in Scheiben hinzufügen, Deckel auflegen und bei 300 Watt 10 Min. köcheln. Ist dann bissfest. Kichererbsen unterrühren, nochmals 2 Min bei 300 Watt. Auf dem Teller mit
- 1 kleingeschnittenem Blumenkohlröschen dekorieren.

5456. Weizen mit Blumenkohl, überbacken, April 2013

- 100 g Weizen in ca.
- 300 g Wasser 20-24 Std. einweichen. Dann in 125 g Einweichwasser (Rest verwahren) 15 Min auf Stufe 2 im Dampfkochtopf kochen.
- 50 g Einweichflüssigkeit in eine ofenfeste Pfanne geben, dazu
- 185 g Blumenkohl, in nicht zu großen Stücken,
- 1 Pr. Salz
- 105 g Kartoffeln, unter fließendem Wasser gebürstet, in feinen Scheiben, 8 Min. als Gemüsepfanne dünsten. Kochwasser auffangen und mit evtl. Einweichwasser und Wasser auf
- 200 g Flüssigkeit ergänzen. Dazu
- 20 g Olivenöl
- 1 gestr. TL Salz (4 g)
- 20 g Paranüsse
- 6 g Dinkelmehl
- 15 g Apfelessig (oder Zitronensaft), im Mixer verquirlen, in die Pfanne gießen und in den Ofen schieben: 15 Min. bei 230 °C (20 Min. würde weniger Flüssigkeit übrig bleiben, je nach Geschmack)

5457. Schwarze Einkorn-Brötchen, April 2013

- 1/2 P Hefe (21 g) in
- 125 g Wasser verrühren.
- 300 g Einkorn und
- 200 g Dinkel mischen, fein mahlen und mit
- 2 gestr. TL Salz verrühren. In die Rührschüssel der Küchenmaschine
- 55 g saure Sahne gemischt mit
- 135 g Wasser und
- 13 g tiefgekühltem Schnittlauch geben, darauf das Mehl und darauf das Hefewasser.

Knetenzeit (Maschine): 1 Min. auf Minimum, ca. 5-6 Min. auf Stufe 1-2. Mit nassen Händen in einer Peng-Schüssel zu einer Kugel unter Spannung formen, Schüssel schließen und 1 Std. gehen lassen. Zu Brötchenformen, nochmals abgedeckt 30 Min. gehen lassen und im vorgeheizten Ofen (Heißluft) 20-25 Min. bei 170 °C backen.

5458. Kartoffelpizza mit viel Zeit zum Aufräumen, April 2013

Wenig Arbeit, mit Schnellkochtopf auch recht schnell.

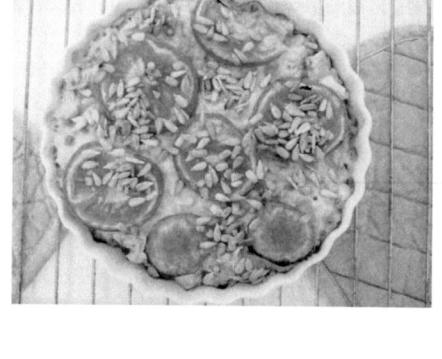

- 300-320 g Kartoffeln, unter fließendem Wasser gebürstet & in Scheiben geschnitten mit
- 1 Zwiebel in dünnen Scheiben (25 g netto) und
- 125 g Wasser im Schnellkochtopf 2 Min. Stufe 2, langsam abdampfen lassen.
- 100 g TK-Erbsen und
- 50 g TK-Mais aus dem TK-Schrank nehmen. Kochwasser auffangen. In einer Schüssel die Kartoffeln mit der Gabel zerdrücken.
- Kochwasser (85 g) mit
- 1 TL Salz
- 30 Sonnenblumenkernmus im kleinen Mixer verquirlen, alles in der Schüssel miteinander verrühren. Eine 20-cm-Quiche-Form einölen und die Masse hineinfüllen. Mit
- 1 Tomate (115 g) in Scheiben belegen, mit
- 1 TL Olivenöl einpinseln, mit
- 15 g Sonnenblumenkernen bestreuen. In den kalten Ofen schieben, bei 230 °C (Heißluft) ca. 25 Min. backen

5459. Feines Möhren-Keimbrot, April 2013

Vorabend

- 200 g Roggen fein mahlen, mit
- 205 g Wasser und
- 150 g Sauerteigansatz verrühren, in Plastikschüssel abgedeckt bis abends auf der Fensterbank stehen lassen.

Morgens

150 g vom neuen Sauerteig abnehmen und in einem Schraubglas im Kühlschrank aufbewahren.

- 125 g Sonnenblumenkerne rösten
- 550 g Urroggen (oder Roggen) fein mahlen
- 1 EL Brotgewürz
- 1 EL Salz
- 125 g Sonnenblumenkerne unterrühren. Im Vitamix
- 250 g Möhren, in Stücken, mit
- 100 g Keimen (48 Std.) von rauem Kreuzritter-Weizen und
- 250 g Wasser (mit 125 g anfangen, damit 125 g Wasser zum Nachspülen bleiben) ganz fein-schaumig mahlen,
- 165 Wasser und
- 65 g Olivenöl zur Mehlmischung geben, außerdem
- 400 g Sauerteigansatz.

Alles mit der Hand verrühren. Eine 30 cm Oetker-Profi-Backformen Emaille mit Butter einfetten, Teig hineingeben und mit der Hand glatt streichen. Mehrmals schräg einschneiden. In einen Plastikbeutel geben und 3 Std. gehen lassen. Den Ofen (Heißluft) auf 230 °C vorheizen (etwa 20 Min). Mit Wasser einsprühen. Formen auf dem Gitterrost in den Ofen schieben und 1 Std. bei 200 °C backen. Auf ein Kuchengitter stürzen, Klopfprobe machen. Evtl. ohne Form nochmals 15 Min. backen, mir ist es dann zusammengefallen. Umdrehen, mit Wasser einsprühen und auskühlen lassen. Erst am nächsten Tag anschneiden.

5460. Crêpes mit Blumenkohlsalat, April 2013

Teig:

- 50 g rauer Kreuzritterweizen (o. Ä.) mit
- 10 g roten Linsen fein mahlen,
- 1 Prise Salz unterrühren. Mit einem Schneebesen
- 10 g Olivenöl und
- 120 g Wasser unterschlagen. Mindestens 1 Std. quellen lassen.

Salat, Zubereitung im Zerkleinerer:
- 1 EL Zitronensaft
- 1 EL Olivenöl
- 1 Prise Salz
- 150 g Blumenkohl in Röschen im Zerkleinerer raffeln, in eine Schüssel geben, den Rand mit
- 50 g Linsenkeimen (48 Std.) belegen.

Eine Crêpepfanne fein mit Erdnussöl bestreichen, mit Hilfe eines Küchenpapiers z. B. Auf 600 Watt warm werden lassen, dann den Teig hinzugeben und nach allen Seiten laufen lassen. Hitze auf 600-800 Watt stellen und warten, bis der Teig sich leicht mit einem Holzspatel vom Boden lösen lässt. Ich war mal wieder zu ungeduldig! Auf einen großen Teller geben,
- 1 TL Butter (fakultativ) in die Mitte legen und mit
- 1 TL geh. Schnittlauch bestreuen, Blumenkohl nach Wunsch in die Mitte geben und zuklappen oder aufrollen.

5461. Reis mit dicken Bohnen indisch, April 2013
Reis
- 100 g Basmatireis mit
- 5 g Olivenöl und
- 250 g Wasser im Reiskochtopf garen

Bohnen
- Dicke Bohnen auspellen (150 g netto), mit
- 50 g Wasser im Topf 12 Min. garen

Zubereitung
- 30 g Erdnussöl erhitzen, darin
- 1 TL Kreuzkümmel erhitzen, bis sie knistern, dazu
- 1 Stück Zimt
- 2 Gewürznelken
- 1 Sternanis, runterschalten, dann
- 20 g Rosinen hinzugeben, bevor sie aufblähen außerdem
- 25 g Cashewnüsse anbraten. Bohnen hinzugeben, dann
- 1/2 TL Kurkuma
- 1 gestr. TL Salz
- 1 MS Chilipulver

Reis hinzugeben, alles gut durchrühren und erwärmen, bis es heiß genug ist.

5462. Mungbohnen mit Gemüse slightly exotic, April 2013
Mungbohnen
- 100 g Mungbohnen 24 Std. in
- 350 g Wasser quellen lassen, dann im Schnellkochtopf mit 125 g Einweichflüssigkeit 6-7 Min auf Stufe 2 kochen (7 Min. waren sie sehr weich, aber ich mag das); Wasser war keines übrig.

Gemüsepfanne 6-7 Min.:
- 50 g Wasser
- 70 g dicke Bohnen (netto)
- 80 g Blumenkohl
- 25 g Porree
- 10 g Cashewnüsse
- 10 g grüne Rosinen

Soße im kleinen Mixer:
- 1 gestr. TL Salz
- 1 gestr. TL Sambar
- 20 g Zitronensaft
- 20 g Cashewnussmus
- 1 MS Chilipulver
- 30+40 g Wasser

Alle Zutaten in der Pfanne verrühren und einmal aufkochen.

5463. Curryreis mit Austernpilzen, April 2013

Reis: Am Vortag

- 100 g Basmatinaturreis mit
- 7 g Olivenöl und
- 290 g Wasser im Reiskochtopf kochen

Pfanne:

- 25 g Erdnussöl in die leicht erwärmte Pfanne geben, auf 1000 Watt erhitzen.
- 155 g gefrorene Austernpilze hinzugeben und von allen Seiten braten, bis sie zu einzelnen Teilen zerfallen,
- 25 g Zitronensaft (von 1/2 Zitrone)
- 20 g Cashewnüsse
- 20 g grüne Rosinen unterrühren, und auf 600 Watt 4-5 Min. köcheln;
- 10 g Zitronenfleisch mit
- 80 g Wasser
- 1 TL Curry
- 1 TL Salz und
- 25 g Cashewnussmus einrühren, und etwas köcheln lassen, dabei den Deckel aufgelegt lassen. Es setzt minimal an, besser wäre noch, es würde anbacken, aber dann ohne Cashewnussmus

Hinweis: Wenn Reis bereits gekocht, sehr schnell. Mit frischen Champignons vermutlich noch fixer.

5464. Rigatoni mit Orangen-Sahne-Sauce, April 2013

- Ca. 1,5 Liter Wasser aufkochen (Wasserkochtopf), mit
- Reichlich Salz (die Nudeln sind ungesalzen) aufkochen, dann
- 90 g Rigatoni Einkorn Vollkorn von Biohof Walz hinzugeben, bei 300 W mit Deckel auf „Lücke" gelegt 10 Min. kochen, abgießen, und im Topf warmhalten

- 10 g Olivenöl
- 40 g Wasser in eine Pfanne geben
- 1 Zwiebel (25 g netto) und
- 150 g Champignons, in feine Scheiben geschnitten, auch in die Pfanne geben. Deckel auflegen, zum Kochen bringen und als Gemüsepfanne 5 Min. dünsten lassen
- 1 TL Cashewnussmus unterrühren, kurz aufkochen. Im Zerkleinerer
- 100 g Orange mit
- 1 TL Salz (4 g)
- 1 kleine Prise Muskatnuss und
- 30 g saure Sahne verquirlen, unterrühren und auf 80 °C erhitzen.

Hälfte der Nudeln in einen Suppenteller geben, Klecks Soße drauf.

5465. Stangensellerie mit Reis oriental, April 2013

Reis

- 100 g Basmati-Naturreis mit
- 8 g Olivenöl und
- 290 g Wasser im Reiskochtopf garen

Gemüse

- 10 g Kokosöl und
- 40 g Wasser in eine 20-cm-Woll-Pfanne geben, dazu
- 25 g grüne Rosinen
- 25 g Cashewnüsse
- 160 g Stangensellerie in Streifen geschnitten, als Gemüsepfanne 12 Min. dünsten. Mit
- 1 TL Salz bestreuen,
- 15 g Zitronensaft/-fleisch hinzufügen. Reis unterrühren.

Gebackenes

- 10 g Kokosöl in einer 20-cm-Keramikpfanne erhitzen, auf mittlerer Hitze darin
- 25 g Cocktailtomaten (4 Stück) und
- 45 g Banane in Scheiben braten. Auf den Reis geben. In der Pfanne servieren.

5466. Maom-Dreifaltigkeit, April 2013

In der aufgeführten Reihenfolge in den Vitamix (1,4-Liter) geben:

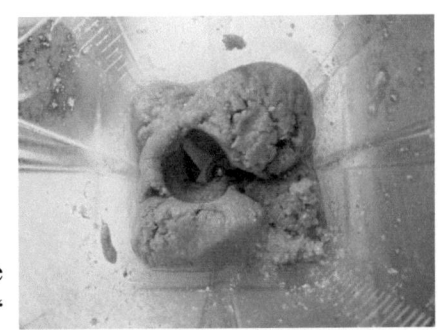

- 195 g Cashewnüsse
- 50 g getr. Mango, in Stücken
- 65 g entsteinte große Datteln
- 50 g grüne Rosinen
- 20 g dünngehobelte Kakaobutter

Gut mit dem Stößel verarbeiten, bis es eine homogene lauwarme Masse ist, in der das Fett gerade austreten will. In vier „Eisformen mit Stiel" füllen oder Kugeln formen.

5467. Unhold-Tagliatelle mit Rahmspinat, April 2013

Nudeln:

Den Unold 88081 (oder so ähnlich) zusammenbauen, für den Teig hineingeben:

- 170 g Hartweizen
- 170 g rauer Kreuzritterweizen (o. Ä.)
- 10-20 g Dinkel (nachgegeben, weil Teig zu weich)
- 10 g Olivenöl
- 130 g Wasser. Nudeln in kochendem Salzwasser 4 Min. kochen und abschütten.

Rahmspinat:

- 50 g Wasser in eine Pfanne geben, dazu
- 150 g Babyspinat, ungewaschen, als Gemüsepfanne 5 Min. dünsten. Mit dem Löffel
- Ca. 3 EL süße Sahne
- 1 TL Salz (zu viel!)
- Etwas Muskat verrühren (kleiner Mixer wäre besser gewesen), unter den Spinat rühren und aufkochen. Vom Herd nehmen.

Anmerkungen: Erforderliche Teigkonsistenz kenne ich zum Glück schon von der Kenwood. Das Kneten war okay, musste mit dem Schieber nachhelfen. Auch das Herausdrücken war gar nicht so übel, das ist eben langsam. War gar nicht so einfach, schnell genug nachzukommen mit dem Nudeln auseinanderziehen. Ich würde den Teig ein nächstes Mal sogar noch etwas trockener machen, damit die fertigen Nudeln nicht kleben.

Ganz, ganz großes Manko: Das angeblich einfache Reinigen übersteigt deutlich meine Reinigungslust. Dafür würde ich auch unendlich viel Wasser brauchen und lange Zeit. Die Teile dürfen nicht in die Spülmaschine, ich habe sie trotzdem hereingegeben. Es ist mir egal, wenn's dann nicht mehr klappt.

Reste in der Maschine: 75 g. Das sind deutlich mehr als 10%, finde ich auch nicht so gut.

Für mich alleine lohnt das kaum, allenfalls mal für Spaghetti zum Angeben.

5468. Kartoffel-Gemüsepfanne „Creme de la Terracotta", April 2013

Terracotta-Deckel in Wasser legen, mindestens 10 Min. vollsaugen lassen. Im kleinen Mixer verquirlen:

- 50 g Cashewcreme
- 1 TL Salz
- 1 MS Chilipulver
- 20 g Olivenöl
- 100 g Wasser
- 5 g Honig, in die Pfanne (24 cm) gießen, noch
- 250 g Wasser hinzugeben. An Gemüse:
- 290 g Kartoffeln (wo geschädigt, geschält), in Scheiben
- 85 g Stangensellerie,
- 60 g Möhren und
- 105 g Zucchini, ebenfalls in Scheiben. Deckel auflegen, Mulden mit Wasser füllen.

In den kalten Ofen geben, 80 Min. auf 200 °C backen.

Zitat Eric: One of the nicest dishes I've ever tasted!!!

5469. Paranoide Orangen-Schokolade, April 2013

Im Vitamix 2 x schlagen:

- 80 g Kakaobohnen
- 25 g Pekannüsse
- 75 g Paranüsse
- 4 g Orangenschale getr.
- 3 cm Vanillestange
- 1 Prise Salz

Hauptstufe: in Vitamix warm schlagen:

- 25g Sesamöl
- 45 g Mandarinat (3/2039)
- 30 g Orangeat (relativ trocken)
- 45 g Honig
- 40 g Kokosöl
- 20 g Carobpulver roh
- 10 g Kakaopulver roh
- 60 g Kakaobutter in feinen Streifen. Aufpassen, dass nicht zu lange geschlagen wird, wird „fest" und Fett tritt aus, kommt durch das Orangeat.
- 75 g Paranüsse im Zerkleinerer fein hacken, mit der Schokolade mischen.

In die große 6-er Form gießen, im Kühlschrank kalt und hart werden lassen.

5470. Stuffed Zucchini, April 2013

Staffing (Füllung):

- 25 g Cashewmus (1:1 Wasser : Cashews)
- 1 gestr. TL Salz
- 1 Prise Muskatnuss gem.
- 1 Prise Chili gem.
- 95 g kleine Tomaten im kleinen Mixer verquirlen,
- 50 g Gerste fein mahlen und unterrühren (50 g Tomaten wären besser, es wäre dann fester gewesen).

Zucchini und Fertigstellung:

- 1 Zucchini (265 g brutto) quer ein- aber nicht durchschneiden, versuchen, etwas in die Zwischenräume zu gehen. Dann längs durchschneiden, mit Füllung bestreichen, zusammensetzen. Übrig gebliebene Füllung obenauf streichen. In eine Pfanne
- 5 g Olivenöl und
- 255 g Wasser geben. Zucchinistücke an den Rand setzen, damit sie nicht umfallen,
- 50 g rote Linsen in die Pfanne geben. Als Gemüsepfanne 20 Min. dünsten. Linsen mit
- 1 Prise Salz bestreuen

Potential für einen weiteren Versuch!

5471. Kartoffel-Butterkürbispfanne, Mai 2013

2 Hauptspeisen.

Terracotta-Deckel in Wasser legen, er muss insgesamt mindestens 10 Min. getaucht werden. Im kleinen Mixer verquirlen:

- 25 g Cashewnüsse
- 1 TL Salz
- 1 MS Chilipulver
- 1 gute Prise Muskatnuss
- 20 g Olivenöl
- 100 g Wasser
- 5 g Honig, in die Pfanne (24 cm) gießen, noch
- 350 g Wasser hinzugeben. An Gemüse:
- 350 g Kartoffeln (wo geschädigt, geschält), in Scheiben
- 1 Zwiebel (Quinta), 95 g netto
- 260 g Butterkürbis, ebenfalls kleingeschnitten. Deckel auflegen, Mulden mit Wasser füllen.

In den kalten Ofen geben, 80 Min. auf 200 °C backen.

5472. Spargel mit Kichererbsen, Mai 2013

- 75 g Kichererbsen in
- 300 g Wasser 24 Std. quellen lassen. Zum Kochen
- 175 g Einweichwasser mit den abgetropften Erbsen im Schnellkoch-topf 18 Min. kochen. Während des Abdampfens
- ca. 250 g Spargel (210 g netto) schälen: von oben nach unten, unten ggf. 1 cm abschneiden. In 4-5 cm große Stücke schneiden. Mit
- 200 g Wasser im TM, Rückwärtslauf, aufkochen, bei 90 °C weiter-kochen (insgesamt 18-20 Min.). Im kleinen Mixer
- 1 TL Salz
- 25 g Zitronensaft und -fleisch
- 20 g Cashewnussmus
- 20 g Sonnenblumenöl und
- 7 g Mehl verquirlen, das Spargelkochwasser hinzufügen (das gibt sehr viel Soße, evtl. also nur einen Teil ver-wenden), nochmals kurz durchmischen. Das Kochwasser von den Kichererbsen auffangen und anderweitig verwenden. Alles andere in den Schnellkochtopf geben und kurz aufkochen lassen. Auf dem Teller mit
- etwas geh. Petersilie bestreuen

Kommentar: Ich hatte die Spargelschalen und -endstücke mit etwa 400 g Wasser 20 Min. im Topf gekocht, dann mit Zitronensaft 1 EL, etwas Salz und 1 TL Cashewmus in den Vitamix gegeben. Da entdeckte ich, dass ich leider ein weißes Gummi vergessen hatte, vor dem Kochen rauszunehmen. Habe trotzdem püriert, leider ungenießbar. Moral von der Geschicht': Koche Gummiringe, auch weiße, nicht.

5473. Spargel mit Quinoa, Mai 2013

Quinoa im Reiskochtopf kochen:
- 5-7 g Sonnenblumenöl
- 1 Prise Salz
- 1 gute Prise Kurkuma
- 75 g Quinoa
- 225 g Wasser

Im 3-Liter-Schnellkochtopf den Spargel 4 Min. auf Stufe 2 kochen:
- 250 g Wasser
- 215 g Spargel (Stangen halb durchgebrochen, Gewicht netto)
- 15 g Gojibeeren
- 1 Prise Salz

Die Soße in einer kleinen Pfanne zubereitet, während der Spargel abdampft:
- 15 g Erdnussöl erhitzen
- 1 TL schwarze Senfsamen hinzugeben, im kleinen Mixer
- 50 g Tomaten
- 50 g Zwiebel (Portugal) zu einem Brei mixen, in dem Öl anbraten, bis es nicht mehr „roh" ist,
- 15 g Cashewnussmus unterrühren, dann
- 125 g von dem Spargelkochwasser allmählich einrühren und ein wenig köcheln lassen. Alle Zutaten im Schnellkochtopf vorsichtig miteinander vermischen, nochmal erhitzen auf „Esstemperatur".

Hinweis: Der Versuch lohnt, es hat sehr gut geschmeckt!

5474. Peperonisoße, Mai 2013

Im kleinen Mixer pürieren:
- 50 g Essigpeperoni (7/4573)
- 20 g Essig von den Essigpeperoni
- 40 g Olivenöl
- 3-5 g Salz

5475. Hirse mit vier Köstlichkeiten, Mai 2013

Hirse:

- 1 gute Prise Salz
- 5-7 g Olivenöl
- 75 g Hirse
- 225 g Wasser im Reiskochtopf garen

Gemüsesoße:

- 15 g Erdnussöl in einer vorgewärmten Pfanne erhitzen, darin
- 1 TL schwarze Senfsamen
- 1 TL Fenchelsamen
- 2 Lorbeerblätter
- 2 cm in Essig eingelegte Peperoni (7/4573)
- 2 cm Zimtstange anrösten. Im kleinen Mixer
- 45 g milde Zwiebel (geschält)
- 75 g Tomate
- 1 Knoblauchzehe (geschält 5 g) zu einer Paste schlagen, mit
- 15 g Sonnenblumenkernmus (2/1480) und
- 2 Prisen Salz in der Pfanne 2-3 Min. unter Rühren garen.
- 100 g Wasser in den leeren Becher geben, schütteln, ebenfalls in die Pfanne gießen. Zum Kochen bringen.
- 250 g kleingeschnittenes Gemüse (netto) (Porree, Butternusskürbis, Stangensellerie, Möhre) hineingeben, als Gemüsepfanne 12 Min. (dann leicht bissfest) garen. Mit
- Etwas Zitronensaft (1-2 TL) und
- Salz nach Geschmack abschmecken.

Hirse neben dem Gemüse servieren, oder mischen.

5476. Sellerie-Rigatoni-Salat, Mai 2013

Vorlage aus Diabetes-Ratgeber 5/2013, S. 42: Spargel-Nudel-Salat
Ratgeber Seite 42: 75 g Vollkornnudeln, Salz, 200 g grüner Spargel in
Stücken, 3 halbierte Kirschtomaten, 1 TL Dijon-Senf, 1 EL weißer
Balsamico, schwarzer Pfeffer aus der Mühle, 1 TL Zitronensaft, 1,5 TL
Olivenöl, 1 EL geh. Frühlingskräuter, etwas geh. Bärlauch, 30 g Schafs-
käse, 1 TL Pinienkerne (fettfrei geröstet).

Rigatoni mit Unold

- 185 g Dinkel
- 25 g Hartweizen
- 130 g schwarzer Einkorn zusammen fein mahlen, in die Nudelmaschine geben. Dazu
- 1 EL Olivenöl
- 110 g leicht gesalzenes Wasser, später noch 2-3 TL Wasser und mischen lassen. Dann zu Rigatoni pressen lassen; Teigrest: ca. 90 g (ausrollen und per Hand in Nudeln schneiden); 110 g für den Salat abwiegen, den Rest trocknen

Zutaten für Salat:

- 110 g Rigatoni (frische Nudeln sind schwerer)
- 200 g Stangensellerie in Stücken (hatte keinen Spargel, und der Stangensellerie musste weg)
- 3 geviertelte Cherrytomaten (ca. 50 g)
- 3 g gelbe Senfkörner (habe keinen Senf im Haus)
- 1 EL Apfelessig (habe keinen Balsamico)
- Schwarzer Pfeffer aus der Mühle
- Salz
- 10 g Zitronensaft (sonst ist mir der Essig zu vorherrschend)
- 10 g Olivenöl (1,5 TL ist nur etwas weniger)
- 1 EL geh. Petersilie, tiefgekühlt
- 1/2 TL Bärlauch in Öl (hatte keinen frischen)
- 20 g Mandelmus (statt Schafskäse, Dressing schmeckte mir so nicht, deshalb auch:)
- 5 g Honig
- 20 g geschälte Mandeln (habe keine Pinienkerne, mag die auch nicht, außerdem finde ich es albern, für 1 TL Nüsse die Pfanne anzuwerfen)

Die frischen Nudeln in Salzwasser 4 Min. kochen. Von dem Nudelkochwasser 50 g (60 g wäre besser gewesen) nehmen und darin den Sellerie wie eine Gemüsepfanne 14 (besser: 15-16) Min. garen. Senfkörner fein mahlen, Essig, Zitronensaft Salz, Pfeffer und Öl und Kräuter im kleinen Mixer mixen (war in der Anleitung so unübersichtlich, dass ich sie schon hier zugegeben habe).

Hinweise: Sah mir viel zu wenig aus, also habe ich noch 40 g Wasser hinzugefügt, was wohl etwas viel war. Mit den Nudeln gemischt, probiert, grauenhaft. Also möglichst viel Dressing wieder in den Becher geholt, mit Mandelmus und Honig verquirlt, war etwas besser. Mit Sellerie und Tomatenvierteln gemischt, die Mandeln halbiert und in einer kleinen Keramikpfanne angeröstet. Auf den Salat gegeben, fotografiert, alles gemischt. Es schmeckte mir überhaupt nicht, dieses Dressing war mir viel zu essiglastig. Also noch 2 gute TL Hoisin-Sauce (5472) hinzugegeben, da ging es dann.

Wenn ich diesen Salat nochmals machen würde, würde ich erstens die Selleriestangen länger kochen. Und das Dressing nur mit Zitronensaft oder Essig zubereiten, den Senf würde ich ganz weglassen. In warmen Soßen mag ich Senf, in Dressings eher nicht so sehr, wenn sie nicht sehr stark nachgesüßt sind. Also wäre eine andere Alternative für mich, deutlich mehr Honig ins Dressing zu tun und gleich das Mandelmus zuzufügen.

5477. Röstgerste-Sauerteigbrot mit Quellstück Nr. 3, Mai 2013

Vorläufer: 5394; ist wenig gegangen.

Vorabend:

- 200 g Roggen fein mahlen, mit
- 215 g Wasser und
- 150 g Sauerteigansatz verrühren, in Plastikschüssel abgedeckt bis abends auf der Fensterbank stehen lassen.
- 200 g Dinkel und
- 100 g rauen Kreuzritterweizen (oder Weizen) schroten (5/9) und mit
- 400 g Wasser verrühren, über Nacht stehen lassen

Morgens

150 g vom neuen Sauerteig abnehmen und in einem Schraubglas im Kühlschrank aufbewahren.

- 100 g Nacktgerste in einer Pfanne rösten, bis es ordentlich knackt und gut duftet.
- 130 g Roggen,
- 70 g Hartweizen und die geröstete Gerste mischen und fein mahlen, mit
- 125 g Sonnenblumenkerne, in der Pfanne geröstet
- 1 EL Brotgewürz
- 1 EL Salz mischen. Dann
- 400 g Sauerteigansatz, den Quellansatz und
- 200 g Wasser hinzugeben.

Alles mit der Hand verrühren. Eine 30 cm Oetker-Profi-Backform Emaille mit Butter einfetten, Teig hineingeben und mit der Hand glatt streichen. In einen Plastikbeutel geben und 3 Std. gehen lassen. Dann den Ofen (Heißluft) auf 230 °C vorheizen, das dauert bei mir 18 Min. Brot mehrmals schräg einschneiden und mit Wasser einsprühen. Form auf dem Gitterrost in den Ofen schieben und 1 Std. bei 200 °C backen. Auf ein Kuchengitter stürzen, Klopfprobe machen. Umdrehen, mit Wasser einsprühen und auskühlen lassen. Erst am nächsten Tag anschneiden.

5478. Hoisin-Soße, Mai 2013

Im Vitamix pürieren:

- 50 g Essigpeperoni (7/4573)
- 50 g Tamari (Sojasoße)
- 50 g Apfelessig
- 50 g Sesamöl
- 50 g Honig
- 50 g Mandelmus (ohne Öl)
- 25 g Knoblauchzehen in Öl eingelegt (oder frisch)
- 3 g gemahlener schwarzer Pfeffer

Tipp: Wer keine Essigpeperoni hat, kann 2-3 getrocknete Chilischoten verwenden.

5479. Tonka-Schokolade mit Cashew, Mai 2013s

Im Vitamix 2 x schlagen:

* 80 g Cashewnüsse
* 20 g Mandeln
* 1 Tonkabohne (2 g)
* 1 Stück getr. Grapefruitschale (1 g)
* eine kleine Prise Salz
* 30 g Kakaobohnen
* 55 g Kakaonibs

Hauptstufe: Im Vitamix mit der Schokomasse warm schlagen:

* 30 g Sesamöl
* 65 g Honig
* 40 g Kokosöl
* 20 g Carobpulver roh
* 10 g Kakaopulver roh
* 60 g Kakaobutter in feinen Streifen; zum Schluss kurz
* 50 g Cashewnüsse unterziehen; weil diese so weich sind, aufpassen, dass sie nicht „zermahlen".

Nicht zu lang schlagen, sonst „fest" & Fettaustritt. In Form gießen, im Kühlschrank kalt und hart werden lassen.

Tonkabohnen

5480. Scharfe Brätzeli im Hörnchenautomat Nr. 23, Mai 2013

* 55 g rauer Kreuzritterweizen (oder Weizen) mit
* 100 g schwarzem Einkorn (oder Einkorn) und
* 150 g Dinkel fein mahlen. Mit
* 1 TL Salz verrühren.
* 50 g frische rote Paprika mit
* 25 g Essigpeperoni (7/4573) und
* 55 g Olivenöl im kleinen Mixer pürieren,
* 405 g Wasser hinzufügen und mit dem Handrührgerät verrühren.

Ca. 1-2 Std. quellen lassen. Je 1 EL in die Maschine geben, schließen. Auf Stufe 3,5 - 4,5 backen.

5481. Brätzeli aus grannigem Weizen im Automat Nr. 24, Mai 2013

* 250 g granniger Kreuzritterweizen (oder Weizen) mit
* 1 TL Kümmel kurz grob schroten (5/9), den Rest fein mahlen.
* 1 TL Salz verrühren.
* 50 g Olivenöl
* 10 g Tamari und
* 400 g Wasser hinzufügen und mit dem Handrührgerät verrühren

Ca. 1-2 Std. quellen lassen. Je 1 EL in die Maschine geben, schließen. Auf Stufe 3,5 - 4,5 backen.

Tipp: Weniger Wasser wäre besser gewesen.

5482. Gemüsepfanne in Erdnusssoße, Mai 2013

* 35 g Kokosöl und
* 55 g Wasser in eine 20-cm-Alugusspfanne geben, Öl schmelzen,
* 1-2 Prisen Safran hinzugeben; dann in folgender Reihenfolge:
* 55 g Zwiebeln netto, klein geschnitten
* 215 g Kartoffeln, abgebürstet unter Wasser und in Scheiben
* 85 g Spitzkohl in Streifen
* 135 g Butternusskürbis netto in Stücken; als Gemüsepfanne 11 Min. dünsten; in der Zwischenzeit:
* 15-20 g Erdnussmus
* 10 g Hoisin-Soße (5472)
* 100 g Wasser
* 7 g Honig
* 1 gestr. TL Mehl sehr im Mixer gut verquirlen, einmal kurz aufkochen; evtl. noch etwas salzen.

5483. Mandel-Maom, Mai 2013

Im Vitamix zu einer festen Masse verarbeiten:

- 10 g Cashewnüsse
- 90 g blanchierte geschälte Mandeln
- 60 g grüne Rosinen
- 1 MS gem. Vanille
- 25 g Honig

5484. Hildegard-Schokolade schwach, Mai 2013

Im Vitamix 2 x schlagen:

- 80 g Cashewnüsse
- 20 g Pekannüsse
- 3 Prisen gem. Muskatnuss
- 1 Pr. Salz
- 6 cm Vanillestange
- 100 g Kakaonibs

In Vitamix mit Schokomasse:

- 30 g Sesamöl
- 65 g Honig
- 40 g Kokosöl
- 20 g Carobpulver roh
- 10 g Kakaopulver roh
- 60 g Kakaobutter in feinen Streifen; zum Schluss kurz
- 100 g geschälte, blanchierte Mandeln unterziehen; aufpassen, dass sie nicht „zermahlen".

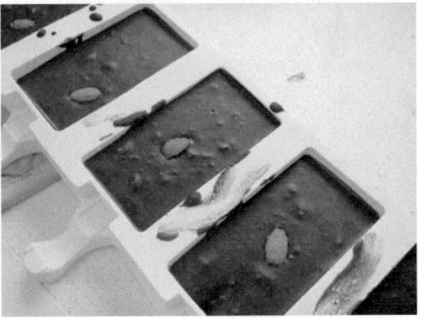

In die große Form geben, im Kühlschrank kalt und hart werden lassen.

5485. Bärlauchbrätzeli im Hörnchenautomat Nr. 25, Mai 2013

- 250 g granniger Kreuzritterweizen (oder Weizen) fein mahlen. Mit
- 1 TL Salz und
- 10 g ungeschälter Sesamsaat verrühren.
- 35 g Olivenöl
- 80-90 g Bärlauch in ÖL und
- 350 g Wasser hinzufügen und mit dem Schneebesen verrühren

Je 1 TL in die Maschine geben, schließen. Auf Stufe 4,5 bis 5 backen.

Tipp: Viele werden weich, dann auf der anderen Seite nachbraten.

5486. Reis mit Porree in Erdnusssoße, Mai 2013

Im Reiskochtopf kochen:

- 3 g Olivenöl
- 10 g Sesamsaat
- 75 g Basmatinaturreis
- 225 g Wasser

Erdnusssoße im kleiner Mixer:

- 10 g Hoisin-Soße (5472)
- 10 g Knoblauch-Ingwerpaste (6/4276)
- 25 g Erdnussmus gesalzen (s. 3/1751)
- Salz
- 10 g Honig
- 10 g Essig
- 75 g Wasser verquirlen

Fertigstellung in der Pfanne:

- 10 g Erdnussöl erhitzen, darin
- 2 Prisen schwarze Senfsamen
- 2 Prisen Cumin
- 1/2 TL „Gunpowder" (bzw. Asafoetida/Knoblauch) anbraten,
- 100 g Porree (netto), Grün, in Streifen hinzugeben und kurz anbraten. Erdnusssoße unterziehen, zum Kochen bringen, auf kleiner Einstellung 8 Min. Dann den Reis unterrühren, zusammen erhitzen
- 90 g Erdbeeren brutto (3 größere) vierteln, unter das Essen ziehen und richtig heiß machen, aber nicht mehr kochen.

5487. Bärlauch-Brötchen, Mai 2013

Vorabend:

* 250 g granniger Kreuzritterweizen (Biohof Walz; oder Weizen) fein mahlen, mit
* 1/2 P Hefe (21 g) und
* 250 g Wasser verrühren und über Nacht im Kühlschrank stehen lassen-

Morgens:

* Teigansatz aus dem Kühlschrank nehmen, mindestens 1 Std. stehen lassen; mit
* 250 g granniger Kreuzritterweizen, fein gemahlen
* 1 geh. TL Salz
* 40 g Bärlauch in Öl & Salz
* 60 g Wasser (50 würden auch reichen) in der Küchenmaschine, Knethaken, gut durchkneten.

Als Kugel unter Spannung 1 Std. gehen lassen, durchkneten. Ein Rechteck aus dem Teig drücken, Längsseite aufrollen, gut zusammenpressen. In 12 Stücke schneiden, längs in der Mitte einen scharfen Schnitt (Teigschaber) machen, auf Blech mit Dauerbackfolie setzen. Mit Wasser einsprühen und unter Gärfolie 20 Min. gehen lassen. Dann Backofen (Heißluft) 15 Min. auf 230 °C vorheizen. Brötchen nochmals einsprühen, 25 Min. bei 200 °C backen. Klopfprobe, einsprühen und auf einem Gitter abkühlen lassen.

5488. Schokolade aus Kakaobohnen Nr. 2, Mai 2013

* 100 g Kakaobohnen
* 130 g Mandelmus (350 g Mandeln/120 g Öl)
* 80 g Honig
* 30 g Kakaobutter
* 60 g Kokosöl
* 40-48 Haselnüsse

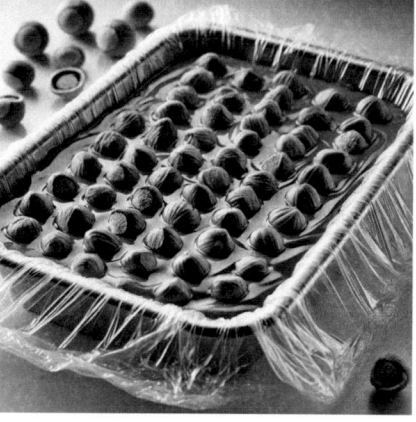

Zwei viereckige Lasagneformen (ca. 18 x 10 cm) mit Haushaltsfolie auslegen. Kakaobohnen im Vitamix (1,4 L-Becher) mahlen, aber nicht warten, bis sich die Masse festsetzt. Eventuell mit einem Spatel lösen. Mandelmus und Honig hinzugeben. Kakaobutter fein abraspeln und mit dem Kokosöl obenauf geben. Mit dem Stopfer mit langsam steigender Geschwindigkeit verarbeiten. Zwischendurch mit einem Spatel die Ecken „ausheben" und Reste vom Rand herunterdrücken. Immer wieder neu auf Höchststufe laufen lassen, bis die Schokolade flüssig und gleichmäßig braun und warm, aber noch nicht heiß ist. Schokoladenmasse in die Lasagneformen gießen und gleichmäßig verstreichen. Haselnüsse bzw. Cashewnüsse in 3-4 Reihen zu 6 Nüssen in die Schokolade hineindrücken und in den Kühlschrank stellen. Nach 30-45 Min. (Zeit hängt von der Kühlschranktemperatur ab) mit einem Messer vorsichtig Stücke anschneiden. Mehrere Std. kalt werden lassen.

5489. Blumenkohl-Frühlingssalat in Erdnusssoße, Mai 2013

* 600 g Blumenkohl (netto) in 2 Portionen im TM 6-8 Sek./Stufe 4 zerkleinern. In eine Schüssel geben. Dazu
* 110 g gelbe Paprika würfeln, untermischen. Für die *Soße* im Vitamix
* 50 g Erdnussmus gesalzen (6/4286)
* 20 g Hoisin-Soße (5472)
* 2 Knoblauchzehen (7 g netto)
* 30 g Apfelessig
* 30 g Sonnenblumenöl
* 25 g Honig
* 50 g Wasser
* Salz nach Geschmack verquirlen, unter das Gemüse mischen.
* 210 g Erdbeeren (brutto) waschen, Stiel entfernen, vierteln und obenauf legen. Gut verschließen und im Kühlschrank bis zum Essen aufbewahren.

Wer den Salat unmittelbar vor dem Essen zubereitet, kann auch die Erdbeeren gleich mit unterziehen.

5490. Gemüsepfanne vorbereitet, Mai 2013

Mit Rohkost vorher 3 Hauptspeisen. – Ich habe das Wasser der Soße schon am Anfang hinzugegeben, damit die Kartoffeln sich nicht ver-bärgen. Wenn die Kartoffeln dann ein wenig „auslaugen", macht das nichts; es ist ja alles im Kochwasser drin.

Morgens:

- 360 g Kartoffeln in Scheiben schneiden (bei mir: Alligator). In eine 24-cm-Pfanne geben. Darüber
- 300 g Wasser gießen, sie sind dann in etwa bedeckt. Als Gemüse kommt, jeweils klein geschnitten:
- 155 g Grün vom Porree
- 145 g Kürbis (gewürfelt)
- 200 g Fenchel (gewürfelt)
- 60 g Blumenkohl. Den normalen Deckel auflegen & in den Kühlschrank stellen. Die Restsoße schon in einen kleinen Mixbecher geben, aber noch nicht verquirlen:
- 25 g Zitronensaft und -fleisch
- 40 g Sonnenblumenkernmus
- 25 g Sonnenblumenöl
- 5 g Salz
- 1 Prise Chilipulver
- 50 g Wasser

Terracotta-Deckel 10 Min. in Wasser legen, Soße im Mixer verquirlen und über das Gemüse gießen. Deckel schließen, Wasser in die Mulden geben. In den kalten Backofen geben und bei 200 °C (Heißluft) 80 Min. garen.

5491. Goji-Maom, Mai 2013

- 135 g Cashewnüsse
- 65 g Pekannüsse
- 100 g getr. Gojibeeren
- 1 gute MS gem. Vanille
- 1 kleine Prise Zimt
- 10 g Honig

Im Vitamix (0,9 Liter) zu einer festen Masse verarbeiten. In zwei der großen 2er-Formen pressen und kalt werden lassen.

5492. Crunchy Walnut-Chocolate, Mai 2013

Walnüsse:

- 75 g Walnüsse grob zerkleinern, in einer Pfanne anrösten, dazu
- 25 g Honig, rühren, bis alle Nüsse bedeckt sind. Flachen Teller mit
- 1-2 TL Öl einreiben, Walnüsse darauf geben, gleichmäßig verteilen und abkühlen lassen. In eine Schüssel geben.

Im Vitamix (1,4 Liter) 2 x schlagen:

- 70 g Cashewnüsse
- 30 g Mandeln
- 4 cm Vanillestange
- eine kleine Prise Salz
- 1 g Grapefruitschale getr.
- 1 Tonkabohne (1 g)
- 100 g Kakaonibs

Hauptstufe: in Vitamix mit der Schokomasse warm schlagen:

- 30 g Sesamöl
- 70 g Honig
- 40 g Kokosöl
- 25 g Carobpulver roh
- 60 g Kakaobutter in feinen Streifen.

In die große Form geben, im Kühlschrank kalt und hart werden lassen.

5493. Orient-Kügelkes, Mai 2013

- 100 g (schwarzer) Einkorn und
- 400 g Weizen zusammen fein mahlen, mit
- 2 TL Salz
- 45 g Sesam ungeschält und
- 1 P Trockenhefe verrühren.
- 1 EL Essig (10 g) und
- 310 g Wasser in der Küchenmaschine, Knethaken, gut durchkneten.

Als Kugel unter Spannung 1 Std. gehen lassen, durchkneten und nochmals 30 Min. gehen lassen. Ein Rechteck aus dem Teig drücken, Längs-
seite aufrollen, gut zusammenpressen. In 12 Stücke schneiden, längs in der Mitte einen scharfen Schnitt (Teigschaber) machen, auf Blech mit Dauerbackfolie setzen. Mit Wasser einsprühen und unter Gärfolie 20 Min. gehen
lassen. Dann Backofen (Heißluft) 15 Min. auf 230 °C vorheizen. Brötchen nochmals einsprühen, 25 Min. bei
200 °C backen. Klopfprobe, einsprühen und auf einem Gitter abkühlen lassen.

5494. Hoisin-Soße Nr. 2, Mai 2013

Im Vitamix pürieren:
- 50 g Essigpeperoni (7/4573)
- 50 g Tamari
- 50 g Apfelessig
- 50 g Olivenöl
- 45 g Honig
- 50 g Sesamsamen ungeschält
- 25 g Knoblauchzehen in Essig eingelegt (oder frisch)
- 2 g frisch gemahlener schwarzer Pfeffer

Hinweis: Wer keine Essigpeperoni hat, kann 2-3 getr. Chilischoten verwenden.

5495. Aubergine mit Zwangsspinat und Hirse, Mai 2013

*Freunde brachten mir gestern Spinat und Mangold mit, der musste weg,
aber ich hatte mich die ganzen Tage auf meine Aubergine gefreut.*

Hirse im Reiskochtopf:
- 5 g Olivenöl
- 1 Prise Salz
- 90 g Hirse
- 270 g Wasser

Gemüse:
- 1 EL Kokosöl in Pfanne erhitzen, darin anbraten:
- 1 TL Safranfäden
- 2 Prisen schw. Senfkörner
- 2 Prisen Cumin
- 1 TL weiße Linsen
- 1-2 TL weißer Mohn
- 1 EL grüne Rosinen
- 1 Aubergine (250 g) in Scheiben;
- 50 g Wasser hinzugeben, eine Weile köcheln.
- Spinat (nicht gewogen) und
- Mangold (nicht gewogen) waschen, kleinschneiden, hinzugeben und kochen, bis er zusammenfällt. Für die Soße im kleinen Mixer:
- 1-2 TL Sonnenblumenkernmus
- 1 TL Hoisin 2-Soße (5482)
- 1 EL Lavendel-Brombeer-Essig (gekauft)
- 1 TL Mehl mit Wasser verquirlen, unter das Gemüse rühren, aufkochen.

5496. Schnelle Nudeln mit Gemüse, Mai 2013

In eine 20 cm-Alusgusspfanne:

- 130 g Blumenkohl
- 125 g Zucchini
- 85 g Einkorn-Rigatoni
- 1 Prise Salz
- 250 g Wasser, als Gemüsepfanne 12 Min.

Für die Soße im kleinen Mixer:

- 1 gestr. TL Hoisin-Soße Nr. 2 (5488)
- 1-2 EL Olivenöl
- 1 TL Honig
- 50 g Wasser
- 1,5 TL Sonnenblumenkernmus
- 1 EL Essig (Lavendel-Brombeere o. Ä.)
- Salz nach Geschmack
- 1 TL Mehl; dann unterrühren und einmal aufkochen

5497. Röstgerste-Sauerteigbrot mit Honig-Salz, Mai 2013

Vorläufer: 5470. Ist wenig gegangen.

Vorabend:

- 200 g Roggen fein mahlen, mit
- 215 g Wasser und
- 150 g Sauerteigansatz verrühren, in Plastikschüssel abgedeckt bis abends auf der Fensterbank stehen lassen.
- 150 g Weizen und
- 150 granniger Kreuzritterweizen (oder Weizen) fein mahlen, mit
- 1 TL Salz
- 1 TL Honig und
- 400 g Wasser verrühren, über Nacht stehen lassen.

Morgens

- 150 g vom neuen Sauerteig abnehmen und in einem Schraubglas im Kühlschrank aufbewahren.
- 100 g Nacktgerste in einer Pfanne rösten, bis es ordentlich knackt und gut duftet
- 100 g Urroggen (oder Roggen)
- 100 g (granniger) Hartweizen und die geröstete Gerste mischen und fein mahlen, mit
- 125 g Sonnenblumenkerne, in der Pfanne geröstet
- 1 EL Brotgewürz
- 1 EL Salz mischen. Dann
- 400 g Sauerteigansatz, den Quellansatz und
- 150 g Wasser hinzugeben.

Alles mit der Hand verrühren. Eine 30 cm Oetker-Profi-Backform Emaille mit Butter einfetten, Teig hineingeben und mit der Hand glatt streichen. In einen Plastikbeutel geben und 3 Std. gehen lassen. Dann den Ofen (Heißluft) auf 230 °C vorheizen, das dauert bei mir 18 Min. Brot mehrmals schräg einschneiden und mit Wasser einsprühen. Form auf dem Gitterrost in den Ofen schieben und 1 Std. bei 200 °C backen. Auf ein Kuchengitter stürzen, Klopfprobe machen. Bei mir: ohne Form noch weitere 10 Min. backen. Mit Wasser einsprühen und auskühlen lassen. Erst am übernächsten Tag anschneiden.

5498. Cottage Stew, Mai 2013

Für 1 Person zu Hause nachgekocht:

- Wasser einen fingerbreit in einen Topf geben
- 3 mittelgroße Kartoffeln in Scheiben
- 1/2 größere Zwiebel geschält, in Stücken
- 1 Scheibe in Streifen geschnittenen Weißkohl
- 2-3 Möhren in Scheiben als Gemüsepfanne 14-15 Min. garen. Mit
- Salz, Paprika und etwas Zitronensaft würzen und
- einen Stich Butter hinzugeben

5499. Ginger & Oatflake Cookies, Mai 2013

- 350 g Weizen mahlen, mit
- 1 Prise Salz und
- 1 TL Weinsteinbackpulver verrühren.
- 150 g Nackthafer flocken. In einer ausreichend großen Pfanne
- 100 g Butter mit
- 120 g Öl und
- 200 g Honig auf kleiner Einstellung (60 °C) zerlassen, Flocken einrühren.
- 17 g Ingwer frisch raspeln, alle Zutaten mit einem Löffel verrühren. So viel
- Wasser (ca. 50-80 g) hinzugeben, dass der Teig formbar wird.

Mit der Hand Kugeln formen (etwas größer als Walnüsse), nebeneinander auf ein mit Dauerbackfolie ausgelegtes Backblech setzen. Mit einem Löffel flach drücken. Bei 175 °C 20 (wenn der Ofen kalt ist) bis 14 Min. backen und auf einem Kuchengitter auskühlen lassen.

5500. Zucchini mit Spirali à la Coach's Inn, Mai 2013

Damit die Nudeln nicht so weich werden, habe ich diesmal erst das Gemüse gekocht. Geht auch. Dauert aber deutlich länger.

Gemüse:
- 1/2 Tasse Wasser in eine 20-cm-Woll-Pfanne geben, dazu
- 1/2 (große) Zwiebel klein geschnitten
- 1/2 Zucchini (mittelgroß) in Halbscheiben
- 1 Knoblauchzehe eingelegt in Essig, in Scheiben (bleibt hart)
- 1 Tomate in Stücken; als Gemüsepfanne 10 Min. garen.

Nudeln:
- 1 Liter Wasser mit
- 2 TL Salz aufkochen,
- 100 g Spirali-Vollkornnudeln Bio (aus Mehl) hinzugeben, 10 Min. kochen. Abgießen (Flüssigkeit auffangen)

Soße:
- 2 TL Weizenmehl
- 1 gestr. TL Paprikapulver
- 1 EL Essig
- 1 gute Prise Salz
- 1 knapper TL Honig in einem Becher verrühren, dann mit ca.
- 100 g Nudelwasser verrühren, unter das Gemüse geben, aufkochen. Die abgetropften Nudeln unter das Gemüse geben.
- 1 TL Butter unterrühren

5501. Crunchy Peanut-Chocolate, Mai 2013

Erdnüsse:
- 25 g Honig und
- 15 g Sonnenblumenöl in einer Pfanne zum Kochen bringen,
- 75 g geröstete, gesalzene Erdnüsse hinzugeben und rühren, bis alle Nüsse von Honig eingehüllt und gebräunt sind.
- 50 g grüne Rosinen kurz miterhitzen. Einen flachen Teller mit
- 1-2 TL Öl einreiben, Nuss-Rosinen-Mischung darauf geben, gleichmäßig verteilen und abkühlen lassen. Gut auseinanderbrechen und in eine Schüssel geben.

Im Vitamix (1,4 Liter) 2 x schlagen:
- 50 g Cashewnüsse
- 50 g geröstete, gesalzene Erdnüsse
- 3 cm Vanillestange
- 4 g getr. Orangenschale
- 1 Tonkabohne (1 g)
- 100 g Kakaonibs

Hauptstufe: Im Vitamix mit der Schokomasse warm schlagen:

- 30 g Sesamöl
- 60 g Honig
- 40 g Kokosöl
- 10 g Kakaopulver
- 20 g Carobpulver roh
- 60 g Kakaobutter in feinen Streifen.

Schokolade mit in die Schüssel geben, gut durchrühren und in die große Form abfüllen. Im Kühlschrank kalt und hart werden lassen.

5502. Maom gewürzt, Mai 2013

Im Vitamix (1,4 Liter) zu einer festen Masse verarbeiten:

- 100 g Cashewnüsse
- 100 g Mandeln ungeschält
- 125 g Datteln netto
- 1 kleine Prise Salz
- 1 gestr. TL gem. Kardamom
- 1 gestr. TL gem. getr. Ingwer.

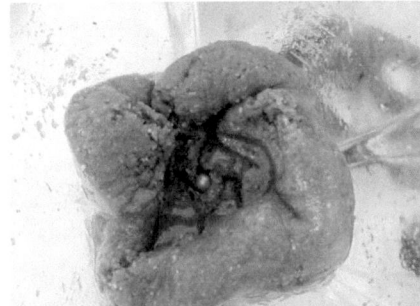

In zwei der großen 2er-Formen pressen und kalt werden lassen.

5503. Cottage Stew im Concept Pro, Mai 2013

Für 1 Person zu Hause nachgekocht:

- Wasser einen fingerbreit in einen Concept Pro-Topf geben
- 1 Scheibe in Streifen geschnittenen Weißkohl (160 g)
- 2 kleine Möhren in Scheiben (80 g)
- 3 mittelgroße Kartoffeln in Scheiben (210 g) als Gemüsepfanne 14-15 Min. garen. Mit
- Salz, Paprika edelsüß und etwas Zitronensaft würzen und
- einen Stich Butter hinzugeben

5504. Cottage Stew vegan, Mai 2013

- 100 g Wasser in eine Woll-Pfanne geben
- 1/4 kleiner Weißkohl (225 g)
- 1 TL Kümmel
- 2 Knoblauchzehen, geschält & in Scheiben
- 3 mittelgroße Kartoffeln in Scheiben (210 g) als Gemüsepfanne 14 Min. garen. Mit
- Salz
- Paprika und
- 1 EL Fruchtessig würzen und
- 1 EL Mandelöl hinzugeben sowie
- 1/2 Bund Schnittlauch, kleingeschnitten, unterziehen.

5505. Tortilla-Cracker, Juni 2013

Ziemlich hart, da der Teig sich nicht gut ausrollen lässt. Besser wäre vielleicht ein Rührteig, obwohl sie auch so lecker sind.

- 300 g Mais fein mahlen, mit
- 1/2 TL Salz und
- 1 MS Chilipulver verrühren,
- 50 g Sonnenblumenöl und
- 175 g Wasser einarbeiten, 1/2 Std. abgedeckt ruhen lassen.

Kleine Kugeln formen, zwischen den Händen flachdrücken und in einem Hörncheneisen backen. Oder die Kugeln direkt in das Hörncheneisen geben und sehr fest zudrücken. Auf Stufe 3-4 rösten und auf einem Kuchengitter auskühlen lassen.

5506. Ginger & Oatflake Cookies 2 - Almost Original, Juni 2013

Mit ein paar kleinen Änderungen an der Zusammensetzung und vor allem auch beim Backen sind die Kekse jetzt dem Original sehr nahe:

- 100 g Hafer bei mittlerer Hitze braten, bis er „gepoppt", aber noch nicht dunkel ist. Abkühlen lassen und flocken.
- 350 g Weizen und
- 50 g Nackthafer (zusätzlich zu den 100 g oben) mahlen, mit
- 1 Prise Salz und
- 1 P Backpulver und
- 1 EL getr. gem. Ingwer (ca. 4 g) verrühren. Mit den Flocken mischen. In einer ausreichend großen Pfanne
- 100 g Butter mit
- 120 g Sonnenblumenöl und
- 240 g Honig auf kleiner Einstellung (60 °C) zerlassen, zum Kochen bringen und 3 geh. EL der Mehl-Flocken-mischung einrühren, bis keine Klümpchen mehr vorhanden sind (bei Temperatur 80 °C).
- 17 g Ingwer frisch raspeln, alle Zutaten mit einem Löffel verrühren, bis der Teig formbar wird.

Mit der Hand Kugeln formen (etwas größer als Walnüsse), nebeneinander auf ein mit Dauerbackfolie ausgelegtes Backblech setzen. Mit einem Löffel oder der Hand flach drücken. Das ergibt zwei Backbleche. Beide in den kalten (Heißluft-)Ofen schieben und 25 Min. bei 160 °C backen. Auf einem Kuchengitter auskühlen lassen.

5507. Goji-Pistazienschoko mit Schluck, Juni 2013

Gojibeeren:

- 50 g Gojibeeren über Nacht in
- 60 g Weinbrand in einem geschlossenen Behälter quellen lassen.

Pistazien:

- 20 g Honig und
- 10 g Sonnenblumenöl in einer Pfanne bei kleiner Einstellung zum Kochen bringen,
- 50 g Pistazien (mit Haut) hinzugeben und rühren, bis alle Nüsse von Honig eingehüllt und gebräunt sind. Einen flachen Teller mit
- 1-2 TL Öl einreiben, Pistazien darauf geben, gleichmäßig verteilen und abkühlen lassen. Gut auseinanderbrechen. Mit den abgetropften Gojibeeren im Zerkleinerer kurz anschlagen (3 x pulsen)

Im Vitamix (1,4 Liter) 2 x schlagen:

- 50 g Cashewnüsse
- 50 g Mandeln
- 3 cm Vanillestange
- 4 g getr. Mangoschale
- 1 Tonkabohne (1 g)
- 1 Prise Salz
- 100 g Kakaonibs

Hauptstufe: in Vitamix mit der Schokomasse warm schlagen:

- 30 g Mandelöl
- 70 g Honig
- 40 g Kokosöl
- 10 g Kakaopulver roh
- 20 g Carobpulver
- 60 g Kakaobutter in feinen Streifen.

Schokolade in die Schüssel mit der Goji-Pistazien-Masse in eine Schüssel geben, gut durchrühren und in die große Form abfüllen. Im Kühlschrank kalt und hart werden lassen.

5508. Spiralnudeln mit fruchtiger Spinat-Champ-Soße, Juni 2013

- 1 Liter Wasser im Wasserkocher zum Kochen bringen, mit
- 1 TL Salz in einen passenden Topf geben, zum Kochen bringen,
- 100 g Spiral-Vollkornnudeln einrühren, dann 9 Min. köcheln lassen. Abgießen und im geschlossenen Topf aufbewahren.
- 30 g Kokosöl in eine Pfanne geben, bei 100 °C schmelzen, dazu
- 105 g Wasser
- 30 g Zwiebel in Stücken
- 110 g Champignons in Scheiben
- 85 g Babyspinat, gewaschen, als Gemüsepfanne 9 Min. In Tasse
- 15 g Weinbrand, in den Trockenfrüchte eingelegt waren (oder zusätzlich 1 MS Honig)
- 10 g Essig
- 1 gute Pr. Muskat
- 1 gestr. TL Salz
- 6 g Dinkelmehl
- 1 TL Liebstöckelpesto (6/4501 o. Ä.) verrühren, in das Gemüse einrühren und aufkochen. Nudeln unterrühren und kurze Zeit köcheln, bis die Soße angedickt ist.

5509. Sauerteigbrot mit Maismehl, Juni 2013

Vorlage: 6/5114.

Vorabend:
- 200 g Roggen fein mahlen, mit
- 220 g Wasser und
- 150 g Sauerteigansatz verrühren, in Plastikschüssel abgedeckt bis abends auf der Fensterbank stehen lassen.

Morgens:
150 g vom neuen Sauerteig und im Kühlschrank verwahren.
- 150 g Mais
- 450 g Roggen
- 250 g Dinkel:
- 1 EL Salz
- 100 g Sesam ungeschält;
- 420 g Sauerteigansatz
- 700 g Wasser hinzugeben.

Getreide fein mahlen, mit der Hand verrühren. Eine 30 cm Brotbackform mit Butter einfetten, Teig hineingeben, mit der Hand glatt streichen. In Plastikbeutel 3 Std. gehen lassen. Ofen (Heißluft) auf 225 °C vorheizen. Brot mehrmals schräg einschneiden und mit Wasser einsprühen. Form auf dem Gitterrost in den Ofen schieben und 1 Std. bei 200 °C backen. Erst am nächsten Tag anschneiden.

5510. Lex-Kartoffelpfanne, Juni 2013

Heute habe ich zum ersten Mal die Kartoffeln vom Biohof Lex probiert.

- 40 g Kokosöl in die 24-cm-Alugusspfanne geben, bei 60 °C schmelzen,
- 60 g Wasser hinzufügen.
- 260 g Kartoffeln gebürstet unter fließendem Wasser, in Scheiben
- 75 g Zwiebel (Quinta Portugal) nett, in Stücken
- 150 g Champignons, gewaschen & geviertelt
- 150 g kleine Cocktail-Tomaten, teils halbiert; Deckel auflegen, als Gemüsepfanne 10 Min. In einem Becher
- 1 TL Dinkelmehl
- 1/2 TL Salz
- 1 TL beliebiges Pesto
- 30-50 g Wasser (geschätzt) mit einem Löffel verrühren, unterziehen und köcheln, bis die Soße dickt. Auf dem Teller mit
- 1/3 Bund Schnittlauch, in Stücken, garnieren.

5511. Paprika-Risotto, Juni 2013

Reis:
- 1 EL Sonnenblumenöl
- 100 g Vollkorn-Rundkornreis
- 300 Wasser im Reiskochtopf garen

Gemüse in der 20-cm-Alugusspfanne:
- 45 g Erdnussöl
- 95 g Zwiebel netto, kleingeschnitten
- 165 g rote Paprika nett, in Stücken
- 1 abgezogene Knoblauchzehe
- 1 Tomate 100 g, in Würfeln, und
- 5 g Honig als Gemüsepfanne 10 Min. garen. Mit
- 1 gestr. TL Salz und
- 1 gestr. TL Paprikapulver abschmecken, den Reis unterrühren und 6-7 Min. weiter garen.
- 1/3 Bund Schnittlauch unterziehen; der Reis sollte unten leicht gebräunt sein.

5512. Champignon-Kartoffel-Pfanne mit Parat Paratha, Juni 2013

Champignon-Pfanne:
- 50 g Wasser
- 5 g Öl
- 35 g Zwiebel netto in Stücken
- 150 g Champignons in Scheiben
- 200 g Kartoffeln in Scheiben als Gemüsepfanne 10 Min. garen. Mit
- 1/2 TL Salz und
- 1 TL Hoisin-Soße (5472) abschmecken und kurz aufkochen.

In der Zwischenzeit den Teig herstellen aus den Zutaten:
- 65 g granniger Weizen
- 10 g Sonnenblumenöl
- 30 g Wasser; Gewürzmischung:
- 1/2 TL Salz
- 1/2 TL Curry
- 1/2 TL Sambar (oder Zitronensaft)
- 1 MS Chilipulver
- Erdnussöl zum Ausbacken 1-2 mm hoch in der Pfanne; auf jeder Seite 1-2 Min. backen; auf Haushaltspapier abtropfen lassen

Parat-Parathas im Fett ausbraten.

5513. Mango-Essig, Juni 2013

- 1 frische Mango schälen, Schale in ein leeres Honigglas geben
- 1 kleine Tonka-Bohne hinzufügen, mit
- Apfelessig auffüllen

Mindestens 2 Wochen stehen lassen.

Suchen auch nach „Mangoessig".

5514. Haferbrot zum Verschenken, Juni 2013

Vorlage: 5503

Vorabend:
- 200 g Roggen fein mahlen, mit
- 220 g Wasser und
- 150 g Sauerteigansatz verrühren, in Plastikschüssel abgedeckt bis abends auf der Fensterbank stehen lassen.
- 200 g Hafer rösten

Morgens

150 g vom neuen Sauerteig abnehmen und in einem Schraubglas im Kühlschrank aufbewahren.

- 400 g Roggen
- 200 g granniger Weizen und den gerösteten Hafer fein mahlen, mit
- 1 EL Salz
- 1 EL Brotgewürz und
- 100 g Sonnenblumenkerne verrühren
- 420 g Sauerteigansatz und
- 750 g Wasser (merkwürdig große Menge, lieber erst mit 650 g anfangen) hinzugeben

Getreide fein mahlen, alles zusammen mit der Hand verrühren. Eine 30 cm Oetker-Profi-Backform Emaille mit Butter einfetten, Teig hineingeben und mit der Hand glatt streichen. In einen Plastikbeutel geben und 3 Std. gehen lassen. Dann den Ofen (Heißluft) auf 225 °C vorheizen, das dauert bei mir 18 Min. Brot mehrmals schräg einschneiden und mit Wasser einsprühen. Form auf dem Gitterrost in den Ofen schieben und 1 Std. bei 200 °C backen. Auf ein Kuchengitter stürzen, Klopfprobe machen. Umdrehen, mit Wasser einsprühen und auskühlen lassen. Ist auch noch im Ofen gegangen.

5515. Focaccia mit Mais, Juni 2013
Vorabend:

- 150 g granniger Kreuzritterweizen mit
- 50 g Mais fein mahlen, mit
- 1/2 TL Salz verrühren;
- 1/2 P Hefe (21 g) in
- 190 g Wasser auflösen, mit dem Mehl verrühren.
- 100 g Cocktailtomaten oder Ähnliches halbieren
- 1-2 EL Olivenöl und
- Hagelsalz bereitstellen

In gut verschlossener Plastikdose im Kühlschrank über Nacht stehen lassen. Um 10 Uhr aus dem Kühlschrank nehmen. Um 11 Uhr den Ofen auf 230 °C vorheizen. Teig mit einem Teigscaber vorsichtig aus der Schüssel auf das mit Dauerbackfolie ausgelegte Backblech „gießen", nicht verteilen. Die Tomaten mit der Rundung nach unten leicht in den Teig drücken. Mit Salz bestreuen und Öl bepinseln bzw. übergießen. In den heißen Ofen schieben, 30 Min. bei 200 °C (Heißluft) backen. Ca. 15 Min. abkühlen lassen und frisch essen.

5516. Ginger & Oatflake Cookies - Almost Original No. 2, Juni 2013
- 100 g Nackthafer bei mittlerer Hitze knacken, bis er „gepoppt", aber noch nicht dunkel ist. Abkühlen lassen und mit
- 350 g Weizen fein mahlen. Mit
- 1 Prise Salz,
- 1 P Backpulver und
- 1 EL getr. gem. Ingwer (ca. 4 g) verrühren.
- 50 g Nackthafer (zusätzlich zu den 100 g oben) flocken.
- 55 g Sonnenblumenöl mit
- 20 g frischen Ingwer, ungeschält, im kleinen Mixer glatt schlagen. In einer ausreichend großen Pfanne
- 100 g Butter mit
- 65 g Sonnenblumenöl und
- 235 g Honig auf kleiner Einstellung (60 °C) zerlassen, zum Kochen bringen und die Flocken einrühren, kurz durchkochen. Alle Zutaten mit einem Löffel verrühren, bis der Teig formbar wird.

Mit der Hand Kugeln formen (etwas größer als Walnüsse), nebeneinander auf ein zwei mit Dauerbackfolie ausgelegte Backbleche setzen. Mit einem Löffel oder der Hand flach drücken. Beide in den kalten (Heißluft-)Ofen schieben und 25 Min. bei 160 °C backen. Auf einem Kuchengitter auskühlen lassen.

5517. Müslischokolade, Juni 2013

Müsli:

- 75 g Nackthafer erhitzen, bis er poppt, etwas abkühlen lassen und flocken. Mit
- 75 g grünen Rosinen mischen.

Vorstufe im Vitamix (1,4 Liter) 2 x schlagen:

- 50 g Cashewnüsse
- 50 g Mandeln
- 4 cm Vanillestange (1 g)
- 1 Pr. Salz
- 100 g Kakaonibs

Hauptstufe: in Vitamix mit der Schokomasse warm schlagen:

- 30 g Mandelöl
- 65 g Honig
- 40 g Kokosöl
- 25 g Carobpulver
- 60 g Kakaobutter in feinen Streifen.

Schokolade in die Schüssel mit der Müsli-Masse in eine Schüssel geben, gut durchrühren und in die große Form abfüllen. Im Kühlschrank kalt und hart werden lassen.

5518. Erdbeer-Komplettshake, Juni 2013

Im Vitamix

- 120 g Banane netto
- 150 g Erdbeeren mit Grün
- 1 TL Cashewnussmus (20 g) verschlagen,
- 90 g Eiswürfel auf höchster Stufe unterrühren.

Gibt einen dickflüssig-cremigen Shake.

5519. Grüner Spargel zum Ersten, Juni 2013

- 30 g Kokosöl bei kleiner Temperatur in einer Alugusspfanne flüssig werden lassen
- 280 g Kartoffeln (netto, unter Wasser gebürstet) in Scheiben geschnitten in die Pfanne gegeben, darauf
- 5 Stangen grüner Spargel, die Enden 2 cm weit abgeschnitten, in Stücken (100 g netto) darauflegen. Als Gemüsepfanne 8 Min. garen. Mit
- Salz bestreuen und
- 1 geh. TL Hoisin-Soße (5472) einrühren, mit
- 1 EL geh. Petersilie bestreuen.

5520. FKG-Eis mit Leinsamen, Juni 2013

Am Vorabend grob zerkleinert einfrieren:

- 1 mittelgroße Banane geschält
- 1 mittelgroße Orange
- einige Erdbeeren (gefroren = 425 g)

Morgens im Vitamix pürieren:

- 1 EL Leinsamen
- 1 EL Buchweizen
- 20 g Paranüsse
- 25 g Sahne

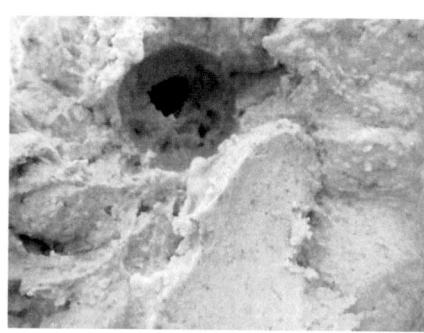

Dann das gefrorene Obst mit dem Stopfer zur Raute einarbeiten (dauert länger als üblich).

5521. Para-Maom, Juni 2013

- 100 g Paranüsse
- 45 g Mandeln ungeschält
- 55 g Cashewnüsse
- 155 g grüne Rosinen

Im Vitamix (1,4 Liter) zu einer festen Masse verarbeiten. In zwei der großen 2er-Formen pressen und kalt werden lassen.

5522. Maispizza mit grünem Spargel, Juni 2013

- 50 g Wasser
- 5 Stangen grüner Spargel (100 g netto); Enden 2 cm abgeschnitten und in Stücke geschnitten
- 40 g Zwiebel (netto), gewürfelt und
- 5 g Knoblauch (netto), in Scheiben in einer kleinen Keramikpfanne (20 cm) als Gemüsepfanne 5 Min dünsten.

Mais:

- 100 g Mais mahlen, mit
- 1 Prise salz mischen. Mit dem Schneebesen langsam einrühren:
- 10 g Sonnenblumenöl
- 285 g Wasser. Unter Rühren aufkochen, bis es gut dickt. Eine 24-cm-Quicheform mit

Pizza:

- 1 EL Öl auspinseln, den Mais darin gleichmäßig verteilen. Das Gemüse aus der Flüssigkeit heben und auf den Mais legen; Flüssigkeit aufbewahren.
- 1 Tomate (110 g) in feine Scheiben schneiden obenauf legen. Mit
- 1-2 TL Pizzagewürz bestreuen. Im kleinen Mixer verquirlen:
- 25 g Liebstöckel-Pesto (6/4501 oder ein anderes Pesto)
- 25 g Erdnuss-Cashewnussmus (1:3)
- Eine gute Prise Salz
- 15 g Apfelessig
- 15 g Sonnenblumenöl. Kochflüssigkeit auf
- 30 g Wasser auffüllen. Über die Tomate gießen.

Auf den Gitterrost in den kalten Heißluftofen geben. 30 Min. bei 200 °C backen.

5523. Grüner Spargel mit Nudeln, Juni 2013

- 1 Liter Wasser mit
- 2 TL Salz zum Kochen bringen,
- Spiralnudeln einrühren, 8 Min. köcheln lassen & abgießen. Warm stehen lassen. Gemüsepfanne (12 Min.) herstellen aus:
- 25 g Sesamöl
- 1 Tomate (115 g)
- 6 Stg. grüner Spargel (155 g netto)
- 55 g Butternusskürbis. Mit
- 1 TL Salz abschmecken, Nudeln unterziehen und mit
- geh. Petersilie dekorieren

5524. Butterkürbisrest in Kartoffelpfanne, Juni 2013

- 15 g Sonnenblumenöl in eine 20-cm-Alugusspfanne geben, dazu
- 250 g sehr kleine Kartoffeln, halbiert, mit der Schnittfläche nach unten, darüber
- 205 g Kürbis in Streifen (netto)
- 175 g Tomate
- Etwas Salz
- 1 TL Pizzagewürz; als Gemüsepfanne 15 Min. garen, dann mit
- Salz und
- 1 guter TL Hoisin-Soße (5472) abschmecken

5525. Sojabohnen in Gemüsecremesoße, Juni 2013

Vorabend:

- 100 g Sojabohnen (Biohof Lex) in
- 300 g Wasser einweichen

Am Kochtag die Sojabohnen mit 125 g Einweichwasser im Schnellkochtopf, Einstellung II, 9 Min. kochen. Während der Topf abdampft, die Gemüse vorbereiten. Während das Gemüse kochte, habe ich die leeren Hülsen entfernt.

- 50 g Wasser in eine kleine Keramikpfanne geben, dazu kleingeschnitten
- 35 g Möhre
- 65 g Zwiebel (netto)
- 35 g Spitzkohl; als Gemüsepfanne 9 Min. garen. Für die Soße im kleinen Mixer
- 70 g vom Bohnenkochwasser
- 1/2 TL Salz
- 20 g Liebstöckel-Pesto (7/4501)
- 15 g Schimmelkäse oder Nussmus verquirlen, mit den Bohnen in die Pfanne geben, aufkochen und noch 1-2 Min kochen.
- 1-2 EL geh. Petersilie unterziehen

Hinweis: Diese Sojabohnen sind ein Gedicht!

5526. Trauben-Nuss-Cremeschokolade, Juni 2013

Einlage:

- 75 g Haselnüsse grob hacken (Zerkleinerer), mit
- 75 g grünen Rosinen mischen.

Vorstufe im Vitamix (1,4 Liter) 2 x schlagen:

- 55 g Haselnüsse
- 45 g Cashewnüsse
- 4 cm Vanillestange (2 g)
- 3 g getr. Orangenschale
- 1 Pr. Salz
- 100 g Kakaobohnen

Hauptstufe: In Vitamix mit der Schokomasse warm schlagen:

- 30 g Macadamianussöl
- 70 g Honig
- 40 g Kokosöl
- 20 g Carobpulver
- 60 g Kakaobutter in feinen Streifen.

Schokolade in die Schüssel mit der Müsli-Masse in eine Schüssel geben, gut durchrühren und in die große Form abfüllen. Im Kühlschrank kalt und hart werden lassen.

5527. Pflaumen-Maom, Juni 2013

- 100 g Cashewnüsse
- 100 g Haselnüsse
- 125 g Softpflaumen (150 g wäre besser gewesen!)

Im Vitamix (1,4 Liter) zu einer festen Masse verarbeiten. In zwei der großen 2er-Formen pressen und kalt werden lassen.

5528. Nudeln in Gemüsecremesoße, Juni 2014

Nudeln

- 1 Liter Wasser mit
- 2 TL Salz zum Kochen bringen,
- 100 g Bandnudeln darin 8 Min. kochen lassen; abgießen und im zugedeckten Topf warmhalten.

Gemüsecremesoße

- 25 g Wasser in eine kleine Keramikpfanne geben, dazu klein geschnitten
- 70 g halbierte Cocktailtomaten
- 25 g Möhre
- 60 g Zwiebel (netto)
- 40 g Zucchini; als Gemüsepfanne 8 Min. garen. Für die Soße im kleinen Mixer
- 60 g vom Bohnenkochwasser
- 1/2 TL Salz
- 20 g Liebstöckel-Pesto (7/4501 o. Ä.)
- 20 g Schimmelkäse oder Nussmus verquirlen, mit den Bohnen in die Pfanne geben, aufkochen und die Nudeln einrühren, bis sie sich wieder getrennt haben.

5529. Hafer-Heilgetränk, Juni 2013

In den Vitamix geben:

- 2 EL Nackthafer
- 2-4 cm² getr. Orangenschale
- 4 cm Vanillestange
- 1 EL Mandeln
- 1 cm³ Ingwer roh ungeschält
- 400 g kochendes Wasser; 2 Min. mixen auf Höchstgeschwindigkeit, in eine Tasse füllen und
- 1 geh. TL Honig unterrühren.

5530. Haferbrot für mich selbst, Juni 2013

Vorlage: 5508; hier 50 g mehr Hafer.

Vorabend:

- 200 g Roggen fein mahlen, mit
- 220 g Wasser und
- 150 g Sauerteigansatz verrühren, in Plastikschüssel abgedeckt bis abends bei RT stehen lassen.
- 250 g Hafer rösten

Morgens:

- 150 g abnehmen und im Kühlschrank aufbewahren
- 200 g Roggen
- 200 g Urroggen (oder Roggen)
- 150 g (granniger) Weizen und den gerösteten Hafer fein mahlen, mit
- 1 geh. EL Salz
- 1 EL Brotgewürz und
- 40 g Sonnenblumenkerne
- 40 g Sesam und
- 35 g Leinsamen verrühren
- 420 g Sauerteigansatz und
- 700 g Wasser hinzugeben

Getreide fein mahlen, alles zusammen mit der Hand verrühren. Eine 30 cm Oetker-Profi-Backform Emaille mit Butter einfetten, Teig hineingeben und mit der Hand glatt streichen. In einen Plastikbeutel geben und 3,5 Std. gehen lassen. Dann den Ofen (Heißluft) auf 225 °C vorheizen, das dauert bei mir 18 Min. Brot mehrmals schräg einschneiden und mit Wasser einsprühen. Form auf dem Gitterrost in den Ofen schieben und 1 Std. bei 200 °C backen. Auf ein Kuchengitter stürzen, Klopfprobe machen. Umdrehen, mit Wasser einsprühen und auskühlen lassen.

5531. Kakao-Heilgetränk, Juni 2013

In den Vitamix geben:

- 1 EL Kakaonibs
- 1 EL Nackthafer
- 2-4 cm² getr. Orangenschale
- 2 cm Vanillestange
- 1 EL Cashewnüsse
- 1 cm² Ingwer roh ungeschält
- 400 g kochendes Wasser; 2 Min. mixen auf Höchstgeschwindigkeit, in eine Tasse füllen und
- 1 geh. TL Honig einrühren.

5532. Ginger & Oatflake Cookies - Doppelportion, Juni 2013

Vorläufer: 5499

- 300 g Nackthafer bei mittlerer Hitze knacken, bis er „gepoppt", aber noch nicht dunkel ist. Abkühlen lassen, ein Drittel davon (ca. 90 g) flocken.
- 700 g Weizen und zwei Drittel des gerösteten Hafers (ca. 180 g) mahlen, mit
- 2 Pr. Salz und
- 2 P Backpulver und
- 2 EL getr. gem. Ingwer (ca. 4 g) verrühren. Im Vitamix
- 200 g Sonnenblumenöl mit
- 35 g frischem Ingwer (ungeschält) mixen, zum Mehl geben. In einer großen Pfanne
- 120 g Butter mit
- 85 g Sonnenblumenöl und
- 470 g Honig auf kleiner Einstellung (800 Watt) zerlassen, die Flocken hinzugeben und zum Kochen bringen. Alles mit einem Löffel verrühren, 20 Min. stehen lassen.

Mit der Hand Kugeln formen (etwas größer als Walnüsse), nebeneinander auf ein mit Dauerbackfolie ausgelegtes Backblech setzen. Mit einem Löffel oder der Hand flach drücken. Das ergibt vier Backbleche (ca. 80-85 Kekse). Zwei in den kalten (Heißluft-)Ofen schieben und 23 Min. bei 160 °C backen. Auf einem Kuchengitter auskühlen lassen. Die zweite „Fuhre" nur 20 Min. backen.

5533. Quinoa-Mandel-Schoki mit O, Juni 2013

Bereitstellen:

- 75 g Quinoa in zwei Portionen in einer heißen Pfanne „poppen" lassen.
- 75 g Mandeln, im Zerkleinerer grob gehackt
- 60 g Orangeat

Stufe 1: im Vitamix (1,4 Liter) 2 x schlagen:

- 65 g Cashewnüsse
- 35 g Mandeln
- 100 g Kakaobohnen
- 1 Tonkabohne
- Eine Prise Salz
- 3-4 cm² getr. Grapefruitschale

Stufe 2: Hauptstufe: in Vitamix mit der Schokomasse warm schlagen:

- 45 g Sesamöl
- 70 g Honig
- 20 g Kokosöl
- 20 g Carobpulver
- 10 g Kakaopulver
- 80 g Kakaobutter in feinen Streifen.

Quinoa, Mandeln und Orangeat in einer Schüssel mit der Schokoladenmasse verrühren. In große Blockformen füllen und im Kühlschrank fest werden lassen.

5534. Schnelle Mandelkekse ohne Tiereiweiß, Juni 2013

- 95 g Sonnenblumenöl
- 90 g flüssiger Honig; dazu
- 1 Prise Salz;
- 50 g Mandeln im kleinen Mixer fein mahlen, unterrühren, dann
- 160-165 g Dinkel, fein gemahlen

In einer kleinen Schüssel mit einem Holzlöffel verrühren, bis es eine Masse ist, damit das Gluten sich nicht bilden kann. Ofen auf 160 °C (Heißluft) stellen. Kugeln zwischen den Händen formen (gab 25 Stück), nebeneinander auf ein mit Dauerbackfolie ausgelegtes Backblech setzen, mit einer Gabel flach drücken. 15 Min. bei 160 °C backen.

5535. Kartoffeln in Mais, Juni 2013

Zubereitung in Wollpfanne mit Terracotta-Deckel. – Am Anfang der Vorbereitungen den Terracotta-Deckel in Wasser einweichen.

- 295 g kleinste Kartoffeln (netto) von Keimen & Schadstellen befreien, halbieren, in die Pfanne geben. Oben drauf
- 40 g Zwiebel netto in Würfeln. Im Vitamix
- 350 g Wasser
- 25 g Blaue Kornblume (Schimmelkäse)
- 5 g Salz
- 20 g Mandelöl
- 20 g scharfes Kerbelpesto (6/3728) verquirlen, in die Pfanne gießen.

Deckel auflegen, Wasser in die Mulden gießen. In den kalten Ofen schieben und 90 Min bei 200 °C backen.

5536. Peters Kartoffelsuppe mit Maispfannküchlein, Juni 2013

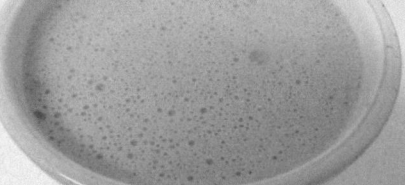

- 205 g kleine halbierte Kartoffeln (gebürstet, Schadstellen entfern)
- 1/2 Zwiebel (45 g netto)
- 30 g Petersilienstängel und Restpetersilie
- 1 gestr. TL Salz und
- 500 g Wasser in den Thermomix füllen.

Auf Stufe 6-8 einige Sek. zerkleinern. Dann bei 15 Min bei 100 °C (sobald Temperatur erreicht, auf 90 °C) und Stufe 1 kochen lassen. Hinzugeben und pürieren auf Stufe 8-10:

- 1 Prise Muskatnuss
- 1/2 TL Paprika edelsüß
- 1 geh. TL Hoisinsoße (5472)

Während die Suppe kocht, 2 Maispfannküchlein zubereiten (in einer 20-cm Pfanne)

- 30 g Dinkel mit
- 30 g Mais fein mahlen, mit
- 1 Prise Salz
- 7 g Öl und
- 100 g Wasser mit dem Schneebesen verquirlen.
- 1/2-1 EL Erdnussöl in einer kleinen Pfanne erhitzen.

Pfannkuchen auf jeder Seite bei mittlerer Einstellung goldbraun braten. Kurz auf Haushaltspapier legen, damit das Fett aufgesaugt wird. Zu der Suppe servieren oder in Streifen reißen und in die Suppe geben, beides ist lecker.

5537. Pistazienkakao, Juli 2013

- 20 g Pistazien, mit Haut
- 10 g Kakaonibs
- 20 g Weinbeeren
- 7 g Nackthafer
- 3 cm Vanillestange und
- 350 g kochendes Wasser im Vitamix 2 Min. mixen.

5538. Kartoffel mit Kohlrabi, Juni 2013

- 100 g Wasser
- 150 g Kohlrabi netto (Alligator-Schneidegerät geschnitten)
- 40 g Zwiebel netto, gewürfelt
- 225 g Kartoffeln, netto, in Scheiben in einen Topf oder eine Pfanne geben. Als Gemüsepfanne 12 Min. garen.
- 1/2 TL Salz
- 20 g eines scharfen Pestos einrühren,
- 1 TL Dinkelmehl mit
- 1 EL Wasser verrühren, unterziehen, aufkochen.
- 10 g Macadamianussöl (o. Ä.) einrühren

5539. Schokolade aus dem Vitamix Nr. 4, Juni 2013

- 55 g Kakaobohnen
- 45 g Kakaonibs
- 100 g Cashewnüsse
- 50 g Mandelöl
- 75 g Honig
- 20 g (lila) Maismehl
- 60 g Kokosöl
- 40 g Kakaobutter (sollte sein: 30 g, not sure)
- Haselnüsse

Eine Lasagneform (ca. 24 x 13 cm) mit Haushaltsfolie auslegen. Kakaobohnen, -Nibs und Cashewnüsse im Vitamix (1,4 L-Becher) mahlen, bis die Masse sich vom Rand löst und gut aus dem Becher nehmen lässt. In eine Schüssel umfüllen. Mandelöl und Honig hinzugeben. Kakaomasse dazugeben, darauf lila Maismehl und Kokosöl. Kakaobutter fein abraspeln und obenauf geben. Mit dem Stopfer mit langsam steigender Geschwindigkeit verarbeiten. Zwischendurch mit einem Spatel die Ecken „ausheben" und Reste vom Rand herunterdrücken. Immer wieder neu auf Höchststufe laufen lassen, bis die Schokolade flüssig und gleichmäßig braun und warm, aber noch nicht heiß ist. Schokoladenmasse in die Lasagneformen gießen und gleichmäßig fließen lassen. Mit Haselnüssen besetzen. Nach 30-45 Min. (Zeit hängt von der Kühlschranktemperatur ab) mit einem Messer vorsichtig Stücke anschneiden. Mehrere Std. kalt werden lassen.

5540. Kohlrabi-Pesto, Juni 2013

- 100 g Sonnenblumenöl
- 50 g Apfelessig
- 20 g Salz
- 1 Zucchini 150 g
- 1 Kohlrabi (nur grobe Schadstellen entfernt) (260 g)
- 100 g Mandelmus (mit Öl)
- 1/2 TL Chilipulver und
- 30 g Honig.

Gemüse in Scheiben bzw. Stücke nicht dicker als 1-1,5 cm schneiden. Im Hochleistungsmixer schlagen.

5541. Bohnenpfanne mit Auberginen

Terrakotta-Deckel 10 Min. in Wasser legen. Pfanne füllen wie folgt:
- 300 g Wasser
- 55 g Kohlrabi-Pesto (5540)
- 235 g kleine Kartoffeln, halbiert
- 50 g Zwiebel gewürfelt
- 105 g Bohnen in Stücken
- 185 g Auberginenscheiben

Deckel auf die Pfanne geben, die Mulden mit Wasser füllen. In den kalten Ofen schieben, 80 Min. bei 200 °C backen, nach 1 Std. etwas Wasser in die Mulden nachfüllen.

5542. Bohnenpfanne mit Auberginen 2, Juni 2013

- 105 g Wasser
- 45 g Kohlrabi-Pesto (5540)
- 245 g kleine Kartoffeln, halbiert
- 40 g Zwiebel gewürfelt
- 75 g Bohnen in Stücken und
- 185 g Auberginenscheiben als Gemüsepfanne 15 Min. dünsten, mit
- 1/2 TL Salz
- 1-2 EL Macadamianussöl mischen

5543. Kartoffel-Tomaten-Karrussel, Juni 2013

- 105 g Wasser
- 35 g Kohlrabi-Pesto (5540 o. Ä.)
- 30 g grüne Bohnen netto
- 210 g Tomaten
- 65 g Zwiebel netto und
- 225 g Kartoffeln

Soße:
- 1 TL Salz
- 5 g Tomatenmark
- 1/2-1 gestr. TL Paprika edelsüß
- 2 geh. TL Dinkelmehl
- 1/2 TL Honig
- 40 g Wasser

Spitzen der Bohnen abschneiden, in Stück brechen. Zwiebeln schälen & würfeln. Kartoffeln (ggf. unter fließendem Wasser abbürsten) in Scheiben schneiden. Die Zutaten in der angegebenen Reihenfolge in eine 20-cm-Pfanne geben und 14 Min. (bei festkochenden Kartoffeln länger) als Gemüsepfanne dünsten. Die Soßenzutaten im kleinen Mixer verquirlen, unterrühren, aufkochen.

5544. Mangold-Kartoffel-Töpfle für Zwei, Juni 2013

2 Hauptspeisen.

- 100 g Wasser, verrühren mit
- 50 g Kohlrabi-Pesto (5540)
- 420 g Babykartoffeln, gebürstet, gewaschen, in Scheiben
- 275 g Tomate gewürfelt
- 260 g Mangold gewaschen, ausgedrückt, in Streifen
- 2 Knoblauchzehen, abgezogen, in Streifen. In einem Topf als Gemüsepfanne 18 Min kochen; dann im kleinen Mixer für die Soße verquirlen:
- 1 TL Salz
- 15 g Mehl
- 30 g Wasser
- 1 gute Prise gem. Muskatnuss
- 10 g Zitronensaft in den Topf einrühren, aufkochen.

5545. Aprikosen-Fruchtgummi

- 125 g Cashews
- 125 g Pecannüsse
- einige Salzkörnchen
- 1 MS gem. Vanille
- 175 g Soft-Aprikosen

Alle Zutaten mit dem Stößel bearbeiten, bis sich eine homogene Masse ergibt. Sie ölt ein wenig. Mit den Händen kleine Kugeln formen.

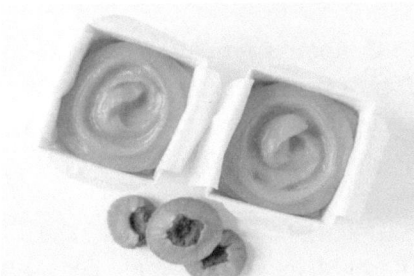

5546. Nudeln in Mangold, Juni 2013

Mit einer Induktionsplatte

Nudeln

- 1 Liter Wasser im Wasserkocher aufkochen, in einen entsprechend großen Topf umfüllen,
- 2 TL Salz hinzufügen (wenn die Nudeln ungesalzen sind); zum Kochen bringen,
- 100 g Nudeln hinzugeben, einmal durchrühren und 8 Min. (wenn auf der Packung 9-10 Min. steht, als 2 Min. kürzer) kochen. Abgießen und im gut geschlossenen Topf stehen lassen.

Mangold (vorbereiten, während die Nudeln kochen)

- 25 g Kokosöl in eine Pfanne (Aluguss) geben, darauf
- 200 g Tomaten in Scheiben
- 25 g Pekannüsse, grob gehackt
- 70 g Zwiebel (netto), geschält, in Halbscheiben
- 145 g Mangold (netto), gewaschen, in Streifen geschnitten. Als Gemüsepfanne 10 Min. dünsten. Dann
- 1/2 TL Salz
- 1/2 TL Honig
- 1 TL Apfelessig unterrühren; Nudeln unterziehen und kurz aufkochen.

5547. Haferbrot für Frau E., Juni 2013

Vorlage: 5524; hier Dinkel statt Weizen und weniger.

Vorabend:

- 200 g Roggen fein mahlen, mit
- 210 g Wasser und
- 150 g Sauerteigansatz verrühren, in Plastikschüssel abgedeckt bis abends auf der Fensterbank stehen lassen.
- 250 g Hafer rösten

Morgens:

150 g vom neuen Sauerteig abnehmen und in einem Schraubglas im Kühlschrank aufbewahren.

- 300 g Roggen
- 100 g Urroggen (oder Roggen)
- 100 g Dinkel und den gerösteten Hafer fein mahlen, mit
- 1 EL Salz
- 1 EL Brotgewürz und
- 120 g Sonnenblumenkernen mischen;
- 400 g Sauerteigansatz und
- 600 g Wasser hinzugeben.

Getreide fein mahlen, alles zusammen mit der Hand verrühren. Eine 30 cm Oetker-Profi-Backform Emaille mit Butter einfetten, Teig hineingeben und mit der Hand glatt streichen. Brot mehrmals schräg einschneiden, In einen Plastikbeutel geben und 3,5 Std. gehen lassen. Dann den Ofen (Heißluft) auf 225 °C vorheizen, das dauert bei mir 18 Min. und mit Wasser einsprühen. Form auf dem Gitterrost in den Ofen schieben und 1 Std. bei 200 °C backen. Auf ein Kuchengitter stürzen, Klopfprobe machen. Umdrehen, mit Wasser einsprühen und auskühlen lassen.

5548. Ananas-Fruchti, Juni 2013

Das ist das einfachste Rezept hierfür... und gleichzeitig eines der aroma-tischsten. Wichtig ist hier, gute Ananas zu kaufen. Ich hatte welche, wo die ganzen Ringe getr. waren.z

- 250 g Cashewnüsse
- 150 g getr. Ananasringe (Ghana z. B.)

In den Mixer geben (bei mir der 1,4-Literbecher, der ist günstig, wegen der größeren Grundfläche) und feste mit dem Stößel bearbeiten, bis sich eine durchgängig fest-glatte Masse ergibt. Wird ziemlich heiß!

5549. Kakao light, Juni 2013

- 310 g Wasser
- 3 Soft-Aprikosen
- 1 LS gem. Vanille
- 2-4 cm getr. Orangenschale
- 4 g Ingwer frisch
- 15 g Cashewnüsse
- 1 TL Kakaonibs
- 15 g Nackthafer

Light bezieht sich auf den relativ geringen Kakaogehalt. Wasser im Wasserkocher aufkochen, die anderen Zutaten in einen Hochleistungsmixer geben, das Wasser darauf schütten und 2 Min. auf der Höchststufe laufen lassen (langsam hochdrehen).

5550. Vanille-Cashew-Quadranten, Juni 2013

Wichtig: Alle Zutaten müssen mindestens Raumtemperatur haben, vor allem das Cashewnussmus darf nicht kalt und hart sein.

- 80 g Butter
- 50 g Cashewnussmus
- 80 g flüssiger Honig
- 1 Prise Salz
- 10 g Sahne
- 1 Löffelspitze gem. Vanille
- 160 g Dinkel
- 40 g granniger Kreuzritterweizen (oder insgesamt 200 g Dinkel)

Butter mit einem Holzlöffel cremig rühren. Getreide fein mahlen. Die Zutaten nacheinander in die geschlagene Butter einrühren, am besten portionsweise, damit nichts gerinnt. Die Mehlmenge kann sich nach Wetter, Getreideart, Jahreszeit etc. ändern.

Nur rühren, bis es eine Masse ist, damit das Gluten sich nicht bilden kann. Eine Rolle formen und diese mit der Hand in eine kantige Form drücken. Abgedeckt 1/2 Std. in den Kühlschrank setzen.

Ofen auf 160 °C (Heißluft) stellen. Von der Teigstange Scheiben abschneiden, nebeneinander auf ein mit Dauerbackfolie ausgelegtes Backblech setzen. 15 Min. bei 160 °C backen.

5551. Schnelle Mandelkekse ohne Tiereiweiß, Juni 2013

- 95 g Sonnenblumenöl
- 90 g flüssiger Honig; dazu
- 1 Prise Salz;
- 50 g Mandeln im kleinen Mixer fein mahlen, unterrühren, dann
- 160-165 g Dinkel, fein gemahlen

In einer kleinen Schüssel mit einem Holzlöffel verrühren. Nur rühren, bis es eine Masse ist, damit das Gluten sich nicht bilden kann. Ofen auf 160 °C (Heißluft) stellen. Kugeln zwischen den Händen formen (gab 25 Stück), nebeneinander auf ein mit Dauerbackfolie ausgelegtes Backblech setzen, mit einer Gabel flach drücken. 15 Min. bei 160 °C backen.

5552. Erdbeer-Softeis, Juni 2013

Im Vitamix die nichtgefrorenen Zutaten pürieren, dann die gefrorenen Zutaten einarbeiten. Es ergibt sich ein weiches Softeis.

- 260 g Erdbeeren, netto
- 25 g Cashewnüsse
- 25 g Sahne
- 1 TL Honig (nur wenn die Erdbeeren zu sauer sind)
- 130 gefrorene Bananenscheiben
- 90 g Eiswürfel

5553. Emmer-Zitrönkes (100 % tiereiweißfrei), Juni 2013

- 50-55 g Zitrone netto (nur äußere Schale und Kerne entfernt)
- 90 g flüssiger Honig
- 55 g Sonnenblumenöl
- 1 Prise Salz
- 200 g Emmer
- 10 g Honig

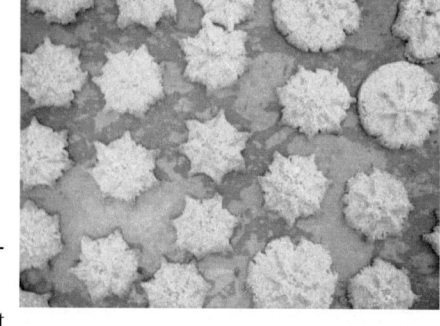

Zitrone in Stücke schneiden, mit 90 g Honig, Öl und Salz in einem kleinen Mixer (hochstehendes Messer) zu einer glatten Masse schlagen. Emmer fein mahlen. Mit der Zitronenmasse und den 10 g Honig mit einem Löffel verrühren. Ofen (Umluft) auf 160 °C stellen. Mit einer Gebäckspritze den weichen Teig auf ein mit Dauerbackfolie ausgelegtes Backblech spritzen. In den heißen Ofen schieben und 15 Min. backen. Abkühlen lassen, in einer Dose aufbewahren.

5554. Haferpoppis, Juni 2013

Hafer:

- 1 EL Erdnussöl in einer kleinen Pfanne stark erhitzen.
- 50 g Nackthafer hinzugeben. Erhitzen, bis er poppt (Deckel auflegen).
- 20 g Honig einrühren und erhitzen, bis er karamellisiert. Einen Teller mit
- 1-2 TL Öl einreiben, die heiße Hafermasse darauf geben. Abkühlen lassen, die Haferkörner zwischen Haushaltsfolie legen und auseinander brechen.

Stufe 1:

- 55 g Cashewnüsse
- 45 g Pekannüsse
- 5 cm Vanillestange
- eine Prise Salz
- 90 g Kakaonibs
- 1-2 Stück getr. Orangenschale

Stufe 2:

- 30 g Sesamöl
- 60 g Honig
- 40 g Kokosöl
- 20 g Carobpulver
- 10 g Kakaopulver
- 60 g Kakaobutter in feinen Streifen.

Schokolade in die Schüssel mit den Haferkörnern geben, gut durchrühren und in die große Form abfüllen. Im Kühlschrank kalt und hart werden lassen.

5555. Mangold-Cracker, Juni 2013

Knetteig.

- 60 g Sonnenblumenöl mit
- 1 TL Salz und
- 180 g Mangold, frisch gewaschen, in einem starken Mixer zu einer homogenen Flüssigkeit pürieren.
- 300 g Emmer fein mahlen

Mangoldflüssigkeit und Emmer in einer Knetmaschine zu einem relativ festen Knetteig verarbeiten. 13-15 g schwere Teigstücke dünn ausrollen. Auf Stufe 3.5-4 lecker, allerdings etwas unregelmäßig braun, was nicht stört.

5556. Gefüllte Gurke, Juni 2013

Brotresteverwertung.

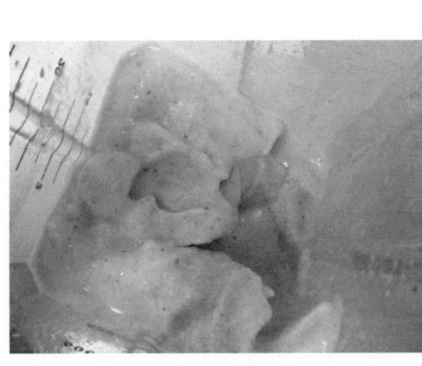

- 65-70 g altes Brot in Stückchen in eine verschließbare Plastikdose geben, mit
- 125 g heißem (muss nicht unbedingt kochend sein) Wasser übergießen. Deckel schließen und 3-4 Std. stehen lassen.
- 1 Salatgurke (265 g) längs halb durchschneiden.

Gurkeninneres mit dem Löffel entfernen (aufbewahren). Falls die Gurkenstücke nicht stehen, unten ein Stück abschneiden. Das Brot kurz mit einem Löffel durchrühren und mit

- 1/2 TL Salz
- 1 TL Paprika edelsüß
- 35 g kleingehackte Zwiebel (netto)
- 1 EL Macadaminussöl (o. Ä.) verkneten, evtl. mit der Hand.

Gurkenstücke in eine entsprechend große Pfanne setzen. Mit der Brotmasse füllen, die Füllung wölbte sich bei mir leicht nach oben.

- 85 g Hirse mit
- 1 TL Curry mischen, neben die Gurkenstücke geben, vorsichtig
- 285 g Wasser in die Pfanne gießen.

Als Gemüsepfanne 20 Min. dünsten lassen. Für die Soße im kleinen Mixer, hochstehendes Messer, verquirlen:

- 1 Tomate in Stücken (90 g)
- 10 g Hoisin-Soße (5472)
- 1/2 TL Salz

Mit zwei Pfannenheber ein Gurkenstück aus der Pfanne heben und auf einen Teller setzen. Die Hälfte der Hirse daneben legen, mit Soße begießen. Evtl. jetzt noch nachsalzen.

5557. Bananen-Softeis ‚Apart‘, Juni 2013

Apart wird dieses Eis durch die Verwendung von in Honig moussierten Zitronenschalen, das sind einfach ein paar Zitronenschalen, in Honig eingelegt, so dass der Honig die Zitronenschalen bedeckt. Dann außerhalb des Kühlschranks stehen lassen, bis der Honig völlig flüssig ist und sich evtl. kleine Bläschen an den Zitronenschalen bilden. Dann weiter im Kühlschrank aufbewahren. Der ganze Prozess geht über mehrere Monate!

Alle Zutaten in den Hochleistungsmixer geben, nicht wie sonst einen Teil vorher pürieren, und erst langsam, dann auf der höchsten Stufe bearbeiten. Wenn nötig, den Stößel zu Hilfe nehmen:

- 1 große geschälte Banane (175 g netto), in Stücke gebrochen
- 3 cm Vanillestange
- 15 g Pecannusshälften
- 10 g moussierte Zitronenschalen (5551)
- 190 g Eiswürfel

5558. Vier-Jahreszeiten-Shake, Juni 2013

Die Zutaten bekommt man quasi immer.

- 1 große Banane (170 g netto)
- 1 Orange (150 g netto)
- 10 g moussierte Zitrone (s. 5551)
- 40 g Maronen gekocht
- 180-190 g Eiswürfel

Im Hochleistungsmixer langsam die Geschwindigkeit hochdrehen oder pulsen, dann auf höchster Geschwindigkeit mixen, bis alles gut gelöst ist und keine Eisstückchen mehr vorhanden sind.

5559. Maca Inside Juni 2013

Stufe 1:
- 50 g Cashewnüsse
- 50 g Mandeln
- 1 Vanillestange
- 1 kleine Prise Salz
- 2 g gem. Muskatnuss

Stufe 2:
- 30 g Sesamöl
- 20 g Carobpulver
- 10 g Kakaopulver
- 60 g Honig
- 40 g Kokosöl
- 60 g Kakaobutter

Weitere Zutaten:
- 48 Macadamianüsse oder Nusshälften

Zubereitung von Stufe 1 und Stufe 2 wie beschrieben (z. B. 5303). In jede Mulde der großen Form eine Macadamianuss bzw. eine halbe Macadamianuss legen. Dann die flüssige Schokolade vorsichtig darüber gießen.

5560. Brot jetzt mit mir, Juni 2013

2008 habe ich freigeschobene Brote gebacken, die ich allesamt verschenkt habe. Da will ich jetzt endlich auch mal eins für mich. :-)

Stufe 1:
- 1/3 P Hefe (13 g)
- 250 g Wasser
- 250 g Emmer

Stufe 2:
- 250 g Emmer
- 125 g Wasser

Stufe 3:
- 100 g Nackthafer
- 150 g Dinkel
- 1 gestr. EL Brotgewürz
- 1 sehr flach gestr. EL Salz
- 50 g Sesam
- 2 EL Wasser

Stufe 1: Am Vorabend Emmer fein schroten (Stufe 2/9, Hawos Novum) und mit dem Wasser verrühren. Teigschüssel in einen Plastiksack stecken, mit einem Geschirrtuch abdecken und über Nacht stehen lassen.

Stufe 2: Emmer fein schroten wie oben, mit dem Wasser unter die Stufe 1 arbeiten. Eingepackt wie oben beschrieben 2 Std. gehen lassen.

Stufe 3: Hafer in einer trockenen Pfanne auf mittelkleiner Einstellung erhitzen, bis er springt, gut duftet und leicht gebräunt ist. Mit Dinkel mischen und wie oben beschrieben fein schroten. Die Zutaten der Stufe 3 miteinander vermischen und dann gut in die Stufe 2 einkneten, wenn wirklich kein loses Mehl mehr zu sehen ist, noch einige Min. gut kneten (hier: Kenwood). Beim Wasser je nach Getreidebeschaffenheit einen Esslöffel mehr oder weniger nehmen. Eine Kugel unter Spannung formen. Wie beschrieben einpacken und 1 Std. gehen lassen.

Teig nochmals durchkneten. In zwei Stücke zu 590 g Teiggewicht teilen. Jedes Teil zu einer Kugel unter Spannung formen, dann eine Längsform geben. Gut mit Wasser einsprühen und mit Plastik abdecken. Ofen auf 200 °C (Umluft) vorheizen, in der Zeit gehen die geformten Brote unter Plastik. Brote 40 Min. bei 200 °C backen. Laibe mit Wasser einsprühen und auf einem Kuchengitter auskühlen lassen.

5561. Maronen-Keksle, Juni 2013

Wichtig: Alle Zutaten sollten Raumtemperatur haben, sonst gerinnt die Butter. Das wird dann allerdings bei der Mehlzugabe auch wieder ausgeglichen.

- 100 g Butter
- 50 g Maronen
- 20 g Sahne
- 50 g Wasser
- 90 g flüssiger Honig
- 1 Prise Salz
- 1 LS gem. Vanille
- 200 g Dinkel
- 35 g Sojabohnen

Butter mit einem Holzlöffel cremig rühren. Maronen mit Sahne und Wasser in einem kleinen Mixer zu einer glatten Creme schlagen. Dinkel fein mahlen, die Sojabohnen ebenfalls. Ich habe die Sojabohnen in der Getreidemühle gemahlen und dann mit (einfachem) Reis nachgemahlen zur Reinigung. In einem Hochleistungsmixer oder sogar in einem kleinen Mixer lassen sie sich auch mahlen. Die Zutaten nacheinander in die geschlagene Butter einrühren, am besten portionsweise, damit nichts gerinnt. Die Mehlmenge kann sich nach Wetter, Getreideart, Jahreszeit etc. ändern.

Ofen auf 160 °C (Heißluft) stellen. Nur rühren, bis es eine Masse ist, damit das Gluten sich nicht bilden kann. Mit einer Gebäckspritze Formen nach Wahl auf ein mit Dauerbackfolie ausgelegtes Backblech setzen. 15 Mn. bei 160 °C backen.

5562. Scharfer Ananas-Shake, Juni 2013

- 205 g Ananas, grob geschält (für schwächere Mixer: gut geschält)
- 10 g Zitrone moussiert
- 1 Prise Chilipulver (nach Geschmack mehr, aber besser mit wenig anfangen!)
- 10 g Mandeln
- 20 g grüne Rosinen
- 140 eiskaltes Wasser oder Eiswürfel

Erst die Zutaten ohne das Eis mixen, dann Eiswasser/Eis hinzugeben und so lange laufen lassen, bis es Shake-Konsistenz hat.

5563. Spinat mit Hummus überbacken, Juni 2013

Hummus
- 100 g Kichererbsen am Vorabend in ca.
- 350 g Wasser einweichen. Mit 125 g vom Einweichwasser im Schnellkochtopf 15 Min. kochen, noch heiß mit dem restlichen Kochwasser in den Vitamix geben. Hinzufügen:
- 12 g Knoblauch (netto; 2 große Zehen), geschält
- 1 Zitronenscheibe, ohne Schale, ohne Kerne (ca. 10 g), als Ganzes
- 1/2 TL Kreuzkümmel gemahlen
- 1 TL Salz
- 25 g Sesamöl
- 10 g Sesam, 3-4 Sek. mixen (mit Hilfe des Stößels). Während die Kichererbsen kochen, Spinat zubereiten.

Spinat
- 80 g Wasser
- 120 g Babyspinat
- 45 g Zwiebel (netto), gewürfelt in einer ofenfesten Pfanne 5 Min. als Gemüsepfanne garen.
- 1 EL Sesamöl unterrühren und
- 1 Prise Salz unterrühren

Auflauf – Hummus gleichmäßig auf dem Spinat verteilen. Mit
- 1 EL Sesam bestreuen und
- 1 EL Sesamöl darüber träufeln.

Auf dem Gitterrost in den kalten Ofen schieben und ohne Deckel mindestens 15 Min. bei 230 °C überbacken. Die Spitzen des Hummus sind dann gerade leicht angefärbt. Wer mag, kann es sicher noch 5 Min. länger backen.

5564. Nudeln mit Porree, Juli 2013

Nudeln:

- 100 g Spiralnudeln aus Vollkornmehl in ca.
- 1 Liter Salzwasser 8 Min. (2-3 Min. weniger als auf der Packung angegeben) köcheln.

Kochwasser abgießen, Topf mit dem Deckel gut schließen und stehen lassen, bis das Gemüse fertig ist. Eine Gemüsepfanne (Dünstzeit 10 Min., hätte etwas länger sein können) aus folgenden Zutaten herstellen:

Gemüse:

- 100 g Wasser
- 35 g Kohlrabi-Pesto (5540)
- 1 Tomate (100 g), gewürfelt
- 115 g Porree (netto), gewaschen, abgetropft und in Ringen
- 65 g Fenchel in Stücken

Für die Soße:

- 1 TL Salz
- 1 gestr. TL Paprika edelsüß
- 2 geh. TL Mehl
- 1 EL Mangoessig (5513 o. Ä.)
- 2 EL Macadamianussöl (o. Ä.)
- 2-3 EL Wasser mit einem Löffel verrühren.

Die Soße unter das Gemüse rühren. Wenn es noch heiß ist, dickt die Soße, ohne dass aufgekocht werden muss (= besser für das Öl). Nudeln unterrühren und servieren. Reicht für 2 Teller.

5565. Emmerschale, Juli 2013

Pudding. – Beschrieben habe ich dies hier für einen richtig starken Hochleistungsmixer. „Natürlich" kann man diese Creme auch herkömm-lich kochen, indem man das gemahlene Getreide in Wasser aufkocht und die anderen Zutaten zerkleinert hinzugibt. Ein Pudding aus dem Hoch-leistungsmixer ist aber ungleich glatter, in etwa so wie die holländischen Vanillepuddings.

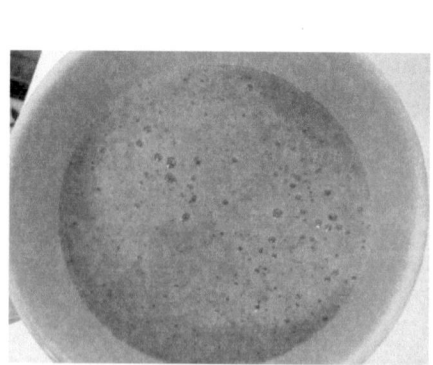

- 50 g Nacktgerste
- 1 Vanillestange
- 1 Prise Salz
- 40 g Honig
- 1 gute Prise Muskat
- 350 g Wasser
- 1-2 EL gefrorene Heidelbeeren

Alle Zutaten bis auf die Heidelbeeren in den Mixer geben und etwa 5 Min. auf der Höchststufe laufen lassen. Wenn die Masse stockt, kann man das sehen und auch hören, weil die Messer anders „laufen". In eine Schüssel umfüllen und die gefrorenen Heidelbeeren (oder anders kleines Beerenobst) auf die Oberfläche legen, so dass einige oben liegen bleiben.

5566. Dunkle Banane, Juli 2013

- 1 Banane (146 g netto)
- 35 g Maronen
- 1 TL Kakaonibs (5 g)
- 3 cm Vanillestange
- 90 g Eiswürfel
- 60 g Wasser

Erst ohne das Wasser gut durchmixen, bis alles „aufgelöst" ist, dann das Wasser untermischen.

5567. Risotto con Raisins & Lauch, Juli 2013

Im Reiskochtopf garen:

2 TL Sonnenblumenöl

100 g Basmati-Naturreis

300 g Wasser

Als Gemüsepfanne 15 Min. dünsten:

- 100 g Wasser
- 40 g Kohlrabipesto (5540)
- 140 g Porreegrün in Streifen (netto)
- 15 g grüne Rosinen
- 25 g Cashewnüsse
- 1 Tomate (100 g). Dann mit
- ca. 1/2 - 1 TL Salz abschmecken und Reis unterheben.

5568. Guaven-Gaumenkitzler, Juli 2013

Wer ganz besonders empfindlich auf Kerne reagiert, muss das Mittel-stück entfernen, so ganz weg bekommt sie selbst ein Hochleistungsmixer nicht.

- 1 Guave (375 g)
- 3 kleine Bananen (125 g netto)
- 1 Scheibe Zitrone, geschält (10 g)
- 3 cm Vanillestange
- 125 g Wasser
- 90 g Eiswürfel

Erst ohne Wasser und Eiswürfel pürieren, um die Kerne möglichst gründlich zu zermixen.

5569. Sommerblut, Juli 2013

- 130 g Erdbeeren netto
- 150 g Wassermelone netto
- 3 g Ingwer frisch
- 5 g Honig (je nach Obstreife)
- 1 Prise Anis ganz
- 85 g Eiswürfel

Alles zusammen gut durchmixen. Der Hauch von Ingwer ist sehr apart! Wer keinen Hochleistungsmixer hat, nimmt 85 g sehr kaltes Wasser oder stellt das Getränk in den Kühlschrank.

5570. Puffreiskakao vegan, Juli 2013

- 25 g Basmatireis in einer trockenen Pfanne rösten, auf mittlerer Hitze, da puffen einige Körner auf. Mit
- 20 g Cashewnüssen
- 10 g Kakaonibs
- 1 Stück Tonkabohne erbsengroß (etwa 1/3 Schote)
- 3 g Ingwer, ungeschält
- 20 g Weinbeeren
- 350 g kochendes Wasser

Alle Zutaten in einem Hochleistungsmixer 3 Min. mischen. Der Kakao ist nicht sehr süß, wem das nicht reicht, kann mit Honig nachsüßen. Der geröstete Reis gibt eine schöne glatte Konsistenz und einen aparten Geschmack.

5571. Haferbrot für M., Juli 2013

Vorlage: 5539; hier plus 50 g Öl.

Vorabend:
- 200 g Roggen fein mahlen, mit
- 210 g Wasser und
- 150 g Sauerteigansatz verrühren, in Plastikschüssel abgedeckt bis abends auf der Fensterbank stehen lassen.
- 250 g Hafer rösten

Morgens:

150 g vom neuen Sauerteig abnehmen und in einem Schraubglas im Kühlschrank aufbewahren.
- 275 g Roggen,
- 125 g Urroggen oder Roggen sowie
- 100 g Emmer und den gerösteten Hafer fein mahlen, mit
- 1 EL Salz
- 1 EL Brotgewürz und
- 125 g Sonnenblumenkernen mischen;
- 50 g Sonnenblumenöl
- 400 g Sauerteigansatz und
- 600 g Wasser hinzugeben.

Getreide fein mahlen, alles zusammen mit der Hand verrühren. Eine 30 cm Oetker-Profi-Backform Emaille mit Butter einfetten, Teig hineingeben und mit der Hand glatt streichen. Brot mehrmals schräg einschneiden, In einen Plastikbeutel geben und 3,5 Std. gehen lassen. Dann den Ofen (Heißluft) auf 225 °C vorheizen, das dauert bei mir 18 Min. und mit Wasser einsprühen. Form auf dem Gitterrost in den Ofen schieben und 1 Std. bei 200 °C backen. Auf ein Kuchengitter stürzen, Klopfprobe machen. Umdrehen, mit Wasser einsprühen und auskühlen lassen.

5572. Aubergine mit Hummus überbacken, Juli 2013

Hummus
- 100 g Kichererbsen am Vorabend in ca.
- 350 g Wasser einweichen. Mit 125 g vom Einweichwasser im Schnellkochtopf 15 Min. kochen, noch heiß mit dem restlichen Kochwasser in den Vitamix geben. Hinzufügen:
- 12 g Knoblauch (netto; 2 große Zehen), geschält
- 1 Zitronenscheibe, ohne Schale, ohne Kerne (ca. 10 g), als Ganzes
- 1/2 TL Kreuzkümmel gemahlen
- 1 TL Salz
- 25 g Sesamöl
- 10 g Sesam, 3-4 Sek. mixen (mit Hilfe des Stößels). Während die Kichererbsen kochen, Aubergine zubereiten.

Auberginen-Gemüse
- 90 g Wasser
- 10 g Sesamöl
- 145 g Aubergine in Halbscheiben
- 70 g Zwiebel (netto), gewürfelt und
- 65 g rote Paprika (netto), gewürfelt in einer ofenfesten Pfanne 5 Min. als Gemüsepfanne garen.
- 1 Prise Salz unterrühren

Auflauf: Hummus gleichmäßig auf dem Gemüse verteilen. Mit
- 1 EL Sesam bestreuen und
- 1 EL Sesamöl darüber träufeln.

Auf dem Gitterrost in den kalten Ofen schieben und ohne Deckel mindestens 15 Min. bei 230 °C überbacken. Die Spitzen des Hummus sind dann gerade leicht angefärbt. Wer mag, kann sicher noch 5 Min. länger backen.

5573. Erdbeer-Sahneshake, Juli 2013

Ein wirklich ganz einfacher Shake. Wer kein Gerät hat, dass mit dem Eis gut umgehen kann, nimmt einfach kaltes Wasser oder stellt den Shake fertig für 1 Std. in den Kühlschrank. Für den immer Eiligen ist natürlich sekundenschnelles Mixen im Hochleistungsmixer ideal.

- 250 g Erdbeeren netto
- 30 g süße Sahne
- 90 g Eiswürfel und
- 1-2 Prisen Kardamom im Vitamix mixen.

5574. Nougat-Variante mit Quinoa, Juli 2013

- 350 g Mandeln
- 50 g Kakaonibs
- 20 g Quinoa nacheinander in einer trockenen Pfanne rösten, mit
- einer Prise Salz im Hochleistungsmixer (hier: Stößel, 1,4-Liter-Becher), zu einer schönen glatten Masse verarbeiten. Umfüllen.
- 80 g Honig in den Becher geben, darauf
- 10 g Sesamöl, die Mandelmasse zurück füllen und mit
- 40 g Kokosbutter in feinen Scheiben bedecken. Mit dem Stößel vorsichtig verarbeiten, bis die Butter sich vollständig aufgelöst zu haben scheint. Sind doch noch einige kleine Stücke über in der jetzt heißen Masse per Hand vermischen. In eine Schokoladenform pressen.
- 25 g Pistazien auf die Oberfläche geben und fest eindrücken. Im Kühlschrank fest werden lassen.

5575. Pistazienbrötchen, Juli 2013

- 1/2 P Hefe (21 g) in einer Knetschüssel in
- 310 g Wasser auflösen.
- 150 g Nackthafer in einer trockenen Pfanne auf mittlere Hitze rösten, bis er heftig knackt. Nachgewogen sind das 135 g Hafer geworden.
- 100 g Emmer und
- 265 g Dinkel (die Dinkelmenge richtet sich nach dem Hafer, das ganze Getreide zusammen soll 500 g ergeben) mischen, fein mahlen.
- 50 g Pistazien grob hacken (Zerkleinerer) und mit
- 2 TL Salz unter das Getreide rühren. Zu der Knetschüssel geben,
- 1 EL Sesamöl hinzugeben und per Hand oder von der Maschine kneten lassen. Wenn der Teig zu fest ist, noch
- 2 EL Wasser unterkneten.

Teig zu einer Kugel unter Spannung formen, abgedeckt 1 Std. gehen lassen. Nochmals durchkneten (lassen), wie beschrieben weitere 30 Min. gehen lassen. Dann einmal mit der Hand durchkneten. In 12 Brötchen zu je ca. 75 g aufteilen, jeweils eine kleine Kugel unter Spannung formen und zwischen den Händen „schleifen". Teiglinge auf ein mit Dauerback-folie ausgelegtes Backblech setzen, jeweils zweimal oben mit der Schere einschneiden. Unter einer Garfolie insgesamt 25 Min. gehen lassen. In den letzten 15 Min. den Backofen auf 190 °C (Heißluft) vorheizen. Brötchen einschieben und 25 Min. bei 190 °C backen (in den letzten 5 Min. den Ofen ausschalten.)

5576. Erdbeer-Bananen-Eis, Juli 2013

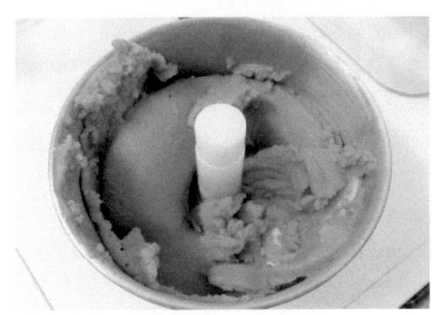

- 1 EL gekochte Sojabohnen (35 g)
- 1 Stück Zucchini (50 g)
- 1 Banane (90 g netto)
- 25 g grüne Rosinen
- 180 g Erdbeeren, grob vom Grün befreit, und
- 50 g Wasser im Vitamix glatt mischen.

In die Eismaschine füllen und 20 Min. laufen lassen.

5577. Haselnusskekse, Juli 2013

Tiereiweißfrei

- 125 g Haselnüsse
- 65 g Dinkel
- 60 g Emmer
- 80 g flüssiger Honig
- 80 g Sonnenblumenöl
- 1 Prise Salz
- 20 g Wasser

Haselnüsse mahlen (in zwei Portionen in einem kleinen, starken Mixer). Getreide mischen und fein mahlen. In einer Schüssel Honig, Öl und Salz mit einem Löffel verrühren. Wenn der Honig nicht flüssig genug ist, mischt sich das nicht, das kommt aber dann mit den Haselnüssen, die nun in zwei Portionen untergerührt werden. Mehl einarbeiten, wenn nötig noch 20 g Wasser einkneten. Ofen (Heißluft) auf 160 °C vorheizen. Mit einem Teelöffel Teigstücke abstechen und zwischen den Händen zu kleinen Fladen auseinanderdrücken. Teiglinge nebeneinander auf ein mit Dauerbackfolie ausgelegtes Backblech setzen. In den heißen Ofen schieben und 15-17 Min. backen. Abkühlen lassen, in einer Dose aufbewahren.

5578. Hildegards Cracker, Juli 2013

- 75 g Rundkorn-Naturreis
- 50 g Dinkel
- 50 g Emmer
- 1 TL Salz
- 1 gestr. TL gem. Muskatnuss
- 50 g Sesamöl
- 210 g Wasser

Reis in einer trockenen Pfanne auf mittlerer Hitze rösten, bis er springt. Mit dem restlichen Getreide mischen und fein mahlen. Die restlichen Zutaten mit einem Schneebesen einarbeiten. Ca. 30 Min. stehen lassen. Jeweils 1 TL Teig auf das Eisen geben, auf Stufe 4 (von 5) backen.

5579. Pfannenlasagne, Juli 2013

Teig:

- 50 g Emmer
- 50 g Dinkel
- 10 g Sonnenblumenöl
- 43 g Wasser

Emmer und Dinkel feinmahlen, mit den restlichen Zutaten zu einem festen Teig verarbeiten. Zu einer Kugel formen und ruhen lassen, bis die anderen Vorbereitungen getroffen sind.

Gemüse:

- 100 g Wasser in eine ofenfeste 20-cm-Pfanne gießen, dazu geben:
- 115 g Aubergine in Scheiben
- 130 g Blumenkohl in Scheibchen; als Gemüsepfanne 5 Min. garen
- 1 Tomate (130 g) in Scheiben schneiden

Für die Soße *(Menge hätte mehr sein können)*:

- 1 TL Salz
- 20 g Cashewnussmus
- 10 g Zitronensaft
- 20 g Sonnenblumenöl
- 50 g Wasser im kleinen Mixer verquirlen

Teig halbieren und zu Kreisen im Durchmesser der Pfanne ausrollen. Die Hälfte des Gemüses aus der Pfanne nehmen, mit der Hälfte der Tomatenscheiben belegen. Eine Teigscheibe darauflegen, 3-4 TL der Soße darauf träufeln. Den Rest Gemüse, den Rest Tomaten und die zweite Teigplatte darauf geben. Den Rest Soße auf die oberste Teigscheibe gießen. Auf dem Gitterrost in den kalten Ofen schieben. Bei 230 °C (Heißluft) 25 Min. backen, dann im ausgeschalteten Ofen 5 Min. nachbacken lassen.

5580. Melonenquickie, Juli 2013

- 250 g Melone
- 20 g Mandelmus
- 3 g Ingwer
- 90 g Eiswürfel

Im Mixer schlagen, bis kein Eis mehr sichtbar ist.

5581. Falsches Karamelleis, Juli 2013

- 250 g reife Wassermelone mit Kernen und Schale, grob vorgeschnitten
- 20 g Cashewnüsse
- 3 cm Vanillestange
- 3 g Ingwer ungeschält
- 7 g moussierter Zitrone (s. 5551) und
- 1 TL Honig im Vitamix pürieren, evtl. noch mit Honig abschmecken, je nachdem, wie intensive das Aroma der Wassermelone ist.
- 270 g Eiswürfel hinzugeben und mit dem Stößel zu einem weichen Softeis verarbeiten.

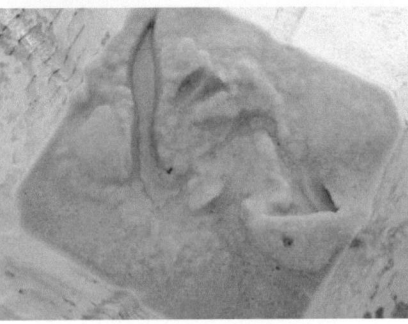

Tipps: Für festeres Eis die Hälfte der Melone vorher einfrieren. Durch die herbere Schale und die moussierte Zitrone hat es wirklich einen leichten Karamellgeschmack.

5582. Gerupfte Nudeln, Juli 2013

Sehr gut als Notlösung geeignet, wenn Ravioli beim Füllen ständig reißen: Der Nudelteig ist ja dann schon nass und lässt sich nicht weiter verwenden. Halbgefüllte Ravioli mit den gerupften Stücken in das Gemüse geben.

Teig
- 50 g Emmer
- 50 g Dinkel
- 1 Prise Salz
- 10 g Sonnenblumenöl
- 50 g Wasser

Getreide fein mahlen, Salz unterrühren und mit Öl und Wasser zu einem Teig verkneten. Abgedeckt ruhen lassen (ca. 20 Min.). Aus dem Teig kleine Bällchen rupfen und zwischen Daumen und Zeigefinger zusammendrücken.

Gemüse
- 50 g Wasser in eine 20-cm-Pfanne geben, dazu
- 180 g Zwiebel netto, in Würfeln
- 75 g Spitzkohl in feinen Streifen
- 1 Knoblauchzehe, abgezogen & in Scheiben, als Gemüsepfanne 8 Min. garen, in den letzten 3 Min.
- 70 g tiefgekühlten Mais und
- 1 geh. TL tiefgekühlte Petersilie untermischen. Nach der Dünstzeit
- etwas Salz und
- 1 TL Hoisinsoße (5472) einrühren. Teigbällchen zum Gemüse geben.
- 55 g Wasser hinzugeben und 7-8 Min. köcheln lassen, ab und an umrühren.

Soße:
- 50 g Wasser
- 1 gestr. TL Salz
- 2 g Paprika edelsüß
- 7 g Tomatenmark
- 10 g Sonnenblumenöl
- 2 TL Mehl in einem kleinen Mixer verquirlen, unter das Gemüse rühren und ganz kurz aufkochen lassen.

5583. Sommer-Blumenkohlsalat, Juli 2013

Dressing (kleiner Mixer):

- 1 gestr. TL Salz
- 1/2 TL Currypulver
- 20 g Sonnenblumenöl
- 15 g Mandeln
- 15 g Hoisinsoße (5472)
- 40 g Banane
- 50 g Wasser gut verquirlen, einen Großteil in die Salatschüssel gießen

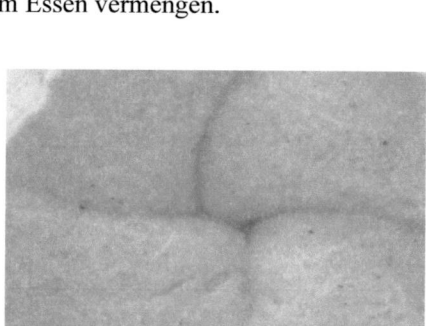

Gemüse:

- 200 g Blumenkohl
- 1 Tomate
- 40 g Salat
- 15 g Linsensprossen (48 Std.)

Blumenkohl in feine Scheiben schneiden & in die Schüssel geben, Tomate würfeln, obenauf legen. Salat waschen, trockenwringen und an den Rand legen. Mit dem Rest Dressing den Rand begießen und darauf die Linsensprossen streuen. Mit etwas Brot eine gute Hauptmahlzeit. Erst beim Essen vermengen.

5584. Papayaeis zart, Juli 2013

Das Eis war soft wie ein Softeis aus dem Automaten, unglaublich. :-)

- 1/2 Banane (50 g)
- 1-2 EL Mandeln
- 1 Apfel (140 g) und
- 1 Scheibe Ingwer (2 g) im Vitamix pürieren; dann mit dem Stößel einarbeiten:
- 190 g gefrorene Papayastücke
- 60 g Eiswürfel

5585. Nudelsalat mit Blumenkohl, Juli 2013

Linsen sprossen lassen.

- 100 g Spiralnudeln (aus Vollkornmehl) in
- 1 Liter Wasser mit
- 2 TL Salz etwa 8-9 Min. garen

Dressing:

- 1/2 TL Salz
- 5 g Zitronensaft
- 20 g Öl und
- 25 g Wasser in einer Schüssel mit der Gabel verquirlen

Gemüse:

- 145 g Blumenkohl
- 50 g Zwiebel (netto)
- 25 g Möhre und
- 65 g Spitzkohl klein schneiden und ins Dressing geben. Nudeln in ein Sieb abgießen, mit kaltem Wasser überbrausen. Nudeln mit in die Salatschüssel geben, alles gut durchrühren. Portionsweise auf einen Teller geben und mit
- 1 EL Linsensprossen dekorieren.

5586. Waldbeeren-Eis, Juli 2013

- 1 Apfel (120 g)
- 20 g Cashewnüsse und
- 15 g grüne Rosinen im Vitamix pürieren und mit dem Stößel einarbeiten:
- 125 g gefrorene Waldbeeren
- 95 g Eiswürfel

5587. Kochbanane mit Sojabohnen, Juli 2013

- 100 g Sojabohnen (für mich nur Biohof Lex!) in
- 300 g Wasser ca. 24 Std. einweichen. Im Schnellkochtopf 8-9 Min. auf Stufe II kochen, dann langsam abdampfen lassen. In einer kleinen (Woll-)Pfanne
- 20 g Kokosöl zerlassen,
- 50 g Zwiebel (netto, geschält und gewürfelt)
- 1 Knoblauchzehe (abgezogen, in Scheiben)
- 4 cm Essigpeperoni und
- 1 Kochbanane (geschält, in Scheiben, netto 210 g) in die Pfanne geben, auf als Gemüsepfanne 10 Min. garen. Bohnen abgießen,
- 50 g Kochwasser mit
- 1 TL Salz
- 10 g Knoblauch-Ingwer-Paste (6/4276)
- 1 TL Pesto verquirlen, mit den Bohnen unter das Gemüse rühren und einmal aufkochen

5588. Carob-Thermomixcremekakao, Juli 2013

Im Thermomix 4-5 Min. auf Stufe 8, 100 °C:

- 2 geh. TL Cashewnussmus
- 1 EL grüne Rosinen
- 1 EL Carobpulver
- 3 cm Vanillestange
- 1 gestr. EL Buchweizen
- 325 g heißes Wasser

5589. Stachelbeerschaumcreme, Juli 2013

Rohkost und vegan,

- 205 g Stachelbeeren (weiche), mit Stängel und Blütenansatz
- 25 g grüne Rosinen (mit Datteln wird es zu dunkel)
- 25 g Chiasamen
- 20 g Cashewnussmus oder Cashewnüsse, alle zusammen in einem starken Mixer zu einer glatten Creme schlagen; in Gläser und mit
- 1-2 Stachelbeeren, längs durchgeschnitten dekorieren; kalt stellen.

5590. Mais-Porree-Kochbanane, Juli 2013

In eine beschichtete Alugusspfanne geben:

- 250 g Wasser verrührt mit
- 20 g eines beliebigen Pestos
- 10 g Sonnenblumenöl und
- 80 g frischer Mais, dazu
- 190 g Porree (netto), gewaschen und in Streifen geschnitten
- 1 Knoblauchzehe, abgezogen und in Scheiben
- 1 mittelgroße Kochbanane, geschält, 170 g netto; zum Kochen bringen, wenn Dampf austritt 20-25 Min. dünsten auf kleinster Einstellung; das dauert so lange, weil der Mais unten „sitzt". Mit
- etwas Salz bestreuen und mit
- 1-2 EL Sonnenblumenöl beträufeln.

5591. Moussierter Carobdrink, Juli 2013

- 20 g Cashewnussmus
- 3 cm Vanillestange
- 10 g Carob
- 25 g moussierte Zitrone (5551) und
- 15 g Quinoa
- 350 g heißes Wasser im Hochleistungsmixer 4 Min. schlagen

5592. Lauch-Cracker, Juli 2013

- 100 g Dinkel mit
- 100 g Emmer fein mahlen. Im Hochleistungsmixer
- 65 g Porreeweiß, vorgeschnitten
- 50 g Haselnüsse
- 1 TL Salz (8 g)
- 1 MS Chilipulver (nach Geschmack mehr) und
- 150 g Wasser fein mixen, zum Mehl geben. Den Becher mit
- 75 g Wasser nachspülen, mit
- 60 g Öl zum Teig geben und dem Handrührgerät verrühren. Kurz stehen lassen. Jeweils 1 TL Teig auf das Eisen geben, auf Stufe 4 (von 5) backen.

5593. Ingwer-Haferkekse ohne Tiereiweiß

- 175 g Dinkel
- 175 g Emmer
- 150 g Nackthafer
- 1 Prise Salz
- 1 P Backpulver
- 1 EL getr. gem. Ingwer (ca. 4 g)
- 16 g frischer Ingwer ungeschält
- 125 g Sonnenblumenöl
- 225 g flüssiger Honig
- 25-75 g Wasser

Dinkel, Emmer und 100 g Hafer mischen und fein mahlen. Den restlichen Hafer flocken. Alle trockenen Zutaten miteinander mischen. Ingwer mit 100 g Öl in einem kleinen Mixer fein mahlen, zum Teig geben. Das restliche Öl und Honig hinzufügen. Den Becher mit 25 g Wasser schütteln, dann den Becherinhalt zu den Teigzutaten geben. Zum Beispiel mit einem Handrührgerät mit Knethaken zu einem Teig verarbeiten. Soviel Wasser hinzugeben, dass der Teig nicht mehr auseinander bröckelt. Aus dem Teig mit den Händen gut walnussgroße Kugeln formen und nebeneinander auf ein mit Dauerbackfolie ausgelegtes Backblech legen. Mit der Gabel flachdrücken. Backblech in den auf 160 °C (Heißluft) vorgeheizten Ofen schieben, 20 Min. backen. Ofen ausstellen und 5 Min. nachbacken.

Tipp: Wer keinen flüssigen Honig hat, kann den festen Honig auf niedriger Temperatur in einer Pfanne zerlassen.

5594. Gnocchi mit Rotrettich, Juli 2013

Gnocchi (reicht für 2 Portionen):

- 130 g Kartoffeln (3 kleine)
- 65 g Mais
- 65 g Emmer
- 1 gestr. TL Salz
- 5 g Olivenöl
- 2 EL Wasser

Kartoffeln kochen (10 Min. im Schnellkochtopf, Stufe 2). Noch heiß pellen und durch eine Kartoffelpresse drücken. Mais zu Grieß mahlen (Stufe 2,5 von 9), Emmer fein mahlen. Alle Zutaten bis auf das Wasser verkneten. So viel Wasser hinzugeben, dass es ein fester, aber zusammenhaltender Teig ist. Portionsweise zu Rollen mit einem Durchmesser von ca. 2 cm formen, davon 1 cm breite Scheiben abschneiden. Jede Scheibe flach drücken, dann mit der Gabel ein Muster eindrücken.
Die Hälfte der Gnocchi in siedendes Wasser geben. Sie sind fertig, wenn sie nach oben gestiegen sind. Kurz in einem Sieb abtropfen lassen. Die andere Hälfte einfrieren (erst auf Brettchen nebeneinander, dann in einen Beutel geben - so verkleben sie nicht).

Rotkohl (für 1 Portion):

- 135 g Rotkohl
- 30 g Zwiebel (netto)
- 1/2 Tomate (45 g)
- 10 g Essig
- 100 g Wasser
- 1 TL Olivenöl
- 45 g Wasser
- 1 LS Honig
- 15 g Meerrettichcreme
- 6 g Mehl
- 3 g Salz

Rotkohl, Zwiebel und Tomate klein schneiden. Mit Essig und 100 g Wasser im Schnellkochtopf 10 Min. garen (Stufe 2). Die restlichen Zutaten verquirlen, unterrühren und einmal kurz aufkochen, damit das Mehl die Soße dickt.

5595. Stachelbeer-Erdbeereis, Juli 2013

- 170 g Erdbeeren, noch mit Grün
- 85 g Stachelbeeren, nur gewaschen
- 15 g grüne Rosinen und
- 15 g Cashewnussmus im Vitamix pürieren. Mit dem Stößel bis zur Raute einarbeiten
- 80 g gefrorene Bananenscheiben
- 190 g Eiswürfel

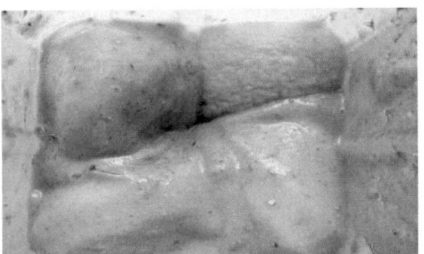

5596. Kokosma ohne Krönchen, Juli 2013

100 % tiereiweißfrei

- 100 g Dinkel
- 25 g Sojabohnen (aus deutscher Herstellung)
- 125 g feine Kokosraspel
- 1 Prise Salz
- 1 LS gem. Vanille
- 1 gestr. TL Backpulver
- 15 g Wasser
- 85 g flüssiger Honig
- 80 g Sonnenblumenöl

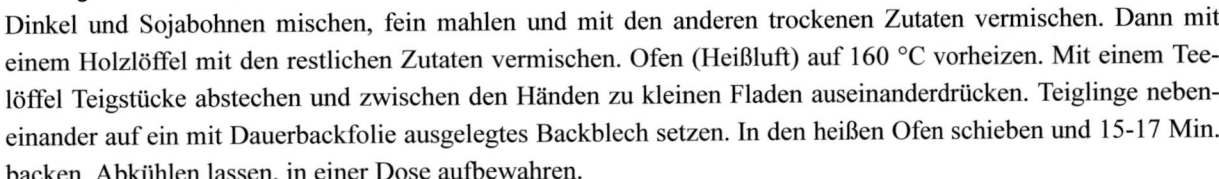

Dinkel und Sojabohnen mischen, fein mahlen und mit den anderen trockenen Zutaten vermischen. Dann mit einem Holzlöffel mit den restlichen Zutaten vermischen. Ofen (Heißluft) auf 160 °C vorheizen. Mit einem Teelöffel Teigstücke abstechen und zwischen den Händen zu kleinen Fladen auseinanderdrücken. Teiglinge nebeneinander auf ein mit Dauerbackfolie ausgelegtes Backblech setzen. In den heißen Ofen schieben und 15-17 Min. backen. Abkühlen lassen, in einer Dose aufbewahren.

5597. Peperoni-Cracker scharf, Juli 2013

- 50 g Dinkel
- 50 g Weizen fein mahlen, mit
- 1 TL Salz mischen.
- 10 g Essigpeperoni (7/4573) in
- 165 g Wasser in einem kleinen Mixer 1 Min. schlagen, mit
- 40 g Olivenöl portionsweise mit einem Schneebesen unter den Teig rühren.

Bei Stufe 4,5-5 backen; noch weiche Cracker lassen sich am Ende nachbacken.

5598. Fermentbrot mit Maishauch, Juli 2013

Vorläufer 5554

Stufe 1:

- 1/2 P Hefe (20 g)
- 1 TL Salz (6 g)
- 1 EL Olivenöl (10 g)
- 1 TL flüssiger Honig
- 250 g Wasser
- 125 g Emmer
- 125 g Dinkel

Stufe 2:

- 125 g Emmer
- 125 g Dinkel
- 125 g Wasser

Stufe 3:

- 100 g Mais (aus deutscher Herstellung)
- 200 g Dinkel
- 1 gestr. EL Brotgewürz
- 1 sehr flach gestr. EL Salz
- 50 g Sesam
- 40-50 g Wasser

Stufe 1: Am Vorabend Getreide mischen und fein mahlen, mit den restlichen Zutaten der Stufe 1 verrühren. Teigschüssel in einen Plastiksack stecken, mit einem Geschirrtuch abdecken und über Nacht (12 Std.) stehen lassen.

Stufe 2: Dinkel und Emmer mischen und fein mahlen, mit dem Wasser unter die Stufe 1 arbeiten (Küchenmaschine). Eingepackt wie oben beschrieben 2 Std. gehen lassen.

Stufe 3: Zuerst den Mais fein mahlen, dann den Dinkel (so kommt der Mais aus der Mühle). Die trockenen Zutaten der Stufe 3 miteinander vermischen, mit 30 g Wasser gut in die Stufe 2 einkneten, je nach Bedarf Wasser hinzugeben. Bei mir waren noch 10 g erforderlich. Wenn kein loses Mehl mehr zu sehen ist, noch einige Min. gut kneten (hier: Kenwood). Beim Wasser je nach Getreidebeschaffenheit einen Esslöffel mehr oder weniger nehmen. Eine Kugel unter Spannung formen. In zwei Stücke zu 650 g Teiggewicht teilen. Jedes Teil zu einer Kugel unter Spannung formen, dann eine Längsform geben. Schräg mit einem scharfen Messer einschneiden.

Gut mit Wasser einsprühen und mit Plastik abdecken. Ofen auf 200 °C (Umluft) vorheizen, in der Zeit gehen die geformten Brote unter Plastik. Brote 30 Min. bei 200 °C backen, Ofen ausstellen und 5 Min. nachbacken. Laibe mit Wasser einsprühen und auf einem Kuchengitter auskühlen lassen.

5599. Straciatella dunkel, Juli 2013

- 10 g Kakaonibs
- 1 größere Banane (145 g netto)
- 15 g Chiasamen
- 7 g frischer Ingwer, ungeschält und
- 3 cm Vanillestange oder 1 gute MS gem. Vanille im Vitamix fein pürieren (wird lauwarm). Mit dem Stößel bis zur Raute einarbeiten
- 200 g Eiswürfel
- 10 g Kakaonibs

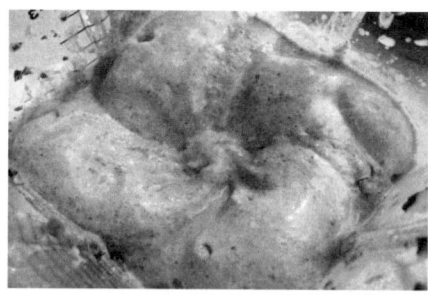

5600. Kenwood-Fusili mit Auberginen-Gemüse, Juli 2014

Kommentar: Fusili? Hahaha, das ist ein Witz. Raus mit dem Kenwood-Nudelteil, das ist nix für normale Menschen ...

Nudeln:

- 100 g Emmer
- 100 g Dinkel
- 20 g Sojabohnen (dt. Herstellung)
- 12 g Olivenöl
- 1 gute Prise Salz
- 80 g Wasser (später mindestens noch mal 5-10 g hinzugegeben, die Vorgabe von Kenwood ist viel zu trocken)

Bohnen fein mahlen, danach das gemischte Getreide. Mehl aussieben, Ausgesiebtes vorsichtig nochmals mahlen. Mit den restlichen Zutaten in der Kenwood mit dem K-Haken zu einer lockeren Masse verarbeiten, die aber bei Druck zusammenhält. Durch den Nudelaufsatz mit Fusili-Einsatz geben. Eine Hälfte trocknen für eine weitere Verwendung.

- 1,5 Liter Wasser mit
- 2 TL Salz aufkochen, Nudeln darin 4 Min. köcheln lassen, nur siedend, nicht brodelnd. In ein Sieb geben.

Auberginen-Soße

- 30 g Erdnussöl
- 45 g Sonnenblumenkornsprossen (2 cm lang, können wegbleiben, waren nur unangenehme Reste, die ich verbrauchen wollte)
- 30 g Zwiebel netto, gehackt
- 2 Tomaten (180 g) in Würfeln
- 50 g gelbe Paprika in Würfeln
- 165 g Aubergine in Halb- oder Viertelscheiben. Öl erhitzen, Sprossen und Zwiebeln darin auf mittlerer Hitze anbraten, bis die Zwiebeln glasig und die Sprossen braun sind. Salzen und durchrühren. Restliches Gemüse hinzufügen, als Gemüsepfanne 10 Min. garen. Einen kleinen Mixerbecher halb mit Gemüse und Saft füllen, dazu geben:
- 60 g Wasser
- 1 gute Prise Salz
- 1 abgezogene Knoblauchzehe in Scheiben
- 1/2 TL Paprika edelsüß
- 1 gestr. TL Pizzakräuter. Mit dem flachen Messer gut verquirlen, unter das Gemüse rühren.

5601. Aprikosen-Sommerhit, Juli 2013

Im Hochleistungsmixer verquirlen und in ein Schüsselchen geben:

- 2 große Aprikosen entkernt (130 g netto)
- 1 kleine Nektarine ohne Stein (75 g netto)
- 15 g Chiasamen
- 15 g Kokosraspel; mit
- 1-2 TL Kokosraspel und
- 1/2 TL Kakaonibs dekorieren

5602. Erdbeereis mit Ingwer, Juli 2013

Im Vitamix pürieren:

- 1 mittelgroße reife Banane, geschält (ca. 110-120 g netto)
- 20 g Cashewnussmus
- 4-5 g Ingwer ungeschält

Mit dem Stopfer einarbeiten:

- 200-205 g gefrorene Erdbeeren
- 90-100 g Eiswürfel

5603. Reis mit Tomatensoße, Juli 2013

Im Reiskochtopf:

- 100 Langkorn-Naturreis
- 5 g Olivenöl
- 305 g Wasser

Tomatensoße:

- 30 g Erdnussöl in einer 20 cm Pfanne erhitzen, darin
- 70 g Zwiebel in Streifen anbraten, mit
- 1 TL Salz bestreuen,
- 2 Tomaten (175 g) in Stücken hinzufügen und
- 20 g Mandelmus im kleinen Mixer verquirlt mit
- 55 g Wasser, gut verrühren und 8 Min. köcheln lassen;
- 1 TL Hoisinsoße (5472)
- etwas Paprikapulver edelsüß unterrühren.

5604. Reis mit Aubergine, Juli 2013

Hinweis: Zutaten außer dem Reis habe ich geschätzt, und nicht gewogen!

Im Reiskochtopf

- 100 g Naturreis mit
- ca. 1 EL Olivenöl und
- 335 g Wasser garen.

Aubergine:

- Etwa 30 g Erdnussöl in einer vorgewärmten Woll-Pfanne, 20 cm, bei 1300 Watt erhitzen
- 1/4 groß Zwiebel (schätzungsweise 60 g netto) in Streifen und Würfeln darin Anbraten, mit
- Salz bestreuen.
- 1/2 Aubergine (ca. 190-210 g) grob würfeln, mit anbraten, in dieser Zeit im kleinen Mixer
- 1 Tomate (schätzungsweise 80 g)
- 1 TL Salz
- 1/2 TL Paprika edelsüß
- 1 EL Mangoessig (5593 o. Ä.)
- ca. 15 g Mandelmus
- Wasser (geschätzte 50-70 g)
- 1 Knoblauchzehe ungeschält verquirlen, unterrühren und warten, bis es stark kocht. 8 Min. auf kleiner Einstellung köcheln lassen, dann nach Geschmack
- salzen
- 1 TL Hoisinsoße (5472) unterrühren und mit
- frisch gem. Pfeffer bestreuen.
- Reis unter das Gemüse rühren.

5605. Creme of Lentil Soup, Juli 2013

Im Thermomix 20 Min. auf 100 °C / 90 °C (sobald es kräftig kocht):

- 75 g Zwiebel (netto), klein geschnitten
- 5 g Ingwer frisch
- 1 Knoblauchzehe geschält in Scheiben
- 40 g rote Linsen
- 1 Tomate (80 g)
- 360 g Wasser

Hinzugeben:

- 1/2 TL Salz
- 1 TL Pesto nach Belieben
- 25 g Cashewnussmus
- 2 TL Olivenöl

Dann 20 Sek. auf Stufe 10 pürieren.

5606. Spinat indisch, Juli 2013

Trocken rösten auf mittlerer Hitze:

- 1 EL Kichererbsen
- 1 EL rote Linsen
- 1 EL Mungbohnen
- 1 EL Urad Dal (weiße Linsen)
- 1 getr. Chilischote
- 1 Lorbeerblatt
- 1 EL Cashewnüsse; abkühlen lassen, im Mixer grob mahlen; mit
- 125 g Wasser pürieren. In der 20-cm-Keramikpfanne:
- 25 g Erdnussöl erhitzen, darin
- 1 Zwiebel (75 g netto, gehackt)
- 1 Knoblauchzehe geschält
- 1 Scheibe Ingwer anbraten, wenn die Zwiebeln glasig sind, mit
- Salz bestreuen
- 1 Tomate (90 g) gehackt hinzugeben, 3 Min. köcheln lassen, dann die Röstmasse mit
- 125 g Wasser langsam einrühren, 2-3 Min. köcheln lassen und vom Herd nehmen. In einer tieferen (Woll-)Pfanne, 20 cm
- 100 g Wasser
- 125 g Babyspinat als Gemüsepfanne 4 Min. kochen. Den Röstbrei unterrühren, bis die Flüssigkeiten gut vermengt sind.
- 1 EL Essig
- ggf. 1 TL Salz unterrühren

5607. Johannisbeereis, Juli 2013

- 290 g Rote Johannisbeeren (inklusive Stängel!) gewaschen mit
- 50 g grünen Rosinen im Vitamix pürieren. In eine Dose umfüllen, 15 Min. in den Tiefkühlschrank setzen, wieder in den Vitamix füllen und
- 160 g gefrorene Bananenscheiben und
- 170 g Eiswürfel mit dem Stößel einarbeiten.

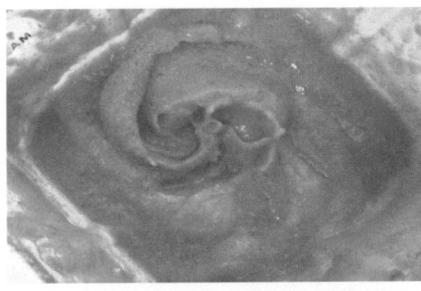

5608. Champs with bread, Juli 2013

- 20 g Erdnussöl in eine vorgewärmte (Woll-)Pfanne, 20 cm geben und heiß werden lassen
- 90 g Zwiebeln in dünnen Scheiben (netto) darin anbraten, bis sie glasig sind
- 20 g Sojabohnen im Magic gut mahlen, unterrühren und anrösten,
- 60 g Tomate in würfeln hinzugeben, gut verrühren, allmählich
- 100 g Wasser einarbeiten
- 125 g Champignons in feinen Scheiben mit erhitzen, zum Kochen bringen und 5 Min. dünsten. Abschmecken mit
- 1 EL Mangoessig (5513 o. Ä.)
- 1 TL scharfes Pesto
- 1 TL Cashewnussmus. Mit einer Scheibe Brot servieren.

5609. Sommerfrühstück, Juli 2013

2 x Frühstück.

- 4 EL Sechskorngetreide mit
- 2 EL goldenem Leinsamen flocken,
- 2 EL Buchweizen hinzugeben. Im Vitamix
- 210 g Wassermelone mit Kernen, aber ohne Schale (brutto gewogen)
- 1 Scheibe Zitrone ohne Schale (ca. 15 g)
- 2 EL Chiasamen
- 1 Banane (110 g netto) im Vitamix pürieren, unter Getreide rühren
- 220 g Ananas (brutto) schälen, würfeln, auf dem Frühstück verteilen
- 30 g Mandeln darüber bestreuen.

5610. Gefüllte Schokoladenkekse, Juli 2013

- 125 g Dinkel
- 100 g Emmer
- 25 g Sojabohnen
- 1 LS gem. Vanille
- 20 g Kakaopulver
- 1 Prise Salz
- 100 g Honig
- 80 g Sonnenblumenöl
- 25 g Cashewnussmus
- 60 g Wasser
- 50 g Orangeat

Getreide und Sojabohnen fein mahlen. Trockene Zutaten vermischen. Mit einem Rührlöffel Honig und Sonnenblumenöl unterrühren. Cashewnussmus mit 40 g Wasser verquirlen, auch einarbeiten. Becher mit dem restlichen Wasser ausspülen, ebenfalls unterziehen. Orangeat mit dem Löffel einkneten. Der Teig muss gut formbar, aber nicht fließend sein. Danach richtet sich die Wassermenge. Kugeln formen, auf das mit Dauerbackfolie ausgelegte Backblech legen. Mit einem Löffel flachdrücken. Ofen (Heißluft) auf 160 °C vorheizen, 15 Min. backen und 5 Min. im ausgeschalteten Ofen nachbacken.

5611. Shortbread mit Mais, Juli 2013

- 75 g Mais
- 150 g Dinkel
- 150 g Emmer
- 1/2 gestr. TL Salz
- 1/2 gestr. TL gem. Vanille
- 25 g Mandeln
- 95 g Sonnenblumenöl
- 165 g Honig
- 15 g Wasser

Mais fein schroten, so dass er leicht grießig ist (hier: Einstellung 2,5/9). Dinkel mit Emmer fein mahlen. Mandeln in einem kleinen Mixer ebenfalls fein mahlen. Die trockenen Zutaten vermischen, dann Öl und Honig erst mit einem Löffel, dann mit der Hand verkneten. Je nach Beschaffenheit des Teigs noch Wasser hinzugeben, er soll sehr weich sein, aber nicht bröckeln. Eine Kugel formen, Teigschüssel mit dem Teig in Plastik wickeln und etwa 30 Min. ruhen lassen.

Auf einer Dauerbackfolie etwa 0,8 bis 1 cm hoch ausrollen, reicht für etwa 1/4 Blechgröße. Auf ein Backblech ziehen, mit dem Stipproller Löcher einbohren (oder eine Gabel dafür nehmen) und mit einer Tortenpalette vorsichtig in fingergroße Stücke schneiden.

In den kalten Ofen schieben und bei 175 °C (Heißluft) 15 Min. backen lassen. 5 Min. bei 160 °C und 3-4 Min. im ausgestellten Ofen nachbacken lassen. Auf dem Blech sehr vorsichtig nochmals nachschneiden und ebenso vorsichtig auf ein Kuchengitter geben: Der Teig ist noch sehr brüchig! Auskühlen lassen und in einer gut schließenden Metalldose oder einem Glaskeksbehälter mit gut schließendem Deckel aufbewahren.

5612. Erdbeeren mit Erdbeersoße, Juli 2013

- 250 g geputzte Erdbeeren, halbiert (oder eine andere Obstsorte)
- 25 g Cashewnussmus
- 15 g moussierte Zitrone (5551) mit Honig
- 1 MS gem. Vanille
- 1-2 EL Heidelbeeren

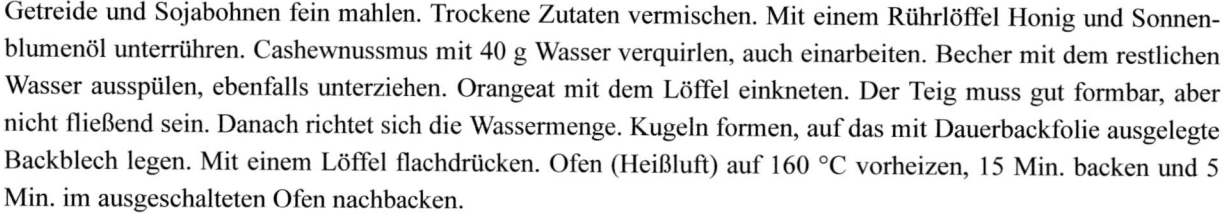

Eine Hälfte der Erdbeeren auf einen Teller geben. Die andere Hälfte mit Nussmus, Honig und Vanille in einem kleinen Mixer gut mixen, über die Erdbeeren geben und mit den Heidelbeeren dekorieren. Wenn mehr als diese Portion (1-2 Personen) hergestellt werden sollen, eignet sich ein Hochleistungsmixer besser für die Soße.

5613. Gnocchi in Spinatsoße, Juli 2013

Gnocchi:

*   Eine Portion tiefgekühlte Gnocchi (siehe 5587)
*   1 Liter Wasser
*   1-2 TL Salz

Wasser im Wasserkochtopf aufkochen, mit Salz in einen Topf geben. Sobald das Wasser köchelt, die tiefgekühlten Gnocchi hineingeben. Das Wasser soll nun sieden, aber nicht mehr sprudelnd kochen. Sobald alle Gnocchi oben sind, in einem Sieb abgießen.

Soße:

*   100 g Wasser
*   45 g Zwiebel (netto)
*   20 g getr. Tomatenhälften
*   125 g Babyspinat
*   8 g beliebiges Pesto
*   25 g Cashewnussmus
*   1/2 TL Salz
*   15 g Sonnenblumenöl
*   40 + 15 g Wasser

Zwiebel schälen und würfeln, Tomaten in feine Streifen schneiden. Mit Wasser und Spinat als Gemüsepfanne 7 Min. dünsten. Die restlichen Zutaten mit 40 g vom Wasser verquirlen, unterrühren. Becher mit 15 g Wasser nachspülen, hinzugeben und aufkochen. Mit Salz abschmecken. Gnocchi zugeben und evtl. erwärmen.

5614. Papaya-Eis mit Kick, Juli 2013

Im Vitamix (0,9 L-Becher) pürieren:

*   1 Banane geschält & in Stücken (110 g netto)
*   10 g dünne Ingwerscheiben (ungeschält)
*   25 g Cashewnüsse
*   50 g Wassermelone (ohne Schale, aber mit Kernen)

    Die Wassermelone habe ich hinzugegeben, weil sonst nicht genug Masse im Becher war, um alles zu pürieren, was wegen des Ingwers erforderlich ist. Wer also sowieso keinen Ingwer hinzugibt oder eine doppelte Portion zubereitet, kommt vielleicht ohne aus. Eine andere Melonensorte geht natürlich auch. Anderes Obst würde ich nicht empfehlen (Beerenfrüchte), weil sie den zarten Papayageschmack überdecken.

    Dann mit dem Stößel bis zum Auftreten der Raute einarbeiten:
*   235 g Papaya tiefgekühlt
*   90 g Eiswürfel

Hinweis: *Die Papaya hatte ich zwar vor dem Einfrieren in Stücke geschnitten, weil sie aber so sehr safthaltig ist, ließen sich diese nicht auseinanderbrechen. Das benötigte dann schon ganz schön viel Kraft, um diesen dicken Eisklumpen (ca. 10 x 10 x 3-5 cm) im Vitamix mit einzuarbeiten.*

5615. Tomaten-Bohnen-Dip, Juli 2013

*   105 g gekochte weiße Bohnen (ca. 40 g ungekochte Bohnen)
*   1 Tomate (120 g)
*   15 g Olivenöl
*   10 g Mangoessig (5513 o. Ä.)
*   1 TL beliebiges Pesto (15 g)
*   15 g Mandelmus
*   1/2-1 TL Salz

Die Tomate in Stücke schneiden. Alle Zutaten in den Becher eines kleinen Mixers geben und gut verquirlen.

Hinweis: *Schmeckt gut zu Brot, aber sicher auch zu Kartoffeln oder einfach mal zu Nudeln.*

5616. Bohnen-Zwiebel-Cracker, Juli 2013

Vorbereitung: Bohnen kochen.

- 150 g weiße Bohnen 12-24 Std. in
- 450 g Wasser einweichen. Im Schnellkochtopf mit 160 g Wasser 10 Min. auf Stufe II kochen. Ohne Schnellkochtopf ca. 40-60 Min. kochen. Das ergibt 425 g gekochte weiße Bohnen, für dieses Rezept benötigt werden 50 g.

Teigzutaten:

- 65 g Dinkel
- 80 g Nacktgerste
- 75 g gekochte weiße Bohnen
- 1 gestr. TL Salz (6-8 g)
- 40 g Olivenöl
- 150 g Wasser
- 2-3 TL schwarze Zwiebelsamen (oder Schwarzkümmel)

Dinkel und Gerste mischen und fein mahlen. Bohnen mit Salz, Öl und 100 g Wasser in einem kleinen Mixer pürieren. Mit einem Schneebesen und das Mehl rühren, dann die noch verbleibenden 50 g Wasser einrühren. Abgedeckt ca. 1 Std. stehen lassen. Zwiebelsamen unterrühren. Im Hörncheneisen auf Stufe 4,5 (von 5) backen, jeweils 2 TL Teig füllen die Eisenfläche aus.

5617. Haferbrot, sauer & frei, Juli 2013

Vorlage: 5564.

Vorabend:

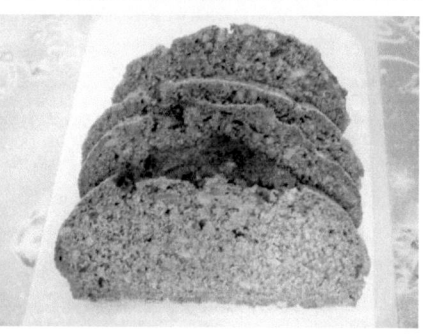

- 200 g Roggen fein mahlen, mit
- 230 g Wasser und
- 150 g Sauerteigansatz verrühren, in Plastikschüssel abgedeckt bis abends auf der Fensterbank stehen lassen.

Morgen:

150 g vom neuen Sauerteig abnehmen und in einem Schraubglas im Kühlschrank aufbewahren.

- 550 g Roggen
- 150 g Nackthafer
- 1 EL Kümmelsamen
- 1 gestr. EL Salz
- 430 g Sauerteigansatz
- 25 g Olivenöl
- 25 g Honig
- 300 g Wasser
- 100 g Sonnenblumenkerne.

Getreide fein mahlen, alle Zutaten außer den Sonnenblumenkernen in eine Teigschüssel geben und gut durchkneten (hier: Küchenmaschine). Bei der Wassermenge besser erst mit 250 g anfangen. Zu einer Kugel formen und abgedeckt 4,5 Std. gehen lassen. Sonnenblumenkerne mit der Hand einarbeiten, Teig in zwei Teile teilen (je 780 g) und jedes Teil mit Hilfe von Streumehl zu einem kleinen Brot formen und auf ein mit Dauerbackfolie ausgelegtes Blech setzen, jeweils dreimal mit der Schere einschneiden. Blech in eine große Plastiktüte stecken und 2 Std. gehen lassen. Ofen vorheizen auf 230 °C. Brot einschieben und 45 Min bei 200 °C backen. Klopfprobe machen, mit Wasser einsprühen und auskühlen lassen.

5618. Kleine Erdbeerkaltschale

- 100 g Erdbeeren (oder anderes Beerenobst),
- 30 g gekochte weiße Bohnen,
- 20 g Honig und
- 70 g kaltes Wasser in einem Mixer pürieren, in einer Schüssel mit
- 1 Erdbeere und
- 1-2 TL Kokosraspeln dekorieren. Vor dem Essen 30-60 Min. in den Kühlschrank stellen

5619. Flammkuchen, Juli 2013

Gefragt sind: ein dünner Teig, eine Crème-fraîche-artige Schicht und eine Schicht Zwiebeln-Speck. Der Teig war kein Problem. Statt Crème fraîche eine Bohnencreme zu nehmen, hat sich als gut erwiesen. Getrocknete Tomaten statt Speck hielt ich für eine geniale Idee, bis ich entdeckte, dass auf einer anderen Seite auch schon jemand auf die Idee gekommen war. In 90 % aller Fälle werden die Zwiebeln roh auf den Teig gegeben, ein Video habe ich gesehen, wo sie vorgekocht werden. Mir behagt das mehr, weil ich rohe Zwiebeln nicht mag. Außerdem konnte ich so die Tomaten ein wenig aufquellen lassen.

Teig:

- 100 g Dinkel mit
- 15 g Nackthafer mischen und fein mahlen.
- 1 TL Trockenhefe unterrühren sowie
- 1 Prise Salz. Mit
- 10 g Olivenöl und
- 60 g Wasser 5 Min. lang kneten, zu einer Kugel unter Spannung formen und 1 Std. gehen lassen. Auf einer Dauerbackfolie (auf nassem Küchenhandtuch) ganz dünn ausrollen, wie für Chapati. Mit der Folie auf ein Backblech ziehen.

Weiße Schicht:

- Vorbereitung: Ich habe am Vortag 150 g Bohnen in 450 g Wasser eingeweicht, dann mit 160 g Wasser im Schnellkochtopf 10 Min. gekocht. Das ergab ein Bohnengesamtgewicht von 425 g, also etwa 3 x so viel, d. h. für dieses Rezept werden etwa 25 g ungekochte Bohnen benötigt.
- 75 g gekochte weiße Bohnen
- 1 gestr. TL Salz (4-5 g)
- 15 g Olivenöl
- 20 g Wasser im kleinen verquirlen. Ich hatte etwas mehr Salz, das war zu viel. Auf den Teig streichen.

Zwiebelschicht:

- 35 g Wasser
- 150 g Zwiebel in feinen Streifen (netto)
- 25 g getr. Tomaten in feinen Streifen 4 Min. dünsten, das Wasser ist dann möglichst verschwunden. Auf der Bohnenschicht verteilen.

Backen: *In den kalten Backofen (Heißluft) schieben, 15 Min. bei 190 °C backen, dann 5 Min. im ausgestellten Ofen nachbacken.*

Fazit für Nachbacker: *Der Teig war lecker und genauso, wie das in anderen Beispielen zu sehen ist: am Rand hellbraun, sonst noch heller. Durchgebacken und knusprig. Die weiße Schicht war wohl zu dünn, daher teilweise „angetrocknet", aber zum Glück noch nicht gebräunt. Mehr davon wäre eine Lösung, aber dann wird es auch noch nahrhafter. Geschmacklich gut, hätte etwas saurer sein können. Tomaten waren zu viel, da würden 15 Gramm sicher auch reichen. Zwiebeln hätten für meinen Geschmack mehr sein können - oder vielleicht doch mal rohe Zwiebeln probieren? Geschmack: lecker.*

5620. Stachelbeereis Pinke Pünktchen, Juli 2013

Im Hochleistungsmixer die nichtgefrorenen Zutaten pürieren, dann die gefrorenen Zutaten einarbeiten.

- 30 g grüne Rosinen
- 1 Banane (110-115 g netto) geschält
- 15 g Mandeln
- 200 g gefrorene rote Stachelbeeren
- 110 g Eiswürfel

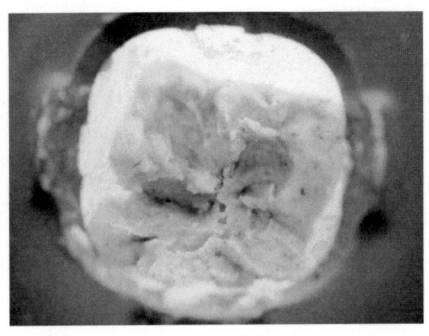

5621. Kartoffeln mit Zwiebeln und Speck-weck, Juli 2013

Vegan.

- ca. 300 g kleinere Kartoffeln, festkochend mit
- 125 g Wasser in einem kleinen Schnellkochtopf 10 Min. auf Stufe 2

In einer 24-cm-Pfanne:

- 30 g Kokosöl zerlassen, dann erhitzen, darin
- 100 g Zwiebeln (netto), in Würfeln und
- 15 g getr. Tomaten, in Streifen erhitzen, dann die abgeschütteten Kartoffeln hinzugeben (als Ganze). Erhitzen, bis die Zwiebeln gold-gelb sind. In einem Becher
- 1 TL beliebiges Pesto
- 1 TL Mandelmus und
- 3-4 EL Wasser verrühren, in die Pfanne geben und bei kleiner Hitze köcheln lassen.

5622. Kokos-Schoko-Kekse vegan, Juli 2013

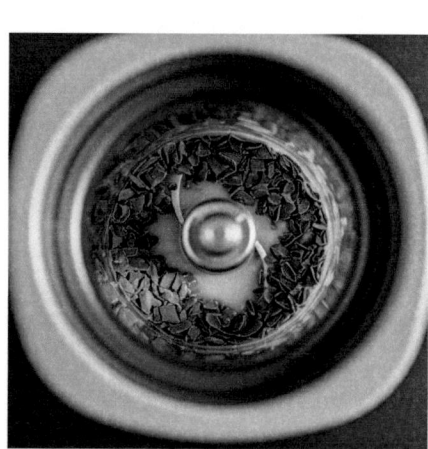

- 100 g Weizen mit
- 30 g Sojabohnen (deutscher Anbau) fein mahlen, mit
- 1 Prise Salz
- 15 g Kakaopulver
- 120 g Kokosraspeln und
- 1 gestr. TL Backpulver vermischen. Im starken Mixer
- 80 g Sonnenblumenöl
- 100 g grüne Rosinen (oder Datteln) mit
- 110 g Wasser zu Creme schlagen, unter trockene Zutaten kneten

Ofen (Heißluft) auf 160 °C vorheizen. Zwischen den feuchten Händen Kugeln rollen, nebeneinander auf ein mit Dauerbackfolie ausgelegtes Backblech setzen, mit der Gabel 2 x herunterdrücken. In den heißen Ofen schieben und 15-17 Min. backen. Abkühlen lassen, in einer Dose aufbewahren.

5623. Vegane Schokolade mit Ahorn, Juli 2013

Wo auch immer es dran liegt – sie ist mir ausgeflockt. :-(

Stufe 1: im Vitamix (1,4 Liter) 2 x schlagen:

- 100 g Cashewnüsse
- 100 g Kakaonibs
- 1 Tonkabohne
- eine Prise Salz
- 3-4 cm² getr. Orangenschale

Stufe 2: Hauptstufe: in Vitamix mit der Schokomasse warm schlagen:

- 30 g Sesamöl
- 60 g Ahornsirup
- 40 g Kokosöl
- 20 g Carobpulver
- 5 g Kakaopulver
- 60 g Kakaobutter in feinen Streifen.

Weitere Zutat:

- 25 g Buchweizen

Die Hälfte der Schokolade in einer Schüssel mit dem Buchweizen verrühren. In große Blockformen füllen und im Kühlschrank fest werden lassen.

5624. Tomatendressing für Sommersalat, August 2013

- 1 Tomate (75 g)
- 45 g gekochte Sojabohnen (oder weiße Bohnen)
- 1 EL Fiorucci Balsamico-Essig (o. Ä.)
- 2 Prisen Salz und
- 1 Knoblauchzehe im kl Mixer, hochstehendes Messer verquirlen, mit
- 300-350 g Salatgemüse vermischen.

5625. Tiramisu, Juli 2013

Teig:
- 50 g Weizen
- 50 g Dinkel
- 30 g Sojabohnen
- 1 Prise Salz
- 15 g Carob
- 60 g Kokosraspeln
- 2 TL Backpulver
- 50 g Sonnenblumenöl
- 100 g grüne Rosinen
- 125 g Wasser

„Kaffee":
- 25 g Gerste
- 7-8 g Kakaonibs
- 270 g Wasser
- 1 kleine Prise Salz

„Mascarpone":
- 100 g grüne Rosinen
- 100 g gekochte Sojabohnen (ca. 30-35 g)
- 80 g Sonnenblumenöl
- 30 g Cashewnussmus
- 50 g Wasser

Teig: Weizen, Dinkel und Bohnen mischen und fein mahlen. Mit Salz, Carob, Kokosraspeln und Backpulver (evtl. sieben) mischen. Öl mit Rosinen und Wasser im Vitamix steif schlagen. Den Teig mit einem Rührlöffel gründlich verrühren und ca. 10-15 Min. stehen lassen. Auf einem mit Dauerbackfolie ausgelegten Backblech mit der Hand zu einem Rechteck von 8-10 mm Höhe auseinanderdrücken. In den kalten Ofen geben und 15 Min. bei 160 °C (Heißluft) backen. Noch heiß in Rechtecke (ca. 3 x 4 cm) schneiden und auf einem Kuchengitter auskühlen lassen. Der Teig wird für eine Schüssel (13 x 18 cm) nicht ganz benötigt. Reste eignen sich lecker als Kekse.

Kaffee: Gerste rösten, bis sie teils poppt und deutlich dunkler ist. Abkühlen lassen und fein mahlen. Mit 50 g Wasser mit dem Schneebesen vermischen, aufkochen und portionsweise 150 g Wasser hinzugeben. Kakaonibs im kleinen Mixer mahlen, unterrühren, aufkochen. Dann 70 g Wasser kalt unterrühren. Wenn Flüssigkeit überbleibt, mit dem Rest Mascarpone im Vitamix verquirlen und als Basis für andere Süßspeisen oder Kakao verwenden.

Mascarpone: Zutaten im Vitamix zu einer glatten Creme schlagen.

Fertigstellung: Die Teigstücke in den noch warmen Kaffee tauchen, die Lasagneform damit auslegen und noch ein paar Teelöffel Flüssigkeit darauf geben. Knapp die Hälfte der Creme darauf streichen, mit neuen getauchten Kuchenstücken eng belegen und den Rest der Creme darauf verstreichen. In den Kühlschrank stellen und kalt mit Kakaopulver bestreuen.

5626. Vegane Pekan-Schokolade mit Ahorn, Juli 2013

Stufe 1: im Vitamix (1,4 Liter) 2 x schlagen:
- 100 g Pekannüsse
- 100 g Kakaonibs
- 3 cm Vanillestange
- eine Prise Salz

Stufe 2: Hauptstufe: in Vitamix mit der Schokomasse warm schlagen:
- 30 g Sesamöl
- 55 g Ahornsirup
- 40 g Kokosöl
- 60 g Kakaobutter in feinen Streifen.

Weitere Zutaten:
- 50 g Pekannüsse, im Zerkleinerer gehackt

Die fertige Schokolade in einer Schüssel mit den gehackten Nüssen verrühren. In große Blockformen füllen und im Kühlschrank fest werden lassen.

5627. Lasagne M., Juli 2013

Teig:
- 50 g Weizen
- 50 g Emmer
- 1/2 TL Salz
- 10 g Olivenöl
- 50 g Wasser

Rote Soße:
- 250 g Tomaten
- 55 g Möhre
- 1 gestr. TL Salz
- 1 EL Olivenöl
- 5 g grüne Rosinen
- 5 g Tomatenmark
- 10 g getr. Tomaten
- 30 g Zwiebel (netto)
- 2 Knoblauchzehen
- 50 g Roggen

Weiße Soße:
- 100 g gekochte Bohnen (ca. 30 g Rohware)
- 30 g Cashewnüsse
- 20 g Olivenöl
- 1 TL Salz
- 10 g Essig
- 205 g Wasser (250-300 g wäre besser)
- 1 Prise Schabziegerklee

Teig: Getreide mischen und mahlen, Salz unterrühren. Mit Olivenöl und 40 g Wasser zu einem festen Teig verkneten, so viel Wasser einarbeiten, dass sich ein geschmeidiger, aber nicht klebender Teig ergibt. Ruhen lassen, bis die restlichen Zutaten fertig sind.

Rote Soße: Tomaten, Möhre, Salz, Olivenöl, Rosinen und Tomatenmark im Vitamix mixen. Getrocknete Tomaten in ganz feine Streifen schneiden. Roggen flocken. Zwiebel und Knoblauchzehen fein hacken und alles gut vermischen (mit einem Löffel).

Weiße Soße: Soßenzutaten im Vitamix verquirlen.

Zubereiten: Teig in vier gleiche Kugeln aufteilen (je etwa 43) und in Größe der Lasagneform ausrollen. Dann schichten (je Form beschrieben):
- 3 EL rote Soße
- 1 Teigplatte
- 2 kleine Suppenkellen weiße Soße
- 2 EL rote Soße
- 1 Teigplatte
- 2,5 kleine Suppenkellen weiße Soße

In den kalten Ofen schieben und bei 200 °C (Heißluft) abgedeckt 25 Min. backen, offen weitere 15 Min. backen.

5628. Weizenröstbrötchen, Juli 2013

- 1/2 P Hefe (21 g) in
- 120 g Wasser auflösen;
- 485 g Weizen fein mahlen, mit
- 15 gemahlene, geröstete Gerste und
- 2 gestr. TL Salz vermischen, mit dem Hefewasser und
- 190 g Wasser zu einem Teig verarbeiten.

Als Kugel unter Spannung in Plastiktüte / unter Handtuch 35 Min. gehen lassen; durchkneten; 10 Min. gehen lassen. Zu 12 Brötchen zu je ca. 68-70 g formen; einsprühen, 20 Min. gehen lassen. Ofen auf 230 °C vorheizen, 20-25 Min. bei 200 °C backen.

5629. Orientalischer Bohnenaufstrich M., Juli 2013

Im Vitamix gut durchmixen:

- 345 g gekochte Sojabohnen mit Kochflüssigkeit (ca. 100 g Rohware)
- 8 g Knoblauch geschält
- 1 EL Tamari (10 g)
- 40 g Olivenöl
- 1 gestr. TL Salz
- 7 g Essigpeperoni (7/4573)
- 1 EL Peperoniessig
- 1 EL Apfelessig
- 25 g Sesam ungeschält
- 1 TL Ahornsirup (4 g) oder 1/2 TL Honig

5630. Patisson-Mung-Suppe, Juli 2013

Für 5 Personen.

Im Schnellkochtopf 11 Min.:

- 150 g Mungbohnen
- 450 g Wasser; dann mit
- 1 TL Salz und
- 200 g Wasser im Vitamix pürieren

In einem passenden Topf kochen:

- 430 g Patisson in Streifen (netto)
- 120 g rote Paprika in feinen Streifen (netto)
- 150 g Zwiebel brutto (gewürfelt mit Alligator)
- 2 Knoblauchzehen fein gewürfelt
- 510 g Wasser - 10-12 Min, kochen; abschmecken mit
- 1 EL Essig
- 1/2 TL Curry
- 2 EL Olivenöl
- 1-2 TL Salz

5631. Salatdressing süßscharf, Juli 2013

Im Vitamix glatt schlagen:

- 30 g Cashewnüsse
- 9 g Essigpeperoni (7/4573)
- 25 g grüne Rosinen
- 20 g Peperoniessig
- 155 g Wasser
- 60 g Öl
- 6-7 g Salz (1 geh. TL)

5632. Schnelle Mandelkekse mit Kick, Juli 2013

In einer kleinen Schüssel mit einem Holzlöffel verrühren:

- 85 g Sonnenblumenöl
- 10 g Weinbrand
- 90 g Ahornsirup; dazu
- 1 Prise Salz;
- 1 LS gem. Vanille
- 50 g Mandeln im kleinen Mixer fein mahlen, unterrühren, dann
- 160 g Weizen, fein gemahlen
- 1 TL Weinsteinbackpulver

Nur rühren, bis es eine Masse ist, damit das Gluten sich nicht bilden kann. Ofen auf 160 °C (Heißluft) stellen. Kugeln zwischen den Händen formen (gab 25 Stück), nebeneinander auf ein mit Dauerbackfolie ausgelegtes Backblech setzen, mit einer Gabel flach drücken. 15 Min. bei 160 °C backen.

5633. Mungaufstrich, August 2013

- 125 g Mungbohnen über Nacht in
- 350 g Wasser einweichen; morgens mit
- 180 g (Einweich-)Wasser im Schnellkochtopf 4 Min. garen. Im Vitamix gut durchmixen:
- 380 g gekochte Mungbohnen
- 9 g Knoblauch geschält
- 1 EL Tamari (10 g)
- 40 g Olivenöl
- 1 gestr. TL Salz
- 5 g Essigpeperoni (7/4573)
- 2 EL Apfelessig
- 50 g Sonnenblumenkerne

5634. Pilzragout, August 2013

Ich unterhielt mich letztlich mit einer Soja- und Hafermilchverfechterin. Also sie hat nun mal nicht so viel Zeit (sie dachte vermutlich: Wie ich), um stundenlang am Herd zu stehen, da muss es schon mal schnell gehen. Und letztlich habe sie ein Pilzragout mit Hafersahne gemacht (fertig gekaufte), das sei so lecker gewesen und schnell gegangen. – Öhm. Die Zubereitung meines Pilzragouts dauerte exakt 4 Std. und 20 Min. Die 4 Std. sind die 4 Std., die ich mehr am Tag habe als andere Menschen (nicht vergessen: Ich habe ja den 28-Std.-Tag geschenkt bekommen), und die 20 Min. sind halt Kochzeit.

- 50 g Wasser in eine Pfanne geben, dazu
- 170 g Zwiebel (netto) gewürfelt und
- 250 g Champignons in Streifen, als Gemüsepfanne 8 Min. dünsten. Kochwasser mit
- ca. 50 g Wasser auf 100 g auffüllen,
- 50 g Roggen flocken und unter die Pilze rühren, quellen lassen. Wasser in einem kleinen Mixer mit
- 9 g Essigpeperoni (7/4573)
- 1 gestr. TL Salz
- 20 g Mungaufstrich (5633)
- 20 g Mandelmus
- 10 g Olivenöl verquirlen, unterrühren, einmal aufkochen.

5635. Ingwerkekse mit mehr, August 2013

- 110 g Weizen, mit
- 50 g Mais, feingemahlen
- 50 g Mandeln, gemahlen
- 1 TL Weinsteinbackpulver, gesiebt
- 1 EL Ingwer gem. (4 g) gesiebt
- 1 EL Weinbrand
- 1 Prise Salz
- 80 g Honig
- 75 g Sonnenblumenöl
- 1 EL Wasser
- 50 g Zitronat
- 25 g Sonnenblumenkerne

Mit einem Löffel verrühren, erst die trockenen Zutaten alleine. Als Rechteck auf ein Blech geben, ca. 7-9 mm hoch. Mit einer Tortenpalette Stücke vorziehen und in den kalten Ofen schieben. 18-20 Min. bei 160 °C (Heißluft) backen. Mit der Tortenpalette die Stücke nachschneiden, einzeln (noch sehr weich!) auf ein Kuchengitter geben und erkalten lassen.

5636. Raspelsalat mit scharfem Dressing, August 2013

Für das Dressing im kleinen Mixer verquirlen:

- 4 g Salz
- 1 Stück Essigpeperoni (2 g; 7/4573)
- 10 g Peperoniessig
- 15 g Cashewnussmus
- 20 g Olivenöl
- 50 g Wasser

Für den Salat mit der Elektroraspel schneiden (nicht gewogen):

- 8 cm Salatgurke mit (Scheiben)
- 1/3 kleiner Fenchelknolle (Scheiben)
- 1/2 gelbe Paprikaschote (Scheiben)
- 1 mittelgroße Möhre (Bircherreibe)

5637. Hafer-Eis, August 2013

- 2 EL Hafer und
- 1 EL goldener Leinsamen flocken. Purieren Im Vitamix, 0,9 Liter Becher:
- 125 g Netzmelone (netto)
- 100 g Stachelbeeren und
- 10 g Mandeln (Obst aus dem Kühlschrank). Mit dem Stopfer einarbeiten (keine Raute, zu wenig):
- 125 g Bananenscheiben netto
- 100 g Eiswürfel. In eine Schüssel geben und mit
- 35 g Heidelbeeren bestreuen

5638. Brötchen mit Maishauch, August 2013

- 1/2 P Hefe (21 g)
- 100 g Wasser
- 125 g Mais
- 1/2 TL Kümmelsamen
- 575 g Weizen
- 3 TL Salz
- 325 g Wasser
- 50 g Sonnenblumenkerne

Hefe im Wasser verrühren. Mais fein mahlen, dann Kümmel und Weizen feinmahlen. In die Mitte des Mehls eine Kuhle drücken, das Hefewasser hineingeben und mit ein bisschen Mehl zu einem Brei verrühren. 15 Min. abgedeckt stehen lassen.

Salz und Wasser hinzugeben und mit einer Maschine solange kneten, bis sich ein fester Teigballen ergibt. In einer Schüssel in einer Plastiktüte, abgedeckt mit einem Tuch, 75 Min. gehen lassen. Sonnenblumenkerne einkneten lassen, nochmals eine Kugel unter Spannung formen und erneut 30 Min. gehen lassen. In Portionen zu 95 g Teig Brötchen formen wie folgt: mit 85 g eine Kugel unter Spannung, in die Mitte mit dem Daumen eine Delle drücken, die restlichen 10 g zu einer kleinen Kugel formen und in die Delle legen. Nebeneinander auf ein mit Dauerbackfolie ausgelegtes Backblech setzen.

Da ich einen schmalen Ofen habe, brauchte ich ein zweites Backblech. Am Ende hatte ich 150 g, daraus habe ich zwei normale Brötchen zu je 75 g geformt. 10 Min. unter Gärfolie gehen lassen, in den kalten Ofen schieben und 25 Min. bei 200 °C (Heißluft) backen, dann 5 Min. im ausgeschalteten Ofen nachbacken. Klopfprobe machen und noch heiß mit Wasser einsprühen. Auf einem Kuchengitter auskühlen lassen.

5639. Kartoffel-Mais-Plätzchen, August 2013

- 50 g Mais
- 205 g Kartoffeln
- 1/2 TL Salz
- 50 g Zucchini
- 1 EL Kokosöl

Mais fein schroten (Stufe 2/9). Kartoffeln reiben (mit der Jupiter-Elektroraspel hatte ich etwa 170 g Kartoffeln; die Schalen waren zum Teil über), Zucchini ganz fein raspeln. Mais, Gemüse und Salz vermischen. Kokosöl in einer Pfanne (24 cm) erhitzen und mit einem Esslöffel 4 Portionen hineingeben, flachdrücken, und bei mittlerer Hitze ausbacken. Zwischendurch drehen.

5640. Haferbrot in Hitze, August 2013

Vorlage: 5608. Eine Hitzewelle – und die Teige gehen wie verrückt, nach 3 Std. war der Sauerteig richtig locker, wie ich das sonst gar nicht kenne.

Vorabend:

- 250 g Roggen fein mahlen, mit
- 270 g Wasser und
- 150 g Sauerteigansatz verrühren, in Plastikschüssel abgedeckt bis abends auf der Fensterbank stehen lassen.

Morgens:

150 g vom neuen Sauerteig abnehmen und in einem Schraubglas im Kühlschrank aufbewahren.

- 475 g Rogen
- 75 g Dinkel
- 150 g Nackthafer
- 1 EL Brotgewürz
- 1 gestr. EL Salz
- 500 g Sauerteigansatz
- 25 g Olivenöl
- 325 g Wasser
- 25 g Sesamsaat, ungeschält

Getreide fein mahlen, alle Zutaten in eine Teigschüssel geben und gut durchkneten (Küchenmaschine). Bei der Wassermenge besser erst mit 275 g anfangen. Zu einer Kugel formen und abgedeckt 3 Std. gehen lassen (wenn es kälter ist, evtl. 4,5 Std.). Teig nochmals durchkneten und in zwei Teile teilen (je 780 g) und jedes Teil mit Hilfe von Streumehl zu einem kleinen Brot formen und auf ein mit Dauerbackfolie ausgelegtes Blech setzen, Jeweils dreimal schräg mit einem scharfen Messer einschneiden. Blech in eine große Plastiktüte stecken und 1 Std. gehen lassen. Ofen vorheizen auf 230 °C. Brot einschieben und 45 Min bei 200 °C backen. Klopfprobe machen, mit Wasser einsprühen und auskühlen lassen.

5641. Rundknäcker, August 2013

- 75 g Sojabohnen
- 100 g Weizen
- 35 g Haselnüsse
- 1 TL Backpulver
- 1 TL Paprika edelsüß
- 2 TL Pizzakräuter
- 1 gestr. TL Salz
- 15 g Knoblauch netto
- 50 g +15 g Wasser
- 75 g Olivenöl

Sojabohnen und Weizen in der Getreidemühle, Haselnüsse im Mixer fein mahlen. Die trockenen Zutaten vermischen, Backpulver und Paprika eventuell sieben. Knoblauch in 50 g Wasser zu einer Brühe schlagen, mit 15 g Wasser nachspülen und dieses Wasser ebenfalls zum Mehl geben. Öl hinzugeben und gut verkneten. Kleine Kugeln nebeneinander auf ein mit Dauerbackfolie ausgelegtes Backblech setzen, mit einer Gabel zu flachen Talern drücken. Wenn die Gabel klebt, ein Stück Haushaltsfolie zwischen Teig und Gabel legen.

5642. Italienische Kartoffelpfanne, August 2013

- 30 g Kokosöl
- 120 g Zwiebeln (netto)
- 1 gestr. Chilischote
- etwas Salz
- 2 Knoblauchzehen
- 45 g grüner Paprika (netto)
- 240 g Tomaten
- 235 g Kartoffeln (brutto)
- 1/2-1 TL Paprika edelsüß
- 1 TL Salz

Kokosöl in der 20-cm Woll-Pfanne auf mittlerer Einstellung erhitzen. Kleingeschnittene Zwiebel und Chilischote darin anbraten, bis die Zwiebeln leicht durchsichtig werden. Etwas Salz hinzugeben. Knoblauchzehen abziehen, in Scheiben schneiden, in die Pfanne geben. Paprika in Streifen schneiden, ebenfalls hinzufügen, dann die geachtelten oder in Scheiben geschnittenen Tomaten. Hitze herunterstellen. Kartoffeln ungeschält mit der groben Scheibe in der Elektroraspel zerkleinern, hinzufügen und ein paar Mal durchrühren. Als Gemüsepfanne 10 Min. garen. Diese Kartoffeln waren festkochend, mit einer anderen Sorte könnte es schneller gehen. Mit Paprika und Salz abschmecken.

5643. Kohlrabi-Apfel-Salat, August 2013

Dressing:
- 2 EL Walnussöl
- 2 EL Wasser
- 2 EL Mangoessig (5513 o. Ä.)
- 1/2 TL Salz

Feste Zutaten:
- 100 g Kopfsalat, frisch gewaschen, also noch etwas nass
- 1 kleiner Apfel (100 g)
- 1/2 Kohlrabi (150 g netto)
- 25 Pekannüsse

Dressing im kleinen Mixer mixen (eine Gabel tut's auch). Kopfsalat auswringen, in Streifen schneiden und den Rand eines großen Tellers damit auslegen. Mit 1-2 EL Dressing begießen. Mit der Bircherscheibe Apfel, Kohlrabi und Nüsse zerkleinern, mit dem Dressing verrühren und in die Mitte des Tellers legen. Mit einer halben Pekannuss belegen.

5644. Jupiter-Nudelsalat, August 2013

Nudeln:
- 80 g Vollkornnudeln (aus Mehl, gekauft) 11 Min. kochen

Salatgemüse:
- 80 g Kopfsalat
- 40 g Tomate
- 40 g Zwiebel
- 80 g Kohlrabi netto
- 95 g Möhre

Dressing:
- 30 g Sonnenblumenkerne
- 30 g Olivenöl
- 1 gestr. TL Salz
- 15 g Essig
- 40 g Wasser

Kopfsalat waschen und auswringen. Tomate mit der Hand in Halbscheiben und Zwiebel in feine P schneiden. Kohlrabi und Möhre mit der Stiftscheibe kleinschneiden. Kopfsalat in Streifen schneiden, miteinander mischen. Dressingzutaten mit dem kleinen Mixer zu einer Remoulade schlagen, Nudeln abgießen, kalt abspülen und mit der Remoulade zum Gemüse geben, alles gründlich mischen.

5645. Samtiger Bärlauchaufstrich, August 2013

- 125 g Sojabohnen über Nacht in
- 350 g Wasser einweichen; morgens mit
- 160 g (Einweich-)Wasser im Schnellkochtopf 12 Min. garen. Im Vitamix gut durchmixen:
- 300 g gekochte Sojabohnen (Rest anderweitig verwenden)
- 1 EL Tamari (10 g)
- 50 g Olivenöl
- 1 gestr. TL Salz (7 g)
- 35 g Peperoniessig (7/4573)
- 50 g Mandeln
- 35 g Bärlauch in Öl-Pesto (7/5008)

5646. Nudel-Champignon-Salat, August 2013

- 50 g Vollkornnudeln (Spirali) in Salzwasser kochen, abkühlen lassen
- 190 g Champignons und
- 45 g Möhre in feine Scheiben (Jupiter Elektroraspel) schneiden, mit der Hand
- 45 g Zwiebel (netto) fein hacken

Dressing:
- 15 g „Samtiger Bärlauchaufstrich" (5641)
- 10 g Zitronensaft
- 1 gestr. TL Salz
- 20 g Olivenöl
- 90 g Wasser im Vitamix verquirlen, mit dem Gemüse und den Nudeln mischen.

Auf einen Teller geben, mit ca.
- 10 schwarzen Oliven dekorieren

5647. Bohnenkekse, August 2013

- 110 g Weizen
- 50 g Nackthafer
- 1 Prise Salz
- 1 EL Ingwerpulver
- 1 TL gem. Zimt
- 1 TL Weinsteinbackpulver
- 1,5 EL Weinbrand
- 85 g Honig
- 75 g Sonnenblumenöl
- 95 g gekochte Sojabohnen (Biohof Lex)
- 25 g getr. Süßkirschen

Mit einem Löffel verrühren, erst die trockenen Zutaten alleine. Weinbrand, Honig, Öl und Bohnen im kleinen Mixer zu einer glatten Masse verquirlen. Mit einem Löffel unter das Mehl rühren, dann mit der Hand kurz durchkneten. Mit einem Teelöffel Teigstücke abstechen, zwischen den Händen zu Kugeln formen und nebeneinander auf ein mit Dauerbackfolie ausgelegtes Backblech setzen. In jede Kugel eine Süßkirsche drücken, die Teigecken darüber zusammenziehen und mit der Hand flachdrücken. Mit einer Gabel mehrmals einstechen. Backofen auf 160 °C (Heißluft) vorheizen und 15-20 Min. backen. Auf ein Kuchengitter geben und erkalten lassen.

5648. Gefüllte Crêpes, August 2013

Crêpes
- 50 g Dinkel mit
- 1 TL roten Linsen fein mahlen, mit
- 1-2 Prisen Salz mischen.
- 1 TL Sonnenblumenöl hinzugeben, mit dem Schneebesen
- 100 g Wasser portionsweise einrühren, so dass sich keine Klümpchen bilden. 10-15 Min. stehen lassen. Mit
- 2 TL bis 1 EL Erdnussöl braten. Kurz auf die andere Seite drehen. Auf dem Teller mit Füllung belegen und umdrehen.

Füllung
- 45 g Zwiebel, fein gehackt und
- 75 g rote Paprika in
- 1 TL Erdnussöl und
- 2 EL Wasser 15 Min. als Gemüsepfanne dünsten (auf 300 watt musste ich mehrmals Wasser nachgeben). Im kleinen Mixer verquirlen,
- 25 g schwarze Oliven und
- 10 g Pekannüsse mit mischen (Füllung war eigentlich schon zu dick, die Oliven hätten auch wegbleiben können)

5649. Oregano-Mohn-Brötchen, August 2013

- 1/2 P Hefe
- 120 g Wasser
- 20 g Sojabohnen
- 35 g Weizen
- 70 g Nackthafer
- 395 g Dinkel
- 2 gestr. TL Salz
- 2 TL getr. Oregano
- 120 g Wasser

Hefe in 120 g Wasser auflösen. Sojabohnen mahlen, dann die restlichen Getreide in die Mühle geben und fein mahlen. In die Rührschüssel umfüllen, in die Mitte eine Kuhle drücken. Das Hefewasser hineingeben und mit etwas Mehl zu einem Brei verrühren. Abgedeckt 15 Min. stehen lassen. Salz, Oregano und Wasser hinzugeben und gut verkneten (hier: Küchenmaschine Knethaken). Eine Kugel unter Spannung formen und die Teigschüssel in eine Plastiktüte stecken. 45 Min. gehen lassen.

Nochmals gut mit der Hand durchkneten. Zu einem Rechteck (ca. 35 x 45 cm) auseinanderdrücken, dann über die Längsseite eine Rolle formen, eng zusammendrücken. Mit einem Teigschaber in 12 gleiche Teile schneiden, jedes in der Mitte längs mit einem Kochlöffel eindrücken. Mit Mohn bestreuen und mit Wasser einsprühen. Unter einer Plastikfolie 30 Min. gehen lassen, dann in den auf 160 °C vorgeheizten Ofen schieben. 20 Min. bei 200 °C backen, mit Wasser einsprühen und auf einem Kuchengitter auskühlen lassen. Bei mir sind sie nach dem Formen nur unwesentlich gegangen.

5650. Linsen mit Zucchini-Wachsbohnen, August 2013

- 55 g in Öl eingelegte selbstgetrocknete Tomaten, geschälte Mandeln & Rosinen und
- 400 g Wasser im Vitamix pürieren. In eine Pfanne geben, hinzufügen:
- 75 g rote Linsen
- 55 g Wachsbohnen
- 155 g gelbe Zucchini
- 1/2 TL Salz

Als Gemüsepfanne 20 Min. dünsten, wegen der dicklichen Flüssigkeit dauert es etwas länger. Dann abschmecken mit:
- 1 TL Salz
- 1/2-1 TL Paprika edelsüß
- 1 MS Chilipulver

5651. Käsecracker, August 2013

Bohnenmasse:

- 50 g Sojabohnen
- 200 g Wasser
- 1 Prise Salz
- 25 g Sonnenblumenkerne
- 1 Knoblauchzehe

Teig:

- 50 g Olivenöl
- 25 g Wasser
- 155 g Weizen
- 1 TL Weinsteinbackpulver
- 1 gestr. TL Salz

Weiterhin:

- 1 gestr. TL Schabziegerklee
- Mohn

Sojabohnen mit 200 g Wasser, 1 Prise Salz, Sonnenblumenkernen und Knoblauchzehe im Vitamix auf höchster Stufe 3-4 Min. laufen lassen (ohne Vitamix: Bohnen mahlen, Kerne mahlen, Knoblauch durch eine Presse drücken; Wasser (225 g) aufkochen und Bohnenmasse einrühren; unter Rühren aufkochen - ich hab's nicht selbst probiert, aber so würde ich es machen). 50 g der Sojabohnenmasse zur Seite stellen. Restliche Masse mit 50 g Öl und 25 g Wasser verschlagen.

Weizen fein mahlen, mit Backpulver und Salz mischen. Dann mit Hilfe der Soja-Öl-Masse verkneten, 15 Min. quellen lassen (abdecken). Die 50 g abgenommene Sojabohnenmasse mit Schabziegerklee, einer Prize Salz und etwas Wasser verquirlen.

Aus dem Teig Kugeln formen, etwas kleiner als Walnüsse. Evtl. zwischendurch die Hände nass machen, weil der Teig klebt. Dann mit den Fingern flach drücken, maximal 4 mm dick sollen die Plättchen werden. Die gewürzte Sojamasse mit einem Teelöffel aufstreichen. Die Hälfte der Cracker mit etwas Mohn bestreuen. Ofen ca. 5-10 Min auf 160 °C (Heißluft) vorheizen und 15 Min. backen.

5652. Mischsalat in scharfer Soße, August 2013

Dressing im Vitamix:

- 30 g Wasser
- 50 g in Öl eingelegte Mandeln, Rosinen, getr. Tomaten (davon 20 g Öl)
- 20 g Peperoniessig (7/4573)
- 1 Stück Essigpeperoni
- 1 gestr. TL Salz

Salatgemüse:

- 75 g Salat waschen, trockenwringen
- 105 g Zucchini rondini,
- 85 g Rote Beete und
- 60 g Kohlrabi auf der Scheibe Nr. 3 (grob) der Jupiter-Raspeln. Dressing aus dem Vitamix holen und mit dem geraspelten Gemüse mischen, auf einen Teller häufeln. Rest Dressing im Vitamix mit
- ca. 40 g Wasser durchschleudern, mit dem klein geschnittenen Kopfsalat vermischen und an vier „Ecken" legen. Die Zwischenräume mit
- 12 schwarzen, entsteinten Oliven füllen.

5653. Delonghi-Erdbeereis, August 2013

- 60 g Wassermelone
- 90 g Banane
- 120 g Erdbeeren und
- 10 g Cashewnüsse im Vitamix pürieren. In die Eismaschine Delonghi umfüllen und 15 Min. rühren lassen.

5654. Geschärfter Blumenkohlsalat mit Chapati, August 2013

Als Erstes den Chapatiteig zubereiten. Den Teig ruhen lassen, bis der Salat fertig ist. Dann die AMT-Pfanne mit Öl einpinseln, mittelstark erhitzen. Währenddessen zwei dünne Chapati ausrollen und auf beiden Seiten braten.

Chapati:
- 50 g Dinkel fein mahlen, mit
- 1 Prise Salz
- 2 g Sonnenblumenöl
- 25 g Wasser gründlich zu einem Teig kneten, als Kugel abgedeckt ruhen lassen.

Dressing:
- 1 EL Sojabohnen gekocht (35 g)
- 1 Scheibe Zitrone, geschält (9 g)
- 1 gestr. TL Salz
- 1/2 Tomate (60 g)
- 15 g Sonnenblumenöl; mit den hochstehenden Messern, kleiner Mixer, schlagen

Gemüse, Jupiter Scheiben (o. ä. Gerät):
- 30 g Porree (weißes Ende)
- 125 g Blumenkohl
- 70 g Möhre; mit dem Dressing gut vermischen, dann
- 60 g Kopfsalat, waschen, auswringen, in Streifen schneiden. Rest Dressing mit 1 EL Wasser „ausspülen", alles gut mischen

5655. Delonghi-Schokoladen-Bananeneis, August 2013

Mir war es ohne Banane einfach nicht süß genug - aber vor mehr Honig schreckte ich auch zurück. Interessant ist ja vor allem, ob die Bohnen als Füllmittel (statt Nüssen bzw. Sahne) taugen.

- 50 g gekochte Sojabohnen
- 15 g Kakaonibs
- 17 g Honig
- 3 cm Vanillestange
- 205 g Wasser; im Vitamix pürieren, bis eine glatte Flüssigkeit, dann
- 1 Banane (netto 110) schälen & mit untermixen. In die Eisform füllen und eine Weile im Kühlschrank abkühlen lassen. Dann ca. 20 Min. in der Maschine laufen lassen.

Hinweis: Nicht süß genug, leider.

5656. Delonghi-Stachelbeereis, August 2013

Auch dieses Eis ist nicht sehr süß. Dabei nehme ich eigentlich nicht gerne 30 g Honig, das ist ne Menge, aber eine Banane füllt eben auch. Die Masse an sich ließ weder Geschmack nach Bohnen noch nach Zucchini aufkommen, beides gute Füllmengen.

- 30 g gekochte Sojabohnen (1 EL)
- 85 g Zucchini
- 200 g Stachelbeeren (Stielchen noch dran)
- 30 g Honig
- 50 g Eiswürfel
- 50 g Wasser (oder, wenn alle Zutaten gut kalt sind, 100 g Wasser und keine Eiswürfel) zu fügen und im Vitamix pürieren. Ca. 20 Min. in der Eismaschine laufen lassen.

5657. Reisfladen (mit Salat), August 2013

Für die Fladen 24 Std. vorher:

- 50 g Naturreis
- 1 EL Urad Dal (weiße Linsen - oder andere kleine Linsen)
- 1 getr. Chilischote in
- 125 g Wasser einweichen (zu viel Wasser! 100 g würden reichen).
- 1/2 TL Salz hinzugeben, dass überschüssige Wasser absieben, dann wieder
- 2 EL Einweichwasser hinzugeben und im kleinen Mixer, hochstehendes Messer, zu einer körnigen Masse schlagen.

Eine plane Pfanne (bei mir: AMT 28 cm) erhitzen, den Teig hineingeben und mit der Löffelrückseite verstreichen. Mit dem Ende eines Holzlöffels 3 Löcher in einer Reihe in den Fladen bohren. Etwas

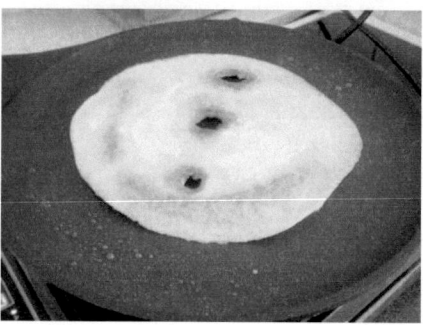

- Erdnussöl (ca. 2-3 TL)

in die Löcher geben und am Rand auftröpfeln, Deckel auflegen und 2-3 Min. dünsten. Sobald der Fladen sich locker anheben lässt, Farbe überprüfen, er sollte goldgelb werden. Umdrehen und ohne Deckel bei 1000 Watt braten, bis er auf beiden Seiten eine leichte Färbung angenommen hat. Evtl. durchschneiden, frisch servieren. Sehr schön knusprig!

Nach einem Video von Vahchef.com. [die Webseite gibt es leider nicht mehr. Oktober 2024]

Dazu einen Salat servieren.

Hinweis: *Der Salat ist nicht so wichtig, der kleine Fladen war absolut köstlich!*

5658. Esslöffel-Kakao, August 2013

- 1 EL Kakaonibs
- 1 EL gek. Sojabohnen
- 1 EL Nackthafer
- 1 EL grüne Rosinen
- 2 Scheiben Ingwer
- 2-3 cm Vanillestange und
- 300 g Wasser im Vitamix 5 Min. auf Höchststufe laufen lassen:

Hinweis: *Der Kakao ist nicht sehr süß, ich fand ihn lecker.*

5659. Ingwer-Hasel-Kekse, August 2013

- 160 g Dinkel
- 50 g Haselnüsse
- 1 TL Weinsteinbackpulver
- 1 EL Ingwerpulver (4 g)
- 1 Prise Salz
- 1 EL Weinbrand
- 75 g Honig
- 75 g gekochte Sojabohnen
- 50 g Sonnenblumenöl
- 1 EL Wasser

Dinkel in der Getreidemühle, Haselnüsse im kleinen Mixer fein mahlen. Backpulver und Ingwer hinzusieben, Salz hinzufügen und mit einem Löffel verrühren. Die restlichen Zutaten bis auf das Wasser im kleinen Becher eines kleinen Mixers gut mischen, zu den trockenen Zutaten geben. Becher mit 1 EL Wasser nachspülen, ebenfalls hinzufügen. Mit einem Löffel gut verrühren, bis sich ein weicher Knetteig ergibt. Kleine Kugeln formen, nebeneinander auf das mit Dauerbackfolie ausgelegte Backblech legen. Hände ggf. zwischendurch anfeuchten. Mit einer Gabel flachdrücken. Backblech in den kalten Ofen schieben. 15-20 Min. bei 160 °C (Heißluft) backen. Auf ein Kuchengitter geben und erkalten lassen.

Schokoladenguss:

- 10 g Kakaopulver
- 30 g Honig
- 20 g Kakaobutter

Im Thermomix verrühren und schmelzen (37-50 °C) und auf die Plätzchen pinseln. Die Masse reicht nicht für alle Plätzchen und auch vom Thermomix her wäre mehr (z. B. das Doppelte) geeigneter. Im Vitamix gar nicht möglich.

5660. Reis-Mung-Cracker, August 2013

- 30 g Naturreis
- 30 g Munbohnen
- 100 g Dinkel
- 1 gestr. TL Salz
- 1 MS Chilipulver
- 1/4-1/2 TL gem. Schabzigerklee
- 40 g Sonnenblumenöl
- 200 g Wasser, verrühren

Reis, Bohnen und Dinkel feinmahlen. Mit den trockenen Zutaten verrühren, dann mit einem Schneebesen die Flüssigkeiten einschlagen. 30 Min. quellen lassen. Je 1 geh. TL in die Maschine geben, gut zudrücken. Auf höchster Stufe backen.

5661. Wachsbohnen mediterran, August 2013

Terracotta-Deckel der Woll-Pfanne 10 Min. in Wasser einlegen. In der Zeit die Pfanne vorbereiten. Die folgenden Zutaten putzen (wenn nötig) / abziehen, klein schneiden und in die Pfanne geben. Grob vermischen.

- 125 g Wasser
- 55 g Zwiebel
- 90 g Aubergine
- 200 g Wachsbohnen (netto) und
- 115 g Kartoffeln 15 Min. als Gemüsepfanne dünsten, dann im kleinen Mixer (hochstehendes Messer) verquirlen:
- 100 g Tomate
- 1 gestr. TL Salz
- 1 TL Paprika edelsüß
- 1 MS Chilipulver
- 15 g Mehl in die Pfanne geben, Becher mit
- 40 g Wasser ausspülen, auch zum Gemüse geben und unter Rühren aufkochen. Noch
- 1 TL Sesamöl unterrühren.

5662. Keimcräcker mit Zwiebeln, August 2013

- 40 g Erdnussöl
- 195 g Zwiebeln netto
- 2 gestr. TL Salz
- 30 g Sonnenblumenkernkeime 60 Std. gekeimt
- 300 g Wasser
- 45 g Sojabohnen gekocht
- 40 g Naturreis
- 75 g Nackthafer
- 130 g Dinkel

Erdnussöl erhitzen. Zwiebeln mit der Hand oder der Jupiter kleinschneiden. Im Erdnussöl mit Salz 10 Min. dünsten, dann mit Keimen, Bohnen und 200 g Wasser im Vitamix zu einer Creme mixen. Reis, Hafer und Dinkel mahlen, mit Salz und Vitamixinhalt mit dem Schneebesen so verrühren, dass es keine Klumpen gibt. Vitamix mit 100 g Wasser nachspülen, ebenfalls unterrühren. Esslöffelweise backen auf Stufe 3 bis 3,5.

Hinweis: Die Keime dominieren leider den Geschmack, von den Zwiebeln ist so gut wie nichts zu merken.

5663. Roggen-Haferbrot, sauer & frei, August 2013

Vorlage: 5608. – Das Brot ist kein Doppelpack, dafür etwas größer.

Vorabend:

- 200 g Roggen fein mahlen, mit
- 210 g Wasser und
- 150 g Sauerteigansatz verrühren, in Plastikschüssel abgedeckt bis abends auf der Fensterbank stehen lassen.

Morgens:

150 g vom neuen Sauerteig abnehmen und in einem Schraubglas im Kühlschrank aufbewahren.

- 100 g Nackthafer
- 300 g Roggen
- 40 g Quinoa
- 1 EL Brotgewürz
- 1/2 gestr. EL Salz
- 410 g Sauerteigansatz
- 200 g Wasser
- 100 g Sonnenblumenkerne.

Getreide fein schroten (2/9) alle Zutaten in eine Teigschüssel geben und gut durchkneten (Küchenmaschine). Bei der Wassermenge besser erst mit 150 g anfangen. Zu einer Kugel formen und abgedeckt 3 1/4 Std. gehen lassen. Nochmals gut durchkneten. Teig zu einem länglichen Brot formen und auf ein mit Dauerbackfolie ausgelegtes Blech setzen.

Blech in eine großen Plastiktüte stecken und 1,5 Std. gehen lassen. Dreimal mit der Schere einschneiden. Ofen vorheizen auf 230 °C (Heißluft). Brot einschieben und 45 Min bei 200 °C backen. Klopfprobe machen, mit Wasser einsprühen und auskühlen lassen.

5664. Erdbeer-Straciatella, August 2013

Im Vitamix glatt mischen:

- 1 Banane (105 g netto)
- 250 g reife Erdbeeren, grob vom Grün befreit
- 20 g Cashewnüsse
- 50 g Wasser

In die Eismaschine füllen und 20 Min. laufen lassen. Dann

- 1-2 EL Kakaonibs noch 2-3 Min. auf der Rührfunktion einarbeiten.

5665. Rosinen-Luft-Schokolade, August 2013

Einlage:

- 50 g Naturreis, in kleiner Pfanne auf mittlerer Hitze geröstet, es sollte möglichst viel „poppen", abkühlen lassen und mit
- 50 g grünen Rosinen mischen.

Im Vitamix (1,4 Liter) 2 x schlagen:

- 100 g Cashewnüsse
- 4 cm Vanillestange (2 g)
- 100 g Kakaobohnen

Hauptstufe: in Vitamix mit der Schokomasse warm schlagen:

- 30 g Sesamöl
- 65 g Honig
- 40 g Kokosöl
- 20 g Carobpulver
- 60 g Kakaobutter in feinen Streifen.

Schokolade in die Schüssel mit der Müsli-Masse in eine Schüssel geben, gut durchrühren und in die große Form abfüllen. Im Kühlschrank kalt und hart werden lassen.

5666. Haselkekse im Schokocape, August 2013

- 110 g Dinkel
- 100 g Haselnüsse
- 1 bittere Mandel
- 1 TL Weinsteinbackpulver
- 1 Prise Salz
- 1 LS Vanillepujlver
- 80 g Honig
- 50 g Sonnenblumenöl

Dinkel in der Getreidemühle, Haselnüsse mit der Mandel im kleinen Mixer fein mahlen. Backpulver und Salz hinzufügen und mit einem Löffel verrühren. Mit einem Löffel alle Zutaten gut verrühren, bis sich ein weicher Knetteig ergibt. Zwei quadratische Streifen (2 x 2 cm) formen, mit einem scharfen Teigschaber 0,5 cm-breite Stücke abschneiden und nebeneinander auf ein mit Dauerbackfolie ausgelegtes Backblech legen.

Backblech in den kalten Ofen schieben. 15 Min. bei 160 °C (Heißluft) backen. Auf ein Kuchengitter geben und erkalten lassen.

Schokoladenguss:

- 20 g Kakaopulver
- 30 g Haselnüsse
- 40 g Honig
- 40 g Kakaobutter

Im Thermomix verrühren und schmelzen (37-50 °C) und mit einem Teigschaber auf die Rückseite der Plätzchen streichen. Die Masse reicht genau.

Fehler bei der Herstellung: Ich hätte die Haselnüsse erst zur fertigen Schokomasse geben sollen, so sonderte sich Fett ab..

5667. Stachelbeereis klassisch, August 2013

Im Vitamix pürieren:

- 1 geschälte Banane (115 g netto)
- 180 g angetaute Stachelbeeren
- 10 g Cashewnüsse
- 90 g Wasser

Delonghi-Eismaschine 15-20 Min. laufen lassen.

5668. Tomatiger Kicheraufstrich, August 2013

- 100 g Kichererbsen über Nacht in
- ca. 350 g Wasser einweichen; morgens mit
- 200 g (Einweich-)Wasser im Schnellkochtopf 20 Min. garen. Im Vitamix gut durchmixen:
- 1 EL Tamari (10 g)
- 50 g Sonnenblumenöl
- 2 Knoblauchzehen
- 25 g getr. Tomaten
- 1 gestr. TL Salz (7 g)
- 30 g Essig Fiocurri Balsamico (o. Ä.). Dann hinzugeben:
- 40 g Mandeln
- Gekochte Kichererbsen
- 50 g Einweichwasser (es geht auch alles)

Gut durchmischen und in Schraubgläser füllen. Eine Weile auf den Kopf stellen, dann aufrecht im Kühlschrank aufbewahren.

5669. Pizza Cipollata, August 2013

Teig:

- 100 g Dinkel
- 20 g Nackthafer
- 1 gute Prise Salz
- 1 TL Trockenhefe (3 g)
- 10 g Öl
- 55 g Wasser

Getreide fein mahlen, die trockenen Zutaten mischen. Öl und Wasser gründlich einkneten, erst einmal mit 50 g Wasser anfangen. Zu einer Kugel unter Spannung formen und abgedeckt (Peng-Schüssel) ca. 3 Std. gehen lassen. Teig rund und dünn ausrollen, so dass er gut in die Mitte eines kleineren Backblechs passt (ich habe einen Ofen, der ca. 10 cm schmaler ist als die Normal). Der Teig lässt sich sehr gut ausrollen, da er fast ein Nudelteig ist. Auf das mit Dauerbackfolie ausgelegte Backblech legen. Die Ränder auf außen mit den Fingern etwas eindrehen, so dass sich ein kleiner Wulst am Rand bildet.

Tomatenbelag:

- 120 g Tomaten mit einem Mixer pürieren, mit der Hand oder einer Löffelrückseite auf dem Teig verteilen.
- 75 g Aubergine in feine Scheiben schneiden und auf die Tomaten legen (Auberginen sind nicht notwendig, ich hatte nur ein Stück, dass „weg" musste)

Zwiebelbelag:

- 50 g Wasser
- 165 g Zwiebeln netto
- 10 g getrocknete Tomaten
- 1-2 TL Pizzagewürz

Gemüse in einer 20-cm Pfanne als Gemüsepfanne 5 Min. dünsten. Sollte am Ende noch Wasser übrig sein, verkochen lassen. Etwas abkühlen lassen und mit der Hand gleichmäßig auf der Pizza verteilen. Mit Pizzagewürz bestreuen.

Endschicht:

- 20 g geschälte Mandeln, dabei ca. 2 g grüne Rosinen
- 150 g gekochte Sojabohnen (Biohof Lex) oder weiße Bohnen
- 1 TL Salz
- 1-2 Prisen Schabziegerklee
- 10 g Apfelessig
- 20 g Sonnenblumenöl
- 100 g Wasser

Alle Zutaten im kleinen Becher eines kleinen Mixers zu einer glatten Creme arbeiten, das Wasser portionsweise einarbeiten. Auf der Pizza verteilen. Blech in den kalten Ofen schieben und 23 Min. bei 200 °C (Heißluft) und 7 Min. bei 175 °C backen.

5670. Papaya-Longhi-Eis, August 2013

Im Vitamix pürieren:

- 1 geschälte Banane (118 g netto)
- 200 g angetaute Papaya
- 10 g Cashewnüsse
- 10 g Zitronensaft und Fruchtfleisch
- 60 g Wasser

15-20 Min. in der Eismaschine laufen lassen. Dann

- 1 EL Kokosraspeln noch auf der Rührstufe 2-3 Min. unterziehen

5671. Angröggeltes Schnellbrot, August 2013

Vorlage: 5400

- 100 g Nackthafer
- 400 g Dinkel
- 50 g Roggen
- 1 P frische Hefe (42 g)
- 450 ml handwarmes Wasser
- 100 g Sonnenblumenkerne
- 2 TL Salz
- 1 EL Brotgewürz o. Ä.
- 3 EL Apfelessig
- 1 TL Honig
- Butter zum Einfetten der Form

Hafer, Dinkel und Roggen mischen und fein mahlen. Hefe im Wasser auflösen. Alle Zutaten zusammen gut durchkneten (bei mir Kenwood mit Knethaken). Eine 30-cm-Form fetten, Teig hineingeben und in einer Plastiktüte 30 Min. gehen lassen. Auf dem Gitterrost in den kalten Backofen schieben. Eine Std. bei 200 °C (Heißluft) backen, aus der Form stürzen, mit Wasser einsprühen und auf einem Kuchengitter auskühlen lassen.

Hinweis: Ein Mitbringsel, daher kann ich nichts zum Geschmack sagen.

5672. Trauben-Maca-Schokolade, August 2013

Einlage:
- 55 g Macadamianüsse mit
- 55 g grünen Rosinen im Zerkleinerer grob hacken.

Im Vitamix (1,4 Liter) 2 x schlagen:
- 100 g Cashewnüsse
- 1 Tonkabohne
- 100 g Kakaobohnen

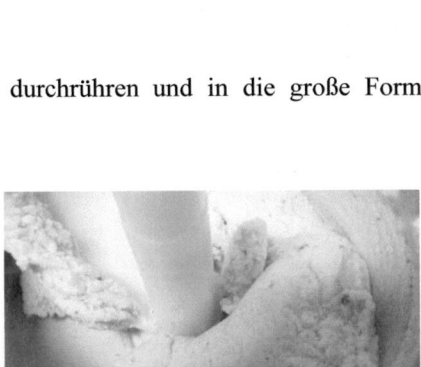

Hauptstufe: Im Vitamix mit der Schokomasse warm schlagen:
- 30 g Sesamöl
- 60 g Honig
- 40 g Kokosöl
- 20 g Carobpulver
- 60 g Kakaobutter in feinen Streifen.

Schokolade in die Schüssel mit Maca-Rosinen-Mischung geben, gut durchrühren und in die große Form abfüllen. Im Kühlschrank kalt und hart werden lassen.

5673. Vanille-Eis, August 2013

Im Vitamix glatt schlagen:
- 75 g gekochte Sojabohnen
- 15 g Cashewnussmus
- 1/2 Stange Vanille
- 1 Bittermandel
- 200 g Wasser
- 2 EL Ahornsirup

Dann in der Eismaschine 20 Min. laufen lassen.

Hinweis: Für „Normalesser" vermutlich nicht süß genug.

5674. Erdbeer-Power-Eis, August 2013

- 250 g Erdbeeren netto
- 30 g gekochte Sojabohnen (Biohof Lex)
- 1 kleine Banane (95 g netto)
- 70 g Wasser
- Honig / Agavendicksaft evtl. 1-2 TL
- 2 EL Nackthafer
- 1 EL goldener Leinsamen

Obst, Wasser und ggf. Süßungsmittel im Vitamix pürieren. In die Eisform geben. Nackthafer und Leinsamen flocken, hinzugeben. 20-25 Min. in der Eismaschine laufen lassen.

5675. Roggen-Haferbrot in Stufen, sauer & frei, August 2013

Vorlage: 5662

Am Morgen vorher:
- 200 g Roggen fein mahlen, mit
- 210 g Wasser und
- 150 g Sauerteigansatz verrühren, in Plastikschüssel abgedeckt bis abends auf der Fensterbank stehen lassen.

Vorbend:

150 g vom neuen Sauerteig abnehmen und in einem Schraubglas im Kühlschrank aufbewahren.

- 200 g Roggen feinmahlen, mit
- 100 g Wasser und
- 400-410 g Sauerteigansatz gut verrühren, in Plastikschüssel abge- deckt bis morgens auf der Fensterbank stehen lassen.

Backmorgen:
- 50 g roter Mais
- 100 g Nackthafer
- 100 g Roggen
- 1 EL Brotgewürz
- 1 gestr. EL Salz
- Ansatz vom Vorabend
- 100 g + 25 g Wasser

Mais fein mahlen, Roggen Hafer mischen und fein mahlen. Alle Zutaten außer den 25 g Wasser mit der Hand verkneten. Die 25 g Wasser als Hilfe benutzen, um die Hand zu befeuchten und besser fassen zu können. Teig zu einem länglichen Brot formen und auf ein mit Dauerbackfolie ausgelegtes Blech setzen.

Blech in eine großen Plastiktüte stecken und 2 Std. gehen lassen. Dreimal mit der Schere einschneiden. Ofen vorheizen auf 230 °C (Heißluft). Brot einschieben und 45 Min bei 200 °C backen. Klopfprobe machen, mit Wasser einsprühen und auskühlen lassen.

5676. FoK-Schokolade, Versuch 1, August 2013

Schokolade ganz ohne Fett geht nicht. Aber es lässt sich einiges vermin- dern. So habe ich z. B. statt wie üblich Nüssen und einem Nussöl gekochte Sojabohnen genommen. Außerdem habe ich das Süßungsmittel im Verhältnis reduziert und ebenfalls die Kakaobutter/Kokosöl-Menge. Da ich lange keine Schokolade mehr im kleinen Mixer hergestellt habe, habe ich die Kakaonibs zu lange geschlagen, sie haben dann geklumpt. In einem weiteren Versuch würde ich die Fettmenge weiter reduzieren und evtl. einmal Kakaopulver probieren oder einen Carobzusatz, damit die Masse etwas dunkler wird. Geschmacklich schon lecker! FoK = Forks over Knives, vegane Bewegung.

- 50 g Kakaonibs
- einige Salzkörnchen
- 50 g gekochte Sojabohnen (Biohof Lex) oder gekochte weiße Bohnen
- 2 MS gem. Vanille
- 25 g Honig (oder Ahornsirup)
- 20 g Kakaobutter
- 15 g Kokosöl

Kakaonibs mit Salzkörnchen im kleinen Mixer mahlen. In einem anderen Becher die Sojabohnen mit dem Vanillepulver und Süßungsmittel schlagen, was wegen der geringen Menge nicht so einfach ist. Kakaobutter und Kokosöl bei kleiner Einstellung zerlassen. Alles mischen und mit dem hochstehenden Messer gut durchschlagen. Wird nicht so flüssig wie die Schokolade üblicherweise. In zwei Blockformen (von prohviant.de) geben und kaltstellen. Wird schnell fest.

5677. FoK-Kakao, August 2013

Im Vitamix 5 Min. auf Höchststufe laufen lassen:

- 15 g Kakaobohne
- 30 g gekochte Sojabohnen
- 15 g Nackthafer
- 10 g Honig bzw. Agavendicksaft
- 5 g frischer Ingwer
- 2-3 cm Vanillestange
- 325 g Wasser

Hinweis: *Der Kakao ist nicht sehr süß, ich fand ihn lecker.*

5678. Schwarz-Weiß-Kekse (FoK)

- 125 g Dinkel
- 25 g Nackthafer
- 25 g Naturreis
- 2 TL Backpulver
- 1 Prise Salz
- 2 bittere Mandeln
- 75 g gekochte Sojabohnen (oder weiße Bohnen, sonst Biohof Lex)
- 50 g Sonnenblumenöl
- 50 g Agavendicksaft
- 1 Prise gem. Vanille
- 1 EL Wasser

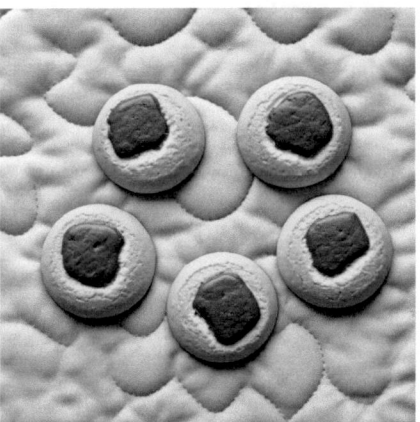

Getreide mischen, mahlen und mit Backpulver und Salz mischen. Mandeln im Personal Blender (flaches Messer) mahlen, dann mit Sojabohnen, Vanille und Öl zu einer glatten Creme arbeiten. Mit dem Agavendicksaft und ggf. dem Wasser und das Mehl rühren, dann mit der Hand durchkneten. Ergibt einen schönen glatten, nichtklebrigen Teig. Etwa die Hälfte auf ein Rechteck von ca. 25 x 12 cm ausrollen.

Für den Schokoteig:

- Hälfte des obigen Teigs
- 3 TL Kakaopulver
- 2 EL Agavendicksaft

Diese Zutaten verrühren. Der Teig ist etwas weicher als die weiße Form. Zu einer Rolle in Länge des Rechtecks formen, in die Mitte des weißen Teigs setzen und den weißen Teig um den braunen legen, leicht überlappen lassen und festdrücken. Die Teignaht nach unten legen und mit einem scharfen Messer vorsichtig 0,5 cm-dicke Scheiben abschneiden.

Bei mir klappt das leider nie so gut wie in den Büchern, daher sind es keine schönen runden Taler geworden, auch wenn ich teils ein bisschen nachgeholfen habe. Auf ein mit Dauerbackfolie ausgelegtes Backblech setzen. Backofen auf 160 °C (Heißluft) vorheizen, Kekse 18-20 Min. backen. Auf einem Kuchengitter auskühlen lassen.

5679. Neckisches Bananeneis, August 2013

Im Vitamix gut schlagen:

- 2 Bananen (235 g netto)
- 1 Nektarine (95 g netto), entsteint
- 100 g Wasser

In der Eismaschine 20-25 Min. laufen lassen.

5680. Mangold-Kartoffel-Pfanne (FoK), August 2013

FoK = Fork over Knives (fettfrei und vegan).

- 75 g Wasser in die Pfanne geben
- 105 g Mangold, waschen klein schneiden
- 1 Tomate (105 g) würfeln
- 135 Kartoffeln raspeln (grobe Streifen, Jupiter); Gemüse vermischen, in eine 20-cm-Pfanne geben und 10 Min. als Gemüsepfanne dünsten.

Für den Guss

- 100 g gekochte Sojabohnen (Biohof Lex)
- 25 g weiße Mandelpaste oder Mandelmus
- 1 EL Essig
- 1/2 TL Salz
- 70 g Wasser in einem kleinen Mixer vermischen; mit der Jupiter-Raspel (Bircherscheibe)
- 105 g Kartoffel
- 25 g Möhre
- 1 Zwiebel (50 g netto) raffeln, mit der Bohnencreme verrühren.

Guss auf dem Gemüse verteilen, in den auf 200 °C vorgeheizten Back-ofen (Heißluft) schieben und ohne Deckel 25 Min. garen.

5681. Kichererbsen-Mayonnaise, August 2013

Sie ist noch nicht „FoK", aber was mir viel wichtiger ist - ich kann mir damit einen leckeren Kartoffelsalat vorstellen! Und sie hat ja deutlich weniger Fett als die Vorlage (5 g Öl statt 30 g Öl, 25 g Nusspaste als Restölersatz, 20 g Kichererbsen statt der ursprünglich vorgesehenen Nüsse (IÖV)).

Mayonnaise:

- 1 Prise Senfkörner (noch kein Gramm)
- 20 g Kichererbsen, gekocht
- 20 g Wasser (habe noch weitere 40 g genommen, wird remouladen-artig und besser für normalen Salat)
- 25 g Mandelpaste
- 1 gute Prise Salz
- 10 g Essig

Senfkörner im kleinen Mixer mahlen. Restliche Zutaten hinzugeben (mit 20 g Wasser anfangen), ganz glatt schlagen. Nach Geschmack mit Was-ser verdünnen.

Für den Salat:

- 1 Tomate in Scheiben, Möhre, Gurke und Spitzkohl mit der groben Scheibe, 2-3 Blätter Salat

5682. Mischaufstrich Knofi, August 2013

- 65 g Mungbohnen 4 Std. in Wasser einweichen; mit
- 55 g rote Linsen mit
- 1 Lorbeerblatt und
- 225 g (Einweich-)Wasser im Schnellkochtopf 10 Min. garen. Im Vita-mix gut durchmixen:
- 1 EL Tamari (10 g)
- 45 g Sonnenblumenöl
- 10 g Knoblauchzehen (nur grob abgezogen)
- 1 gestr. TL Salz (7 g)
- 30 g Essig Fiocurri Balsamico. Hinzugeben:
- 40 g Sonnenblumenkerne
- Gekochte Hülsenfrüchte. Gut durchmischen und in ein leeres Honigglas füllen. Im Kühlschrank aufbewahren.

5683. Meerrettich-Remoulade, August 2013

Remoulade:
- 55 g Kichererbsen, gekocht
- 20 g Kochwasser der Kichererbsen
- 40 g Wasser
- 4 g Meerrettichcreme
- 20 g Essig
- 20 g Mandelnussmus (o. Ä.)
- 1 TL Öl
- 1 gute Prise Salz

Zutaten in den kleinen Mixer geben, ganz glatt schlagen. Evtl. mehr Meerrettich hinzugeben.

Für den Salat:
- 180 g Spitzkohl (Scheiben-Scheibe der Jupiter)
- 105 g Möhre (Bircherscheibe, Jupiter)
- 20 g Linsensprossen
- einige Salatblätter

Salat waschen, in Streifen schneiden, an den Rand eines großen Tellers legen. Gemüse erst miteinander per Hand, dann mit der Remoulade verrühren. In die Mitte des Tellers häufeln.

5684. Scharfer Nudelsalat (FoK), August 2013

Nudeln (gekauft) und Gemüse:
- 70 g Vollkornnudeln (Spirali) in Salzwasser kochen, abgießen und abkühlen lassen
- 12 g Porreegrün (hell)
- 1 Möhre (85 g) längst halbiert und
- 80 g Spitzkohl in feine Scheiben (Jupiter Elektroraspel) schneiden, mit der Hand
- 1 Tomate (85 g) würfeln

Dressing:
- 10 g Zitronensaft
- 1 gestr. TL Salz (4 g)
- 1 Knoblauchzehe (5 g netto), in feinen Scheiben
- 20 g Cashewnüsse
- 3 cm Essigpeperoni (7/4573)
- 12 g Peperoniessig
- 40 g Wasser im kleinen Mixer 1 Min. verquirlen, mit dem Gemüse und den Nudeln mischen.

5685. Blumenkohlsalat à la Forks and Gabeln, August 2013

Dressing:
- 50 g Wasser
- 1 kleine Prise Salz
- 80 g Kartoffeln, in feinen Scheiben
- 1 kleine Tomate (65 g)
- 1 MS schwarzer gem. Pfeffer
- 1 Löffelspitze Paprikapulver edelsüß
- 5 g Sonnenblumenöl
- 10 g reines Mandelmus (selbstgemacht)
- 10 g Essig
- 65 g Wasser

Gemüse:
- 230 g Blumenkohl
- 30 g Stangensellerie
- 1/2 kleine Zwiebel (25 g netto)

Dressing: Wasser und Salz in eine kleine Pfanne geben, die Kartoffelscheiben darin 10 Min. als Gemüsepfanne dünsten. Leicht abkühlen lassen und mit den restlichen Zutaten im kleinen Becher eines kleinen Mixers glattrühren. Die Konsistenz wird erst im Salat angenehm.

Salat: Blumenkohl, Stangensellerie und Zwiebel in der Elektroraspel in feine Scheiben schneiden. Mit dem Dressing mischen.

5686. Delonghi-Fruchteis ohne Vitamix oder Banane, August 2013

Wer wirklich ein absoluter Eisliebhaber ist, für den lohnt sich die Delonghi-Eismaschine auch ohne Vitamix. Ich habe es mir heute ganz einfach gemacht:

- 250 g Brombeeren (= voller hoher Becher), dazu
- Wasser auffüllen bis das Wasser bei der halben Becherhöhe steht.
- 1 EL Honig o. Ä. hinzufügen, gut mixen. Ca. 20 Min. in der Maschine laufen lassen.

5687. Blitzkekse, abgemagert, August 2013

- 160 g Dinkel
- 50 g Hafer
- 1 TL Weinsteinbackpulver
- 1 EL Ingwerpulver (auch ohne Ingwer sehr lecker!)
- 1 Prise Salz
- 1 EL Weinbrand
- 50 g gekochte Sojabohnen
- 50 g Cashewnussmus
- 25 g Wasser
- 50 g Öl (20 g Sonnenblume, 30 g Sesamöl)
- 70 g Agavendicksaft

Getreide zusammen fein mahlen und mit den anderen trockenen Zutaten verrühren. Weinbrand, Sojabohnen und Cashewnussmus im kleinen Mixer glatt schlagen und zu dem Mehl geben. Mit dem Wasser den Becher „sauber" mixen und dann auch zum Mehl geben. Agavendicksaft hinzugeben und alles mit dem Löffel zu einem glatten Teig rühren. Mit den Händen kleine Kugeln formen (Durchmesser ca. 1,5 cm), nebeneinander auf ein mit Dauer-backfolie ausgelegtes Backblech setzen. Mit einer Gabel die Kugeln zu Plätzchen drücken. In den auf 160 °C (Heißluft) vorgeheizten Ofen schieben. 20 Min. bei 160 °C und 5 Min. bei 150 °C backen.

5688. Steinpilze-Kartoffel-Pie, August 2013

Belag:
- 25 g getr. Steinpilze (von privat) in
- 200 g heißem Wasser einweichen
- 1 Kartoffel (140 g)
- 1 Zwiebel (70 g netto)
- 75 g Nackthafer
- 1 gute Prise Salz
- 1 Prise schwarzer Pfeffer
- 1 TL Öl

Soße:
- 80 g gekochte Sojabohnen (Biohof Lex; oder weiße Bohnen)
- 20 g Cashewmus
- 1 gute Prise salz
- 1 Prise schwarzer Pfeffer
- 1 TL Paprikapulver edelsüß
- 80 g Einweichwasser (auch 100 g wäre noch okay).

Belag: Kartoffel unter fließendem Wasser abbürsten. Zwiebel schälen. Beides mit der ganz feinen Scheibe raspeln. Hafer flocken, mit der Kartoffelmasse mischen und mit Salz und Pfeffer abschmecken. Ein Pie-Form mit Öl einpinseln, die Kartoffelmasse darin gleichmäßig verteilen. Steinpilze abtropfen lassen und etwas ausdrücken. Auf die Kartoffelmasse geben.

Soße und Fertigstellung: Zutaten im kleinen Mixer verquirlen. Die Soße über die Pilze gießen. Auf dem Gitterrost in den kalten Ofen schieben. 25 Min. bei 210 °C backen.

5689. Einfacher Hafer-Reis-Fladen, August 2013

- 30 g Nackthafer
- 20 g Naturreis
- 40 g Wasser
- 1 Prise Salz
- etwas Erdnussöl zum Ausbacken

Getreide fein mahlen und mit den anderen Zutaten zu einem klebrigen Teig verrühren. Ca. 10 Min. quellen lassen. Zwischen den Händen zu einer Platte drücken. AMT-Pfanne mit Erdnussöl einpinseln, von beiden Seiten gründlich auf mittlerer Einstellung braten.

5690. Aprikoseneis mit Einschlüssen, August 2013

- 1 Banane (80 g netto)
- 4 Aprikosen (200 g netto)
- 100 g Wasser
- 10 g Ahornsirup oder Honig
- 10 g Pekannüsse

Banane schälen, Aprikosen entkernen. Das Obst mit dem Wasser im hohen Becher eines kleinen Mixers mit dem hochstehenden Messer gut durchschlagen. In die Eisform der Eismaschine geben. 10 g Ahornsirup und 10 g grob geh. Pekannüsse hinzugeben. 20-25 Min. rühren lassen.

5691. Eric's Favorite Ingwer-Haferkekse, September 2013

- 265 g Dinkel
- 85 g Emmer
- 100 + 50 g Nackthafer
- 1 Prise Salz
- 1 P Backpulver
- 1 EL getr. gem. Ingwer (ca. 5 g)
- 16 g frischer Ingwer ungeschält
- 100 g Sonnenblumenöl
- 215 g flüssiger Honig
- 59 g Wasser

Dinkel, Emmer und 100 g Hafer mischen und fein mahlen. Den restlichen Hafer flocken. Alle trockenen Zutaten miteinander mischen. Ingwer mit Öl in einem kleinen Mixer fein mahlen, zum Teig geben. Honig hinzufügen. Den Becher mit 50 g Wasser schütteln, dann den Becherinhalt zu den Teigzutaten geben. Zum Beispiel mit einem Handrührgerät mit Knethaken zu einem Teig verarbeiten. Aus dem Teig mit den Händen (ab und an anfeuchten) gut walnussgroße Kugeln formen und nebeneinander auf zwei mit Dauerbackfolie ausgelegte Backbleche legen. Mit der Gabel flachdrücken. Backblech in den auf 160 °C (Heißluft) vorgeheizten Ofen schieben, 20 Min. backen. Ofen ausstellen und evtl. 5 Min. nachbacken.

Tipp: Wer keinen flüssigen Honig hat: Festen Honig auf niedriger Temperatur in einer Pfanne zerlassen.

5692. Paprika-Cracker für M., September 2013

- 150 g Dinkel
- 50 g Naturreis
- 1 TL Salz
- 2 TL Paprika edelsüß (5 g)
- 70 g Sojabohnen gekocht
- 10 g Sesamöl
- 250 g Wasser

Bohnen und 112 g Wasser in einem kleinen Mixer zu einer Creme mixen. Reis und Dinkel mahlen, mit Salz und Becherinhalt des Mixers mit dem Schneebesen so verrühren, dass es keine Klumpen gibt. Becher mit 125 g Wasser nachspülen, ebenfalls unterrühren. Esslöffelweise backen auf Stufe 3 bis 3,5. Evtl. weiche Cracker nachbacken.

5693. Schokoladeneis Delonghi, September 2013

- 15 Kakaobohnen
- 15 Cashewnüsse
- 2 cm Vanillestange
- 1 EL grüne Rosinen
- 1 EL Nackthafer, geflockt
- 5 g Ingwerscheiben und
- 2-4 TL Ahornsirup oder Honig (nach Geschmack) 4 Min. im Vitamix mischen. In die Eisform gießen, im Kühlschrank erkalten lassen.
- 1 EL Kakaonibs hinzugeben. 20-25 Min. in der Eismaschine rühren lassen.

5694. Freies Roggen-Haferbrot in 3 Stufen, September 2013

Vorlage: 5674.

Am Morgen vorher:
- 200 g Roggen fein mahlen, mit
- 210 g Wasser und
- 150 g Sauerteigansatz verrühren, in Plastikschüssel abgedeckt bis abends auf der Fensterbank stehen lassen (ca. 12 Std.).

Vorabend:
150 g vom neuen Sauerteig abnehmen und in einem Schraubglas im Kühlschrank aufbewahren.
- 200 g Roggen und
- 100 g Nackthafer fein mahlen, mit
- 2 EL Brotgewürz
- 1 gestr. EL Salz
- 300 g Wasser und
- 400-410 g Sauerteigansatz gut verrühren, in einer Plastikschüssel abgedeckt bis morgens auf der Fensterbank stehen lassen (ca. 12 Std.)

Backmorgen:
- 100 g Nackthafer
- 250 g Roggen
- Ansatz vom Vorabend

Roggen und Hafer mischen und fein mahlen. Alle Zutaten mit der Küchenmaschine verkneten. Teig zu einem länglichen Brot formen und auf ein mit Dauerbackfolie ausgelegtes Blech setzen.

Blech in eine große Plastiktüte stecken und 2,5 Std. gehen lassen. Mit einem scharfen Messer schräg von beiden Seiten einschneiden. Ofen vorheizen auf 230 °C (Heißluft). Brot einschieben und 55 Min. bei 200 °C backen. Klopfprobe machen, mit Wasser einsprühen und auskühlen lassen.

5695. Salat mit Kartoffeln in Bohnenmayonnaise, September 2013

Gemüse:
- 1/2 ofengarte Kartoffel, 60 g netto (in Folie beim Brotbacken mitgegart), gewürfelt
- 1 Tomate in Halbscheiben (ca. 80 g)
- 120 g Salatgurke,
- 16 g Stangensellerie und
- 60 g Möhre grob geraspelt
- 65 g Kopfsalat, gewaschen & in Streifen geschnitten

Bohnenmayonnaise:
- 50 g gek. Sojabohnen
- 1 gestr. TL Salz
- 1 MS schwarzer Pfeffer
- 15 g Cashewnussmus
- 5 g Zitronensaft
- 30 g Wasser.

Unter das Gemüse rühren. Nach Durchziehen evtl. Salz und 1 EL Essig zugeben.

5696. Bohnen-Gemüsepfanne, September 2013

- 90 g Wasser
- 195 g tiefgekühlte lila Bohnen (werden grün)
- 85 g Cocktailtomaten, unzerkleinert
- 100 g Blumenkohl, in Röschen aufgeteilt

Zutaten in eine 24-cm-Alugusspfanne geben. Als Gemüsepfanne 12 Min. dünsten, für die Soße im kleinen Mixer verquirlen:

- 50 g gekochte Sojabohnen (Biohof Lex) oder weiße Bohnen
- 1 gestr. TL Salz
- 20 g Cashewnussmus oder anderes Nussmus
- 1 gestr. TL Paprika edelsüß
- 1 LS schwarzer gem. Pfeffer
- 50 g Wasser. Unter das Gemüse rühren, Becher mit
- 20 g Wasser nachspülen, ebenfalls in die Pfanne geben und kurz durchköcheln, bis die gewünschte Konsistenz erreicht ist.

Hinweis: Jedes Gemüse war deutlich zu schmecken, Fett = Öl habe ich hier erstaunlicherweise überhaupt nicht vermisst.

5697. Vanille-Eis Nr. 2, September 2013

Im Vitamix schlagen, bis die Masse stockt (ca. 4,5 Min.):

- 30 g Naturreis
- 10 g Cashewnüsse
- 1 g (=1/2 TL) gem. Vanille
- 200 g Wasser
- 1 EL gekochte Sojabohnen (35 g). Dann noch kurz einarbeiten:
- 2 EL Agavendicksaft (20 g)
- 150 g kaltes Wasser

Dann in der Eismaschine 20 Min. laufen lassen.

Hinweis: Für „Normalesser" vermutlich nicht süß genug. Geht natürlich genauso gut mit Honig, aber da ist immer das Problem, dass die Enzyme die Puddingstruktur zerstören.

5698. Mais-Zucchinisalat à la lebegesund, September 2013

Nach einem Rezept bei der Lieferung KW 36

Dressing:

- 1 Prise Senfkörner im kl. Mixer, flaches Messer, mahlen. Mit
- 2 EL Essig
- 2 Prisen Salz
- 1 Prise Pfeffer
- 15 g Mandelmus
- 40 g gekochte Sojabohnen und
- 30 g Wasser zu einer glatten Creme mischen.

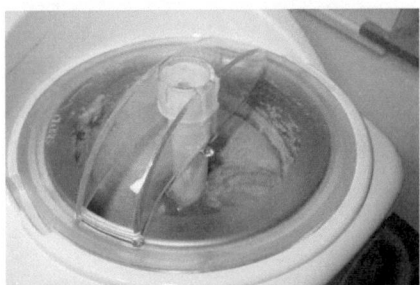

Gemüse:

- 1 Maiskolben (100 g Körner), Körner vom Kolben abschneiden.
- 115 g Zucchini
- 85 g Möhre und
- 25 g Zwiebel netto grob vorschneiden und mit der Stäbchenscheibe (Jupiter Elektroraspel) fein raspeln. Gemüse mischen und Dressing unterziehen.

5699. Mirabelleneis, September 2013

- 140 g Mirabellen (netto)
- 1 Banane (85 g netto)
- 5 g Zitronensaft
- 100 g Wasser und
- 1 EL Ahornsirup (oder Honig) im Vitamix mischen. In der Eismaschine 20 Min. laufen lassen.

5700. Selleriesalat mit Linsen, September 2013

Nach einem Rezept von Lebegesund, KW 36

Linsen:

- 150 g Beluga-Linsen schwarze in
- 400 g Wasser im Schnellkochtopf 7 Min. garen

Dressing für Salat:

- 1/2 TL Senfkörner in einem kleinen Mixer fein mahlen, mit
- 1/2 TL Salz
- 1 Prise schwarzer Pfeffer
- 15 g Mandeln
- 10 g Zitronensaft
- 40 g Wasser zu einer dünnen Creme mixen.

Fenchelsalat:

- 1 Fenchelknolle (235 g brutto)
- 35 g Zwiebel netto

Grün als Deko von der Knolle abschneiden, längs vierteln und mit der Zwiebel in Scheiben schneiden (Jupiter, Scheiben-Raspel). Mit dem Dressing mischen und gut durchziehen lassen.

Fertigstellung:

- 100 g der Linsen mit
- Salz
- schwarzer Pfeffer und
- 2-3 EL Essig abschmecken und auf den Fenchelsalat geben

Hinweis: *Hat eklig geschmeckt :-(Irgend etwas an dem Fenchelsalat ist nach längerem Durchziehen gekippt.*

5701. Nudelsalat in Apfeldressing, September 2013

Nudeln:

- 60 g Nudeln (Spirali) in
- Wasser mit
- Salz und
- 1 Lorbeerblatt 10 Min. kochen. Abschütten und kalt abbrausen.

Dressing:

- 2 Knoblauchzehen
- 25 g Cashewnussmus
- 40 g Apfel
- 5 g Knoblauchzehen (2 mittelgroße)
- 5 g Zitronensaft
- 50 g Wasser
- 1/2 TL Salz
- 1-2 MS Pfeffer

Gemüse:

- 80 g Cocktailtomaten, halbiert oder in Scheiben geschnitten
- 30 g Zwiebel netto
- 20 g Stangensellerie
- 45 g Möhre
- 30 g Wurzelpetersilie
- 100 g Kohlrabi
- 1 Radieschen

Dressing: Apfel und Knoblauchzehen vorschneiden. Alle Zutaten im kleinen Mixer verquirlen, bis sich ein glattes Dressing ergibt (ca. 50 Sek.)

Gemüse: Jupiter: Zwiebel, Sellerie und Möhren in dünne Scheiben schneiden, den Rest Gemüse in Streifen (grob) schneiden, außer dem Radieschen. Dies als dünne Scheiben als Deko auflegen..

Fertigstellung: Alles miteinander mischen und frisch verzehren.

5702. Schoko-Ingwer-Konfekt, September 2013

Dies sollte eine abgespeckte Schokolade werden, was nicht ganz geklappt hat, ist zu sämig. Jedoch lecker!

Im Vitamix, 1,4-Liter, zu einer festen Masse mixen:

- 130 g Cashewnüsse
- 100 g Kakaonibs
- 1 Prise Salz
- 3 cm Vanillestange

Zugeben:

- 60 g Honig
- 1 TL Ingwerpulver
- 20 g Carobpulver
- 35 g Kokosöl
- 50 g Kakaobutter

Mit dem Stößel verarbeiten, bis es flüssig ist. Leider habe ich dann weiter gemacht, dann wurde es zu fest.

5703. Gelbweizenpfannkuchen mit Salat, September 2013

- 50 g Gelbmehlweizen
- 1 Prise Salz
- 3 g Paprika edelsüß
- 100 g Wasser
- 2 EL Salatdressing (s.u.)

Im Thermomix mit dem Rühraufsatz gut verrühren. In einer 20 cm-Pfanne etwas Erdnussöl erhitzen, auf beiden Seiten braten. Mit Salat servieren.

5704. Yellow Buns, September 2013

- 100 g Wasser
- 20 g Cashewnussmus
- 1 1/2 TL Salz
- 400 g Gelbmehlweizen (H. Kleider)
- 120 g Wasser
- 1/2 P Hefe

100 g Wasser, Cashewnussmus und Salz im kleinen Mixer gut verquirlen. Weizen fein mahlen, in den TM geben. Cashewmilch hinzufügen. Den Becher mit 120 g Wasser ausspülen, ebenfalls in den TM geben. Die Hefe zerbröckelt obenauf legen. Auf der Knetstufe 2 Min. lang kneten lassen. Mit geölten Händen aus dem Becher nehmen, zu einer Kugel unter Spannung formen und die Teigschüssel in eine Plastiktüte stecken. 60 Min. gehen lassen.

Nochmals gut mit der Hand durchkneten. Dreiteilen, jeweils eine Rolle formen, wieder in je drei Teile teilen. Jedes Brötchen zu einer kleinen Kugel unter Spannung formen (ergibt 9 Stück). Nebeneinander auf ein mit Dauerbackfolie ausgelegtes Backblech setzen, mit der Schere oben einschneiden. Mit Wasser einsprühen und den Ofen auf 230 °C vorheizen. Blech einschieben und 25 Min. bei 200 °C backen.

Hinweis: Die geformten Brötchen sind bei mir nicht sehr lange gegangen, weil ich gerade Plätzchen bei 160 °C gebacken hatte. Es hat noch ca. 5 Min. gebraucht, bis der Ofen auf 230 °C war. Mit Wasser einsprühen und auf einem Kuchengitter auskühlen lassen. Bei mir sind sie nach dem Formen nur unwesentlich gegangen.

5705. Schoko-Kokos-Kekse, September 2013

- 200 g Dinkel
- 1 Prise Salz
- 2 MS gem. Vanille
- 40 g Kokosraspeln
- 1 EL (15 g) Kakaopulver
- 2 TL Weinsteinbackpulver
- 1 EL Weinbrand (13 g)
- 60 g Kokosöl
- 80 g Agavendicksaft
- 35 g gekochte Sojabohnen
- 40 g Wasser

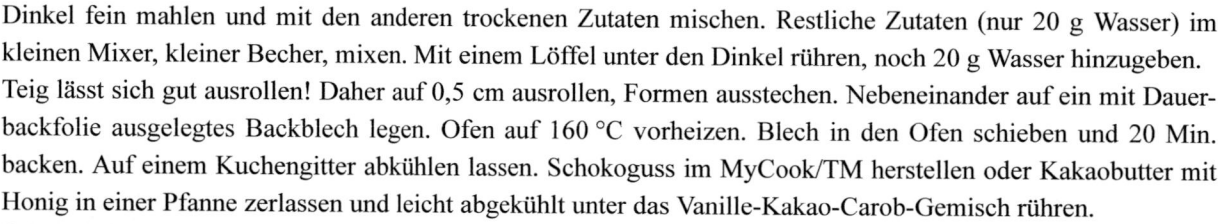

Dinkel fein mahlen und mit den anderen trockenen Zutaten mischen. Restliche Zutaten (nur 20 g Wasser) im kleinen Mixer, kleiner Becher, mixen. Mit einem Löffel unter den Dinkel rühren, noch 20 g Wasser hinzugeben. Teig lässt sich gut ausrollen! Daher auf 0,5 cm ausrollen, Formen ausstechen. Nebeneinander auf ein mit Dauerbackfolie ausgelegtes Backblech legen. Ofen auf 160 °C vorheizen. Blech in den Ofen schieben und 20 Min. backen. Auf einem Kuchengitter abkühlen lassen. Schokoguss im MyCook/TM herstellen oder Kakaobutter mit Honig in einer Pfanne zerlassen und leicht abgekühlt unter das Vanille-Kakao-Carob-Gemisch rühren.

<u>Schokoladenguss:</u>
- 30 g Kakaobutter
- 35 g Honig
- 2 MS gem. Vanille
- 15 g Kakaopulver
- 5 g Carobpulver

Butter und Honig auf 40 °C zerlassen, die restlichen Zutaten hinzugeben und ohne Hitzezufuhr verrühren, evtl. mit einem kleinen Löffel kurz nachhelfen. Mit einem Pinsel auf die Plätzchen aufstreichen - reicht gerade.

5706. Klößchen mit Bohnen, September 2013

Klößchen:
- 50 g Gelbmehlweizen (Hermann Kleider) oder Weizen
- 15 g Urad Dal (weiße Linsen; wahlweise gelbe Linsen)
- 1 gute Prise Salz
- 1 TL Trockenhefe
- 25 g gekochte Sojabohnen (Biohof Lex; oder weiße Bohnen)
- 35 g Wasser
- 750 g Wasser
- 1 Lorbeerblatt
- 4 Wacholderbeeren

Weizen mit Linsen fein mahlen, mit Salz und Trockenhefe verrühren. Gekochte Bohnen mit 35 g Wasser im kleinen Mixer verquirlen, unter das Getreide kneten. Gibt einen weichen Teig. Wer Geduld hat, kann noch ein wenig Wasser mehr einarbeiten. Ich habe den Teig nicht gehen lassen, was vielleicht besser wäre.

Den Einhängekorb auf dem Boden mit dem Finger leicht einölen. Aus dem Teig 8 Klößchen formen und in den Korb setzen. TM/MyCook mit 750 g Wasser und den Gewürzen füllen und 3 Min./110 °C/Stufe 1 erhitzen. Sobald die Temperatur erreicht ist, den Korb einhängen. Dann 20 Min./110 °C/Stufe 1 garen. Ich habe den kleinen Deckel oben aufgelegt.

Bohnen:
- 100 g Wasser
- 215 g tiefgekühlte grüne Bohnen
- 50 g Zwiebel (netto)
- 1 gestr. TL Salz
- 1 MS schwarzer Pfeffer
- 100 g Kochwasser
- 15 g Cashewnussmus
- 1 TL Dinkelmehl

Wasser in eine 20-cm-Wollpfanne geben. Bohnen hinzufügen, Zwiebel nicht zu fein schneiden und ebenfalls hinzugeben. Deckel auflegen, auf höchster Einstellung zum Kochen bringen, bis Dampf unter dem Deckel austritt. Auf kleinste Einstellung stellen und ohne Anheben des Deckels 10 Min. garen. 100 g Kochwasser von den Klößchen, Cashewnussmus, Mehl, Salz und Pfeffer unterrühren und aufkochen.

Mit den Klößchen servieren.

5707. Sternenklares Feigeneis, September 2013

Im Vitamix pürieren:

- 3 kleine frische Feigen, Stiel abgeschnitten (150 g netto)
- 95 g Sternfrucht
- 100 g Wasser
- 25 g gek. Sojabohnen
- 2 TL flüssiger Honig oder Ahornsirup
- 1 gute Prise gem. Zimt

In die Eismaschine geben und 20 Min. laufen lassen.

5708. Rosinen-Hanf-Schokolade aus dem Vitamix, September 2013

- 100 g Kakaonibs
- 100 g Mandeln
- 50 g Sesamöl
- 60 g Honig
- 25 g lila Maismehl
- 50 g Kokosöl
- 50 g Kakaobutter
- 2 EL Buchweizen
- 1/2 EL grüne Rosinen
- 1-2 TL Hanfsamen

Zwei Lasagneformen (eine ca. 18 x 24 und eine. 8 x 13 cm) mit Haushaltsfolie auslegen. Den Boden der großen Form mit Buchweizen und Rosinen, den der kleinen Form mit Hanfsamen ausstreuen.

Kakaonibs und Mandeln im Vitamix (1,4 L-Becher) mahlen, bis die Masse sich vom Rand löst und gut aus dem Becher nehmen lässt. In eine Schüssel umfüllen. Öl und Honig in den Vitamix abwiegen. Kakaomasse dazugeben, darauf lila Maismehl und Kokosöl. Kakaobutter fein abraspeln und obenauf geben. Mit dem Stopfer mit langsam steigender Geschwindigkeit verarbeiten. Zwischendurch mit einem Spatel die Ecken „ausheben" und Reste vom Rand herunterdrücken. Immer wieder neu auf Höchststufe laufen lassen, bis die Schokolade flüssig und gleichmäßig braun und warm, aber noch nicht heiß ist.

Schokoladenmasse in die Lasagneformen gießen und gleichmäßig fließen lassen. Nach 2-3 Std. mit einem Messer vorsichtig Stücke anschneiden. Dann mehrere Std. kalt werden lassen.

5709. Mandel-Schoko-Konfekt, September 2013

Stufe 1:
- 130 g geschälte Mandeln
- 100 g Kakaonibs
- 6 cm Vanillestange
- 1 Prise Salz

Stufe 2:
- 65 g Honig
- 30 g Kokosöl
- 20 g Carob
- 50 g Kokosbutter

Weiteres:
- 75 g geschälte Mandeln, geröstet und im Zerkleinerer gehackt
- 50 g grüne Rosinen

Am Ende alles mit der Hand verkneten, in die Form geben.

5710. Apfelpfannkuchen, September 2013

Eher ein „Küchlein". Das hätte gerne mehr sein dürfen.

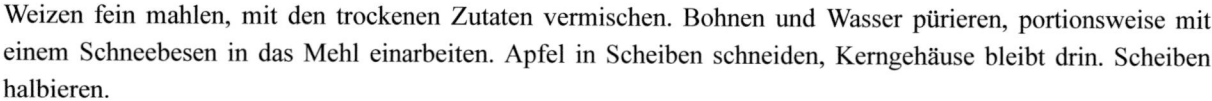

- 40 g Gelbmehlweizen (H. Kleider)
- 1 Prise Salz
- 1 gute Prise Weinsteinbackpulver
- 1 LS gem. Vanille
- 20 g gekochte Sojabohnen
- 60 g Wasser
- 1 EL Erdnussöl
- 1 kleiner Apfel (85 g, hätte kleiner sein können)
- 1-2 TL flüssiger Honig oder Ahornsirup

Weizen fein mahlen, mit den trockenen Zutaten vermischen. Bohnen und Wasser pürieren, portionsweise mit einem Schneebesen in das Mehl einarbeiten. Apfel in Scheiben schneiden, Kerngehäuse bleibt drin. Scheiben halbieren.

Erdnussöl bei maximaler Einstellung erhitzen, Teig hineingeben und rasch verteilen. Hitze deutlich kleiner stellen. Die Apfelstücke leicht in den Teig drücken. Bei der zweitniedrigsten Stufe mit aufgelegtem Deckel braten, bis der Teig auf der Oberseite ein bisschen stockt. Auf den Deckel gleiten lassen und den Deckel rasch auf die Pfanne drehen - dann sind die Apfelstücke unten. Das ist mir bisher so gut auch noch nie gelungen, liegt wohl daran, dass es ein Winzling war.

Auf etwas höher drehen und 2-3 Min. backen. Nochmals umdrehen, klappt einwandfrei, die Apfelstücke sollten leicht gebräunt sein. Auf niedrigster bis leiner Stufe weiter backen. Mir erschienen die Äpfel noch nicht gar, also habe ich etwas Wasser (1-2 EL) in die Pfanne gegeben. Der Wasserdampf hat dem Teig nicht geschadet, die Äpfel haben genau die richtige Weichheit bekommen.

Auf einen Teller gleiten lassen, mit etwas Honig beträufeln.

5711. SFreies Roggen-Gerstebrot in 3 Stufen, September 2013

Vorlage: 5692.

Morgen vorher:
- 200 g Roggen fein mahlen, mit
- 210 g Wasser und
- 150 g Sauerteigansatz verrühren, in Plastikschüssel abgedeckt ca, 12 Std. auf der Fensterbank stehen lassen.

Abends:

150 g vom neuen Sauerteig abnehmen und in einem Schraubglas im Kühlschrank aufbewahren.
- 200 g Roggen und
- 100 g Nacktgerste fein mahlen, mit
- 2 EL Brotgewürz
- 1 gestr. EL Salz
- 300 g Wasser und
- 400 g Sauerteigansatz (rechnerisch sind 10 g über, aber das ist sozusagen „Verschnitt") gut verrühren, in Plastikschüssel abgedeckt bis morgens auf der Fensterbank stehen lassen (ca. 12 Std.)

Backmorgen:
- 100 g Nacktgerste
- 250 g Roggen
- Ansatz vom Vorabend

Roggen und Hafer mischen und fein mahlen. Alle Zutaten mit der Kenwood, K-Rührer, verkneten. Teig zu einem länglichen Brot formen und auf ein mit Dauerbackfolie ausgelegtes Blech setzen. Der Teig ist recht trocken und gut formbar.

Backblech in eine große Plastiktüte stecken und 4 Std. gehen lassen. Mit einem scharfen Messer schräg von beiden Seiten einschneiden. Ofen vorheizen auf 230 °C (Heißluft). Brot einschieben und 55 Min bei 200 °C backen. Klopfprobe machen, mit Wasser einsprühen und auskühlen lassen.

5712. Kichernder Schokokonfekt, September 2013

- 50 g Kichererbsen
- 50 g Kakaonibs
- 1 Prise Salz
- 1 LS gem. Vanille
- 30 g Honig
- 15 g Cashewnussmus
- 30 g Kakaobutter

Kichererbsen in einer trockenen Pfanne rösten und abkühlen lassen. Kakaonibs im kleinen Becher eines kleinen Mixers fein mahlen, aber nicht „kompaktieren" lassen. Kichererbsen fein mahlen. Die trockenen Zutaten in einem kleinen Becher verrühren. Honig und Cashewnussmus hinzugeben. Kakaobutter auf kleiner Einstellung in einer Pfanne zerlassen, in den Becher geben. Mit einem Löffel durchrühren und mit dem hochstehenden Messer gründlich mixen. Es bleibt etwas „körnig" (liegt an den Kichererbsen). In zwei weiße „Eisformen" oder ähnliche Formen pressen.

5713. Mais-Zwiebel-Pizza, September 2013

Teig:
- 125 g Gelbmehlweizen (H. Kleider) (o. Ä.)
- 1/2 P Hefe
- 65 g Wasser
- 1 gute Prise Salz

Weizen mahlen. Hefe in Wasser auflösen. Alle Zutaten zu einem halbfesten Teig verkneten, eine Kugel unter Spannung formen und abgedeckt stehen lassen, bis alle anderen Vorbereitungen getroffen sind.

Rote Schicht:
- 1/2 Tomate (45 g)
- 20 g getr. Tomate
- etwas Salz
- etwas Pfeffer
- 20 g Wasser

Getrocknete Tomate in feine Streifen schneiden. Alles zusammen mit dem kleinen Mixer, hochstehendes Messer, zu einer Paste mixen.

Gemüse:
- 1 Maiskolben (120 g Körner)
- 50 g Zwiebel, geschält (ergibt 45 g für die Verwendung)

Mais vom Kolben abschneiden. Zwiebel sehr dünn schneiden (Jupiter-Raspel, Schneid-Scheibe). Das Gemüse mischen.

Weiße Schicht:
- 30 g roter Mais
- 75 g gekochte Sojabohnen oder weiße Bohnen
- 10 g Cashewnussmus
- 1 TL Olivenöl (4-5 g)
- 3 g Essigpeperoni (7/4573)
- 10 g Essig von den Essigpeperoni
- 50 g Wasser
- 1 gute Prise Salz

Mais fein mahlen (TM 2 Min. Stufe 10). Restliche Zutaten hinzugeben. Mit langsam steigender Geschwindigkeit mixen, bis sich eine fein emulgierte Masse ergibt.

Herstellung: Dauerbackfolie auf ein nasses Tuch legen. Teigkugel gut durchkneten, zu einem Viereck oder Kreis ausrollen (Durchmesser geschätzte 25 cm). Den Außenrand etwas nach innen rollen, sodass sich ein kleiner Wulst ergibt. Rote Schicht mit einem Löffel gleichmäßig verteilen, Gemüse darüber streuen. Eventuell leicht salzen. Die weiße Schicht mit einem Spatel aus dem Gerät holen und auf dem Gemüse verstreichen. Folie auf ein Backblech ziehen. Das Blech in den kalten Ofen schieben. 25 Min. bei 210 °C (Heißluft) backen.

5714. Kartoffelpüh in rohem Ring, September 2013

Püree:

- 200 g Kartoffeln
- 725 g Wasser
- 1 Lorbeerblatt
- 45 g Wasser
- 10 g Cashewnussmus
- 1 Prise Salz
- 1 kleine Prise schwarzer Pfeffer
- 30 g gekochte Kichererbsen

Spitzkohlsalat:

- 200 g Spitzkohl
- 10 g Essig
- 1/2 TL Salz
- 1 MS schwarzer Pfeffer
- 30 g Kichererbsen
- 30 g Wasser

Püree: Kartoffeln klein schneiden, nicht schälen und in den Garkorb (TM) geben. 725 g Wasser mit dem Lorbeerblatt in den Becher geben und den Garkorb einhängen. 19 Min. bei 120 °C auf Stufe 2-3 dünsten. Wasser ausgießen (evtl. zur Weiterverwendung aufbewahren). 45 g Wasser mit den restlichen Zutaten im kleinen Mixer verquirlen, zu den Kartoffeln geben und 2 Min. bei 90 °C auf Stufe 5 rühren lassen. Das Püree ist fertig.

Rohkost: Spitzkohl fein raffeln (Jupiter Elektroraspel, Scheiben). Die restlichen Zutaten im Mixer verquirlen, gut mit dem Spitzkohl mischen. Einen Spitzkohlrand auf einen großen Teller legen, Püree in die Mitte klecksen.

5715. Frischer Nudel-Herbstsalat, September 2013

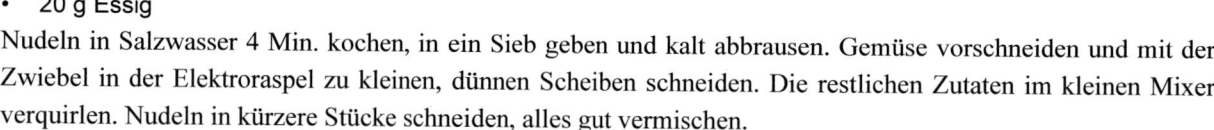

- 110 g frische Bandnudeln
- 250 g Gemüse netto (Brokkoli, Kohlrabi, Möhre, Paprika)
- 20 g Zwiebel netto
- 20 g Cashewnussmus
- 1-2 Prisen Salz
- 1 Prise schwarzer Pfeffer
- 5 g Ahornsirup
- 1 Prise gem. Ingwer
- 10 g Sonnenblumenöl
- 50 g Wasser
- 20 g Essig

Nudeln in Salzwasser 4 Min. kochen, in ein Sieb geben und kalt abbrausen. Gemüse vorschneiden und mit der Zwiebel in der Elektroraspel zu kleinen, dünnen Scheiben schneiden. Die restlichen Zutaten im kleinen Mixer verquirlen. Nudeln in kürzere Stücke schneiden, alles gut vermischen.

5716. Nudel-Blumenkohlsalat, September 2013

- 75 g Emmer-Bandnudeln
- 1 Tomate (130 g)
- 30 g Zwiebeln netto
- 150 g Blumenkohl netto
- 30 g Erdnussmus gesalzen
- 15 g Reisbrei (5721)
- 10 g grüne Rosinen
- 1 Knoblauchzehe
- 2 EL Apfelessig
- 70 g Wasser
- 1 Prise Pfeffer
- 2 Prisen Salz

Nudeln in Salzwasser 15 Min. kochen (kleben aneinander), in ein Sieb geben und kalt abbrausen. Blumenkohl vorschneiden und mit der Zwiebel in der Elektroraspel zu kleinen, dünnen Scheiben schneiden. Tomate würfeln. Die restlichen Zutaten im Mixer verquirlen. Nudeln in kürzere Stücke schneiden, alles gut vermischen.

5717. Heidelberg-Eis mit Reis, September 2013

- 240 g frische Heidelbeeren
- 50 g Reisbrei (5721)
- 10-20 g Honig
- 100 g Wasser

Im Vitamix verquirlen, etwa 20 Min. in der Delonghi-Eismaschine verarbeiten.

5718. Blitzkekse, abgemagert, darmfreundlich, September 2013

- 125 g Dinkel
- 35 g Gelbmehlweizen oder Weizen
- 50 g Hafer
- 1 TL Weinsteinbackpulver
- 1 EL Ingwerpulver (auch ohne Ingwer sehr lecker!)
- 1 EL Apfelessig
- 50 g Reisbrei (5721)
- 50 g Erdnussmus (gesalzen)
- 50 g Wasser
- 50 g Sonnenblumenöl
- 70 g Agavendicksaft (bzw. Honig)

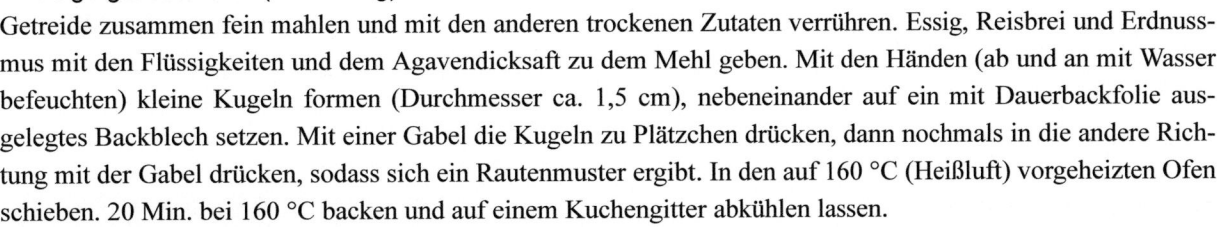

Getreide zusammen fein mahlen und mit den anderen trockenen Zutaten verrühren. Essig, Reisbrei und Erdnussmus mit den Flüssigkeiten und dem Agavendicksaft zu dem Mehl geben. Mit den Händen (ab und an mit Wasser befeuchten) kleine Kugeln formen (Durchmesser ca. 1,5 cm), nebeneinander auf ein mit Dauerbackfolie ausgelegtes Backblech setzen. Mit einer Gabel die Kugeln zu Plätzchen drücken, dann nochmals in die andere Richtung mit der Gabel drücken, sodass sich ein Rautenmuster ergibt. In den auf 160 °C (Heißluft) vorgeheizten Ofen schieben. 20 Min. bei 160 °C backen und auf einem Kuchengitter abkühlen lassen.

Hinweis: Dies ist einer meiner ersten Versuche mit Reisbrei (ich erinnerte mich da an ein Rezept aus Waltraud Beckers „Lust ohne Reue", ein immer wieder tolles Buch!). Reisbrei hat den großen Vorteil gegenüber Hülsenfrüchten, dass er geschmacksneutraler ist und, es sei hier einmal gesagt, auch nicht zu Blähungen führt.

5719. Marmorkuchen ohne Ei, September 2013

- 175 g Gelbmehlweizen oder Weizen
- 2 TL Weinsteinbackpulver (= 9 g)
- 1 Prise Salz
- 1 LS gem. Vanille
- 90 g Reisbrei (5721)
- 50 g Cashewnussmus
- 50 g Sonnenblumenöl
- 100 g Honig
- 50 g Mineralwasser
- Butter für die Form

Für die Schokoschicht zusätzlich:
- 2 TL Kakaopulver (9 g)
- 20 g Agavendicksaft (oder Honig, ich muss den Agavendicksaft ja nur irgendwie aufbrauchen....)
- 35 g Mineralwasser

Für den Guss:
- 40 g Kakaobutter
- 35 g Honig
- 10-15 g Kakaopulver

Weizen mahlen, mit Backpulver, Salz und Vanillepulver in einer Rührschüssel für ein Handrührgerät mit Rührbesen vermischen. Im kleinen Mixer Reisbrei, Nussmus, Öl und Honig verquirlen, mit dem Wasser zu dem Mehl geben und mit den Rührbesen verrühren, bis sich ein schwer reißender Teig ergibt. Eine kleine Kranzform (18 cm) einfetten. Zwei Drittel des hellen Teiges darin verteilen. Zum Rest den Kakao, den Dicksaft und die 35 g Wasser geben, gut verrühren. Der Teig ist relativ flüssig. Auf den hellen Teig geben und mit einer Gabel Spiralen durch beide Teigarten ziehen.

In den kalten Ofen geben, bei 30 Min. bei 175 °C und 10 Min. bei 150 °C backen. Dann im ausgeschalteten Ofen nachbacken lassen. Den Rand vorsichtig mit einem Messer lösen, abkühlen lassen und den Kuchen lauwarm vorsichtig von der Form nehmen. Abkühlen lassen.

Für den Guss Kakaobutter mit Honig in einer kleinen Pfanne auf niedriger Einstellung zerlassen, in das Kakaopulver einrühren und den Kuchen von allen Seiten mit dem Guss bepinseln.

5720. Dämpfgemüse mit Erdnusssoße, September 2013

- 1 kleiner Fenchel (150 g)
- einige kleine Kartoffeln (190 g)
- 75 g rote Paprikaschote
- 1250 ml Wasser
- 1 Lorbeerblatt
- 1 TL Salz (4 g)
- Eine gute Prise schwarzer Pfeffer
- 1 TL Paprika edelsüß (3 g)
- 15 g Erdnussmus
- 45 g Reisbrei (5721)
- 55 g Wasser

Gemüse teils etwas kleiner schneiden. Edelstahlteil fest am Becher anbringen. In den Plastikeinsatz des Dampfgarers (Varoma) geben. 1250 ml Wasser mit dem Lorbeerblatt in den Becher geben, Dämpfaufsatz aufmontieren und 30 Min. bei 120 °C, Geschwindigkeit 3, dämpfen. Die restlichen Zutaten im kleinen Mixer verquirlen, zu dem Gemüse reichen. Sehr lecker!

5721. Reisbrei, September 2013

Strukturgeber; nach W. Becker (Lust ohne Reue)

- 100 g Naturreis
- 300 g Wasser

Reis fein mahlen, in einen Topf geben. Wasser unter Rühren mit dem Schneebesen hinzugeben. Auf 100 °C erhitzen, bis es kocht. Abkühlen lassen, in einer geschlossenen Schüssel im Kühlschrank aufbewahren. Lt. Becker bis zu 4 Tage haltbar.

Vorteil gegenüber Hülsenfrüchten: geschmacksneutral, nicht blähend, leichter.

5722. Straciatella, September 2013

- 90 g Reisbrei (5721 o. Ä.)
- 1/2 gestr. TL gem. Vanille
- 1 Banane (120 g netto)
- 15 g Cashewnussmus
- 10-20 g Honig und
- 125 g Wasser im kleinen Mixer, großer Becher, verquirlen. Zufügen:
- 1/2 EL Kakaonibs hinzufügen. In der Eismaschine 20 Min. laufen lassen.

5723. Gelbes Hirseknäcke, September 2013

- 125 g Gelbmehlweizen o. Ä.
- 50 g Hirsebrei (100 g Hirse/325 g Wasser; (ähnlich wie 5725)
- 2 Prisen Salz
- 1 Prise gem. Ingwer
- 50 g Wasser
- etwa Dinkelmehl
- 1-2 EL Mohn

Weizen fein mahlen. Mit Hirse, Gewürzen und Wasser zu einem fast nudelfesten Teig verarbeiten. Mit einem Nudelholz auf einer Dauerback-folie dünn ausrollen, dabei evtl. Dinkelmehl als Ausrollhilfe nehmen. Mit der Hand nass machen, mit Mohn bestreuen. Mit einem Teigrädchen in Vierecke schneiden. In den 200 °C heißen Ofen (bei mir: nach Brotbacken) schieben, auf 160 °C herunterdrehen und 20 Min. backen.

5724. Freies Roggen-Maisbrot in 3 Stufen, September 2014

Vorlage: 5710.

Morgen vorher:
- 200 g Roggen fein mahlen, mit
- 210 g Wasser und
- 150 g Sauerteigansatz verrühren, in Plastikschüssel abgedeckt ca. 12 Std. auf der Fensterbank lassen.

Abends

150 g vom neuen Sauerteig abnehmen und in einem Schraubglas im Kühlschrank aufbewahren.
- 200 g Roggen und
- 100 g Mais fein mahlen, mit
- 2 EL Brotgewürz
- 1 gestr. EL Salz
- 300 g Wasser und
- 400 g Sauerteigansatz (rechnerisch sind 10 g über, aber das ist sozusagen „Verschnitt") gut verrühren, in Plastikschüssel abgedeckt ca. 12 Std. stehen lassen.

Backmorgen:
- 100 g Mais
- 250 g Roggen
- 50 g Wasser
- Ansatz vom Vorabend

Roggen und Mais mischen und fein mahlen. Alle Zutaten mit der Kenwood, K-Rührer, verkneten. Teig zu einem länglichen Brot formen und auf ein mit Dauerbackfolie ausgelegtes Blech setzen. Der Teig ist gut formbar, ein wenig klebrig.

Blech in eine große Plastiktüte stecken und 2,5 Std. gehen lassen. Mit einem scharfen Messer schräg mehrmals einschneiden. Ofen vorheizen auf 230 °C (Heißluft). Brot einschieben und 50 Min bei 200 °C backen. Klopfprobe machen, mit Wasser einsprühen und auskühlen lassen.

5725. Hirsebrei, September 2013

Strukturgeber; nach W. Becker (Lust ohne Reue).

- 100 g Hirse
- 325 g Wasser

Hirse fein mahlen, in einen Topf geben. Wasser unter Rühren mit dem Schneebesen hinzugeben. Auf 100 °C erhitzen, bis es kocht. Abkühlen lassen, in einer geschlossenen Schüssel im Kühlschrank aufbewahren. Lt. Becker bis zu 4 Tage haltbar.

5726. Hirsedressing, September 2013

Im kleinen Mixer:
- 15 g Erdnussmus
- 30 g Hirsebrei (5725)
- 1/2 getr. Tomate, in Öl
- 15 g Sonnenblumenöl
- 1-2 Pr. Salz
- 10 g Peperoniessig (7/4573)
- 1 Essigpeperoni
- 5 g Honig
- 50 g Wasser

Beispiel: Einen Salatteller zubereiten, in die Mitte gekochte Kartoffelstücke, am Rand der grüne Salat, Rest Gemüse gestiftelt.

5727. Emmernudeln mit Brokkolisoße, September 2013

Gemüse:
- 100 g Zwiebeln und den Strunk von
- 200 g Brokkoli zerkleinern (TM 6 Sek./Stufe 5; 2 Sek./Stufe 7). Rest Brokkoli hinzugeben, Stufe 5 einige Sekunde, mit
- 250 g Wasser 15 Min./100 °C/Stufe 2 (sobald Temperatur erreicht, herunter auf 90 °C).
- 2 geh. TL Dinkelmehl mit
- 1/2 TL Salz in
- Ca. 30 g Wasser verrühren
- 1 geh. TL Mandelmus hinzugeben, unterrühren und nochmals aufkochen

Nudeln:
- 500 g frische Emmer
- 150 g Wasser zu Nudeln verarbeiten.

Kochen in 1,5 Liter Salzwasser, 4 Min. (frische Nudeln).

5728. Blumenkohl mit Senfdressing, September 2013

- 2 Blätter Salat waschen, auf einen großen Teller legen
- 250 g Blumenkohl (netto) vorgeschnitten mit
- 50 g grüne Paprika in dünne Scheiben schneiden (Elektroraspel). Für das **Dressing** im kleinen Mixer
- 1/2 TL Salz
- 1 Prise schwarzer Pfeffer
- 5 g Honig
- 5 g Senf (könnte mehr sein)
- 10 g Cashewnussmuss
- 20 g im kleinen Mixer (5725) und
- 30 g Wasser verquirlen, mit dem Gemüse mischen. Auf die Salatblätter setzen.
- 1/2 Tomate (40 g) in feine Spalten schneiden und als Deko auflegen.

Tipp: Das Dressing alleine war lecker, man sollte aber bedenken, dass es im Salat schwächer ist, ruhig etwas mehr Senf nehmen, es sei denn, der ist extrascharf.

5729. Vanilleeis Typ H, September 2013

Im kleinen Mixer, großer Becher:
- 100 g Hirsebrei (5725; 100 g Hirse/325 g Wasser)
- 15 g Cashewnussmus
- 20 g Agavendicksaft
- 300 g Wasser gut verquirlen; dann noch kurz
- 1/2 TL gem. Vanille untermixen.

In der Eismaschine 20 Min. laufen lassen. Wäre im Vitamix sicher schöner (glatter), hatte aber keine Lust, denn auch noch sauber zu machen. Den Agavendicksaft nehme ich gelegentlich gerne, weil er sich feiner dosieren lässt. Außerdem hält er viel länger als Honig, kann ja am „Abfall" am Löffel alleine kaum liegen.

Hinweis: Zuviel Wasser, schlechte Konsistenz. Nicht genug „Substanz". Besser doch mal mit Banane probieren, die gibt Halt. Oder eine Art Vanillepudding aus dem Vitamix.

5730. Mango-Eis jederzeit, September 2013

Im Vitamix solange schlagen, bis eine glatte Creme entstanden ist:
- 40 g getr. Mango
- 10 g Cashewnussmus
- 30 g Hirsebrei (5725)
- 3 cm Vanillestange
- 300 g Wasser

In die Eisform der Maschine füllen, im Kühlschrank erkalten lassen und dann 20 Min. in der Eismaschine laufen lassen.

5731. Blumenkohl-Bohnen-Salat, September 2013

- 1,25 Liter Wasser in den TM/MyCook füllen,
- 545 g Buschbohnen netto (nur Spitzen abgeschnitten) als Ganzes in das Dämpfteil legen, bei 120 °C, 30 Min, Stufe 3 garen
- 165 g Blumenkohl zerkleinern
- 185 g gegarte Buschbohnen in 4-5 cm lange Stücke schneiden, mischen. Ein Dressing aus
- 1 MS Senf
- 1/2 TL Salz
- 1 Prise gem. schwarzer Pfeffer
- 1-2 EL Zitronensaft
- 3-4 EL Wasser herstellen, dazugeben, gut mischen, mit
- Spalten von 1/2 Tomate (40 g) garnieren

5732. Sanfte Hirsebratlinge, September 2013

- 135 g Hirsebrei (5725) mischen mit
- 60 g Zwiebel fein geschnitten (Alligator)
- 20 g Erdnussmus
- 3 g Salz
- 1 Prise schwarzer Pfeffer
- 2 Prisen Paprika edelsüß
- 50 g Nackthafer, geflockt
- 10 g Rucola, ganz feingeschnitten. Gut mit einem Löffel durchkneten. Wollpfanne (24 cm) erhitzen,
- 1 TL Erdnussöl in der Pfanne mit dem Pinsel verstreichen.

Aus dem Teig mit einem Esslöffel sechs Kugeln formen, flachdrücken und in die heiße Pfanne geben. Deckel auflegen, ab und an umdrehen und bei kleiner bis mittlerer Hitze backen.

5733. Wirsingrouladen mit Senfsoße, September 2013

- Drei dünne Außenblätter eines großen Wirsings, ca. 70 g zusammen

Füllung:
- 30-40 g Brot
- 100 g Wasser
- 30 g Zwiebeln (netto)
- 100 g Hirsebrei (5725)
- 1-2 Prisen Salz
- 1 Prise schwarzer gem. Pfeffer
- 5 g Senf
- 10 g Erdnussmus

Brot in einer kleinen Pfanne im Wasser „weich" kochen, anschließend waren es 120 g. Zwiebeln sehr fein schneiden. Alle Zutaten mit einem Löffel verkneten, bei größeren Mengen mit einer Küchenmaschine.

Dritteln, jeweils ein Drittel auf ein Wirsingblatt legen, aufrollen, die Seiten einklappen und auf den Dämpfeinsatz (MyCook 1.6) geben, 30 Min. dämpfen bei 120 °C, Stufe 3, in 1250 g Wasser. Die Strunkstücke waren noch ein wenig hart. Die Zwiebeln waren gar. Entweder Strunk abschneiden oder 5-10 Min. länger dämpfen.

Soße:
- 15 g Dinkelmehl
- 1 TL Senf
- 1-2 Prisen Salz
- 125 g Wasser

Im kleinen Mixer verquirlen und in einem kleinen Topf/einer kleinen Pfanne unter Rühren aufkochen. Mit einem Salat zu den Rouladen servieren.

5734. Möhrenpfannkuchen, September 2013

Mit AMT Pfanne

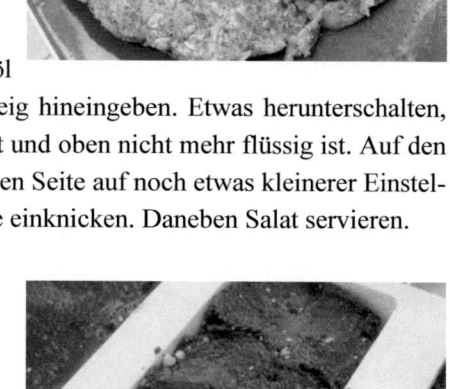

- 60 g roten Mais fein mahlen, mit
- 1/2 TL Salz
- 50 g Hirsebrei (5725) und
- 125 g Wasser im kleinen Mixer, großer Becher, gut verquirlen.
- 90 g Möhre und
- 20 g Zwiebel mit der Bircherscheibe in der Jupiter Elektroraspel zerkleinern, unter den Teig ziehen und eine Weile ruhen lassen.

Die Pfanne auf hohe bis mittlere Einstellung erhitzen. 1 TL Erdnussöl hineingeben, mit einem Pinsel verteilen. Wenn das Öl heiß ist, den Teig hineingeben. Etwas herunterschalten, Deckel auflegen. Braten, bis der Pfannkuchen von unten leicht gebräunt und oben nicht mehr flüssig ist. Auf den Deckel gleiten lassen (das ging wirklich!) und umdrehen. Auf der anderen Seite auf noch etwas kleinerer Einstellung braten. Auf einen großen Teller rutschen lassen, dabei in der Hälfte einknicken. Daneben Salat servieren.

5735. Magerschokoladen-Versuch Nr. xxx, September 2013

Stufe 1:

- 100 g geschälte Mandeln
- 100 g Kakaonibs
- 1 Prise Salz
- 3 cm Vanillestange

Stufe 2:
- 55 g Kakao
- 20 g Carob
- 35 g Kokosöl
- 30 g Reis, fein gemahlen
- 55 g Kakaobutter

Weiteres:
- 50 g Buchweizen

Weitere Verarbeitung siehe 5860.

5736. Möhrencremesuppe, September 2013

Für 2 Personen (plus Rohkost oder Nachtisch)

- 250 g Möhren
- 1 Tomate (75 g)
- 45 g Zwiebel netto
- 1 große Knoblauchzehe, geschält
- 1 TL Salz
- 1 Lorbeerblatt
- 450 g Wasser
- 1 TL Paprika edelsüß
- 1/2 TL gem. Kümmel
- 100 g gekochte Sojabohnen
- 4-6 Blättchen Rucola

Gemüse im MyCook/TM hacken (10 Sek. Stufe 7), Salz, Lorbeerblatt und Wasser hinzugeben. 17 Min., 100 °C, Stufe 2 kochen. Lorbeerblatt herausnehmen, Gewürze hinzugeben und 2-2,5 Min. pürieren. Da der Becher noch heiß ist, geht das nur auf Stufe 5, mit der Turbotaste immer wieder schnell laufen lassen.

Die gekochten Bohnen, möglichst noch warm, in die Suppe geben. Kurz mit einem Löffel durchrühren und in Schüsseln gießen. Mit etwas Rucola dekorieren.

5737. Allwetter-Kirscheis, September 2013

Im Vitamix 2 Min.:

- 45 g getrocknete Süßkirschen
- 25 g Hirsebrei (5725)
- 15 g Cashewnussmus
- 1 EL Ahornsirup oder Honig

In den Eisbehälter geben, 30 Min kalt stellen. Dann 20 Min. in der Eismaschine laufen lassen.

5738. Mandel-Ingwer-Kekse, September 2013

- 50 g geschälte Mandeln, geröstet und im Zerkleinerer gehackt
- 160 g Dinkel
- 50 g Hafer
- 1 Prise Salz
- 2 MS gem. Vanille
- 1 TL Weinsteinbackpulver
- 1 EL gem. Ingwer
- 1 EL Weinbrand (13 g)
- 2 EL Apfelessig
- 50 g Sonnenblumenöl
- 70 g Agavendicksaft
- 40 g Wasser

Dinkel fein mahlen und mit den anderen trockenen Zutaten mischen. Restliche Zutaten (nur 20 g Wasser) im kl. Mixer, kleiner Becher, mixen. Mit einem Löffel unter den Dinkel rühren, noch 20 g Wasser hinzugeben. Rollen formen und Scheiben abschneiden. Auf ein mit Dauerbackfolie ausgelegtes Backblech legen. Ofen auf 160 °C vorheizen. Blech in den Ofen schieben und 20 Min. backen. Auf einem Kuchengitter abkühlen lassen.

5739. Roggen-Hirse-Formbrot in 3 Stufen, September 2013

Vorlage: 5723

Am Morgen vorher:

- 200 g Roggen fein mahlen, mit
- 210 g Wasser und
- 150 g Sauerteigansatz verrühren, in Plastikschüssel abgedeckt bis abends auf der Fensterbank stehen lassen (ca. 12 Std.).

Vorabend:

150 g vom neuen Sauerteig abnehmen und in einem Schraubglas im Kühlschrank aufbewahren.

- 200 g Roggen und
- 100 g Hirse fein mahlen, mit
- 2 EL Brotgewürz
- 1 gestr. EL Salz
- 300 g Wasser und
- 400 g Sauerteigansatz (rechnerisch sind 10 g über, aber das ist sozusagen „Verschnitt") gut verrühren, in Plastikschüssel abgedeckt bis morgens auf der Fensterbank stehen lassen (ca. 12 Std.)

Backmorgen:

- 100 g Hirse
- 250 g Roggen
- 100 g Wasser
- Ansatz vom Vorabend
- Butter zum Fetten der Form

Roggen und Hirse mischen und fein mahlen. Alle Zutaten mit der Küchenmaschine verkneten. Teig in eine mit Butter gefettete Emaille-Form 30 cm geben und in einer großen Plastiktüte 3-3,5 Std. gehen lassen.

Mit einem scharfen Messer schräg mehrmals einschneiden. Ofen vorheizen auf 230 °C (Heißluft). Brot einschieben und 1 Std. bei 200 °C backen. Klopfprobe machen, mit Wasser einsprühen und auskühlen lassen.

5740. Bananeneis pur, September 2013

- 2 Bananen (geschält 210 g)
- 90 g Wasser
- 15 g Cashewnussmus
- 1 Prise gem. Ingwer

Alle Zutaten im Magic, großer Becher, pürieren. 20 Min. Eismaschine.

5741. Mung-Mung-Aufstrich, September 2013

- 100 g Mungbohnen
- 50 g Mung dal (gelbe geschälte Mungbohnen)
- 25 g getr. Tomaten
- 20 g Knoblauch
- 450 g Wasser
- 30 g Sonnenblumenöl
- 1 TL Salz
- 20 g Apfelessig
- 10 g Tamari
- 50 g geschälte Mandeln

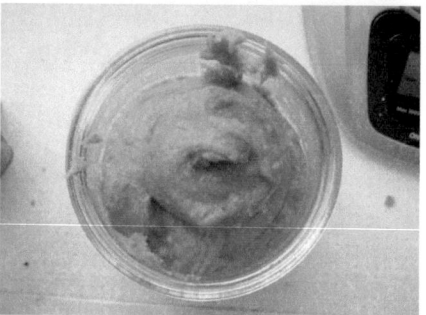

Bohnen, Tomaten, Knoblauch und Wasser im Schnellkochtopf 11 Min., Stufe 2 kochen. Mit den anderen Zutaten im Vitamix glatt schlagen. Zwei Honiggläser füllen, auf den Kopf stellen für eine Weile. Tiefkühl-fähig.

5742. Bohnen-Nudel-Auflauf, September 2013

Nudeln
- 500 g Kamut mit 140-150 g Wasser zu Nudelteig verarbeiten (Spirali)

Auflauf
- 250 g Buschbohnen (netto)
- 95 g Zwiebeln (netto)
- 100 g Spirali-Nudeln frisch
- 75 g gekochte Sojabohnen
- 1 TL Salz (6 g)
- 1 TL Paprika edelsüß
- 1 MS schwarzer Pfeffer
- 10 g Essig
- 300 g Wasser

Spitzen von den Bohnen abschneiden. Zwiebeln schälen & in Streifen schneiden. Bohnen-Zwiebeln-Nudeln jeweils 2 x in eine 20-cm Woll-Pfanne schichten. Die restlichen Zutaten miteinander im kleinen Mixer gut ver-quirlen, erst einmal mit 150 g Wasser. In die Pfanne gießen, Becher mit dem Rest Wasser ausspülen, auch in die Pfanne geben. In den kalten Ofen (Heißluft) auf den Gitterrost geben. Deckel auflegen. 30 Min. bei 225 °C backen, dann noch ohne Deckel 15 Min. backen.

5743. Pikanter Möhrensalat, September 2013

Dressing im kleinen Mixer:
- 1 TL Senf (7 g)
- 2 Prisen Salz (3 g)
- 20 g Walnüsse
- 1 Prise schwarzer Pfeffer
- 10 g Apfelessig
- 5 g Agavendicksaft

In der Jupiter-Elektroraspel, Stäbchen, in der angegebenen Reihenfolge:
- 60 g Zwiebel (netto)
- 12 g Radicchio
- 235 g Möhren (netto). Dazu:
- Einige Blätter Salat, klein geschnitten, mit geraspeltem Gemüse und Dressing verrühren, dekorieren mit
- 35 g gekochten Kichererbsen
- 1 EL Linsensprossen (schwarze Linsen; 48 Std. gekeimt)

5744. Josta-Eis, September 2013

Im Vitamix verquirlen:

- 1 Banane in Stücken (140 g netto)
- 150 g Josta-Beeren (halbgefroren)
- 50 g gekochte Sojabohnen
- 100 g Wasser

In der Eismaschine 20 Min. laufen lassen.

5745. Vanille-Eis Nr. 4, September 2013

- 50 g Dinkel fein mahlen, mit
- 1 LS Kurkuma und
- 1/2 TL gem. Vanille vermischen. Portionsweise
- 350 g Wasser und
- 30 g dünnflüssiger Honig / Agavendicksaft einrühren.

Unter Rühren zum Kochen bringen, unter Rühren abkühlen und dann in der Eisform der Maschine eine Weile im Kühlschrank stehen lassen. 20 Min. in die Delonghi-Eismaschine geben.

5746. sNudelsalat in Bohnendressing, September 2013

- 70 g selbstgemachte (oder fertige) Nudeln in Salzwasser garen (bei mir: 9 Min.). Im Zerkleinerer vorgeschnitten:
- 70 g Möhre
- 160 g Zucchini
- 25 g Zwiebel
- 5 g Rucola fein raspeln. Mit den Nudeln in eine Schüssel geben, darauf
- 25 g Babyspinat, klein geschnitten. Für das *Dressing* im Mixer gut pürieren:
- 50 g gekochte weiße Bohnen
- 3 g Essigpeperoni
- 4 g Senf
- 1/2 TL Salz
- 1 Prise schwarzer Pfeffer
- 1 TL Olivenöl
- 10 g Essig
- 70 g Wasser, alles mit dem Dressing gut vermischen, mit
- 1/2 Tomate (35 g) in Spalten geschnitten dekorieren.

5747. Zwiebelpfannkuchen, September 2013

Verwendung Induktionsplatte mit Einteilung in Watt, max. 2000 Watt.

- 50 g Dinkel
- 10 g weiße Linsen (Urad Dal)
- 50 g Reisbrei (5721)
- 2 Prisen Salz
- 125 g Wasser
- 50 g Zwiebel netto, gewürfelt
- 2 TL Erdnussöl zum Braten

Dinkel mit Linsen braten. Reisbrei mit Salz und Wasser im kleinen Mixer verquirlen. Portionsweise mit dem Schneebesen in das Mehl einarbeiten, zuletzt die Zwiebeln unterziehen. Eine Weile quellen lassen (bis das Salatdressing z. B. fertig ist). Eine AMT-Pfanne erhitzen (1800 Watt), dann mit 1 TL Erdnussöl einpinseln. Teig hineingeben, kleiner Stellen (800 Watt) und den Deckel auflegen. Warten, bis die Oberseite nicht mehr flüssig ist. Auf den Deckel gleiten lassen und umdrehen. Mehrmals drehen, später wieder auf 1000 Watt stellen. Nach einigen Min. vor dem Drehen den 2. TL Öl auf dem Pfannkuchen verteilen. Auf einen Teller geben, durchschneiden und die Hälften übereinanderlegen. Etwas Salat daneben legen.

5748. Kokos-Ingwer-Kekse, September 2013

- 50 g Kokosraspeln
- 160 g Dinkel
- 50 g Nacktgerste
- 1 Prise Salz
- 2 MS gem. Vanille
- 1 TL Backpulver
- 1 EL Weinbrand (13 g)
- 2 EL Apfelessig
- 50 g Kokosöl
- 70 g Agavendicksaft
- 40 g Wasser

Kokosraspeln in einer trockenen Pfanne auf mittelgroßer Hitze hellbraun rösten. Dinkel mit Gerste fein mahlen und mit den anderen trockenen Zutaten mischen. Restliche Zutaten hinzugeben. Mit einem Löffel verrühren, dann gut mit der Hand verkneten. Zwei Rollen formen, ca. 30 Min. in den Kühlschrank geben, dann sind sie hart. In 5 mm-dicke Scheiben schneiden. Auf ein mit Dauerbackfolie ausgelegtes Backblech legen. Ofen auf 160 °C vorheizen. Blech in den Ofen schieben und 20 Min. backen. Auf einem Kuchengitter abkühlen lassen.

5749. Magerschokolade mit Kokos, September 2013

Stufe 1:
- 100 g Kakaonibs
- 100 g Cashewnüsse
- 1 Prise Salz
- 4 cm Vanillestange

Stufe 2:
- 60 g Honig
- 40 g Kokosöl
- 10 g Carobpulver
- 50 g Kakaobutter

Weitere Zutaten:
- 50 g geröstete Kokosraspel
- 30 g weißer Mohn, im kleinen Mixer fein gemahlen
- 50 g grüne Rosinen

Verarbeitung der Stufen wie in 5721 beschrieben.

Anmerkung: Nicht wirklich erfolgreich, denn es sind ja immer noch 90 g Fett und 100 g Nüsse in einer Masse, die gerade mal die Form füllt. Eigentlich nichts gespart, abgesehen von den 30 g Öl, die aber sehr gut für die Konsistenz sind. Was ich wirklich brauche, ist eine Art Quellstoff, der zum Schluss unter eine normale gezogen werden kann und die Masse verdoppelt. Oder ein völlig neuer Ansatz.

5750. Vanille-Eis 5. Versuch, September 2013

- 65 g Banane
- 75 g Reisbrei (5721)
- 20 g Cashewnussmus
- 1/2 TL gem. Vanille und
- 125 g Wasser im Zerkleinerer schlagen.

Dann in die Eismaschine.

Anmerkung: Schmeckt bisher noch am besten, aber mit der doppelten Cashewnussmenge würde es langsam etwas sehr nussig, bleibt schwierig.

5751. Mung-Aufstrich plus Dal, September 2013

Im Schnellkochtopf, Stufe 2; 10 Min.:

- 100 g Mungbohnen
- 40 g weiße Linsen (Urad Dal)
- 60 g gelbe geschälte Bohnen (Mungdal)
- 615 g Wasser

Noch heiß im Vitamix mischen mit:

- 2 TL Salz
- 1/2 TL gem. schwarzer Pfeffer
- 50 g Olivenöl
- 70 g Apfelessig
- 10 g Essigpeperoni (7/4573)
- 40 g Bärlauchpesto (2/1461 o. Ä.)
- 35 g Mandeln

5752. Bratlinge locker, September 2013

Verwendung Induktionsplatte mit Einteilung in Watt, max. 2000 Watt.

- 100 g Nacktgerste
- 200 g Wasser
- 90 g Reisbrei (5721)
- 105 g Zucchini
- 50 g rote Paprika
- 50 g Zwiebel
- 1 TL Salz
- 1/2 TL schwarzer gem. Pfeffer
- 1 gestr. TL Paprika edelsüß
- 1 TL Senf
- 2 EL Nackthafer

Gerste schroten (4/9, Hawos Novum), mit dem Wasser verrühren und abgedeckt etwa 2 Std. stehen lassen. Reisbrei einrühren. Gemüse grob vorschneiden und im Zerkleinerer raffeln. Mit den Gewürzen verrühren. Mir erschien der Teig dann zu dünn, also habe ich den Hafer geflockt und untergerührt.

1 TL Erdnussöl in einer heißen AMT-Pfanne verpinseln, Bratlinge hineinsetzen (ist für 2 Pfannen genug). Von beiden Seiten auf nicht zu heißer Stufe (800-1000 Watt) braten.

Kommentar: *Geschmack: lecker, Konsistenz: locker. Lecker-locker.*

5753. Pfeffrige Bohnen-Kartoffelpfanne, September 2013

In die 20-cm-Alugusspfanne:

- 100 g Wasser
- 235 g Kartoffeln in Scheiben
- 70 g Zwiebel (netto) in Würfeln
- 200 g Salatbohnen (netto) in 5-cm-Stücken, Enden abgeschnitten

Als Gemüsepfanne (Deckel auflegen, auf höchster Einstellung zum Kochen bringen, bis Dampf unter dem Deckel entweicht, dann auf niedrigster Einstellung dünsten) 18 Min. garen. im kleinen Mixer verquirlen:

- 1 TL Salz
- 1/2 TL schwarzer gem. Pfeffer
- 1 gestr. TL Paprika edelsüß
- 100 g Wasser
- 20 g Cashewnussmus

Unterrühren, kurz aufkochen.

Tipp: *Die Pfeffermenge kann gesteigert werden, mir war es scharf genug.*

5754. Roggen-Gerste-Formbrot in 3 Stufen, September 2013

Vorlage: 5740.

Am Morgen vorher:

- 200 g Roggen fein mahlen, mit
- 210 g Wasser und
- 150 g Sauerteigansatz verrühren, in Plastikschüssel abgedeckt bis abends auf der Fensterbank stehen lassen (ca. 12 Std.).

Vorabend:

150 g vom neuen Sauerteig abnehmen und in einem Schraubglas im Kühlschrank aufbewahren.

- 200 g Roggen und
- 100 g Nacktgerste fein mahlen, mit
- 2 EL Brotgewürz
- 1 gestr. EL Salz
- 300 g Wasser und
- 400 g Sauerteigansatz (rechnerisch sind 10 g über, aber das ist sozusagen „Verschnitt") gut verrühren, in Plastikschüssel abgedeckt bis morgens auf der Fensterbank stehen lassen (ca. 12 Std.)

Backmorgen:

- 100 g Nacktgerste
- 250 g Roggen
- 150 g Wasser
- Ansatz vom Vorabend
- Butter zum Fetten der Form

Gerste bei mittlerer Einstellung erhitzen, bis sie größtenteils gepoppt und etwas dunkler ist. Fein mahlen, Roggen direkt danach mahlen („reinigt" die Mühle). Alle Zutaten mit der Küchenmaschine verkneten. Teig in eine mit Butter gefettete Emaille-Form 30 cm geben und in einer großen Plastiktüte 3-3,5 Std. gehen lassen.

Mit einem scharfen Messer schräg mehrmals einschneiden. Ofen vorheizen auf 230 °C (Heißluft). Brot einschieben und 1 Std. bei 200 °C backen. Klopfprobe machen, mit Wasser einsprühen und auskühlen lassen.

Hinweis: Hätte ruhig im letzten Gang noch ein wenig mehr Wasser sein können, dann wäre das Brot vermutlich schneller gegangen.

5755. Apfel-Crêpes, September 2013

- 50 g Dinkel
- 1 Prise Salz
- 2 Prisen gem. Zimt
- 150 g Wasser
- 1 kleiner Apfel (110 g)
- 10 Mandeln
- 1 TL Erdnussöl
- 1-2 TL flüssiger Honig

Dinkel fein mahlen, mit Salz und Zimt mischen. Wasser vorsichtig unterrühren. Apfel vierteln, mit den Mandeln fein raffeln. Zu dem Teig geben und gut verrühren. Eventuell noch etwas mehr Wasser hinzugeben und lieber 2 Crêpes backen, war so mehr ein Pfannkuchen.

Eine 28-cm-Crêpespfanne erhitzen. Öl mit einem Pinsel verteilen. Den Teig hinzugeben und über die ganze Pfanne verteilen. Bei mittlerer Einstellung braten, bis die Unterseite sich gut löst. Auf einen Teller gleiten lassen, 2 Mal zusammenklappen und mit frischem Obst garnieren.

5756. Muttis Nusskuchen in FoK (d. h. fettfrei), September 2013

- 150 g Haselnüsse
- 2 bittere Mandeln
- 250 g Dinkel
- 1/2 TL gem. Vanille
- 1 P Backpulver
- 1 Prise Salz
- 175 g Honig
- 25 g Olivenöl
- 225 g Reisbrei (5721)
- 100 g Wasser
- Butter zum Einfetten der Formen

Nüsse mit den Mandeln mahlen. Dinkel in der Getreidemühle fein mahlen. Mit den anderen trockenen Zutaten verrühren. Restliche Zutaten hinzugeben und mit dem Handrührgerät zu einem glatten Teig verarbeiten. Zwei kleine oder eine normale Gugelhupf-/Ringform mit Butter einfetten. Teig auf die Formen verteilen und 30 Min. bei 175 °C backen. Stäbchenprobe machen. Nach Wunsch noch mit einem Schokoguss versehen.

Für den Blitz-Schokoguss (reicht für einen von zwei kleinen Kuchen):

- 2 geh. TL Kakaopulver
- 1-2 TL Honig
- 2 TL Kokosöl

In einer kleinen Schüssel ins Wasserbad setzen und rühren. Ich habe Wasser in eine kleine Pfanne gegeben und auf 120 °C (Induktion) gestellt. Da war der Guss schon streichfähig, bevor das Wasser überhaupt kochte.

5757. Bohnen mit Nudeln (Luna von Häussler), September 2013

Bisher habe ich die Nudeln immer nur frisch aus der Luna gegessen. Heute also zum ersten Mal als getrocknete. Okay, schmecken gut, aber nicht besser als Gekaufte. Das heißt 1300 Euro dafür ausgeben – mal von der Reinigung abgesehen – dass ich maximal einmal die Woche superleckere frische Nudeln esse? Nö. – Da ich im Moment nur eine Induktionsplatte habe, musste ich hintereinander kochen. Geht ganz gut.

Bohnen (Gemüsepfanne 15 Min):

- 100 g Wasser
- 250 g breite / Salatbohnen (netto, Enden abgeschnitten)
- 60 g Zwiebeln (netto), gewürfelt
- 50 g Igel-Stachelbart-Pilz (tiefgekühlt, zerrupft)

Nudeln 6 Min. kochen:

- 100 g Kamut-Spirali (Luna, 5742)
- Salz
- 1 Liter Wasser

Nudeln abgießen. Während die Nudeln kochen, die Soße im kleinen Mixer verquirlen:

- 40 g Reisbrei (5721)
- 1/2 TL Salz
- 1 MS schwarzer gem. Pfeffer
- 5 g Walnussöl
- 5 g Zitronensaft
- 30 g Wasser

Zum Gemüse geben und unterrühren. Wenn die Nudeln im Sieb sind, schnell noch einmal aufkochen. War alles heiß! Nudeln auf einen Suppenteller geben, Gemüse drauf. Rest Nudeln in der Pfanne unter das Gemüse rühren.

Hinweis: *Reisbrei für Cremesoßen ist nicht mein Traum, dann doch lieber Nussmus, oder Bohnen /Kichererbsen verwenden.*

5758. Blumenkohl-Kartoffel-Salat, September 2013

Hauptmahlzeit für 1 Person

- 160 g Kartoffeln
- 75 g Wasser

Kartoffeln unter fließendem Wasser abbürsten, in 4-5 mm dicke Scheiben schneiden. Mit dem Wasser in eine 20-cm-Keramikpfanne geben und als Gemüsepfanne 12 Min. dünsten.

- 200 g Blumenkohl
- 30 g Zwiebel (netto)
- 70 g Kopfsalat

Blumenkohl und Zwiebel vorschneiden und raffeln. Die Kartoffelscheiben vierteln, mit dem Blumenkohl vermischen. Salat (waschen, wenn nötig - dies war ein Salatherz) und in feine Streifen schneiden Unterziehen. Für das Dressing im kleinen Mixer:

- 1 TL Salz
- 10 g Zitronensaft
- 1 MS gem. schwarzer Pfeffer
- 20 g Cashewnussmus
- 40 g Reisbrei (5721)
- 40 g Wasser
- 5 g Olivenöl gut verquirlen, ist ein bisschen mayonnaiseartig. Dressing mit dem Salat mischen. Als Dekoration
- 1/2 Tomate (30 g) in Achtel schneiden und in die Mitte legen.

5759. Blumenkohl-Kartoffel-Salat „Hot", Oktober 2013

Hot heißt im Englischen nicht nur heiß, sondern auch „scharf".
1 Hauptmahlzeit.

- 160 g Kartoffeln
- 75 g Wasser
- 5 g Olivenöl

Kartoffeln unter fließendem Wasser abbürsten, in 4-5 mm dicke Scheiben schneiden. Mit Wasser und Öl in eine 20-cm-Keramikpfanne geben und Deckel auflegen. Auf höchster Einstellung zum Kochen bringen, bis Dampf unter dem Deckel entweicht. Dann auf kleinster Einstellung 10 Min. dünsten, ohne den Deckel anzuheben.

Nach 10 Min. waren die Kartoffeln gar und es bleiben noch etwa 1-2 EL Wasser übrig. Bei der Kartoffelkochzeit ist auch die Sorte zu berücksichtigen.

- 120 g Blumenkohl
- 45 g Kopfsalat
- 45 g Radicchio

Blumenkohl mit der Hand fein schneiden. Salat (waschen, wenn nötig) und in feine Streifen schneiden. Vermischen. Für das Dressing im kleinen Mixervermischen:

- 1 TL Salz
- 10 g Peperoniessig
- 1 MS gem. schwarzer Pfeffer
- 1 TL Paprika edelsüß
- 2 g Essigpeperoni (7/4573)
- 35 g Tomate
- 10 g Cashewnussmus
- 50 g gekochte Azukibohnen
- 30 g Wasser
- Restkochwasser.

Dressing auf den Salat geben. Die Kartoffeln etwas kleiner schneiden und obenauf geben.

5760. Pflaumeneis, Oktober 2013

Im Vitamix verquirlen:

- 270 g Pflaumen, entsteint (netto gewogen)
- 1 geschälte Banane (90 g)
- 50 g Wasser
- 20 g Reisbrei (5721)

In die Delonghi-Eismaschine geben und 20 Min. rühren lassen.

Tipp: Gute Verwertung von überreifen, leicht matschigen Pflaumen. Wer gerne süß isst, wird besser noch etwas Honig hinzugeben.

5761. Doppelkartoffel mit Salat, Oktober 2013

Gemüse:

- 50 g Wasser
- 105 g Kartoffeln (netto)
- 90 g Batate (netto)
- 50 g Zwiebeln (netto)
- 2 Prisen Salz
- etwas schwarzer gem. Pfeffer

Salat:
- 10 g Limonensaft
- 25 g Wasser
- 1 P. Salz
- 1 P. Pfeffer (s.o.)
- 5 g Olivenöl
- 175 g Kopfsalat und Radicchio, gemischt, gewaschen und ausgedrückt gewogen.

Wasser in eine 20-cm-Woll-Pfanne gebe. Kartoffeln und Batate unter fließendem Wasser abbürsten, Schadstellen abschneiden und in 4-5 mm dicke Scheiben schneiden. Zwiebeln würfeln. Deckel auflegen, auf höchster Einstellung zum Kochen bringen. Auf kleinste Einstellung drehen und 11 Min. dünsten, ohne den Deckel abzuheben. Salzen und pfeffern.

Saft, Wasser, Salz, Pfeffer und Öl mit der Gabel verquirlen. Salate waschen, abtropfen lassen und trockenquetschen (oder wie immer man den Salat trocknet). In feine Streifen schneiden, mit dem Dressing gut vermischen. Einen Teller halb mit Gemüse, halb mit Salat füllen.

5762. Krümelkuchen Herbst, Oktober 2013

Nach einem Rezept aus dem Buch „Backen macht Freude", Dr. Oetker Backbuch, 1963, Seite 33.

- 125 g Kamut
- 125 g Dinkel
- 1 EL Langkorn-Naturreis
- 1/2 TL gem. Vanille
- 1 TL Ingwerpulver
- 1 Prise Salz
- 2 TL Weinsteinbackpulver
- 55 g Sonnenblumenöl
- 50 g Reisbrei (5721)
- 100 g Honig
- 1 EL Hirse
- 3 Pflaumen (netto 50 g)
- 100 g Äpfel
- 160 g Birne
- 2 EL Kokosraspeln (20 g)
- Butter o. Ä. für die Form

Kamut, Dinkel und Reis fein mahlen. Mit Vanille-, Ingwerpulver, Salz und Backpulver gut vermischen. Öl, Reisbrei und Honig hinzugeben und mit den Rührhaken eines Handrührgeräts zu groben Streuseln verarbeiten. Eine mittelgroße Springform (20-21 cm, Pushup von Woll) gut einfetten, etwas mehr als die Hälfte der Streusel in die Form füllen und am Boden festdrücken. (Im Originalrezept: einen Rand hochdrücken, habe ich leider vergessen). Die Hirse fein mahlen und auf den Streuseln verteilen. Das Obst putzen und nach Geschmack kleinschneiden und so auf den Teig geben, dass ein Rand von etwa 1 cm Teig frei bleibt (was mir nicht gelungen ist). Den Rest der Streusel mit den Kokosraspeln verrühren und über die Füllung verteilen. In den kalten Ofen geben und bei 175 °C (Heißluft) 40 Min. backen. In der Form abkühlen lassen und herausdrücken.

Hinweis: Ist mehr ein Krümelnachtisch als ein Kuchen, vor allem die Kokosraspel sind deutlich zu viel. Der Kuchen könnte ruhig ein wenig schwächer streuselig sein.

5763. Schummel-Moussaka, Oktober 2013

- 100 g Wasser
- 175 g Kartoffeln (netto)
- 1 kleine Aubergine (215 g netto)
- 110 g Zwiebel (netto)
- 2 Knoblauchzehen

Wasser in eine 20-cm-Alugusspfanne geben. Kartoffeln unter fließendem Wasser abbürsten, Schadstellen entfernen und in Scheiben schneiden. In die Pfanne legen. Von der Aubergine den Stiel abschneiden, Aubergine in 8-9 mm dicke Scheiben schneiden, halbieren und auf die Kartoffeln legen. Die abgezogenen Zwiebeln in Streifen schneiden, darüber geben. Abgezogene Knoblauchzehen an den Rand geben. Als Gemüsepfanne 11 Min. dünsten.

Während das Gemüse dünstet, den Ofen auf 200 °C (Heißluft) vorheizen. Offene Pfanne hineingeben und mit einem Guss (kleiner Mixer) aus:

- 70 g gekochte weiße Bohnen
- 1 TL Salz
- 2 MS Pfeffer
- 10 g Tomatenmark
- 20 g Limonen- oder Zitronensaft
- 100 g Wasser
- 10 g Olivenöl und
- 1 TL getr. Oregano

begießen. Ofen auf 220 °C stellen und 15 Min. backen.

5764. Birnchen Helenchen, Oktober 2013

Im Vitamix zu einem gelierenden Püree schlagen:

- 1 Banane (netto 110 g)
- 2 Birnen (netto 210 g; d. h. ohne Stiel oder Blüte, aber mit Kerngehäuse)
- 2 TL Carob
- 15 g Cashewnussmus (oder Reisbrei [5721] 30 g)
- 100 g Wasser

In der Delonghi-Eismaschine 15-20 Min. laufen lassen.

5765. Trauben-Nuss-Scholade fast klassisch, Oktober 2013

Stufe 1:

- 100 g Cashewnüsse
- 100 g Kakaonibs
- 1 Prise Salz
- 1 Tonka-Bohne

Stufe 2:

- 20 g Walnussöl
- 20 g Carobpulver
- 40 g Kokosöl
- 60 g Honig
- 40 g Kakaobutter in feinen Streifen

Weitere Zutaten:

- 50 g grüne Rosinen
- 75 g Haselnüsse, geröstet und im Zerkleinerer grob geraspelt.

Verarbeitung der Stufen wie in 5860.

5766. Sojabohnenbrei, Oktober 2013

- 50 g Sojabohnen (Biohof Lex)
- 255 g Wasser

Bohnen fein mahlen. Portionsweise mit dem Wasser verrühren. In einem Topf unter Rühren zum Kochen bringen (Stufe 8/15), dann 5 Min. lang auf kleiner Einstellung (2/9) köcheln. Im Kühlschrank aufbewahren.

5767. Baguette-Brötchen, Oktober 2013

Geht in drei Stufen, eine über Nacht.

Stufe 1 (Vorabend):
- 200 g Dinkel
- 200 g Wasser
- 1/4 P Hefe (10-11 g)

Stufe 2:
- 200 g Dinkel
- 100 g Wasser
- 1/4 P Hefe
- Ansatz vom Vorabend

Stufe 3:
- 75 g Kamut (oder ein anderes Getreide)
- 25 g Dinkel
- 2 TL Salz
- 1 EL Apfelessig

Stufe 1: Dinkel fein mahlen. Wasser mit Hefe vermischen und mit dem Mehl gründlich verrühren. In einer Peng-schüssel in einem Plastikbeutel etwa 10-12 Std. im Kühlschrank stehen lassen.

Stufe 2: Dinkel fein mahlen. Wasser mit Hefe vermischen und mit dem Mehl sowie dem Ansatz vom Vorabend in der Küchenmaschine (Knethaken) gründlich verrühren. Teigschüssel in eine Plastiktüte geben und den Teig 1 Std. gehen lassen.

Stufe 3: Getreide mischen und fein mahlen. Mit dem Salz verrühren. Zusammen mit dem Apfelessig in die Teig-schüssel geben. Gründlich mit dem Knethaken kneten. Teigschüssel in eine Plastiktüte geben und 30-40 Min. gehen lassen. Bei mir waren das am Ende 824 g, daher habe ich die einzelnen Brötchen auf 82 g abgewogen.

Fertigstellung: Vom Teig jeweils 82 g-Stücke abnehmen (wiegen!), zu einer Kugel unter Spannung formen und dann mit der Hand zu einer Rolle ziehen, die Enden verdünnen. Nebeneinander auf ein mit Dauerbackfolie aus-gelegtes Backblech legen. Teiglinge mit Wasser einsprühen, Blech mit Garfolie bedecken und 20 Min. gehen lassen, in den letzten 10 Min. den Ofen (Heißluft) auf 230 °C vorheizen. Teiglinge mit einem scharfen Messer jeweils 2 x schräg einschneiden und nochmals mit Wasser besprühen. Blech in den heißen Ofen schieben und 20-25 Min. bei 200 °C backen (Klopfprobe machen, die Brötchen sind gar, wenn sich beim Klopfen ein hohler Ton ergibt.) Brötchen auf einen Gitterrost geben, noch heiß mit Wasser einsprühen und auskühlen lassen.

5768. Auberginen mit Maroni-Nudeln, Oktober 2013

- 45 g Wasser
- 5 g Olivenöl
- 1 kleine Aubergine (175 g netto)
- 75 g Zwiebel (netto)
- 1 Tomate (90 g)

Wasser und Öl in eine 20-cm-Woll-Pfanne geben, Aubergine Scheiben, diese geviertelt, darauf legen. Dann die Zwiebeln würfeln, die Tomate in Scheiben schneiden, und in dieser Reihenfolge auf die Aubergine geben. Deckel auflegen, auf höchster Einstellung zum Kochen bringen. Auf kleinste Einstellung drehen und 11 Min. dünsten, ohne den Deckel abzuheben. In einem zweiten Topf die Nudeln kochen.

- 1,5 Liter Wasser
- 2 TL Salz
- 100 g Maroni-Dinkel-Nudeln (Biohof Lex)

Salzwasser zum Kochen bringen, Nudeln einrühren und offen 9 Min. kochen lassen (auf der Packung steht eine kürzere Zeit, aber da schmeckten sie mir noch nicht). In ein Sieb abgießen.

Soße im kleinen Mixer:
- 10 g Peperoniessig (7/4573)
- 2 g Essigpeperoni
- 15 g Cashewnussmus
- 40 g Wasser
- 1 TL Salz
- 1 MS schwarzer gem. Pfeffer
- 1 gestr. TL Paprika edelmild

Unter das Gemüse rühren, Becher mit ca. 20 g Wasser nachspülen - auch zum Gemüse geben. Kurz aufkochen. Die Hälfte der Nudeln in einen Suppenteller geben, die Hälfte des Gemüses darauf geben.

5769. Lebkuchen für Commitment, Oktober 2013

Nach einem Rezept aus dem Backbuch von Dr. Oetker (1963).

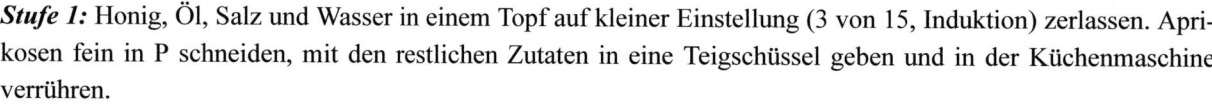

Stufe 1:
- 110 g Honig
- 1 EL Sonnenblumenöl
- 1 Prise Salz
- 2 EL Wasser
- 35 g getr. Soft-Aprikosen
- 50 g Reisbrei (5721)
- Ger. Schale von 1/2 Limone
- 25 g Orangeat

Stufe 2:
- 250 g Dinkel
- 35 g Mandeln
- 35 g Haselnüsse
- 1 TL Kakao
- 1 TL-Spitze gem. Nelken
- 1 gestr. TL Zimt
- 2 gestr. TL Backpulver

Stufe 3:
- 20 g Kokosöl
- 20 g Honig
- 30 g Wasser
- 50 g Reisbrei (5721)

Stufe 1: Honig, Öl, Salz und Wasser in einem Topf auf kleiner Einstellung (3 von 15, Induktion) zerlassen. Aprikosen fein in P schneiden, mit den restlichen Zutaten in eine Teigschüssel geben und in der Küchenmaschine verrühren.

Stufe 2: Dinkel fein mahlen. Nüsse im kleinen Mixer fein mahlen. Zutaten von Stufe 2 mit einem Löffel verrühren. 2/3 davon in die Teigschüssel geben und mit der Küchenmaschine verrühren. Schließlich das letzte Drittel Mehlmischung hinzugeben und gut durchkneten. Auf einem Stück Dauerbackfolie möglichst gleichmäßig 4-5 mm dick ausrollen. Mit einem Teigrädchen in gleichgroße Stücke schneiden (bei mir ca. 2,5-3 mal 3-4 cm). Die einzelnen Stücke auseinanderziehen, damit sie Platz haben, etwas zu gehen. In den auf 170 °C (Heißluft) vorgeheizten Ofen schieben und 15 Min. backen. Auf ein Gitterrost geben und abkühlen lassen.

Stufe 3: Öl, Honig und Wasser in einer kleinen Pfanne oder einem kleinen Topf zerlassen. Im kleinen Mixer mit dem Reisbrei zu einer wässrigen Masse schlagen. Kekse damit einpinseln. Die Menge reicht, um alle Kekse zweimal zu bestreichen - oder für die doppelte Menge Teig.

5770. Salat mit gebackenen Auberginen, Oktober 2013

Eine Hauptspeise oder 3-4 Vorspeisen.

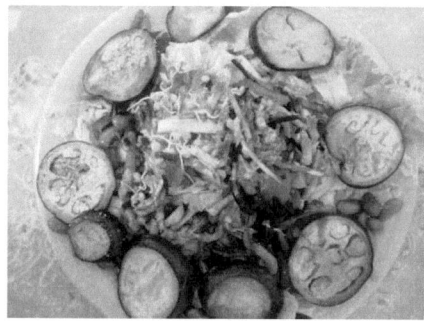

Aubergine
- 1 kleine Aubergine (160 g netto)
- 1 EL Erdnussöl
- 3-4 EL Wasser
- Salz

Salat:
- 2 Blätter Chinakohl (80 g)
- 180 g geraffelter Mischsalat
- 3 EL gekochte Borlotti-Bohnen (o. Ä.)

Dressing (kleiner Mixer):
- 50 g Reisbrei [5721]
- 20 g Cashewnussmus
- 1 TL Salz
- gem. schwarzer Pfeffer
- 1 gute Prise gem. Ingwer
- 50 g Wasser
- 1 EL Apfelessig

Aubergine in Scheiben schneiden. Öl erhitzen, Auberginen hineingeben und von beiden Seiten anbraten. Auf mittlerer Hitze eine Weile weiterbraten, ab und an 1 EL Wasser hinzugeben und von beiden Seiten salzen. Wenn die Auberginen weich sind, sind sie nicht unbedingt auch „transparent".

Chinakohl in Streifen schneiden, auf einen Essteller geben. In die Mitte den geraffelten Salat geben, am Rand die Bohnen verteilen. Dressing darüber gießen. Gebratene Auberginenscheiben in einem Kreis auflegen.

5771. Vier Einser-Eis, Oktober 2013

Drei Fruchtsorten, davon möglichst 1 Banane und ein Teil Wasser, hier

- 1 Banane (110 g netto)
- 1 Birne (ca. 105 g)
- 100 g Stachelbeeren, rot & tiefgekühlt
- 100 g Wasser

Im Vitamix verquirlen, 20 Min. Delonghi-Eismaschine.

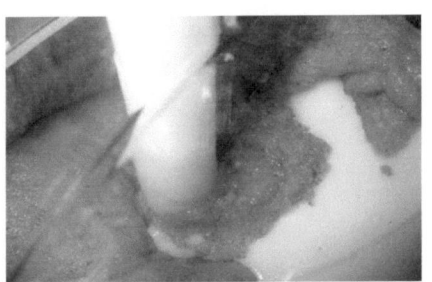

5772. Gestockte Bataten mit Salat, Oktober 2013

- 55 g Wasser
- 165 g Batate, netto, in Scheiben und
- 75 g Zwiebeln, netto, gewürfelt. Als Gemüsepfanne 11 Min. dünsten.
- 35 g Borlotti-Bohnen fein mahlen, mit
- 10 g Olivenöl und
- 30 g Wasser verrühren. Unter das Gemüse rühren und auf höherer Flamme stocken lassen. Dazu einen Salat, eine Schüssel für eine ordentliche Portion, Dressing frisch:

Salatdressing

- 35 g Linsenaufstrich
- 4 g Peperoni am Stück
- 1/2 TL Senf
- 1/2 TL Salz
- 1 MS schwarzer gem. Pfeffer
- 10 g Apfelessig
- 7 g Cashewnussmuss
- 30 g Wasser. Gemüse nach Geschmack ca. 200 g. Zusammen servieren.

5773. Vanille-Eis hemmungslos Nr. 6, Oktober 2013

Im Vitamix mischen:

- 50 g Cashewnussmus
- 10 g Honig
- 200 g Wasser

In die Eisform der Delonghi-Eismaschine gießen,

- 1/4 TL gem. Vanille hinzugeben und die Maschine 20 Min. laufen lassen.

5774. Doppelknusper-Schokolade Judith Spezial, Oktober 2013

Stufe 1:

- 100 g Cashewnüsse
- 100 g Kakaonibs
- 1 Prise Salz
- 4 cm Vanillestange

Stufe 2:

- 30 g Walnussöl
- 10 g Carobpulver
- 5 g Kakaopulver
- 40 g Kokosöl
- 60 g Honig
- 60 g Kakaobutter in feinen Streifen

Weitere Zutaten

- 50 g Quinoa, in der Pfanne gepoppt
- 50 g Langkorn-Naturreis, in der Pfanne gepoppt
- 50 g grüne Rosinen

Zubereitung siehe 5860.

5775. Blumenkohlsalat mit Kräuterseitlingpfanne, Oktober 2013

Salat im Thermomix, ich hatte gerade Nussmus (400 g Cashewnuss-bruch + 200 g Erdnüsse, gesalzen & geröstet) hergestellt.

- 20 g Nussmus
- 2-4 g Essigpeperoni (7/4573)
- 1 EL Apfelessig
- 1/2 TL Salz
- Etwas schwarzer gem. Pfeffer
- 50 g Wasser
- 1/2 TL Honig

Im Thermomix auf Stufe 8 einige Sek. durchschütteln.

- 195 g Blumenkohl netto
- 60 g Feldsalat
- 1 Tomate (95 g)

Blumenkohl in grobe Stücke brechen, auf Stufe 4 einige Sek. rückwärts laufen lassen. Feldsalat waschen, hinzugeben, und nochmals auf Stufe 6 etwas rückwärts laufen lassen. Tomate würfeln und unterrühren.

- 50 g Wasser
- 50 g Zwiebel (netto)
- 75 g Kräuterseitling
- 110 g Kartoffeln
- 1/2 TL Salz
- 1 Prise schwarzer gem. Pfeffer
- 1 geh. EL Linsenaufstrich (o. Ä.)

Wasser in eine 20-cm-Pfanne geben. Zwiebel würfeln. Seitling in dünne Scheiben schneiden. Kartoffeln unter fließendem Wasser abbürsten und kleinschneiden. Gemüse in die Pfanne geben. Als Gemüsepfanne 12 Min. dünsten. Linsenaufstrich unterrühren, köcheln lassen, bis der Aufstrich sich in eine Soße „gewandelt" hat. Mit Salz und Pfeffer abschmecken. Jeweils die Hälfte auf einen Teller geben und zusammen servieren.

5776. Krümelkuchen mit Äpfeln, Oktober 2013

Nach einem Rezept aus dem Buch „Backen macht Freude", Dr. Oetker Backbuch, 1963, Seite 33.

- 100 g Kamut
- 400 g Weizen
- 25 g Langkorn-Naturreis
- 1 TL gem. Vanille
- 2 TL Ingwerpulver
- 1 gute Prise Salz
- 1 P Backpulver (17 g)
- 110 g Sonnenblumenöl
- 150 g Reisbrei (5721)
- 200 g flüssiger Honig (für Veganer: Agavendicksaft)
- 500 g Äpfel
- 3 TL Sonnenblumenöl
- 1-2 EL Wasser

Kamut, Weizen und Reis fein mahlen. Mit Vanille-, Ingwerpulver, Salz und Backpulver gut vermischen. 110 g Öl, Reisbrei und Süßmittel hinzugeben und mit den Rührhaken eines Handrührgeräts zu Streuseln verarbeiten. Den Boden einer Springform (26 cm) mit Backpapier überspannen. Etwas mehr als die Hälfte der Streusel in die Form füllen und am Boden festdrücken. Einen Rand hochdrücken. Äpfel halbieren und in Scheiben schneiden (z. B. Alligator) und so auf den Teig geben, dass ein Rand von etwa 1 cm Teig frei bleib. Den Rest der Streusel mit 3 TL Öl und so viel Wasser verrühren, dass die Streusel etwas besser haften.

In den kalten Ofen geben und bei 165 °C (Heißluft) 45 Min. backen, in den letzten 15 Min. mit Dauerbackfolie abdecken. 5 Min. bei ausgeschaltetem Ofen nachbacken. In der Form abkühlen lassen.

5777. Gebratene Kürbisspalten mit Blumenkohlsalat, Oktober 2013

Salatgemüse (Gewicht netto):

- 170 g Blumenkohl
- 1/2 kl. rote Paprikaschote (55 g)
- 45 g Radicchio

Blumenkohl zerkleinern, Paprika teils mit untermixen, große Stücke dann mit dem Messer würfeln. Salat in feine Streifen schneiden. Alles vermischen.

- Dressing (im kleinen Mixer):
- 20 g Nussmus (Cashew-Erdnuss o. Ä.)
- 30 g Reisbrei (5721)
- 30 g Aufstrich (hier: Mungaufstrich 5633 o. Ä.)
- 10 g Apfelessig
- 50 g Wasser
- 1/2 TL Salz
- 1 Prise schwarzer gem. Pfeffer
- 1 TL Honig

Die Hälfte des Dressings mit dem Salat vermischen; Teil des Salats auf einen großen Teller geben.

Kürbis:

- 300 g Kürbis (netto)
- 1 EL Erdnussöl
- etwas Salz

Die Kürbissorte weiß ich nicht. Geht aber ohne Schälen.

Kerne entfernen, Kürbisfleisch in möglichst gleich dicke Spalten schneiden. Pfanne heiß werden lassen, 1 EL Erdnussöl hineingeben und verstreichen (mit Pinsel). Die Spalten hineingeben, auf höchste Stufe kurz anbraten, dann auf 9 (von 15) von beiden Seiten braten. Immer wieder wenden, zwischendurch leicht salzen. Mit aufgelegtem Deckel arbeiten. Einige der Spalten neben den Salat geben, den Dressingrest zu dem Kürbis geben. Schmeckt gut zusammen!

5778. Apfelkuchen sehr fein, Oktober 2013

Nach einem Rezept aus dem Buch „Backen macht Freude", Dr. Oetker Backbuch, 1963, Seite 32; 18-cm-Springform.

- 75 g Rotkornweizen
- 25 g Emmer
- 1 Prise Salz
- 1 gestr. TL Backpulver
- 1 TL Holo-Orangenaroma flüssig (oder Schalenabrieb von 1/2 Zitrone)
- 30 g Sonnenblumenöl
- 60 g Honig
- 100 g Reisbrei (5721)
- 2 EL Wasser
- 200 g Äpfel (2 kleine)

Weizen und Emmer mischen und fein mahlen (100 g „normaler" Weizen tun es auch). Mit Salz und Backpulver mischen. Mit dem Handrührgerät (Rührbesen) gut verrühren, das Wasser hinzugeben, bis der Teig schwer (reißend) vom Löffel fällt. Eine kleine (18 cm) Springform mit Backpapier überspannen. Den Teig in die Form füllen und glattstreichen. Die Äpfel in Viertel schneiden, mehrmals der Länge nach einritzen und kranzförmig auf den Teig legen.

In den kalten Ofen schieben und 40-50 Min. bei 165 °C (Heißluft; sonst 175 °C) backen.

Für eine 26-cm-Springform würde ich die dreifache Menge veranschlagen.

5779. Königskuchen, Oktober 2013

Vorlage: Modernes Backen 1971, mvg Verlag München, ohne ISBN, Seite 37.

Teig:
- 200 g Weizen
- 2 TL Backpulver (= 9 g)
- 1 Prise Salz
- 1 LS gem. Vanille
- 80 g Reisbrei (5721)
- 50 g Cashewnussmus
- 65 g Sonnenblumenöl
- 1 EL Weinbrand
- 100 g Honig
- 60 g Mineralwasser
- Butter für die Form

Für die Füllung:
- 65 g grüne Rosinen
- 30 g Orangeat
- 25 g Mandeln, im kleinen Mixer grob gehackt

Für den Schokoladenguss:
- 14 g Kakaobutter
- 14 g Honig
- 12 g Zitronensaft

Weizen mahlen, mit Backpulver, Salz und Vanillepulver in einer Rührschüssel für ein Handrührgerät mit Rührbesen vermischen. Im kleinen Mixer Reisbrei, Nussmus, Öl, Weinbrand und Honig verquirlen, mit dem Wasser zu dem Mehl geben und mit den Rührbesen (Handrührgerät) verrühren, bis sich ein schwer reißender Teig ergibt. Zuletzt Rosinen, Orangeat und Mandeln vorsichtig unter den Teig mischen. Den Teig in eine gut gefettete kleine Kastenform (18 cm) füllen, in den kalten Backofen stellen und 45 Min. bei 165 °C (Heißluft) backen. Den Rand vorsichtig mit einem Messer lösen, abkühlen lassen und den Kuchen lauwarm vorsichtig von der Form nehmen und auf ein Gitterrost stellen. Abkühlen lassen.

Für den Guss Kakaobutter mit Honig in einer kleinen Pfanne auf niedriger Einstellung zerlassen, Zitronensaft einrühren und den Kuchen von allen Seiten mit dem Guss bepinseln.

5780. Rotkorn-Sauerteigbrot, Oktober 2013

Vorlage: 5754.

Am Morgen vorher
- 200 g Roggen fein mahlen, mit
- 210 g Wasser und
- 150 g Sauerteigansatz verrühren, in Plastikschüssel abgedeckt bis abends auf der Fensterbank stehen lassen (ca. 12 Std.).

Vorabend

150 g vom neuen Sauerteig abnehmen und in einem Schraubglas im Kühlschrank aufbewahren.
- 200 g Roggen und
- 100 g Rotkornweizen fein mahlen, mit
- 300 g Wasser und
- 400 g Sauerteigansatz gut verrühren, in Plastikschüssel abgedeckt bis morgens auf der Fensterbank stehen lassen (ca. 12 Std.)

Backmorgen:
- 200 g Rotkornweizen
- 150 g Roggen
- 2 EL Brotgewürz
- 1 gestr. EL Salz
- 150 g Wasser
- Ansatz vom Vorabend
- Butter zum Fetten der Form

Weizen und Roggen fein schroten (Stufe 3/9). Alle Zutaten mit der Küchenmaschine verkneten. Teig in eine mit Butter gefettete Emaille-Form 30 cm geben und in einer großen Plastiktüte 3,5-4 Std. gehen lassen.

Mit einem scharfen Messer schräg mehrmals einschneiden. Ofen vorheizen auf 230 °C (Heißluft). Brot einschieben und 1 Std. bei 200 °C backen. Klopfprobe machen, mit Wasser einsprühen und auskühlen lassen.

Hinweis: Wasser hätte 50 g weniger sein dürfen.

5781. Kürbisauflauf, Oktober 2013

- 100 g Wasser
- 145 g + 200 g Kürbis, ungeschält, ohne Kerne
- 90 g Zwiebel netto
- 195 g Kartoffeln

Wasser in eine ofenfeste Pfanne (24-cm) geben. 145 g Kürbis in Scheiben geschnitten in die Pfanne legen. Zwiebel würfeln, darüber streuen. Kartoffeln unter fließendem Wasser abbürsten, in Scheiben schneiden, die Pfanne damit auslegen. 200 g Kürbis auch in Scheiben schneiden, als oberste Lage auf die Kartoffeln geben. Als Gemüsepfanne 11 Min. dünsten. Wenn die Pfanne auf die Platte kommt, Ofen (Heißluft) auf 225 °C vorheizen und den Belag vorbereiten (kleiner Mixer):

- 75 g Sojabrei (5766)
- 20 g Mandelnussmus
- 3 g Peperoni
- 30 g Wasser
- 1/2 TL Salz
- Etwas schwarzer gem. Pfeffer
- 1 gestr. TL Paprika edelsüß. Auf der obersten Schicht gleichmäßig verteilen, mit
- 1 EL Sonnenblumenkernen bestreuen und 15 Min. bei 225 °C backen.

Hinweis: Wer den Belag dunkler gefärbt haben möchte, gibt nach dem Kochen etwa 50-100 ml Wasser in die Pfanne, dann den Belag darauf und backt entsprechend länger.

5782. Buntes Eis mit Soja, Oktober 2013

Im Vitamix verquirlen:

- Banane (100 g netto)
- 1 Apfel (95 g)
- 15 g Zitronensaft
- 45 g Sojabrei (5766 o. Ä.)
- 1 geschälte Clementine (35 g)
- 95 g Wasser

20 Min. in der Delonghi-Eismaschine kühlen.

5783. Bratkartoffeln, Oktober 2013

- 190 g Kartoffeln
- 65 g Zwiebeln (netto)
- 1 EL Erdnussöl
- 3-5 EL Wasser
- 2 Prisen Salz

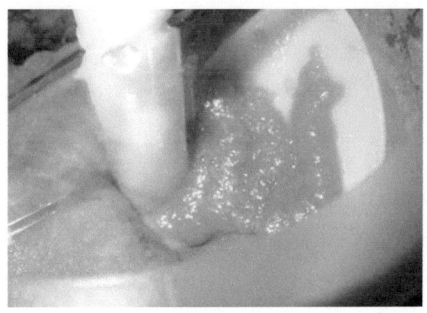

Kartoffeln unter fließendem Wasser abbürsten, längst halbieren und in Schnitze teilen. Zwiebel würfeln. Eine AMT-Pfanne trocken erhitzen, das Öl hineingeben und erhitzen. Kartoffeln in das heiße Öl geben, gleichmäßig verteilen, sodass alle Bodenkontakt haben. Deckel auflegen und auf Stufe 10 (von 15) 5 Min. braten, dabei einmal wenden. Zwiebelwürfeln hinzugeben, weitere 5 Min. auf Stufe 9 /10 braten. 1 EL Wasser in die Pfanne geben, verdampfen lassen. 5 Min. auf Stufe 9 braten, dabei ab und an wieder Wasser esslöffelweise hinzufügen. Zum Schluss die „trockenen" Kartoffeln nach Geschmack salzen.

Tipp: Passt gut zu einem Mischsalat.

5784. Kürbis-Eiscreme, Oktober 2013

- 105 g Muskatkürbis, ohne Kerne, ungeschält
- 50 g Wasser
- 1 Banane (100 g netto)
- 70 g Apfel
- 100 g Wasser

Kürbis in Stücke schneiden und in 50 g Wasser 11-12 Min. garen. Abkühlen lassen. Mit geschälter Banane, Apfel und Wasser im Vitamix verquirlen. In die Eismaschine geben und ca. 20 Min. laufen lassen.

5785. Kürbiskakao, Oktober 2013

- 15 g Ingwer, ungeschält
- 5 Kakaobohnen
- 95 g Kürbis, ohne Kerne, ungeschält
- 10 g Cashewnussmus
- 300 g Wasser
- 1 gestr. TL Honig

Alle Zutaten im Vitamix 5 Min. auf höchster Stufe laufen lassen.

5786. Kürbispfannkuchen, Oktober 2013

- 100 g Kürbis
- 20 g Wasser
- 75 g Rotkornweizen (o. Ä.)
- 1 gute Prise Salz
- 1 gestr. TL Paprika edelsüß
- 100 g Wasser
- 15 g Sonnenblumenkerne
- 1 EL Erdnussöl zum Backen

Kürbis kleinschneiden, mit Wasser möglichst fein raffeln. Weizen fein mahlen, alle Zutaten portionsweise miteinander vermischen. Pfanne erhitzen, Öl hineingeben. Wenn das Öl heiß ist, die Masse gleichmäßig darin verteilen. Auf Stufe 7-8 (von 15) von beiden Seiten insgesamt 12-15 Min. braten. Mit Salat servieren.

5787. Kürbiseis roh, Oktober 2013

- 155 g Kürbis netto
- 10 g Ingwer ungeschält
- 1 Banane (115 g netto)
- 10 g Sonnenblumenkerne und
- 115 g Wasser im Vitamix pürieren.

In der Eismaschine fest rühren lassen. Sieht fertig eher aus wie Mokka-eis.

5788. Zitronenkuchen (Rührteig), Oktober 2013

- 150 g Weizen
- 50 g Emmer o. Ä.
- 3 TL Backpulver
- 1 Prise Salz
- 45 g geschälte Zitrone
- Schalenabrieb von 1/2 Zitrone
- 100 g Reisbrei (5721)
- 40 g Cashewnussmus
- 65 g Sonnenblumenöl
- 1 EL Apfelessig
- 100 g Honig
- 60 g Mineralwasser
- Butter für die Form

Für den Guss:
- 20 g Kokosöl
- 20 g Honig
- 25 g Zitronensaft

Weizen und Emmer fein mahlen, mit Backpulver und Salz in einer Rührschüssel für ein Handrührgerät mit Rührbesen vermischen. Zitrone in Stücke schneiden. im kleinen Mixer Nussmus, Öl, Apfelessig, Zitrone und Honig verquirlen, mit dem Wasser und dem Schalenabrieb zu dem Mehl geben und mit den Rührbesen verrühren, bis sich ein schwer reißender Teig ergibt. Den Teig in eine gut gefettete kleine Kastenform (18 cm) füllen, in den kalten Backofen stellen, 45 Min. bei 165 °C (Heißluft) backen. Den Rand vorsichtig mit einem Messer lösen, abkühlen lassen und den Kuchen lauwarm vorsichtig von der Form nehmen und auf ein Gitterrost stellen. Abkühlen lassen. Zutaten für den Guss in einer kleinen Pfanne zerlassen, gut durchrühren. Über eventuelle Risse im Kuchen geben, sonst Löcher einstechen, und hineingießen.

5789. K-und-K-Plätzchen, Oktober 2013

- 105 g Kartoffeln, gebürstet unter fließendem Wasser, in Stücke geschnitten
- 40 g Zwiebel netto, grob vorgeschnitten
- 100 g Kürbis (ohne Kerne), grob vorgeschnitten
- 75 g gekochte Sojabohnen
- 1/2 TL Salz
- 1 Prise Chilipulver
- 1/2 TL Curry
- 25 g gem. Dinkel
- 2 TL Kokosöl zum Braten

Alle Zutaten bis auf den Dinkel im Zerkleinerer möglichst fein raffeln. Mehl unterrühren. Kurz stehen lassen. Öl in der Pfanne erhitzen, mit dem Esslöffel vier Plätzchen in die Pfanne geben und auf beiden Seiten auf Stufe 7-8 (von 15) insgesamt 15 Min. braten. Mit Salat servieren:

5790. Schokoladenkuchen, Oktober 2013

Schokolade aus (Herstellung s. 5860):
- 100 g Cashewnüssen
- 100 g Kakaonibs
- 65 g Honig
- 20 g Sonnenblumenöl
- 20 g Carob
- 40 g Kokosöl
- 50 g Kakaobutter

Teig:

- 200 g Rotkornweizen o. Ä.
- 1 Prise Salz
- 1 P Backpulver
- 1 TL gestr. gem. Vanille
- 150 g gekochte Sojabohnen
- 50 g Reisbrei (5721)
- 75 g Sonnenblumenöl
- 50 + 40 + 30 g Honig
- 80-100 g Mineralwasser

Weizen fein mahlen, mit den anderen trockenen Zutaten mischen. Soja-bohnen, Reis, Öl und 50 g Honig im kleinen Mixer vermischen, bis es glatt ist. Becher mit 30 g Honig und 50 g Mineralwasser ausspülen. 300 g flüssige Schokolade, Sojabohnenmischung, 40 g Honig und den Rest im Becher zum Mehl geben und mit den Rührbesen eines Handrührgeräts gut vermischen, bis ein schwerreißender Teig entstanden ist, eventuell noch mehr Mineralwasser nehmen. Den Boden einer 26-cm-Springform mit Backpapier überspannen und mit dem Teig füllen. Teig gleichmäßig glattstreichen.

Kuchen in den vorgeheizten Ofen (165 °C, Heißluft) schieben und 60 Min. backen, in den letzten 15 Min. abgedeckt mit Dauerbackfolie o. Ä. Gut auskühlen lassen!

5791. Powerdrink, Oktober 2013

Vorher habe ich leicht gehüstelt und meine Nase lief, danach war alles okay.
- 1 EL Kakaonibs
- 1 EL Ingwerscheiben
- 1 EL geflockter Nackthafer
- 1 EL grüne Rosinen
- 1 EL weißer Mohn
- 300 g heißes Wasser

Zutaten im Vitamix 5 Min. auf höchster Stufe laufen lassen.

5792. Kürbislasagne, Oktober 2013

Teig:
- 50 g Rotkornweizen
- 25 g Emmer
- 37 g Wasser

Kürbis:
- 70 g Zwiebel netto
- 185 g Kürbis netto (d. h. ohne Kerne)
- 2 Knoblauchzehen
- 1/2 TL Salz

Soße:
- 75 g gekochte Sojabohnen
- 25 g Cashewmus
- 1 gestr. TL Salz
- 1 MS gem. schwarzer Pfeffer
- 250 g Wasser

Belag:
- 50 g Reisbrei (5721)
- 1 LS gem. Schabziegerklee
- 1/2 TL Salz
- 10 g Sonnenblumenöl
- 10 g Essig
- 20 g Sonnenblumenkerne
- 20 g Wasser

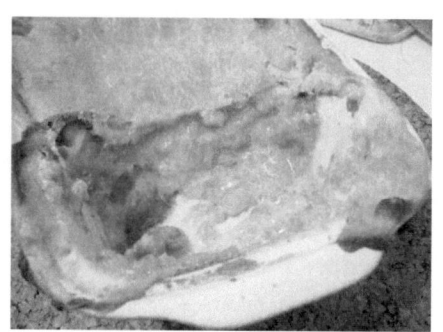

Teig: Getreide fein mahlen, Wasser (erst 30 g) einarbeiten. Immer wieder ausrollen, zusammenpacken usw. Zu einer Kugel formen, abdecken und ruhen lassen, bis die anderen Zutaten verarbeitet sind. *Kürbis:* Zwiebel schälen, Kerne aus dem Kürbis entfernen, Knoblauchzehen abziehen. Im Zerkleinerer raffeln (größere Mengen anderes zerkleinern, aber nicht zu fein). *Soße:* Zutaten im kleinen Mixer, großer Becher, gut verquirlen. *Belag:* Ebenfalls im kl. Mixer mischen, in einem kleinen Becher. Gut durchmischen, ist sonst noch ein bisschen körnig.

Fertigstellung: Ich habe hier eine Pyrex-Form (neu), 22 x 14 cm genommen, die ist schön hoch. Teig mit Hilfe von Streumehl ganz dünn ausrollen, dass es für drei Lagen reicht. 4 EL Soße auf den Boden geben, darauf die erste Teigplatte. Dann darauf die Hälfte der Kürbismasse und 6 EL Soße, darüber die zweite Teigplatte. Darauf den Rest Kürbis und den Rest Soße, mit der dritten Teigplatte abschließen. Den Belag vorsichtig auf der Teigplatte verstreichen. Auf dem Gitterrost in den Ofen schieben und 45 Min. bei 210 °C (Heißluft backen). Ich habe nach 30 Min. eine Dauerbackfolie auf den Boden gelegt, weil es überkochte. Klüger wäre es gewesen, die Form auf ein mit Folie ausgelegtes Backblech zu stellen. Ich hatte die Möglichkeit des Überkochens unterschätzt. Aus dem Ofen nehmen und 10 min. warten.

45 Min. bei 210 °C backen, dann 10 Min. außerhalb des Ofens stehen lassen. Fazit: Die Pyrex-Form ist gut. Der Belag ist sehr gut, Vorsicht jedoch mit dem Salz.

Tipps: Die Soße ist zu dünn, da würde ich mindestens 50 g Wasser weniger (und dann auch weniger Salz) nehmen. Für mehrere Personen würde ich evtl. die Wassermenge noch weiter reduzieren.

5793. Schokoeis light, Oktober 2013

Im Vitamix:
- 20 g Schokoladenrest
- 1 Banane (115 g netto)
- 1 kleine Birne (70 g)
- 50 g Reisbrei (5721)
- 100 g Wasser
- 10 g Carob

Dann 20 Min. in der Delonghi-Eismaschine

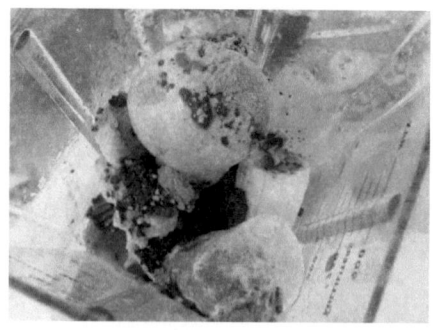

5794. Baguette-Brötchen Rotkorn, Oktober 2013

Geht in drei Stufen, eine über Nacht.

Stufe 1 (Vorabend):

- 200 g Rotkornweizen
- 200 g Wasser
- 1 TL Trockenhefe (4 g)

Stufe 2:

- 200 g Rotkornweizen
- 100 g Wasser
- 1 TL Trockenhefe (5 g; das ist insgesamt also ein Päckchen)
- Ansatz vom Vorabend

Stufe 3:

- 50 g Kamut (oder ein anderes Getreide)
- 50 g Rotkornweizen
- 2 TL Salz
- 2 EL Apfelessig

Stufe 1: Weizen fein mahlen. Wasser mit Hefe vermischen und mit dem Mehl gründlich verrühren. In einer Pengschüssel in einem Plastikbeutel etwa 10-12 Std. in der Küche stehen lassen.

Stufe 2: Weizen fein mahlen. Wasser mit Hefe vermischen und mit dem Mehl sowie dem Ansatz vom Vorabend in der Küchenmaschine (Knethaken) gründlich verrühren. Teigschüssel in eine Plastiktüte geben und den Teig 70 Min. gehen lassen.

Stufe 3: Getreide mischen und fein mahlen. Mit dem Salz verrühren. Zusammen mit dem Apfelessig in die Teigschüssel geben. Gründlich mit dem Knethaken kneten. Teigschüssel in eine Plastiktüte geben und 40 Min. gehen lassen. Bei mir waren das am Ende 817 g, daher habe ich die einzelnen Brötchen auf 81 g abgewogen.

Fertigstellung: Vom Teig jeweils 81 g-Stücke abnehmen (wiegen!), zu einer Kugel unter Spannung formen und dann mit der Hand zu einer Rolle ziehen, die Enden verdünnen. Nebeneinander auf ein mit Dauerbackfolie ausgelegtes Backblech legen. Teiglinge mit Wasser einsprühen, Blech mit Garfolie bedecken und 15 Min. gehen lassen, in dieser Zeit den Ofen (Heißluft) auf 230 °C vorheizen. Teiglinge mit einem scharfen Messer jeweils 2 x schräg einschneiden und nochmals mit Wasser besprühen. Blech in den heißen Ofen schieben und 20-25 Min. bei 200 °C backen (Klopfprobe machen, die Brötchen sind gar, wenn sich beim Klopfen ein hohler Ton ergibt.) Brötchen auf einen Gitterrost geben, noch heiß mit Wasser einsprühen und auskühlen lassen.

5795. KKK-Pfanne, Oktober 2013

KKK = Kraut, Kartoffeln, Kürbis

In eine 24-cm-Aluguss-Pfanne:

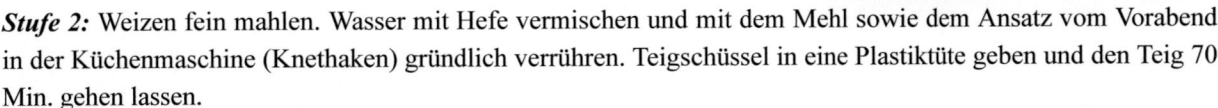

- 55 g Wasser
- 5 g Olivenöl
- 195 g Kartoffeln (abgebürstet unter fließendem Wasser), in Scheiben
- 95 g Zwiebel netto (gewürfelt)
- 80 g Sauerkraut (selbstgemacht)
- 165 g Kürbis (ohne Kerne, in Stücken); Deckel auflegen, auf höchster Einstellung zum Kochen bringen. Auf kleinste Einstellung drehen und 16 Min. (die Kartoffeln sind wohl festkochend) dünsten, ohne den Deckel abzuheben. Dann im kleinen Mixer aus den folgenden Zutaten eine Soße mixen:
- 25 g Cashewnussmus (= 20 g Cashews, 5 g Öl)
- 1 gestr. TL Salz
- 1 MS schwarzer Pfeffer
- 1 TL Tandoorigewürz (Brecht Gewürzmischung; Ersatz: Curry)
- 50 g Wasser. Unterrühren, aufkochen. Lecker essen.

5796. Schokoladen-Lebkuchen, Oktober 2013

Nach einem Rezept aus dem Backbuch von Dr. Oetker (1963), S. 170.

- 475 g Rotkornweizen (o. Ä.)
- 25 g roter Mais
- 1 gestr. TL Anissamen
- 10 getr. Gewürznelken
- 1 geh. TL Zimt
- 1 TL Ingwerpulver
- 1 Prise Salz
- 1 P Backpulver
- 55 g gekochte Sojabohnen
- 90 g Reisbrei (5721)
- 225 g flüssiger Honig
- 30 g Sonnenblumenöl
- 30 g Mineralwasser
- 2 EL Mineralwasser

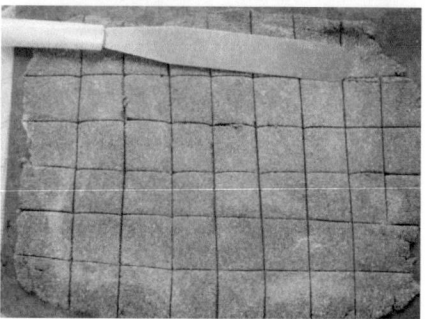

Getreide mischen, die erste Hälfte mit Anis und Nelken mahlen. Restliche trockene Zutaten unterrühren. Bohnen, Reis, Honig, Öl und 30 g Mineralwasser zu einer glatten Masse schlagen (hoher Becher kleiner Mixer, hochstehendes Messer). Mit der Küchenmaschine einem Knetteig verarbeiten, ich habe noch 2 EL Mineralwasser hinzugegeben. Dann hatte er einen minimalen Klebeeffekt.

Mit Hilfe von Streumehl auf Größe eines Backblechs ausrollen (Achtung! Ich habe keinen „Normofen", meiner ist etwas schmaler, daher sind die Bleche kleiner), d. h. der Teig ist um die 5 mm dick. Mit einer Teigpalette in Rechtecke schneiden. Und auf 2 mit Dauerbackfolie ausgelegte Backbleche verteilen. Ca. 30 Min. ruhen lassen. Dann 10 Min. bei 175 °C backen.

Mit Schokoladenglasur (Zubereitung 5860) überziehen (es bleibt etwas Schokolade übrig):

- 100 g Kakaonibs
- 100 g Mandeln
- 4 cm Vanillestange
- 1 Prise Salz
- 20 g Sonnenblumenöl
- 65 g Honig
- 20 g Carob
- 40 g Kokosöl
- 50 g Kakaobutter

Dekorieren mit:

- je 1 Mandel (ca. 50 Stück, geschält) dekorieren.

5797. Kürbis-Zwiebelpfannkuchen, Oktober 2013

- 75 g Emmer fein mahlen, mit
- 1 guten Prise Salz mischen, mit der Gabel
- 100 g Wasser einarbeiten, kurz stehen lassen
- 110 g Kürbis in feine Streifen und
- 45 g Zwiebel (netto) in P schneiden (beides mit dem Messer)
- 1 EL Erdnussöl in einer heißen 24-cm-Pfanne erhitzen, Teig hineingeben, Gemüse oben aufstreuen. Auf jeder Seite 5 Min. auf Stufe 8-9 (von 15) braten.

Mit Salat servieren.

5798. Kürbis-Zitroneneis, Oktober 2013

Im Vitamix verquirlen:

- 1/2 Zitrone, geschält, ohne Kerne, vorgeschnitten
- 100 g grob gewürfelter Kürbis
- 30 g Cashewnussmus
- 1 Banane (130 g netto) geschält
- 100 g Wasser
- 15 g Honig

In der Delonghi-Eismaschine 20 Min. laufen lassen.

5799. Getreideletten mit Spinat, Oktober 2013

- 45 g Wasser
- 50 g Zwiebel netto
- 150 g Spinat
- 50 g Emmer (oder Hartweizen)
- 1 gute Prise Salz
- 1 Prise gem. Pfeffer
- 50 g Wasser
- 1 TL Öl
- 2 Prisen „Gute Laune"-Gewürz von Sonnentor

Wasser in eine 20-cm-Alugusspfanne geben. Zwiebel würfeln, im Wasser 5 Min. als Gemüsepfanne 11 Min. dünsten, ohne den Deckel abzuheben) garen. Dann den Spinat, gewaschen und kleingeschnitten, hinzugeben, aufkochen und weitere 5 Min. dünsten. Er fällt komplett zusammen.

Emmer fein mahlen, mit Salz und Pfeffer mischen. Wasser und Öl unterrühren. Auf den Spinat geben, mit ihm mischen und auf Stufe 10 fest(er) werden lassen. Drehen und auf der anderen Seite gut backen, mit Gute Laune-Gewürz bestreuen.

5800. Hefebrot angesäuert, Oktober 2013

Leider habe ich das Brot verschenkt. Sah phantastisch aus.

Stufe 1 (abends):

- 1/4 P frische Hefe (10 g)
- 200 g Wasser
- 200 g Rotkornweizen (o. Ä.)

Stufe 2 (morgens):

- 1/4 P frische Hefe (10 g)
- 300 g Rotkornweizen (o. Ä.)
- 300 g Wasser
- Ansatz von Stufe 1

Stufe 3:

- 250 g Weizen
- 1 EL Salz
- 2 EL Brotgewürz gem.
- Ansatz von Stufe 2
- Butter für die Form

Stufe 1: Hefe in Wasser auflösen (verrühren). Rotkornweizen fein mahlen, mit dem Hefewasser gut mischen. Abgedeckt 12 Std. (über Nacht) stehen lassen.

Stufe 2: Hefe in Wasser auflösen (verrühren). Rotkornweizen fein mahlen, mit dem Hefewasser und dem Ansatz gut mischen (Maschine). Abgedeckt 1 Std. gehen lassen.

Stufe 3: Weizen mahlen, mit Salz und Brotgewürz mischen. In der Küchenmaschine gründlich durchkneten. Der Teigkloß löst sich schließlich von der Wand, auch wenn er leicht klebrig ist.

Fertigstellung: Eine 30-cm-Brotform gut einfetten. Teig hineingeben, mit nasser Hand glattstreichen. Abgedeckt 30 Min. gehen lassen, dann den Ofen auf 230 °C (Heißluft) vorheizen. Brot einschieben und 50-55 Min. bei 200 °C backen. Auf einen Gitterrost stürzen, Klopfprobe machen und gut mit Wasser einsprühen.

5801. Radicchio-Rucola-Pfännchen mit grünem Salat, Oktober 2013

Eines dieser Zufalls-Superlecker-Essen.

Salat:

Feste Zutaten:

- 50 g Cocktailtomaten
- 100 g Zuckerhut (Salat)
- 60 g Chinakohl
- 10 g Porreeringe

Dressing:

- 10 g Cashewnussmuss
- 40 g gekochte Sojabohnen
- 4 g Salz
- 1 MS schwarzer gem. Pfeffer
- 1 MS Honig
- 10 g Apfelessig

Tomaten in Scheiben schneiden, Salatgemüse ggf. waschen und in feine Streifen schneiden, Porree halben. Die Dressingzutaten im kleinen Mixer sehr gut verquirlen. Mit dem Salatgemüse mischen und durchziehen lassen.

Pfännchen:

- 40 g Wasser
- 10 g Kokosöl
- 30 g Zwiebel (netto)
- 120 g Kartoffel
- 50 g Radicchio
- 40 g Rucola
- 20 g Cashewnussmus
- 1/2 TL Salz
- 1 Prise schwarzer gem. Pfeffer
- 1 Stück Essigpeperoni (7/4573)
- 60 g Wasser

Wasser und Öl in die Pfanne geben. Zwiebel und Kartoffeln würfeln, R&R gut waschen, ausdrücken und in Streifen schneiden. In der angegebenen Reihenfolge in eine 20-cm-Pfanne (Woll) mit hohem Rand geben, Deckel auflegen, auf höchster Einstellung zum Kochen bringen. Auf kleinste Einstellung drehen und 12 Min. dünsten, ohne den Deckel abzuheben. Nussmus, Salz, Pfeffer, Peperoni und Wasser im kleinen Mixer gründlich verquirlen, unter das Gemüse rühren, bis es dickt (muss nicht einmal aufkochen).

5802. Spekulatius 2013, Oktober 2013

- 400 g Rotkornweizen o. Ä.
- 100 g Emmer o. Ä.
- Gewürze:
  - 10 Gewürznelken
  - 1 TL Anissamen
  - 1 TL Koriandersamen
  - 1,5 TL Zimt
  - 1/2 TL gem. Muskatnuss
  - 1 gestr. TL gem. Vanille
  - 1 gestr. TL gem. Kardamom
- 1 Prise Salz
- 3 gestr. TL Backpulver
- 100 g Mandeln, ungeschält
- 2 Bittermandeln
- 1 EL Weinbrand (oder Rum)
- 100 g gekochte Sojabohnen
- 130 g Sonnenblumenöl
- 30 g Cashewnussmus
- 70 g Wasser
- 195 g Honig

Getreide mischen. Unter ein Drittel Nelken, Anis und Koriander geben und fein mahlen, dann das restliche Getreide mahlen. Mandeln in zwei Portionen fein mahlen, mit den anderen trockenen Zutaten zum Mehl geben und in der Küchenmaschine (K-Rührer) gut vermischen. im kleinen Mixer, kleiner Becher + hochstehendes Messer, Weinbrand, Sojabohnen, Öl und Nussmus sehr gut mischen, bis eine glatte Creme entsteht. In die Teig-schüssel geben, den Becher und das Messer mit 70 g Wasser mixen, mit dem Honig zum Teig geben und auf kleiner Stufe lange kneten lassen. Der Teig muss einigermaßen fest sein, wenn der Knetvorgang beendet ist. Abdecken und mindestens eine Std. stehen lassen. Ausrollen, mit einer Kuchenpalette in Rauten schneiden und backen (vorgeheizt auf 170 °C, Heißluft, 12 Min.).

5803. Rosinen-Hafer-Cookies, Oktober 2013

Nach einem Rezept von Brigitte.de „Cranberry-Hafer-Cookies".

- 50 g grüne Rosinen
- 60 g gekochte Sojabohnen
- 15 g Cashewnussmus
- 50 g Sonnenblumenöl
- 1 Prise Salz
- 75 g Honig
- 2 EL Wasser
- 25 g Weizen
- 50 g Nackthafer
- 25 g Emmer
- 100 g Rotkornweizen (o. Ä.)
- 1 EL Kakaopulver

Rosinen im Zerkleinerer hacken (wird eher ein Klumpen). Sojabohnen, Nussmus, Öl, Salz, Honig und Wasser mit dem hochstehenden Messer im kleinen Mixer zu einer glatten Masse verschlagen. Getreide mischen und mahlen, mit dem Kakaopulver mischen. Dann den Brei aus dem Becher hinzufügen und mit den Knethaken eines Handrührgerätes gut verkneten. Mit der Hand kurz nachkneten, zu einer Rolle von ca. 3 cm Durchmesser formen und mindestens eine halbe Std. in den Kühlschrank stellen.

Ofen vorheizen (175 °C Heißluft). Die Rolle in 25 Scheiben schneiden, auf ein mit Dauerbackfolie ausgelegtes Backblech legen. ca. 16 Min. backen. Die Plätzchen vom Blech nehmen und auf ein Kuchengitter legen. Wenn die Cookies ganz abgekühlt sind, in eine gut schließende Dose legen.

5804. Gesüßte Kondensmilch, Oktober 2013

- 60 g gekochte Sojabohnen
- 15 g Cashewnussmus
- 50 g Sonnenblumenöl
- 75 g Honig
- 1 Prise Salz
- 2 EL Wasser

Im kleinen Mixer, hochstehendes Messer, verquirlen.

5805. Gemischte Spinatpfanne, Oktober 2013

In eine 24-cm-Alugusspfanne geben:

- 50 g Wasser
- 10 g Kokosöl
- 95 g Zwiebel gewürfelt (netto)
- 2 Knoblauchzehen, abgezogen, in Scheiben
- 200 g Kartoffeln gewürfelt (ungeschält, unter fließendem Wasser abgebürstet)
- 90 g Spinat,
- 35 g Rucola und
- 50 g Radicchio, alle drei gewaschen, abgetropft, ausgedrückt in in Streifen geschnitten. Deckel auflegen, auf höchster Einstellung zum Kochen bringen. Auf kleinste Einstellung drehen und 11 Min. dünsten, ohne den Deckel abzuheben. Im kleinen Mixer Folgendes verquirlen:
- 40 g gekochte Sojabohnen 15 g Cashewnussmus
- 1/2 TL Salz
- 1 Prise gem. schwarzer Pfeffer
- 10 g Apfelessig
- 10 g Sonnenblumenöl
- 75 g Wasser; unter das Gemüserühren und aufköcheln.
- 1 TL Sonnentor „Gute Laune" Gewürz zugeben. Soße ist zu flüssig, die Sojabohnen dicken nicht.

5806. Ananas-Eiscreme, Oktober 2013

Im Vitamix pürieren:

- 160 g Ananas netto
- 70 g Clementine (eine) netto
- 1 Banane geschält (110 g netto)
- 10 g Cashewnussmus
- 100 g Wasser

20 Min. in der Delonghi-Eismaschine.

5807. Zimtsterne, Oktober 2013

- 120 g Reisbrei (100 g Reis : 350 g Wasser; im Vitamix 4,5 Min. laufen lassen = bis er stockt, wird total glatt; 5721)
- 205 g Honig
- 250 g Mandeln
- 150 g Haselnüsse
- 3 Bittermandeln
- 1 Prise Salz
- 1 TL gem. Vanille
- 2 TL gem. Zimt
- 30 g Kamut

Mit dem Handrührgerät, Rührbesen, Reisbrei mit Honig verquirlen. 3 EL abnehmen zum Bestreichen der Kekse. Mandeln und Haselnüsse (und Bittermandeln am besten jetzt auch) im Thermomix fein mahlen, aber nicht zu Mus werden lassen (einige Sek. auf Stufe 8-9). Kamut in der Getreidemühle fein mahlen.

Mit dem Handrührgerät (Knethaken) die Nussmischung mit Salz, Vanille und Zimt portionsweise in die Honigmasse einarbeiten. Den Teig mit der Hand fühlen, wenn er noch arg klebt, Kamut einarbeiten.

Eine Dauerbackfolie auf die Arbeitsfläche legen, darauf einen Streifen Haushaltsfolie. Anfangs habe ich den Teig zwischen zwei Haushaltsfolien mit der Teigrolle ausgerollt und dann die Sterne ausgestochen. Das geht kaum, da die Rolle den Teig zu sehr an die Folie drückt, die Sternzacken brachen ständig ab. Ich habe dann den Teig portionsweise mit den Händen flach gedrückt, und zwar nicht zu dünn: zwischen 5 und 7 mm, und dann die Sterne mit einem Ausstecher einzeln ausgestochen und auf das mit Dauerbackfolie bzw. Backpapier ausgelegte Backblech gegeben. Ich fand es nicht möglich, erst die Sterne - wie ich das sonst mache - alle „anzustechen" und dann aufzuheben, also einzeln. Etwas zeitaufwändig, aber sieht gut aus. Wichtig ist auch, die Ausstechform alle 3-4 Sterne gut sauberzumachen, aber feucht zu lassen.

Die fertigen Kekse, während der Ofen vorheizt (Heißluftofen 125-130 °C), mit der restlichen Honigmischung bepinseln. Bei mir hat es gerade gereicht. Wer eine weißere Decke möchte, solle noch etwas Reisbrei unterschlagen. Bleche einschieben und bei unveränderter Temperatur 35-55 Min. backen. Das obere Blech mit dem Backpapier hat deutlich länger gebraucht, das untere Blech war nach 45 Min. fertig. Im Rezept steht 25 Min. und dann sollen die Sterne von unten angebräunt sein. Das waren sie bei mir ganz klar nicht.

Hinweise: Zimtsterne ohne Eiweiß sind schon ein kleines Abenteuer :-) Beim nächsten Mal würde ich ein paar Dinge anders machen: nur 175 g Honig nehmen, vielleicht ist dann der Kamut überflüssig. Oder etwas mehr Kamut nehmen. So war der Teig sehr grenzwertig beim Ausrollen, was aber das Original auch ist. Auch habe ich festgestellt, dass Backpapier nicht so gut ist wie Dauerbackfolie. Da ich gestern sehr viel gebacken hatte, hatte ich da auch ein Blech mit Papier ausgelegt. Da ich auch Papier mehrmals benutze, kam das heute unter die Sternchen. Als ich testen wollte, ob die Sterne von unten hellbraun sind (Zeichen für „gar"), sind sie mir auf dem Papier sofort auseinandergerissen, weil sie noch nicht so weit waren. Aber selbst „relativ" dunkel mussten sie noch mit viel Sorgfalt vom Papier genommen werden. Durch den klebrigen Teig war das alles etwas aufwändig. Da ich mir mit dem Verhältnis Flüssigkeit / feste Masse hier gar nicht sicher war, habe ich sehr viele Geräte benutzt. Dazu kam, dass ich die bitteren Mandeln vergessen hatte. So wenige Nüsse mahlen, geht am besten im kleinen Mixer. Beim nächsten Mal würde ich es allerdings alles im Thermomix machen.

Richtig war es, den Reisbrei im Vitamix herzustellen. Dadurch wird er noch glatter. 120 g Reisbrei habe ich genommen, weil in den meisten Rezepten 3 x Eiweiß verwendet wird. Das Eiweiß von einem Durchschnittsei wiegt 40 g.

5808. Mandelsplitter-Schokolade, Oktober 2013

Stufe 1:

- 100 g Mandeln
- 5 cm Vanillestange
- 1 Prise Salz
- 65 g Kakaonibs

Stufe 2:

- 20 g Sonnenblumenöl
- 10 g Carobpulver
- 10 g Kakaopulver
- 50 g Kokosöl
- 40 g Kakaobutter

Stufe 3:

- 75 g blanchierte, geschälte Mandeln, im Zerkleinerer gehackt.

Zubereitung siehe 5860.

5809. Nudel-Porree-Auflauf, Oktober 2013

- 100 g Spirali-Nudeln (Biohof Lex)
- 220 g Porree (mehr grün als weiß), netto
- 90 g Radicchio, netto
- 15 g getrocknete Tomaten
- 50 g Hirsebrei (5725)
- 1 gestr. TL Salz
- 1 Prise schwarzer gem. Pfeffer
- 5 g Essigpeperoni (7/4573)
- 30 g Cashewnussmus
- 300 g Wasser

Ofen auf 225 °C (Heißluft) stellen, Gitterrost einschieben. Nudeln in eine feuerfeste Form geben. Porree in Scheiben schneiden, auf die Nudeln geben. Radicchio klein schneiden, auf den Porree streuen. Tomaten in feine Streifen schneiden, obenauf legen und ein bisschen unterarbeiten. Die restlichen Zutaten im Vitamix verquirlen, darüber gießen. In den halb vorgeheizten Ofen geben, 35 Min. bei 200 °C backen.

Tipp: Sehr lecker, unbedingt wiederholen, aber mit 400 g Wasser! Es war gerade noch saftig genug, aber ein bisschen Soße dabei wäre auch schön gewesen.

5810. Tomaten-Schmelzkäse, Oktober 2013

- 1 stark gehäufter EL Reisbrei (5721 o. Ä.)
- 1 kirschgroße Kugel Cashewnussmus
- Etwa Salz
- 1 getr. Tomate (nicht eingelegt), in Streifen
- Ein paar Spritzer Zitronensaft
- 1-2 TL Olivenöl

Im kleinen Mixer verquirlen. Ist ein bisschen zu wenig, um gut „gepackt" zu werden. Auf frischem Brot aber sehr lecker. Und ging schnell!

Dass es so gut wurde, liegt sicher daran, dass ich den Reisbrei im Vitamix gemacht habe. Dadurch ist der an sich schon wie Schmelzkäse. Genaue Gewichtsangaben muss ich noch ausloten.

5811. Zitronen-Clementinen-Eis, Oktober 2013

- 75 g Reisbrei (5721)
- 1 Banane (netto 110 g)
- 1 halbe geschälte, entkernte Zitrone (35 g) in Stücken
- 1 Clementine (90 g netto)
- 80 g Wasser im Vitamix pürieren. 20 Min. Delonghi-Eismaschine.

5812. Locker-fluffiges Hefebrot, Oktober 2013

Stufe 1 (abends):

- 1/4 P frische Hefe (10 g)
- 200 g Wasser
- 200 g Rotkornweizen (o. Ä.)

Stufe 2 (morgens):

- 1/4 P frische Hefe (10 g)
- 300 g Rotkornweizen (o. Ä.
- 300 g Wasser
- Ansatz von Stufe 1

Stufe 3:

- 250 g Emmer
- 1 EL Salz
- 2 EL Brotgewürz gem.
- Ansatz von Stufe 2
- Butter für die Form

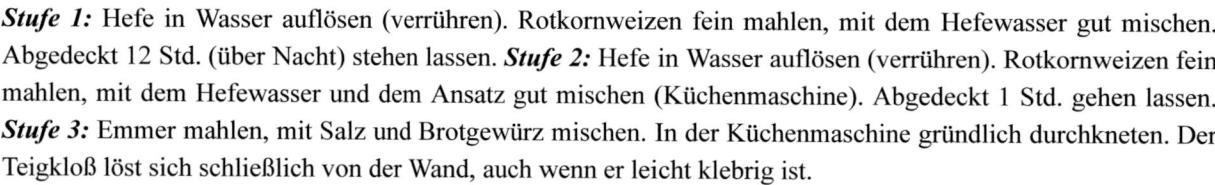

Stufe 1: Hefe in Wasser auflösen (verrühren). Rotkornweizen fein mahlen, mit dem Hefewasser gut mischen. Abgedeckt 12 Std. (über Nacht) stehen lassen. *Stufe 2:* Hefe in Wasser auflösen (verrühren). Rotkornweizen fein mahlen, mit dem Hefewasser und dem Ansatz gut mischen (Küchenmaschine). Abgedeckt 1 Std. gehen lassen. *Stufe 3:* Emmer mahlen, mit Salz und Brotgewürz mischen. In der Küchenmaschine gründlich durchkneten. Der Teigkloß löst sich schließlich von der Wand, auch wenn er leicht klebrig ist.

Fertigstellung: Eine 30-cm-Brotform gut einfetten. Teig hineingeben, mit nasser Hand glattstreichen. Abgedeckt 30 Min. gehen lassen, dann den Ofen auf 230 °C (Heißluft) vorheizen. Brot einschieben und 50-55 Min. bei 200 °C backen. Auf einen Gitterrost stürzen, Klopfprobe machen und gut mit Wasser einsprühen.

5813. Blumenkohlsalat mit Ichwillnicht-Pfännchen, Oktober 2013

Rucola und Radicchio habe ich mehr, als mir im Salat lieb ist.

Salatdressing (kleiner Mixer):

- 1 Clementine (70 g netto)
- 10 g Olivenöl
- 1/2 TL Salz
- 1 Prise schwarzer Pfeffer
- 30 g Wasser

Salatgemüse (alles netto):

- 55 g Kopfsalat
- 5 g Porree
- 1/2 Tomate (45 g)
- 180 g Blumenkohl

Gemüsepfanne 11 Min.:

- 50 g Wasser
- 115 g Zwiebel
- 40 g Radicchio
- 65 g Rucola

Unterrühren:

- 55 g gekochte Azukibohnen

Soße (, kleiner Mixer, aufkochen):

- 75 g Hirsebrei (5725 o. Ä.)
- 20 g Cashewnussmus
- 8 g Olivenöl
- 1/2 TL Salz
- 4 g Essigpeperoni
- Etwas Pfeffer

5814. Waldorf auf Radicchio, Oktober 2013

In den Zerkleinerer:

- 15 g Zitronensaft
- 1/2 TL Salz
- 1 Prise schwarzer Pfeffer
- 1 Prise gem Ingwer
- 10 Haselnüsse

Kurz durchdrehen lassen. Dann, vorgeschnitten, hinzugeben und fein raffeln:

- 1 kleiner Apfel (75 g)
- 165 g Sellerie, beides ungeschält
- 2 größere Blätter Radicchio (30 g) auf einem Teller auslegen, den Selleriesalat in die Mitte geben.

5815. Haferflockenkekse, November 2013

Nach einem Dr. Oetker Rezept, Mit Liebe Backen (1963), Seite 182.

- 125 g Nackthafer
- 2 EL Erdnussöl
- 25 g Honig
- 50 g Emmer
- 1 TL Backpulver
- 2 Bittermandeln
- 40 g gekochte Kichererbsen
- 20 g Hirsebrei (5725 o. Ä.)
- 50 g Honig
- 1 EL Wasser

Nackthafer flocken. Erdnussöl in eine heiße Pfanne geben. Sobald das Öl heiß ist, die Flocken darin unter regelmäßigem Umrühren rösten, bis sie braun sind. Das erfordert etwas Geduld. Honig hinzugeben, rühren bis sich alles gelöst hat und von der Herdplatte nehmen. Emmer fein mahlen und mit dem Backpulver mischen. Mandeln im kleinen Mixer mahlen (das schafft sonst kein Gerät), mit Kichererbsen, Hirsebrei, Honig und Wasser gut schlagen. Portionsweise zum Mehl geben und gut mit einem Kochlöffel rühren. Hafermasse ebenfalls portionsweise einarbeiten. Zwischen den Händen zu walnussgroßen Kugeln formen und nebeneinander auf ein mit Dauerbackfolie ausgelegtes Backblech setzen. Ergab ca. 20 Kügelchen. Ich finde den Aufwand für die Menge zu groß, würde demnächst die doppelte Menge machen. Ofen 10 Min. auf 170 °C (Heißluft) vorheizen. Backblech einschieben und Kekse 12-15 Min. backen. Sie sind dann goldbraun.

Tipp: Beim nächsten Mal würde ich mehr Flüssigkeit zugeben, sodass die Kekse flach zerlaufen können. Außerdem die doppelte Menge machen, denn nicht einmal mein Blech ist voll.

5816. Kartoffel-Lauch-Puffer, November 2013

1 großer Puffer

- 225 g Kartoffel
- 55 g Porreegrün
- 100 g gekochte Kichererbsen
- 50 g Hirsebrei (5725 o. Ä.)
- 1 gestr. TL Salz
- 1 Prise schwarzer gem. Pfeffer
- 1/2 gestr. TL Paprika edelsüß
- 1 TL Sonnenblumenöl
- 1 EL Erdnussöl

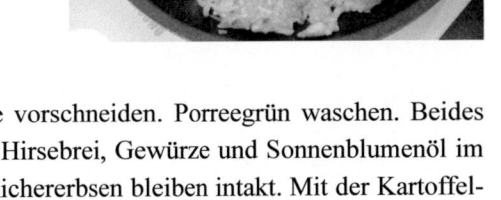

Kartoffeln unter fließendem Wasser gut abbürsten, je nach Größe vorschneiden. Porreegrün waschen. Beides zusammen mittelfein raffeln (Jupiter Elektroraspel). Kichererbsen, Hirsebrei, Gewürze und Sonnenblumenöl im kleinen Mixer mit dem hochstehenden Messer verquirlen. Einige Kichererbsen bleiben intakt. Mit der Kartoffelmasse sehr gründlich vermischen.

AMT-Pfanne leer auf Stufe 10 (von 15) erhitzen, dann Erdnussöl hinzugeben, ebenfalls erhitzen und dann mit einem Pinsel verstreichen. Kartoffelmasse in die Pfanne geben, mit einem Pfannenwender flach in der Pfanne verteilen. Deckel auflegen und bei Stufe 9-8 braten. Vom Boden lösen, auf den Deckel rutschen lassen und umdrehen. Nochmals 5 Min. bei Stufe 8 backen. Auf einen großen Teller geben.

5817. Brötchen über Nacht, November 2013

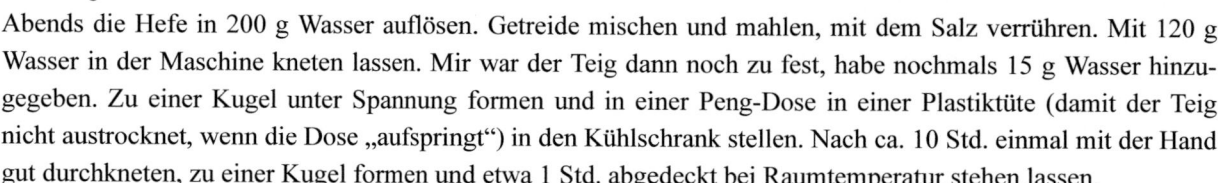

Dieser Tag geht komplett über Nacht und muss morgens „nur noch" auf Zimmertemperatur gebracht und ausgeformt werden.

- 1/2 P Hefe (ca. 20 g)
- 200 g Wasser
- 345 g Rotkornweizen (o. Ä.)
- 105 g Emmer (o. Ä.)
- 50 g Nackthafer
- 2 gestr. TL Salz
- 135 g Wasser

Abends die Hefe in 200 g Wasser auflösen. Getreide mischen und mahlen, mit dem Salz verrühren. Mit 120 g Wasser in der Maschine kneten lassen. Mir war der Teig dann noch zu fest, habe nochmals 15 g Wasser hinzugegeben. Zu einer Kugel unter Spannung formen und in einer Peng-Dose in einer Plastiktüte (damit der Teig nicht austrocknet, wenn die Dose „aufspringt") in den Kühlschrank stellen. Nach ca. 10 Std. einmal mit der Hand gut durchkneten, zu einer Kugel formen und etwa 1 Std. abgedeckt bei Raumtemperatur stehen lassen.

Ich hatte 850 g Teig. Also habe ich 10 Brötchen hergestellt: jeweils 85 g kurz durchkneten, zu einer Kugel unter Spannung formen, länglich Rollen. Nebeneinander auf ein mit Dauerbackfolie ausgelegtes Backblech setzen, einsprühen und mit einer Gärfolie abdecken. Etwa 40-45 Min. gehen lassen (deshalb so lange, weil ich Plätzchen gebacken habe, normalerweise hätte ich nach 10 Min. mit dem Vorheizen begonnen), dann jeweils zweimal mit der Schere einschneiden, nochmals einsprühen und in den auf 200 °C (Heißluft) vorgeheizten Ofen schieben. 20-25 Min. backen, Klopfprobe machen. Mit Wasser einsprühen und auf einem Gitterrost auskühlen lassen.

Hinweis: Brötchen sind schön elastisch und feinporig.

5818. Gewürzplätzchen, November 2013

- 200 g Einkorn
- 10 Gewürznelken
- 1 geh. TL Zimt
- 1 TL gem. Kardamom
- 1/2 TL gem. Vanille
- 1 gestr. TL Weinsteinbackpulver
- 40 g gekochte Kichererbsen
- 100 g Hirsebrei (5725 o. Ä.)
- 40 g Wasser
- 10 g Weinbrand
- 195 g Honig

Einkorn mit den Nelken fein mahlen. Alle trockenen Zutaten miteinander verrühren. Die restlichen Zutaten im kleinen Mixer gut mixen (hochstehendes Messer), dann nochmals mit dem Handrührgerät (Rührbesen) aufschlagen. Mehlmischung einarbeiten. Auf ein mit Dauerbackfolie ausgelegtes Backblech streichen. Aufpassen, dass der Teig am Rand nicht dünner wird, weil die Plätzchen sonst sehr dunkel werden. Mit der Tortenpalette rechteckige Plätzchen markieren. In den auf 200 °C (Heißluft) vorgeheizten Ofen schieben und 10 Min. backen. Blech herausnehmen, Schnittstellen nacharbeiten. Weitere 5-8 Min. backen, dann sofort auseinanderschneiden und auf einem Gitterrost abkühlen lassen.

5819. Tomaten-Schmelzkäse 2, November 2013

- 3 getr. Tomaten (15 g)
- 100 g Hirsebrei (5725 o. Ä.)
- 1/2 TL Salz
- 10 g Cashewnussmus
- 5 g Zitronensaft
- 8 g Olivenöl
- 1 g Essigpeperoni (7/4573)

Tomaten in ganz feine Streifen / P schneiden. Alle Zutaten im kleinen Mixer mit dem hochstehenden Messer gut verquirlen.

5820. Nudel-Möhren-Auflauf, November 2013

- 100 g Spirali-Vollkornnudeln
- 45 g Zwiebel netto
- 1 Knoblauchzehe
- 225 g Möhren netto
- 45 g Radicchio, netto
- 65 g Hirsebrei (5725 o. Ä.)
- 1 gestr. TL Salz
- 1 Pr. schwarzer gem. Pfeffer
- 5 g Essigpeperoni (7/4573)
- 25 g Cashewnussmus
- 400 g Wasser

Ofen auf 225 °C (Heißluft) stellen, Gitterrost einschieben. Nudeln in eine feuerfeste Form geben. Zwiebeln würfeln, Knoblauch in Streifen und Möhren in Scheiben schneiden (z. B. Alligator), auf die Nudeln geben. Radicchio klein schneiden, auf den Porree streuen. Die restlichen Zutaten im Vitamix verquirlen, darüber gießen. In den halb vorgeheizten Ofen geben, 35 Min. bei 225 °C backen. Da waren die Möhren gerade gut. Es hätte aber ruhig noch mehr Flüssigkeit sein dürfen (450 g); allerdings waren die 400 g Wasser auch für eine Temperatur von 200 °C gedacht.

5821. Brot, November 2013

Stufe 1 (24 Std. vorher):
- 200 g Roggen
- 200 g Wasser
- 150 g Sauerteig

Stufe 2 (12 Std. vorher):
- 400 g Sauerteigansatz
- 300 g Roggen
- 300 g Wasser

Stufe 3 (Backen, bei mir ein Morgen):
- 100 g Roggen
- 150 g Weizen
- 1 gestr. EL Salz
- 1 EL gem. Brotgewürz
- 1000 g Sauerteig (= Stufe 2)
- Butter für die Form

Stufe 1: Roggen fein mahlen, mit Wasser und altem Sauerteig mischen. In einer Plastiktüte ca. 12 Std. stehen lassen.

Stufe 2: 150 g von der Stufe 1 abnehmen und in einem gut schließenden Schraubglas in den Kühlschrank stellen für das nächste Backen. Roggen fein mahlen, mit Sauerteigansatz und 300 g Wasser verrühren (ein Kochlöffel reicht).

Stufe 3: Roggen und Weizen zusammen fein mahlen und mit Salz und Brotgewürz mischen. Zum Sauerteig geben und mit der Küchenmaschine gründlich durchkneten. Der Teig ist klebrig. Eine 30-cm-Brotform, Profi-Emaille von Dr. Oetker, gut einfetten. Teig hineingeben, mit einem nassen Teigschaber glattstreichen. Mit Wasser besprühen, Form in eine große Plastiktüte geben und 3-4 Std. gehen lassen.

Ofen auf 240 °C (Heißluft) vorheizen, 1 Std. bei 200 °C backen.

5822. Kräuter-Schmelzkäse, November 2013

- Im kleinen Mixer oder Vitamix:
- 60 g Reisbrei (5721)
- 1 g Salz
- 12 g Sonnenblumenöl
- 10 g Cashewnussmus
- 1 TL Gewürz-Blüten-Mischung Sonnentor (4 g)
- 1 Prise Schabziegerklee

5823. Gewürzschokolade, November 2013

Stufe 1:
- 100 g Kakaonibs
- 100 g Cashewnüsse
- 1 Tonkabohne
- 1 Prise Salz

Stufe 2:
- 25 g Sesamöl
- 10 g Kakaopulver
- 10 g Carobpulver
- 60 g Honig
- 40 g Kokosöl
- 65 g Kakaobutter
- 1 TL gem. Ingwer
- 1 TL gem. Kardamom

Weitere Zutaten:
- 125 g Erdnüsse, gesalzen & geröstet
- 50 g grüne Rosinen

Zubereitung der Stufen siehe 5860. Reicht für je eine 6er-Form + eine 2er-Form.

5824. Nudel-Porree-Auflauf, November 2013

In die 24-cm-Pfanne in der aufgeführten Reihenfolge:
- 100 g Spirali-Vollwertnudeln
- 180 g Porreegrün, netto, in Ringen
- 65 g Zwiebel, netto, in P
- 1 Tomate in Scheiben (140 g)
- Für die Soße im Vitamix mischen:
- 30 g Hirsebrei (5725)
- 30 g Reisbrei (5721; ich hatte nur noch 30 g Hirsebrei, die Zusammenstellung ist völlig egal)
- 1 gestr. TL Salz
- 1 geschälte Knoblauchzehe (3 g)
- 30 g Cashewnussmus
- 1 MS schwarzer gem. Pfeffer
- 1 gestr. TL Paprika edelsüß
- 10 g (2 Stück) getr. Tomate, in feinen Streifen

Soße über das Gemüse geben. In den auf 200 °C vorgeheizten Ofen geben und 35 Min. backen. Das war ideal, Soße genau richtig.

5825. Spinat-Mais-Schmarren, November 2013

- 70 g roter Mais
- 100 g Wasser
- 1 Prise Salz
- 50 g Wasser
- 125 g Spinat brutto & ungewaschen
- 2 TL Olivenöl

Mais in der Mühle fein mahlen, mit 100 g Wasser und Salz gut verrühren und quellen lassen, bis der Spinat fertig ist.

50 g Wasser in eine 20 cm-Alugusspfanne geben. Spinat waschen, auswringen und die Wurzelenden abschneiden. In feine Streifen schneiden und der Pfanne hinzufügen. Deckel auflegen, auf höchster Einstellung zum Kochen bringen. Auf kleinste Einstellung drehen und 5 Min. dünsten, ohne den Deckel abzuheben.

Öl und Mais zum Spinat geben, gut unterrühren. Auf 10 (von 15) braten lassen. Dann wenden und ein wenig auseinanderreißen. Solange wiederholen, bis beide Seiten braun sind.

Hinweis: Dies ist kein missglückter Pfannkuchen, sondern ein gewollter Schmarren. :-)

5826. Hefebrot über Nacht 1/4 Hefe (für Michael), Dezember 2013

Stufe 1 (abends):
- 1/4 P frische Hefe (10 g)
- 200 g Wasser
- 200 g Weizen

Stufe 2 (morgens):
- 300 g Rotkornweizen
- 300 g Wasser
- Ansatz von Stufe 1

Stufe 3:
- 150 g Rotkornweizen
- 100 g Weizen
- 1 gestr. EL Salz
- 1 EL Brotgewürz gem.
- Ansatz von Stufe 2
- Butter für die Form

Stufe 1: Hefe in Wasser auflösen (verrühren). Rotkornweizen fein mahlen, mit dem Hefewasser gut mischen. Abgedeckt 12 Std. (über Nacht) stehen lassen.

Stufe 2: Rotkornweizen fein mahlen, mit dem Hefewasser und dem Ansatz gut verrühren (Löffel). Abgedeckt 1 Std. gehen lassen. Geht genauso gut wie mit Zusatzhefe.

Stufe 3: Getreide mahlen, mit Salz und Brotgewürz mischen. In der Küchenmaschine gründlich durchkneten. Der Teigkloß löst sich schließlich von der Wand, auch wenn er leicht klebrig ist.

Fertigstellung: Eine 30-cm-Brotform gut einfetten. Teig hineingeben, mit nasser Hand glattstreichen. Abgedeckt 45 Min. gehen lassen, dann den Ofen auf 230 °C (Heißluft) vorheizen. Brot einschieben und 50-55 Min. bei 200 °C backen. Auf einen Gitterrost stürzen, Klopfprobe machen und gut mit Wasser einsprühen.

Hinweis: Wäre ich nicht so knapp mit der Zeit gewesen, hätte ich noch 15 Min. gehen lassen.

5827. Sobuschoki, Dezember 2013

Stufe 1
- 100 g Kakaonibs
- 100 g Cashewnüsse
- 1 Prise Salz
- 7 cm Vanillestange

Stufe 2
- 33 g Sesamöl
- 60 g Honig
- 10 g Carobpulver
- 37 g Kokosöl
- 60 g Kakaobutter

Weitere Zutaten
- 50 g Buchweizen
- 35 g Sonnenblumenkerne

Zubereitung der Stufen wie in 5860 beschrieben.

5828. Kürbis-Spinat-Pfanne mit Kartoffeln, Dezember 2013

- 50 g Wasser
- 10 g Kokosöl
- 235 g Kartoffeln, gebürstet, in Scheiben, netto gewogen
- 215 g Hokkaido, ungeschält, Kerne raus, in Scheiben geschnitten, netto
- 150 g Spinat, gewaschen, Wurzeln abgeschnitten, leicht ausgedrückt, netto

Die Zutaten in der angegebenen Reihenfolge in eine 24-cm-Pfanne geben. Als Gemüsepfanne 15 Min. dünsten. Für die Soße
- 1 gestr. TL Salz
- 1 gute Prise gem. schwarzer Pfeffer
- 1 Stück Essigpeperoni (2 g) (7/4573)
- 1 EL Mangoessig (5513 o. Ä.)
- 10 g Sonnenblumenöl
- 50 g Reisbrei (100:350) (5721)
- 40 g Wasser im kleinen Mixer verquirlen. Gut unter das Essen rühren und kurz aufkochen, die Soße dickt.

5829. Brot Zwo, Dezember 2013

Vorläufer 5821

Stufe 1 (24 Std. vorher):
- 200 g Roggen
- 200 g Wasser
- 150 g Sauerteig

Stufe 2 (12 Std. vorher):
- 400 g Sauerteigansatz
- 300 g Roggen
- 300 g Wasser

Stufe 3 (Backen, bei mir ein Morgen):
- 150 g Roggen
- 150 g Einkorn
- 1 gestr. EL Salz
- 1 EL gem. Brotgewürz
- 1000 g Sauerteig (= Stufe 2)
- Butter für die Form

Stufe 1: Roggen fein mahlen, mit Wasser und altem Sauerteig mischen. In einer Plastiktüte ca. 12 Std. stehen lassen.

Stufe 2: 150 g von der Stufe 1 abnehmen und in einem gut schließenden Schraubglas in den Kühlschrank stellen für das nächste Backen. Roggen fein mahlen, mit Sauerteigansatz und 300 g Wasser verrühren (ein Kochlöffel reicht).

Stufe 3: Roggen und Weizen zusammen fein mahlen und mit Salz und Brotgewürz mischen. Zum Sauerteig geben und mit der Küchenmaschine gründlich durchkneten. Eine 30-cm-Brotform, Profi-Emaille von Dr. Oetker, gut einfetten. Teig hineingeben, mit der nassen Hand herunterdrücken und glattstreichen. Mit Wasser besprühen, Form in eine große Plastiktüte geben und 3-4 Std. gehen lassen. Ofen auf 240 °C (Heißluft) vorheizen, 1 Std. bei 200 °C backen.

5830. Kürbis-Spinat-Auflauf mit Nudeln, Dezember 2013

In die 24-cm-Pfanne in der aufgeführten Reihenfolge:
- 100 g Spirali-Vollwertnudeln
- 210 g Kürbis, netto (d. h. ohne Kerne), in Streifen
- 220 g Spinat netto (d. h. ohne Wurzeln, aber nass nach dem Waschen und kurzen Ausschwenken gewogen)

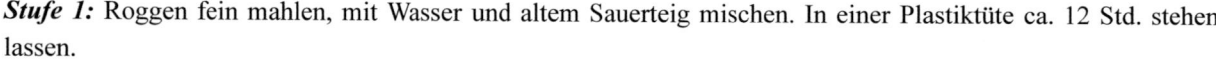

Für die Soße im Vitamix mischen:
- 90 g Reisbrei (5721)
- 1 gestr. TL Salz
- 15 g Cashewnussmus
- 1 MS schwarzer gem. Pfeffer
- 1 Prise gem. Muskatnuss
- 10 g Sonnenblumenöl
- 10 g Apfelessig
- 410 g Wasser

Soße über das Gemüse geben. In den auf 200 °C vorgeheizten Ofen einschieben und 35 Min. backen. Komischerweise waren die Nudeln weicher als sonst. Vielleicht doch zu viel Flüssigkeit?

Hinweise: Ich hatte nicht mehr nachgesehen, daher 1. zu viel Reisbrei (besser: 60 g), Öl und Essig sonst auch nicht und Wasser war mir etwas „aus der Hand gerutscht" mit 410 g. Sehr schön soßig dadurch natürlich. Nicht zu vergessen ist natürlich auch die Wassermenge vom Waschen des Spinats. – Wenn man den Kürbis beim Essen zerdrückt, sieht er aus wie Eigelb - und schmeckt auch ein bisschen so.

5831. Weihnachtsstollen, Dezember 2013

Vorlage: www.brigitte.de/rezepte/rezepte/christstollen

- 200 g grüne Rosinen
- 160 g Orangeat
- 80 g Weinbrand
- 1,5 P Hefe (60 g)
- 100 g Wasser
- 350 g Einkorn
- 350 g Weizen
- 1 TL gem. Kardamom
- 1 TL gem. Zimt
- 1/2 TL gem. Vanille

- 1 gute Prise Salz
- 90 g Reisbrei (5721)
- 50 g Cashewnussmus
- 5 g getrocknete Orangenschalen
- 150 g Sonnenblumenöl
- 100 g Wasser
- 180 g Honig
- 300 g Mandeln
- 200 g Honigmarzipan

Am *Vorabend* Rosinen und Orangeat mit Weinbrand übergießen, in einer abgedeckten Schüssel über Nacht stehen lassen.

Backtag: Hefe in 100 g Wasser auflösen. Getreide mischen und mahlen, mit Gewürzen und Salz vermengen. Rosinenmischung abtropfen lassen, die Flüssigkeit auffangen (bei mir ca. 80 g). Die Restflüssigkeit mit Reisbrei, Nussmus, Orangenschale, Öl, Wasser und Honig im Vitamix gut verquirlen. Die Mandeln im Zerkleinerer in zwei Portionen grob hacken. Mit der Flüssigkeit und dem Getreide gut kneten. Die Kenwood-Küchenmaschine war mit diesem schweren Teig überfordert, hat immer nur unten etwas geknetet, der Rest hing am Rand. Daher habe ich gründlich mit der Hand nachgeknetet.

Teigschüssel in eine Plastiktüte stecken, ein Tuch auflegen und 2 Std. gehen lassen, bis der Teig sichtbar aufgegangen ist. Rosinen etc. mit den Händen unterkneten. Teig halbieren (jede Hälfte ca. 1000 g) und mit jeder Hälfte wie folgt fortfahren: Teig zu einem Oval formen. Eine Vertiefung bei 1/3 eindrücken. Einen dicken Streifen Honigmarzipan in die Vertiefung legen, die längere Seite darüber klappen und zudrücken.

Nebeneinander auf ein mit Dauerbackfolie ausgelegtes Backblech legen, etwas zusammenschieben. Blech in eine große Plastiktüte stecken und 2 Std. gehen lassen. In den letzten 30 Min. den Ofen auf 240 °C vorheizen (ich habe Brot bei 200 °C gebacken) und Stollen einschieben. 30 Min. bei 175 °C (Heißluft) backen, dann mit einer Dauerbackfolie abdecken und 15 Min. bei 165 °C backen. Nach dem Backen vorsichtig vom Backblech auf ein Gitterrost geben, er bricht jetzt noch sehr leicht!

Den heißen Stollen kann man noch mit etwas Butter (oder flüssigem Honig) bestreichen und mit Kokosraspeln bestreuen, er sieht dem „echten" Stollen dann ähnlicher.

5832. Brotkakao, Dezember 2013

Im Vitamix 5 Min. mixen:

- 50 g in Stücke gebrochenes Brot, 1 Woche alt
- 15 g Kakaobohnen
- 5 g Carobpulver
- 20 g Mandeln
- 27 g Ingwer
- 25 g grüne Rosinen (wird nicht sehr süß)
- 380 g Wasser.

Gibt mehr als eine große Tasse, ist ziemlich dickflüssig.

5833. Reisremoulade, Dezember 2013

Wäre mit genauer Messung mal zu verifizieren,

- 1/2 TL Salz
- 1 Prise schwarzer gem. Pfeffer
- ca. 1 EL Essig
- ca. 1/2 TL Senf
- 1 TL flüssiger Honig
- ca. 60-75 g Reisbrei (5721)
- 1 TL Cashewnussmuss und
- 30-40 g Wasser im kleinen Mixer, flaches Messer

5834. Herbes Bananeneis, Dezember 2013

Im Vitamix gut mischen, dann 15 Min. in der Delonghi-Eismaschine:

- 30 g Zitrone, geschält, weiß etwas abgezogen
- 15 g Cashewnussmus
- 100 g Reisbrei (5721)
- 1 Banane (geschält 120 g)
- 100 g Wasser
- 10-20 g Honig

5835. Kürbis-Beilage, Dezember 2013

- 10 g Kokosöl
- 40 g Wasser
- 1 rote Zwiebel (netto 50 g)
- 135 g Kürbis (netto)
- Salz nach Geschmack
- schwarzer Pfeffer nach Geschmack

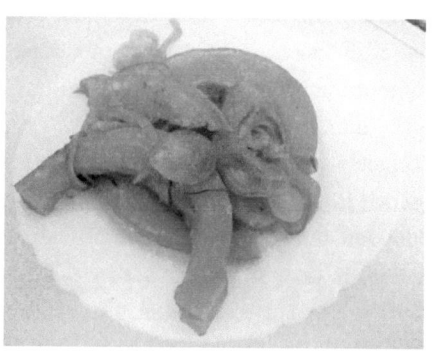

Kokosöl und Wasser in eine Pfanne geben. Zwiebel abziehen, in dünne Scheiben = Ringe schneiden, in die Pfanne geben. Von einem Viertel-kürbis 7-8 mm dicke Scheiben (also nicht ganz 1 cm dick) abschneiden, Kerne herausnehmen und die „Rundungen" auf die Zwiebelringe legen. Deckel auflegen, auf höchster Einstellung zum Kochen bringen. Auf kleinste Einstellung drehen und 10 Min. dünsten, ohne den Deckel abzuheben. Mit Salz und Pfeffer bestreuen. Falls Kochflüssigkeit übrig ist, einkochen, d. h. Deckel abnehmen und auf ziemlich hoher Einstellung kochen lassen, bis die Flüssigkeit fast verdampft ist.

Tipp: Bei mir gab es dazu eine große Schüssel Salat und eine Scheibe Brot.

5836. Batate mit Salat, Dezember 2013

Gemüse:

- 40 g Wasser
- 5 g Sonnenblumenöl
- 195 g Batate netto in Scheiben, ungeschält
- Salz

Eine Gemüsepfanne, 10 Min. (9 hätten gereicht), dann salzen.

Wirsingsalat:

- 200 g Wirsing fein geschnitten mit der Hand
- 2 Blätter Radicchio
- 1 schmales Blatt Endiviensalat
- Rucola, alle drei gewaschen & fein geschnitten
- 3 cm Porreestange in feinen Streifen
- Dressing: 2 Clementinen, 1 Stück Essigpeperoni, 1 EL Apfelessig, Cashewnussmus, Salz, Pfeffer, Wasser bis nur noch der oberste Rand des kleinen Mixers frei ist (reicht für 2 Salate als Dressing)

5837. Dünstkartoffeln, Dezember 2013

- 40 g Wasser
- 10 g Sonnenblumenöl
- 75 g rote Zwiebel, netto, in feinen Scheiben
- 260 g Kartoffeln, unter fließendem Wasser gebürstet, netto, in 4-5 mm dicke Scheiben geschnitten
- Später: Salz

Zutaten in eine 20-cm-Woll-Pfanne geben. Deckel auflegen, auf höchster Einstellung zum Kochen bringen. Auf kleinste Einstellung drehen und 11-15 Min. (je nach Kartoffelsorte) dünsten, ohne den Deckel abzuheben. Dann ohne Deckel auf größerer Einstellung trockenbraten lassen, so dass einige Kartoffelscheiben leicht gebräunt sind. Salzen.

5838. Pizza Cipollini, Dezember 2013

Teig:
- 125 g Einkorn
- 1 TL Trockenhefe
- 70 g Wasser
- 1 gute Prise Salz

Rote Schicht:
- 30 g Tomatenmark
- Etwas Salz
- Etwas Pfeffer
- 25 g Wasser

Gemüse:
- 90 g Gemüsezwiebel netto
- 1 geschälte Knoblauchzehe
- 1-2 TL Pizzagewürz

Weiße Schicht:
- 20 g roter Emmer gemahlen
- 80 g gekochte Sojabohnen oder weiße Bohnen
- 15 g Cashewnussmus
- 10 g Sonnenblumenöl
- 10 g Apfelessig
- 40 g Wasser
- 1 gute Prise Salz

Teig: Einkorn mahlen und mit Hefe und Salz mischen. Alle Zutaten zu einem festen Teig verkneten, eine Kugel unter Spannung formen und in einer Peng-Schüssel 6-7 Std. im Kühlschrank stehen lassen. Dann mindestens über 30 Min. Raumtemperatur annehmen lassen. Durchkneten. Auf einer Dauerbackfolie (auf feuchtem Küchentuch) mit Hilfe von Streumehl dünn ausrollen, Durchmesser um die 24 cm. Einen kleinen Rand hochrollen.

Rote Schicht: Mit einem Teelöffel verrühren und auf dem Teig verteilen.

Gemüse: Zwiebel schälen und in feine Streifen, die Knoblauchzehe in Scheiben schneiden, auf die Tomatenschicht geben und mit dem Gewürz bestreuen.

Weiße Schicht: im kleinen Mixer zu einer glatten Masse verarbeiten und über den Zwiebeln verteilen. Folie auf ein Backblech ziehen.

Fertigstellung: Das Blech in den kalten Ofen schieben. 25 Min. bei 210 °C (Heißluft) backen.

5839. Reisbrei 2 = Reisstützcreme, Dezember 2013

- 100 g Rundkorn-Naturreis
- 400 g Wasser

Im Vitamix bis zum Stocken schlagen (ca. 4.5 Min.)

5840. Brot ohne Kneten, Dezember 2013

Stufe 1 (24 Std. vorher):

- 200 g Roggen
- 200 g Wasser
- 150 g Sauerteig

Stufe 2 (12 Std. vorher):

- 400 g Sauerteigansatz
- 300 g Roggen
- 300 g Wasser

Stufe 3 (Backen, bei mir ein Morgen)

- 150 g Roggen
- 150 g Rotkornweizen
- 1 gestr. EL Salz
- 1 EL Brotgewürz
- 1000 g Sauerteig (= Stufe 2)
- 100 g Sesamsaat
- 100 g Wasser
- Butter für die Form

Stufe 1: Roggen fein mahlen, mit Wasser und altem Sauerteig mischen. In einer Plastiktüte ca. 12 Std. stehen lassen.

Stufe 2: 150 g von der Stufe 1 abnehmen und in einem gut schließenden Schraubglas in den Kühlschrank stellen für das nächste Backen. Roggen fein mahlen, mit Sauerteigansatz und 300 g Wasser verrühren (ein Kochlöffel reicht)

Stufe 3 und Fertigstellung Roggen und Weizen zusammen fein mahlen und mit Salz, Brotgewürz und Sesam mischen. Zum Sauerteig geben und mit einem großen Löffel gründlich verrühren, bis kein Mehl mehr sichtbar ist. Eine 30-cm-Brotform, Profi-Emaille von Dr. Oetker, gut einfetten. Teig hineingeben, mit der nassen Hand herunterdrücken und glattstreichen mit Wasser besprühen, Form in eine große Plastiktüte geben und 3-4 Std. gehen lassen. Nochmal gut einsprühen, mit einem scharfen Messer mehrmals schräg einschneiden. den Ofen auf 240 °C (Heißluft) vorheizen, 1 Std. bei 200 °C backen.

5841. Superknack-Schokolade, Dezember 2013

Stufe 1:

- 100 g Kakaonibs
- 100 g Mandeln
- 6 cm Vanillestange
- Eine kleine Prise Salz

Stufe 2:

- 20 g Sesamöl
- 60 g Honig
- 10 g Carobpulver
- 10 g Kakaopulver
- 10 g Lebkuchengewürz (selbstgemacht, siehe Resteband)
- 40 g Kokosöl
- 60 g Kakaobutter

Weitere Zutaten:

- 50 g Hanf, ungeschält, geröstet
- 50 g Buchweizen, geröstet

Zubereitung der Stufen siehe z. B. Rezept 5860.

5842. Last-Minute-Kekse, Dezember 2013

- 150 g Nackthafer, geflockt
- 100 g Walnüsse, mittelgrob gehackt
- 30 g Emmer gemahlen, gemischt mit
- 1 TL Lebkuchengewürz (siehe Restebuch), 4 g
- 1 TL Ingwerpulver, 7 g
- 100 g Sojabohnen mit
- 30 g Wasser,
- 1 Prise Salz
- 15 g Sonnenblumenöl
- 20 g Cashewnussmus (400:50)
- 130 g Honig im kleinen Mixer mischen. Alles verkneten und 20-30 Min. stehen lassen.

Mit zwei Teelöffeln Häufchen auf ein mit Dauerbackfolie ausgelegtes Backblech setzen. In den gut vorgeheizten Ofen (vorher hatte ich Brot gebacken) schieben und 15 Min. bei 160 °C backen, im ausgeschalteten Ofen 5 Min. nachbacken.

5843. Zwiebel-Trockenpilz-Lasagne, Dezember 2013

Teig:
- 40 g Kamut
- 40 g Emmer
- 40 g Wasser
- 1 Prise Salz

Soße:
- 100 g gekochte Sojabohnen
- 35 g Cashewmus
- 1 gestr. TL Salz
- 1 MS gem. schwarzer Pfeffer
- 10 g Sonnenblumenöl
- 10 g Apfelessig
- 250 g Wasser
- 9 g getrocknete Bräunlinge und Steinpilze (ein Geschenk aus privater Hand, also in der Menge nicht zu vergleichen mit gekauften Trocken-pilzen)
- 110 g Zwiebeln, netto

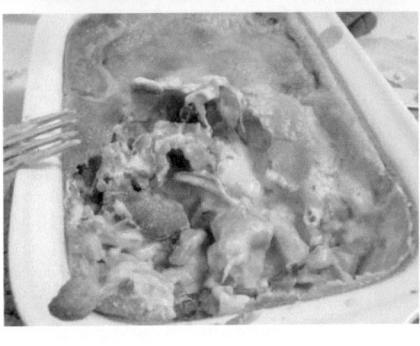

Teig: Getreide fein mahlen, Wasser (erst 35 g) einarbeiten. Immer wieder ausrollen, zusammenpacken usw. Das imitiert so ein bisschen die Maschinen. Zu einer Kugel formen, in Haushaltsfolie wickeln abdecken und einige Std. ruhen lassen.

Soße: Zutaten im Vitamix vermischen und einige Std. im Kühlschrank aufbewahren, dickt etwas nach.

Gemüse:

Gemüse: Zwiebel schälen, würfeln. Pilze nicht verarbeiten.

Fertigstellung: In eine Pyrex-Form 22 x 14 cm 4 EL Soße auf den Boden geben. Teig in drei Teile zu je 40 g teilen, jeweils in Größe der Pyrex-Form ausrollen. Eine Teigplatte auf die Soße geben. Dann darauf die Hälfte der Zwiebeln und der Pilze und 6 EL Soße, evtl. 2 EL Wasser; darüber die zweite Teigplatte. Darauf den Rest Zwiebel und Pilze und weitere 8 EL Soße, mit der dritten Teigplatte abschließen. Den Soßenrest vorsichtig über die Teigplatte gießen. Auf ein mit Dauerbackfolie ausgelegtes Backblech stellen. Blech in den Ofen schieben und 45 Min. bei 210 °C (Heißluft backen). Aus dem Ofen nehmen und 10 min. warten.

Hinweis: Die Soßenmenge war perfekt! Die Zwiebeln hätten besser gegart sein können.

5844. Orangeat-Eiscreme, Dezember 2013

- 1 größere Banane
- 1 kleiner Apfel oder 1/2 mittelgroßer
- 1,5 TL Orangeat
- 1 geh. TL Cashewnussmus und
- 110 Wasser im Vitamix mischen. 20 Min. Delonghi-Eismaschine.

5845. Frischer Nudelsalat, Dezember 2013

Salatgemüse:

- 1 Schüssel mit viel grünem Salat / Radicchio / Pimpinelle / Rucola und etwas geraffelt Möhre, Apfel, Sellerie (zusammen eine Handvoll), 1 EL gekochte weiße Bohnen.

Dressing (45 Sek. kleiner Mixer):

- 10 g Sonnenblumenkerne
- 60 g Clementine (netto)
- 4 g Knoblauch (1 Zehe netto)
- 2 x 1 cm Essigpeperoni
- 20 g Sonnenblumenöl
- 10 g Apfelessig
- Salz
- Pfeffer
- 40 g Wasser

Nudeln:

- 125 g Vollkorn-Spirali in Salzwasser gar kochen (7 Min.), alles vermischen, mit
- 1/2 Tomate in Spalten dekorieren

5846. Spinatomelette indisch, Dezember 2013

Eine Gemüsepfanne, 5 Min.:

- 20 g Wasser
- 20 g Erdnussöl
- 65 g Zwiebel netto, gewürfelt
- 100 g Spinat brutto: gewaschen, Wurzelenden abgeschnitten, in schmale Streifen (in die Pfanne gehen 95 g)

Im kleinen Mixer:

- 75 g Kichererbsen fein mahlen,
- 1 Prise Salz
- 1 Prise Chilipulver
- 2 Prisen Tandoori-Gewürzmischung (oder Curry) und
- 110 g Wasser verquirlen.

Gut unter Spinat und zwiebeln rühren, auf beiden Seiten hellbraun backen (ca. 6-7 Min. pro Seite). Dazu einen Salat reichen.

5847. Marzipan-Crunch-Schokolade, Dezember 2013

Stufe 1:

- 100 g Mandeln
- 40 g Kakaonibs
- 60 g Kakaobohnen
- 3 cm Vanillestange
- Etwas Salz

Stufe 2:

- 60 g Honig
- 30 g Sesamöl
- 10 g Kakaopulver
- 10 g Carobpulver
- 40 g Kokosöl
- 60 g Kakaobutter

Weitere Zutaten:

- 50 g Walnüsse fein gehackt (2 x im Zerkleinerer gedrückt)
- 80 g fertig gekauftes Honigmarzipan

Grundsätzliche Herstellung s. 5860. Im Gegensatz zu sonst habe ich die Stufe 1 im Vitamix gelassen. Blockform unten ganz dünn (Teelöffel) mit Schokolade ausfüllen, kurz tiefkühlen. Rest Schokolade mit Walnüssen mischen. Honigmarzipan in 48 Stücke schneiden, zu Kugeln rollen. Auf die kalte Schokolade setzen, mit dem Rest Schokolade abdecken.

5848. Vorratsdressing, Dezember 2013

Im Vitamix lauwarm schlagen:

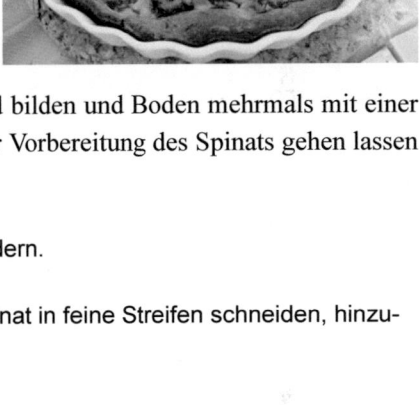

- 100 g Sonnenblumenöl
- 200 g Apfelessig
- 100 g Sonnenblumenkerne
- 20 g Salz
- 4 g gem. schwarzer Pfeffer
- 25 g Senf
- 200 g Wasser

Hinweise: Da ich noch mit dennree-Apfelessig kalkuliere, ist das zu sauer. Lebegesund-Apfelessig scheint deutlich ergiebiger, demnächst also 100 g Essig und 300 g Wasser. – Lecker war verquirlen mit 1 Clementine, 1 Knoblauchzehe und Wasser.

5849. Spinattorte, Dezember 2013

Teig:

- 100 g Rotkornweizen mit
- 50 g Nackthafer mahlen, mit
- 4 g Trockenhefe und
- 2 Prisen Salz vermischen; mit
- 1 TL Essig und
- 85 g Wasser zu einem glatten Teig verarbeiten.

Teig: Teig zu einer Kugel unter Spannung formen, in einer Pengdose 35 Min. gehen lassen (dann hat's bei mir geknallt, geplant war 1 Std.). Ausrollen für eine 24-cm-Quicheform, etwas größer. In die Form legen, Rand bilden und Boden mehrmals mit einer Gabel einstechen. Leicht einsprühen. In eine Plastiktüte geben und bis zur Vorbereitung des Spinats gehen lassen (waren 16 Min. bei mir).

Spinatcreme:

- 200 g Spinat brutto gut waschen, abtropfen lassen und trocken schleudern.
- 50 g Wasser in eine 24-cm-Pfanne geben,
- 1 kleine Zwiebel (35 g) abziehen und würfeln, in die Pfanne geben. Spinat in feine Streifen schneiden, hinzugeben. Als Gemüsepfanne 6-7 Min. dünsten. im kleinen Mixer
- 100 g Reisstützcreme (100 Rundkorn/400 Wasser; 5839) mit
- 10 g Öl
- 20 g Cashewnussmus
- 1/2 TL Salz und
- 50 g Wasser verquirlen, gut mit dem Spinat mischen.

Spinatmasse auf den Teig geben, auf dem Gitterrost in den kalten Ofen schieben und mit Dauerbackfolie abdecken. 30 Min. bei 225 °C backen, in den letzten 15 Min. die Folie entfernen.

5850. Dünstbratkartoffeln, Dezember 2013

- 10 g Olivenöl
- 45 g Wasser in eine 20-cm-Woll-Pfanne geben,
- 1 Zwiebel (90 g netto) halbieren und dann in Scheiben schneiden, in die Pfanne geben
- 225 g Kartoffeln (netto, d. h. ohne Schadstellen) gut abwaschen und in 3-4 mm dicke Scheiben schneiden. Auf die Zwiebelscheiben legen. Deckel auflegen, auf höchster Einstellung zum Kochen bringen. Auf mittlerer Einstellung 3 Min. braten, dann auf kleinste Einstellung drehen und 12 Min. dünsten, ohne den Deckel abzuheben. Mit
- etwas Salz bestreuen und mit einem Salat servieren.

5851. Hefeschrotbrot über Nacht, Dezember 2013

Stufe 1 (abends):
- 1/2 Tüte Trockenhefe (4-5 g)
- 200 g Wasser
- 200 g Rotkornweizen

Stufe 2 (morgens):
- 380 g Rotkornweizen
- 20 g Emmer
- 400 g Wasser
- Ansatz von Stufe 1

Stufe 3:
- 200 g Emmer
- 1 gestr. EL Salz
- 1 EL Brotgewürz gem.
- Ansatz von Stufe 2
- Butter für die Form

Stufe 1: Hefe in Wasser auflösen (verrühren). Rotkornweizen fein mahlen, mit dem Hefewasser gut mischen. Abgedeckt 12 Std. (über Nacht) stehen lassen.

Stufe 2: Getreide schroten, mit dem Hefewasser und dem Ansatz gut verrühren (Löffel). Abgedeckt 1 Std. gehen lassen. Geht genauso gut wie mit Hefezusatz.

Stufe 3: Getreide fein schroten, mit Salz und Brotgewürz mischen. In der Küchenmaschine gründlich durchkneten. Gut abgedeckt 1 Std. gehen lassen.

Stufe 4: Nochmals gründlich durchkneten. Eine 30-cm-Brotform gut einfetten. Teig hineingeben, mit nasser Hand glattstreichen. Abgedeckt 30 Min. gehen lassen, dann den Ofen auf 230 °C (Heißluft) vorheizen. Brot einschieben und 55 Min. bei 200 °C backen. Auf einen Gitterrost stürzen, Klopfprobe machen und gut mit Wasser einsprühen.

5852. Klöße mit Spinat, Dezember 2013

Klöße:
- 50 g Einkorn
- 25 g Emmer
- 1 Prise Salz
- 5 g Honig
- 50 g Reisbrei (5721)
- 25 g Wasser

(Salatsoße im Vitamix schlagen:)
- *100 g Sonnenblumenöl*
- *200 g Apfelessig*
- *100 g Sonnenblumenkerne*
- *20 g Salz*
- *4 g gem. schwarzer Pfeffer*
- *25 g Senf*
- *200 g Wasser*

Spinat:
- 100 g Wasser
- 100 g rote Zwiebel (netto)
- 200 g Spinat (brutto)
- 50 g Salatsoße (s. u.)
- 75 g Reisbrei (5721)
- 50 g Wasser
- 1/2 TL Salz
- 1 Prise schwarzer gem. Pfeffer
- 1 Prise gem. Muskatnuss (vorsichtig verwenden!)
- 10 g Olivenöl

Klöße: Getreide fein mahlen, mit dem Salz verrühren. Honig, Reisbrei und Wasser hinzugeben und gründlich kneten. Den klebrigen Teig mit nassen Händen zu einer Kugel unter Spannung formen und in eine Pengschüssel geben. Etwa 6 Std. stehen lassen. Genügend Wasser zum Kochen bringen, gut salzen. Mit nassen Händen aus der Teigkugel 6 Stücke ziehen und zu Kugeln formen, was mir nicht perfekt gelungen ist. Auf Stufe 4 (von 15) die Klöße ziehen lassen, bis sie nach oben kommen. Dann mit einem Schaumlöffel entnehmen. Wie lange meine Klöße gebraucht haben, weiß ich nicht. Ich schätze mal 10 Min., sie waren ja recht klein.

Spinat: Wasser in eine 24-cm-Pfanne geben. Ich habe 100 g statt 50 g genommen, weil die alte Induktionsplatte mit 50 g nicht zurechtkommt, hätte ich das auf der neuen gemacht, hätte ich 50 g genommen.

Zwiebel schälen, kleinschneiden. Spinat waschen, Wurzeln abdrehen und abtropfen lassen. In feine Streifen schneiden. Gemüse in die Pfanne geben. Als Gemüsepfanne 6 Min. dünsten, ohne den Deckel abzuheben. Restliche Zutaten im kleinen Mixer verquirlen, unterrühren und kurz aufkochen.

5853. Grünkohl in Salat und Pfannkuchen, Dezember 2013

Salat:

Salatdressing:

- 15 g Sonnenblumenkerne
- 60 g Apfel
- 3 EL Salatsoße (Öl, Essig, Salz, Pfeffer)
- Salz
- 40 + 15 g Wasser

Salatgemüse:

- Gemischter Salat von mittags (Linsensprossen, Mais, Chinakohl, Radicchio, Möhre, Petersilienwurzel, Lauch, Tomate), eine Schüssel fast voll
- 40 g Grünkohl, gut gewaschen, abgetropft und klein geschnitten

Alle Dressingzutaten bis auf 15 g Wasser im kleinen Mixer, hochstehendes Messer, verquirlen. Becher mit 15 g Wasser nachspülen. Salatdressing gut mit dem Salat vermengen.

Pfannkuchen:

- 35 g Grünkohl im maschinell zerkleinern
- 100 g Kamut mahlen, mit Grunkohl,
- 1-2 Prisen Salz und
- 145 g Wasser, gemixt mit
- 15 g Cashewnussmus, vermischen.
- 1 TL Erdnussöl erhitzen.

Alle Zutaten mixen. Teig in das heiße Fett geben, flachstreichen. Auf nicht zu kleiner Einstellung (8-10 von 15) jede Seite ca. 6-7 Min. braten.

Hinweis: *Der Pfannkuchen war ein wenig trocken,*

5854. Brot-Gemüse-Pfanne, Dezember 2013

Sehr lecker!

- 10 g Kokosöl und
- 90 g Wasser in eine 20-cm-Pfanne (Woll) geben;
- 90 g Brot in Stücke schneiden, in das Wasser legen
- 150 g Porreegrün waschen & kleinschneiden, auf das Brot
- 150 g Hokkaido netto (ungeschält) in Stücke schneiden, auf den Porree; als Gemüsepfanne 12 Min. In einem Schälchen
- 2 EL Olivenöl
- 1 gestr. TL Salz
- 1 TL Paprika edelsüß
- 1 MS schwarzer Pfeffer verrühren, unter das Essen rühren, dabei Brotstücke leicht zerdrücken; noch
- 45 g Wasser hinzufügen, gut durchrühren. Fertig.

5855. Brot-Gemüse-Pfanne Nr. 2, Dezember 2013

- 10 g Kokosöl und
- 140 g Wasser in eine 20-cm-Pfanne geben;
- 70 g Brot in Stücke schneiden, in das Wasser legen, dazu
- 2 Knoblauchzehen, geschält & in Scheiben (4 g)
- 100 g Grünkohl (netto) waschen & kleinschneiden, auf das Brot
- 180 g Hokkaido netto (ungeschält) in Stücke schneiden, auf den Porree; als Gemüsepfanne 16 Min. Dann in einem Schälchen
- 10 g Olivenöl
- 1 gestr. TL Salz
- 1 TL Paprika edelsüß verrühren, unter das Essen rühren, dabei Brotstücke leicht zerdrücken; noch
- 45 g Wasser hinzufügen, gut durchrühren.

5856. Brot ohne Kneten II, Dezember 2013

Vorläufer: 5840.

Stufe 1 (24 Std. vorher):
- 200 g Roggen
- 200 g Wasser
- 150 g Sauerteig

Stufe 2 (12 Std. vorher):
- 400 g Sauerteigansatz
- 300 g Roggen
- 300 g Wasser

Stufe 3 (Backen, bei mir ein Morgen):
- 150 g Roggen
- 150 g Einkorn
- 1 gestr. EL Salz
- 1 EL Brotgewürz
- 1000 g Sauerteig (= Stufe 2)
- 100 g Leinsamen
- 150 g Wasser
- Butter für die Form

Stufe 1: Roggen fein mahlen, mit Wasser und altem Sauerteig mischen. In einer Plastiktüte ca. 12 Std. stehen lassen.

Stufe 2: 150 g von der Stufe 1 abnehmen und in einem gut schließenden Schraubglas in den Kühlschrank stellen für das nächste Backen. Roggen fein mahlen, mit Sauerteigansatz und 300 g Wasser verrühren (ein Kochlöffel reicht)

Stufe 3 und Fertigstellung Roggen und Weizen zusammen fein mahlen und mit Salz, Brotgewürz und Leinsamen mischen. Zum Sauerteig geben und mit einem großen Löffel gründlich verrühren, bis kein Mehl mehr sichtbar ist. Eine 30-cm-Brotform, Profi-Emaille von Dr. Oetker, gut einfetten. Teig hineingeben, mit der nassen Hand herunterdrücken und glattstreichen. Mit Wasser besprühen, Form in eine große Plastiktüte geben und 3-4 Std. gehen lassen. Nochmal gut einsprühen, mit einem scharfen Messer mehrmals schräg einschneiden. den Ofen auf 240 °C (Heißluft) vorheizen, 1 Std. bei 200 °C backen.

5857. Knusperitis-Schokolade, Dezember 2013

Geht auch im 0,9 Liter Becher.

Stufe 1:
- 100 g Sonnenblumenkerne
- 100 g Kakaonibs
- etwas Salz

Stufe 2:
- 30 g Sonnenblumenöl
- 80 g Honig
- 10 g Carob
- 10 g Kakaopulver
- 1 TL gem. Ingwer (3 g)
- 40 g Kokosöl
- 55 g Kakaobutter

Weitere Zutaten:
- 75 g Hanfsamen ungeschält
- 4 gestr. EL Rundkorn-Naturreis

Verarbeitung wie in 5860 beschrieben. Beide weiteren Zutaten geröstet, dass sie knacken. Naturreis ist aber nicht aufgesprungen.

5858. Orangen-Schoko-Kekse, Dezember 2013

- 200 g Dinkel
- 50 g Einkorn und
- 30 g Emmer zusammen fein mahlen
- 10 g getr. Orangenschale im kleinen Mixer fein mahlen, mit Mehl und
- 1 Prise Salz verrühren. Im Vitamix 0,9 L verquirlen
- 40 g Sonnenblumenöl
- 30 g Sonnenblumenkerne
- 65 g Wasser, mit
- 60 g Reisbrei (15721) und
- 1 TL Hobo Orangenkonzentrat, dann mit
- 125 g Honig verkneten

30 Min. kalt stellen. In zwei Teilen ausrollen, wenn's klebt, Teigrolle feucht machen. 1-2 EL Kakaonibs darauf verteilen, leicht eindrücken. Mit einer Teigpalette in Rechtecke schneiden, in den vorgeheizten Ofen (vom Brotbacken) geben und 16 Min. bei 160 °C backen. 4 Min. mehr hätten auch nicht geschadet.

5859. Kräuterknäcke, Dezember 2013

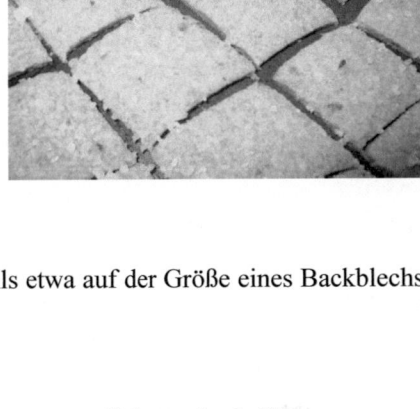

Einen Knetteig (Handrührgerät) herstellen aus:

- 200 g Dinkel mit
- 50 g Emmer, beides fein gemahlen, gemischt mit
- 1 gestr. TL Salz (besser weniger)
- 1 TL Gute Laune Gewürzkräuter Sonnentor; im kleinen Mixer:
- 50 g Reisbrei (5839)
- 40 g Zwiebel netto vorgeschnitten
- 65 g Ofenkartoffel netto (mit Brot gebacken)
- 50 g Wasser
- 50 g Sonnenblumenöl
- Streumehl

Den Teig mit 1 EL gem. Dinkel bestreuen und mit Hilfe dieses Streumehls etwa auf der Größe eines Backblechs (schmaler Ofen) ausrollen. Mit

- 2 EL Olivenöl bepinseln und
- Hagelsalz bestreuen

In den vorgeheizten Ofen schieben und 45 Min. bei 160 °C backen. Bleiben erstaunlicherweise hell!

5860. Gesonnte-Orangen-Schokolade, Dezember 2013

Stufe 1:
- 100 g Kakaonibs
- 100 g Sonnenblumenkerne
- Etwas Salz

Stufe 2:
- 25 g Sonnenblumenöl
- 10 g Carob
- 10 g Kakaopulver
- 5 g gem. Ingwer (zuviel? Masse war kurz vorm „Kippen")
- 65 g Honig
- 40 g Kokosöl
- 55 g Kakaobutter

Stufe 3:
- 50 g Sonnenblumenkerne
- 50 g Orangeat

Stufe 1: im Vitamix (1,4 Liter) 2 x schlagen

Stufe 2: Hauptstufe: in Vitamix mit der Schokomasse warm schlagen:

Stufe 3: Unter die Schokolade rühren.

Schokoladenmasse in die Blockformen für Eis mit Holzstäbchen geben. Dann 2-3 Std. kalt werden lassen, kurz (20 Min.) tiefkühlen, aus den Formen nehmen und im Kühlschrank aufbewahren.

5861. Klöße mit Grünkohl, Dezember 2013

Klöße

- 50 g Einkorn
- 40 g Dinkel
- 25 g Emmer und
- 10 g Rundkorn-Naturreis fein mahlen, mit
- 1 Prise Salz mischen und
- 5 g Honig sowie
- 65 g Wasser verkneten (zu viel Wasser!)

Grünkohl

- 3 g Salz
- 10-15 g Senf
- 80 g Reisbrei (5721)
- 15 g Sonnenblumenöl und
- 170 g Wasser im kleinen Mixer verquirlen (erst nur 140 g Wasser, mit den restlichen 30 g nachspülen); besser wäre 200 g Wasser. In einen feuerfesten Topf geben.
- 200 g Grünkohl netto (gewaschen, etwas trockengeschleudert, ohne große „Adern" klein zupfen und hinzugeben.

Klöße: Den Teig in eine Pengschüssel geben und bis zum nächsten Abend stehen lassen. Ist ja angelehnt an Honig-Salz-Brot. In reichlich kochendes Salzwasser geben, Hitze herunterstellen, bis nur noch kleine Bläschen aufsteigen. Mit einem Löffel vom Topfboden lösen, damit sie nicht kleben, und dann warten, bis sie nach oben steigen. Dann noch 5 Min. ziehen lassen. Das dauert alles zusammen ca. 25 Min.

Grünkohl: Deckel auflegen, in den kalten Ofen geben und bei 200 °C 30 Min. backen. Ich habe nach 20 Min. geöffnet und noch ca. 50 g Wasser hinzugegeben. Machte die Soße wässrig. Während ich die erste Portion aß, habe ich den Rest Grünkohl mit den Restklößchen noch auf der Platte köcheln lassen. Hat noch ein bisschen geholfen.

Vorige Woche (Reisbrei im Teig) war besser. Ich habe jetzt gelernt, was der Reisbrei bringt: Er bindet Flüssigkeit. Ich hatte so etwas geahnt, aber nicht das Ausmaß. Das heißt, der Teig war vor dem langen Gehprozess schon eher zu dünn. Leider ist er aber über die 20 Std. noch dünner geworden, so dass ich noch Teig angearbeitet habe. Das war ein Fehler - es gab jetzt zwar schöne runde Klöße, sie waren mir aber zu fest. Hmm ... jetzt war das ja ein Test für nächste Woche, muss ich mal schauen, was ich da draus mache. – Grünkohl ist für Ofenzubereitung nicht geeignet, wird nicht schnell genug gar. Insoweit: Kein schlechtes Essen, aber auch kein Knüller

5862. Hefebrot über Nacht 1/4 Hefe (für mich), Dezember 2013

Stufe 1 (Vorabend):

- 1/4 P frische Hefe (10 g)
- 200 g Wasser
- 200 g Dinkel

Stufe 2 (morgens):

- 275 g Dinkel
- 25 g Emmer
- 300 g Wasser
- Ansatz von Stufe 1

Stufe 3:

- 150 g Dinkel
- 100 g Emmer
- 1 gestr. EL Salz
- 1 EL Brotgewürz gem.
- Ansatz von Stufe 2
- Butter für die Form

Stufe 1: Hefe in Wasser auflösen (verrühren). Rotkornweizen fein mahlen, mit dem Hefewasser gut mischen. Abgedeckt 12 Std. (über Nacht) stehen lassen.

Stufe 2: Rotkornweizen fein mahlen, mit dem Hefewasser und dem Ansatz gut verrühren (Löffel). Abgedeckt 1 Std. gehen lassen. Geht genauso gut wie mit Zusatzhefe.

Stufe 3: Getreide mahlen, mit Salz und Brotgewürz mischen. In der Kenwood (Knethaken) gründlich durchkneten. Der Teigkloß löst sich schließlich von der Wand, auch wenn er leicht klebrig ist.

Eine 30-cm-Brotform gut einfetten. Teig hineingeben, mit nasser Hand glattstreichen. Abgedeckt 45 Min. gehen lassen, dann den Ofen auf 230 °C (Heißluft) vorheizen. Brot einschieben und 50-55 Min. bei 200 °C backen. Auf einen Gitterrost stürzen, Klopfprobe machen und gut mit Wasser einsprühen.

5863. Klöße mit Kürbis-Sauerkraut, Dezember 2013

3 Hauptspeisen.

Klöße:
- 200 g Einkorn
- 100 g Emmer
- 1 TL Salz
- 1 TL Honig
- 150 g Reisbrei (5721)
- 100 g Wasser

Kürbissauerkraut (morgens vorbereiten):
- 115 g Zwiebel (netto, in Scheiben)
- 3 Knoblauchzehen (geschält, in Scheiben, ca. 15 g netto)
- 325 g Hokkaido, ungeschält, ohne Kerne gewogen, in Streifen geschnitten
- 180 g Sauerkraut

Soße:
- 65 g Reisbrei (5721)
- 50 g Sonnenblumenkerne
- 35 g Olivenöl
- 1 gestr. TL Salz
- 1 LS schwarzer Pfeffer
- 15 g Peperoniessig (7/4573)
- 400 g Wasser

Klöße: Getreide fein mahlen, mit dem Salz verrühren. Honig, Reisbrei und Wasser hinzugeben und gründlich kneten. Den klebrigen Teig mit nassen Händen zu einer Kugel unter Spannung formen und in eine Pengschüssel geben. Etwa 8 Std. stehen lassen. Genügend Wasser zum Kochen bringen, gut salzen. Mit nassen Händen aus der Teigkugel 6 Stücke ziehen und zu Kugeln formen, was mir nicht perfekt gelungen ist. Auf Stufe 4 (von 15) die Klöße ziehen lassen, bis sie nach oben kommen. Dann mit einem Schaumlöffel entnehmen. Wie lange meine Klöße gebraucht haben, weiß ich nicht. Ich schätze mal 10 Min., sie waren ja recht klein.

Fertigstellung: Abends die Soße über das Gemüse gießen, Deckel auflegen und bei 225 °C im Backofen (Heißluft) 30 Min. garen. Zusammen mit den Klößen servieren.

5864. Vorratsdressing süßlich, Dezember 2013

Im Vitamix lauwarm schlagen:
- 100 g Sonnenblumenöl
- 100 g Apfelessig
- 100 g Sonnenblumenkerne
- 20 g Salz
- 4 g schwarzer Pfeffer gemahlen
- 50 g Honig
- 25 g Senf
- 300 g Wasser

5865. Rot-Grün-Roh, Dezember 2013

3 Portionen.

- 1 Apfelsine (185 g netto, 315 g brutto) schälen und fein würfeln
- 500 g Rotkohl und
- 200 g Wirsingblätter mit der Jupiter-Raspel o. ä. Gerät fein raspeln, alles gut mischen und auf drei Schüsseln verteilen. Mit insgesamt
- 55 g Walnüssen bestreuen. Für die Soße im Vitamix gut mixen:
- 75 g Vorratsdressing süßlich
- 8 g Essigpeperoni
- 1/2 TL Salz
- 1 Clementine geschält (75 g)
- 150 g Wasser

5866. Indische Pfanne, Dezember 2013

- 40 g Zwiebel netto, gewürfelt
- 300 g Kartoffeln, unter Wasser gebürstet, in Scheiben
- 150 g Wirsing, gewaschen, abgetropft, in Streifen
- 2 Knoblauchzehen (6 g netto)
- 115 g Hokkaido (ungeschält, ohne Kerne)
- 1 TL Salz
- 1 TL Curry (selbstgemacht)
- 1/2 TL gem. Kreuzkümmel
- 20 g Sonnenblumenkerne
- 15 g Olivenöl
- 8 g Essigpeperoni (7/4573)
- 15 g Peperoniessig
- 300 g Wasser

Zwiebel in eine 24-cm ofenfeste Form geben. Die Hälfte der Kartoffelscheiben, dann Wirsing und Knoblauch-zehen hinzufügen. Mit den restlichen Kartoffelscheiben belegen. Die anderen Zutaten im Vitamix glatt schlagen, über die Gemüse geben. In den kalten Ofen schieben und 40 Min. bei 225 °C (Heißluft) backen.

5867. Wandelbares Blitzdessert, Dezember 2013

Schmeckt warm oder kalt.

- 50 g Rundkorn-Naturreis
- 25 g Mandeln
- 25 g Honig
- 1 MS gem. Vanille
- 200 g heißes bis warmes Wasser

Alle Zutaten in den Vitamix geben (bei mir der 0,9-L-Becher), auf höchster Stufe laufen lassen, bis die Masse stockt: Der Flüssigkeitspegel ist dann deutlich niedriger und man hört es auch am Messer. In eine kleine Schüssel geben und in die Mitte eine Kakaobohne stecken.

Tipp: Wandelbar ist diese Speise, weil man alles austauschen kann: Reis gegen Hirse oder Buchweizen (andere Getreide weiß ich nicht), statt Mandeln gehen alle Nüsse außer Walnüssen, die alles zu bitter machen. Statt Vanillepulver kann nach Geschmack Zimt oder Ingwer genommen werden.

5868. Wandelbare Blitzcreme, Dezember 2013

- 50 g Nackthafer
- 25 g Cashewbruch
- 25 g Honig
- 1 MS gem. Vanille
- 300 g heißes bis warmes Wasser
- 1 EL getr. Physalis

Siehe 5867. In eine kleine Schüssel geben, einige Physalis geben, die Creme darüber gießen und in die Mitte noch zwei Physalis legen.

5869. Physalis-Schokolade, Dezember 2013

Stufe 1:
- 90 g Kakaobohnen
- 100 g Cashewbruch
- 1 Prise Salz

Stufe 2:
- 20 g Sesamöl
- 80 g Honig
- 37 g g Kokosöl
- 60 g Kakaobutter
- Stufe 3:
- 55 g Physalis
- 55 g Walnussbruch

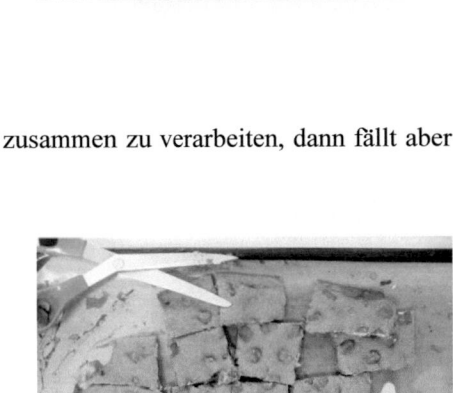

Grundsätzliche Herstellung s. 5860. Ich habe versucht, Stufe 1 und 2 zusammen zu verarbeiten, dann fällt aber das Fett aus.

5870. Berliner Brot nach Remscheider Art, Dezember 2013

Nach Dr. Oetker „Backen macht Freude", 1963, Seite 179.

Teig:

Stufe 1 im Vitamix:
- 150 g Schokoreisbrei
- 1 kleiner Apfel (75 g)
- 50 g Wasser
- 250 g Honig
- 10 g Weinbrand (oder Rum)

Stufe 2:
- 50 g Emmer mit
- 1 gestr. TL Korianderkörnern,
- 8 Gewürznelken und
- 200 g Dinkel fein mahlen, mit
- 2 geh. TL Zimt
- 1 geh. TL Weinsteinbackpulver (4 g)
- 1 geh. TL Carob vermischen.

Vorarbeit:

Einen Schokoreisbrei herstellen (Zutaten bis zum Stocken im Vitamix schlagen):
- 50 g Rundkorn-Naturreis
- 200 g Wasser
- 20 g Kakaobohnen
- 20 g Cashewnüsse

Stufe 1 und 2 miteinander verrühren, noch
- 125 g Haselnüsse (ganz) und
- 15 g Orangeat unterrühren.

Auf ein mit Dauerbackfolie ausgelegtes Backblech streichen, erst mit einem Teigschaber, dann mit der nassen Hand, sollte etwa 0,5 cm hoch werden, als flacher als die Haselnüsse, was etwas schwierig ist. Ein bisschen dicker macht aber auch nichts. Ofen (Heißluft) auf 175 °C vorheizen, Blech einschieben und 20 Min. bei dieser Temperatur backen. Ofen ausstellen und das Brot 5 Min. nachbacken lassen. Auf dem Blech mit der Schere in Stücke schneiden und auf einem Gitterrost auskühlen lassen.

5871. Erdnuss-Aufstrich, Dezember 2013

- 50 g Rundkorn-Naturreis
- 60 g Erdnüsse, gesalzen & geröstet
- 20 g Olivenöl
- 10 g Knoblauch (in Essig eingelegt)
- 5 g Essigpeperoni
- 20 g Peperoniessig
- 5 g Salz
- 15 g getrocknete Tomaten und
- 250 g Wasser im Vitamix bis zum Stocken schlagen.

5872. Wirsing-Zwiebel-Lasagne, Dezember 2013

3 Personen

Teig:
- 110 g Kamut
- 50 g Dinkel
- 40 g Emmer
- 100 g Wasser
- 2 Pr. Salz

Soße:
- 200 g gekochte Adzukibohnen
- 40 g Cashewnüsse
- 2 gestr. TL Salz
- 2 MS gem. schwarzer Pfeffer
- 40 g Olivenöl
- 20 g Apfelessig
- 500 g Wasser

Gemüse:
- 40 g Zwiebeln, netto
- 250 g Wirsing (ohne Strunk)
- 20 g getr. Tomaten (3 Hälften)

Teig: Getreide fein mahlen, im Thermomix auf der Knetstufe 2,5 Min. kneten lassen. Immer wieder ausrollen, zusammenpacken usw. Zu einer Kugel formen, in Haushaltsfolie wickeln abdecken und einige Std. ruhen lassen. *Soße:* Zutaten im Vitamix vermischen und einige Std. im Kühlschrank aufbewahren, dickt etwas nach. *Gemüse:* Zwiebel schälen, in feine Scheiben schneiden. Wirsing ganz fein schneiden, Tomaten in dünne Streifen.

Fertigstellung: In eine Zenker-Keramikform etwa 37 x 25 cm ein Viertel der Soße auf den Boden geben. Teig in drei Teile zu je 100 g teilen, jeweils in Größe der Form ausrollen. Eine Teigplatte auf die Soße geben. Dann darauf die Hälfte der Zwiebeln mit den Tomaten und dem Wirsing und 1/4 der Soße, darüber die zweite Teigplatte. Darauf den Rest Gemüse und ein weiteres Viertel Soße, mit der dritten Teigplatte abschließen. Den Soßenrest vorsichtig über die Teigplatte gießen. Eventuell Behälter mit 30 g Wasser nachspülen und ebenfalls hinzugeben. Auf ein Gitterrost stellen. In den Ofen schieben und 45 Min. bei 225 °C (Heißluft backen). Nach 10 Min. mit Dauerbackfolie abdecken.

Hinweis: Die Lasagne war zwar nicht trocken, aber für mich hätte es etwas mehr Soße sein können. Das Gemüse war schön gar. Mein Gast war begeistert und hat gerne den Rest mitgenommen.

5873. Brot ohne Kneten III (Kamut), Dezember 2013

Vorläufer: 5856

Stufe 1 (24 Std. vorher):
- 200 g Roggen
- 200 g Wasser
- 150 g Sauerteig

Stufe 2 (12 Std. vorher):
- 400 g Sauerteigansatz
- 300 g Roggen
- 300 g Wasser

Stufe 3 (Backen, bei mir ein Morgen):
- 150 g Roggen
- 150 g Kamut
- 1 gestr. EL Salz
- 1 EL Brotgewürz
- 1000 g Sauerteig (= Stufe 2)
- 85 + 40 g Leinsamen
- 175 g Wasser
- Butter für die Form

Stufe 1: Roggen fein mahlen, mit Wasser und altem Sauerteig mischen. In einer Plastiktüte ca. 12 Std. stehen lassen.

Stufe 2: 150 g von der Stufe 1 abnehmen und in einem gut schließenden Schraubglas in den Kühlschrank stellen für das nächste Backen. Roggen fein mahlen, mit Sauerteigansatz und 300 g Wasser verrühren (ein Kochlöffel reicht)

Stufe 3 und Fertigstellung Roggen, Kamut und Koriander zusammen fein mahlen und mit Salz und Sesam mischen. Mit dem Wasser zum Sauerteig geben und mit einem großen Löffel gründlich verrühren, bis kein Mehl mehr sichtbar ist. Eine 30-cm-Brotform, Profi-Emaille von Dr. Oetker, gut einfetten. Teig hineingeben, mit der nassen Hand herunterdrücken und glattstreichen. Mit einem scharfen Messer einschneiden.

Form in eine große Plastiktüte geben und 3,5 Std. gehen lassen. In den letzten 20 Min. den Ofen auf 240 °C (Heißluft) vorheizen, 1 Std. bei 200 °C backen.

5874. Auflauf mit Tücken, Dezember 2013

- 20 g frischen Kurkuma mit
- 10 g Knoblauch (in Essig eingelegt)
- 30 g Kichererbsen
- 1 TL Salz
- 5 g Essigpeperoni (7/4573)
- 1 EL Olivenöl
- 20 g Sonnenblumenkernen
- 1 EL Apfelessig im Vitamix solange mixen, bis alles glatt ist. In eine 20-cm-Pfanne
- 265 g Kartoffeln (unter fließendem Wasser gebürstet) in Scheiben geben, darüber
- 250 g Porree (nett, meist Grün), in Scheiben, und mit der Soße begießen.

Geplant war: 45 Min. im Ofen bei 225 °C. Gekocht habe ich: 15 Min. im Ofen bei 225 °C, 10 Min. als Gemüsepfanne auf der Platte, dann 30 Min. im Ofen bei 200 °C und anschließend noch 10 Min. offen gegart.

Ein Auflauf unterscheidet sich von einem Eintopf z. B. dadurch, die die Flüssigkeit visköser ist, d. h. es muss ja kein „sprudelndes" Wasser fürs Garen sorgen. Nachdem mein Backofen nach 15 Min. bei 225 °C verstummte – Heißluft ist nie stumm – musste ich den Auflauf auf die Platte hieven. Nach 10 Min. köcheln à la Gemüsepfanne war alles noch roh. GRRRRR. Ofen noch mal vorsichtig bei 200 °C angelächelt, da lief er wieder. Erfreulich ist anders.

5875. Spaghetti-Eintopf mit Radicchio, Dezember 2013

Die Grundidee von Spaghetti mit Radicchio habe ich einem Lebegesund-Rezept entnommen. Das Besondere bei diesem Rezept ist: Die Nudeln habe ich direkt mitgekocht. Ey, das klappt super, genau wie im Backofen. Ich habe die Nudelkochzeit etwas verlängert (10 statt 7 Min) und beim Wasser etwas weniger als das Dreifache genommen. Das war beides genau richtig.

- 120 g Spaghetti, in Stücke gebrochen
- 30 g Zwiebeln netto, in Scheiben
- 4 g Salz (1 TL)
- 110 g Radicchio, kleingeschnitten
- 1 Möhre (65 g)
- 20 g Haselnüsse
- 345 g Wasser
- Etwas Pfeffer
- 1 EL Sonnenblumenöl

Spaghetti in eine 20-cm-Pfanne geben, Zwiebeln, Salz und Radicchio darüber schichten. Nüsse, Möhre (in grobe 2-3 cm große Stücke vorgeschnitten) mit ca. 150 g Wasser mixen, es soll stückig bleiben! In die Pfanne geben, mit Wasser (195 g) auffüllen. Deckel auflegen, zum Kochen bringen. Sobald das Wasser richtig kocht und etwas Dampf austritt, auf eine kleine Einstellung stellen, sodass es nur noch köchelt. 10 Min. garen. Mit Salz und Pfeffer abschmecken, 1 EL Öl unterrühren.

5876. Kurkuma-Hirsepfanne, Dezember 2013

Als Gemüsepfanne 18 Min. dünsten:

- 100 g Hirse; im Vitamix gemischt:
- 20 g Kurkumawurzel
- 10 g Knoblauch
- 1 TL Salz
- 20 g Mandeln
- 345 g Wasser; auf die Hirse gießen;
- 150 g Möhre netto
- 150 g Chinakohl netto

Tipp: Besser wäre es gewesen, einmal umzurühren, die unterste Hirseschicht war noch etwas körnig: 50 g Wasser mehr hätten da vielleicht auch geholfen.

5877. Triticale-Mais-Brötchen, Dezember 2013

1. Stufe:
- 12 g frische Hefe in
- 200 g Wasser auflösen
- 200 g Triticale (oder Weizen) fein mahlen, mit dem Hefewasser vermischen. Im verschlossenen Behälter über Nacht im Kühlschrank stehen lassen.

2. Stufe:
- 100 g Mais mit
- 100 g Triticale fein mahlen, mit Stufe 1 vermischen. Abgedeckt 1 Std. gehen lassen.

3. Stufe:
- 100 g Triticale und
- 100 g Dinkel fein mahlen, mit
- 2 gestr. TL Salz und
- 2 TL Garam Masala (o. Ä.) vermischen, dann unter Stufe 2 kneten.

Teig abgedeckt 1 Std. gehen lassen. Dann kurz mit nassen Händen auseinanderziehen, mit einem Esslöffel Stücke abstechen (ca. 12) und mit nassen Händen zu einer Kugel formen. Ofen vorheizen (220 °C Heißluft), Brötchen solange gehen lassen. Oben einschneiden mit der Schere, mit Wasser einsprühen und einschieben. 25 Min. bei 200 °C backen. Einsprühen und auf einem Gitterrost abkühlen lassen.

5878. Garam-Bohnen-Aufstrich, Dezember 2013

- 170 g gekochte weiße Bohnen
- 1 gestr. Tomate
- 10 g Essigpeperoni (7/4573)
- 25 g Apfelessig
- 75 g Sonnenblumenkerne
- 5-15 g Salz
- 25 g Olivenöl
- 2 TL Garam Masala
- 50 g Wasser und
- 20 g Rosinen im Vitamix pürieren.

5879. Möhren-Maronen-Spaghetti, Dezember 2013

- 50 g getrocknete Maronen (Biohof Lex) in
- 100 g Wasser mindestens 6 Std. einweichen. In einen Topf geben:
- 130 g Spaghetti in Stücken. Abgetropfte Maronen
- 3 g Salz
- 105 g Möhren in Scheiben
- 55 g Radicchio in Streifen
- 80 g Zwiebel netto gewürfelt und
- 375 g Wasser wie eine Gemüsepfanne 12 Min. garen und
- 1 EL Sonnenblumenöl unterrühren.

5880. Rosenkohl ganz feige, Dezember 2013

Als Gemüsepfanne 15 Min. dünsten in einer 20-cm-Pfanne:

- 100 g Wasser
- 300 g Kartoffeln in Scheiben
- 40 g Zwergfeigen
- 175 g Rosenkohl netto

Im kleinen Mixer verquirlen:

- 20 g Cashewnüsse
- 5 g Salz
- 10 g Sonnenblumenöl
- 1 gestr. TL Paprika edelsüß
- 1 gute Prise gem. Kümmel
- 1 TL Apfelessig und
- 100 g Wasser in das Gemüse einrühren, Becher mit
- 25-50 g Wasser nachspülen; erhitzen, bis es stockt.

Tipp: Etwas mehr Wasser zu Beginn oder etwas Öl wäre bei der langen Kochzeit besser gewesen!

5881. Mousse à la châtaigne (Maronenmus), Dezember 2013

Nachspeise für 2-3 Personen

Im Vitamix schlagen, bis es stockt (mit heißem Wasser ca. 2,5 Min.):

- 50 g Rundkorn-Naturreis
- 30 g getr. Maronen (Biohof Lex)
- 20 g Kakaonibs
- 1 LS gem. Vanille
- 30 g Honig
- 200 g heißes Wasser. Auf 2-3 Schüsselchen verteilen und mit
- 10 getr. Physalis und
- 2 Cashewnüssen dekorieren.

5882. Feldsalat mit Clementinen-Haselnuss-Dressing, Dez. 2013

Für 2 Personen.

Dressing:

- 1 Clementine (45 g netto)
- 1 Knoblauchzehe (2 g netto)
- 1 Prise Ingwer
- 1 TL Salz (5 g)
- 20 g Haselnüsse
- 10 g Sonnenblumenöl
- 10 g Mangoessig (5513 o. Ä. oder Apfelessig)
- 55 g Wasser

Im kleinen Mixer 45 Sek. verquirlen. In einem gut verschlossenen Behälter bis zum Essen aufbewahren.

Feste Zutaten:

- 85 g Feldsalat (ungewaschen)
- 1 Clementine (60 g brutto)
- 10 g Haselnüsse

Feldsalat waschen, trockenschleudern und auf 2 Schüsseln verteilen. Die geschälte Clementine halbieren und dann quer in halbkreisförmige Scheiben schneiden. Am Rand der Schüssel entlang legen. Die Haselnüsse im kleinen Mixer oder Zerkleinerer hacken, sind bei mir eher gemahlen. Auf dem Salat verteilen.

Die Schüsseln abgedeckt bis zum Essen im Kühlschrank stehen lassen und dann mit dem Dressing zusammen servieren.

5883. Kartoffel-Rosenkohl-Pfanne Gratinée, Dezember 2013

Vorbereiten:

- 100 g Wasser in eine ofenfeste Pfanne geben
- 340 g Kartoffeln (netto; brutto: 365) unter fließendem Wasser abbürsten und in Scheiben schneiden; in die Pfanne geben.
- 325 g Rosenkohl (netto) putzen (äußerste Blätter abziehen, Strunk ein wenig kürzen), halbieren, auf die Kartoffeln geben. Pfanne zugedeckt in den Kühlschrank stellen. Mit dem kleinen Mixer für die Soße 1 Min. mixen:
- 40 g Sonnenblumenkerne
- 25 g Sonnenblumenöl
- 1 TL Salz
- 1 gestr. TL gem. Kardamom
- 10 g Apfelessig
- 200 g Wasser; im Kühlschrank stehen lassen.

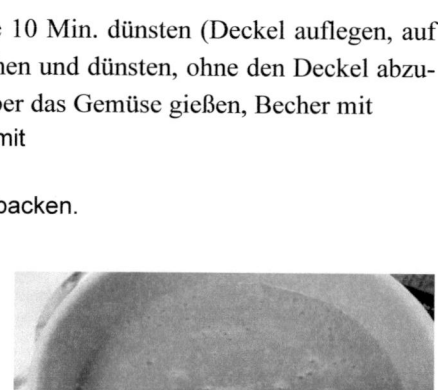

Etwa 40 Min. vor dem Essen die Pfanne mit Deckel als Gemüsepfanne 10 Min. dünsten (Deckel auflegen, auf höchster Einstellung zum Kochen bringen. Auf kleinste Einstellung drehen und dünsten, ohne den Deckel abzuheben). In dieser Zeit den Ofen auf 200 °C (Heißluft) vorheizen. Soße über das Gemüse gießen, Becher mit

- 100 g Wasser nachspülen. Je nach Wunsch eine Hälfte des Auflaufs mit
- 100 g Gouda in dicken Scheiben oder mit
- Sonnenblumenkernen belegen und 30 Min. offen im Ofen bei 200 °C backen.

5884. Maroni-Heißschale, Dezember 2013

Im Vitamix 2-3 Min. schlagen:

- 1 gestr. EL Nackthafer (17 g)
- 40 g getr. Maronen (Biohof Lex)
- 10 g Kakaonibs
- 10 g frischer Ingwer, ungeschält
- 290 g heißes Wasser
- 15 g Honig

In einen Suppenteller füllen. Wer es trinken möchte, sollte den Hafer weglassen.

5885. Rosenkohl-Emmerrigatoni, Dezember 2013

In eine 20-cm-Pfanne geben:

- 100 g Emmer-Rigatoni (Biohof-Walz)
- 150 g Rosenkohl, geputzt (netto; äußere Blätter abgezogen, halbiert oder geviertelt)
- 300 g Wasser

Deckel auflegen, auf höchster Einstellung zum Kochen bringen. Auf kleinste Einstellung drehen und 12 Min. dünsten, ohne den Deckel abzuheben.

- 25 g getr. Maroni (Biohof Lex)
- 1 EL Sonnenblumenöl
- 1 TL Mangoessig (5513 o. Ä. oder Apfelessig)
- 60 g Wasser
- 1 gute Prise

Maroni im kleinen Mixer mahlen. Mit den restlichen Zutaten im kleinen Mixer verquirlen und in die Pfanne einrühren, kurz aufkochen.

Hinweis: Für die dicken Rigatoni war die Kochzeit offenbar zu kurz und das Wasser zu wenig. Beim nächsten Mal würde ich 14 Min. dünsten und 350 g Wasser nehmen.

Der kleine Mixer kann die harten Maroni nicht wirklich fein mahlen, daher war die Soße nicht so cremig wie geplant.

5886. Tritipfanne, Dezember 2013

- 145 g Wasser
- 10 g Sesamöl
- 100 g Rosenkohl netto & halbiert
- 100 g tiefgekühlte Wachsbohnen
- 65 g Möhren in Scheiben
- 25 g Zwiebel (netto) gewürfelt
- 75 g Triticale, geflockt, in der angegebenen Reihenfolge in eine Pfanne geben und als Gemüsepfanne 14 Min. dünsten. im kleinen Mixer mischen:
- 1 gestr. TL Salz
- 1 Prise gem. Pfeffer
- 20 g Sonnenblumenkerne
- 155 g Wasser (Teil zum Nachspülen des Bechers nutzen). Unter das Gemüse rühren und kurz aufkochen. Wer eine richtige „Soße" möchte, muss entsprechend mehr Wasser nehmen.

5887. Schoko-Luxus-FKG, Dezember 2013

- 1 EL Nackthafer und
- 1 EL Triticale (oder Weizen) flocken, mit
- 1 EL Buchweizen mischen.
- 2 EL Sahne darauf verteilen. Im Vitamix
- 190 g Wasser (100 g wird weniger suppig) mit
- 20 g Kakaonibs schlagen, bis die Kakaonibs völlig glatt aufgelöst sind, dann
- 1 Banane (175 g brutto) geschält hinzugeben, gut verschlagen, zu dem Getreide geben und mit
- 10-15 g Cashewnussbruch bestreuen

5888. Hokkaidende Kartoffel-Pfanne überbacken, Dezember 2013

2 Hauptspeisen.

Vorbereiten:

- 105 g Wasser in eine ofenfeste Pfanne geben
- 335 g Kartoffeln unter fließendem Wasser abbürsten und in Scheiben schneiden; in die Pfanne geben. Darauf
- 1 kleine Zwiebel (35 g netto) geschält und in dünnen Scheiben und
- 2 Knoblauchzehen (6 g netto) ebenfalls in Scheiben.
- 75 g Rosenkohl (netto) putzen (äußerste Blätter abziehen, Strunk ein wenig kürzen), halbieren, auf die Kartoffeln geben.
- 250 g Hokkaido (netto = ohne Kerne, ungeschält) in feine Streifen schneiden, obenauflegen. Die Pfanne zugedeckt in den Kühlschrank stellen. Im Vitamix gründlich mixen:
- 100 g gekochte Sojabohnen
- 25 g Sonnenblumenöl
- 1 TL Salz
- 1 LS gem. Kümmel
- 10 g Apfelessig
- 1 cm Essigpeperoni (7/4573)
- 300 g Wasser; im Kühlschrank stehen lassen.

Zubereitung: Etwa 40 Min. vor dem Essen die Pfanne mit Deckel als Gemüsepfanne 10 Min. dünsten (Deckel auflegen, auf höchster Einstellung zum Kochen bringen. Auf kleinste Einstellung drehen und dünsten, ohne den Deckel abzuheben). In dieser Zeit den Ofen auf 200 °C (Heißluft) vorheizen. Soße über das Gemüse gießen, Becher mit

- 100 g Wasser nachspülen. Je nach Wunsch eine Hälfte des Auflaufs mit
- 100 g Gouda in dicken Scheiben oder mit
- Sonnenblumenkernen belegen.

30 Min. offen im Ofen bei 200 °C backen.

5889. Chinakohl-Salat, Dezember 2013

2 Personen

- 65 g Radicchio (netto), gewürfelt
- 175 g Chinakohl (netto), in feinen Streifen und
- 2 Clementinen (110-115 g netto) in Würfeln in einer Schüssel mischen. Auf 2 Schüsseln verteilen, für das Dressing im kleinen Mixer mixen:
- 15 g Zitronensaft (von 1/2 Zitrone)
- 15 g Sonnenblumenöl
- 1 gestr. TL Salz
- 1 MS gem. schwarzer Pfeffer
- 45 g Wasser
- 1 Knoblauchzehe, abgezogen (2 g netto)
- 40 g Apfel, gewürfelt, auf die beiden Salate verteilen, mit
- 20 g Cashewnussbruch bestreuen. Abdecken und bis zum Essen im Kühlschrank stehen lassen.

5890. Mango mariniert, Dezember 2013

2-3 Desserts.

- 1 Mango (315 g brutto) schälen und in „essbaren" Stücken vom Kern schneiden, auf zwei Teller mit Rand verteilen. Für die Marinade im kleinen Mixer mischen:
- 15 g Zitronensaft
- 20 g Cashewnüsse
- 1 MS gem. getr. Ingwer
- 25-50 g Honig (je nach Geschmack)
- 55 g Wasser
- 1 Clementine (40 g netto). Marinade auf die zwei Teller verteilen. Abgedeckt im Kühlschrank stehen lassen.

5891. Bohnierte Hokkaidosuppe, Januar 2014

Thermomix; 2 Personen (mit Rohkost vorher); sehr einfach und leicht.

- 250 g Kürbis (ohne Kerne, ungeschält)
- 30 g Zwiebel (netto) und
- 2 geschälte Knoblauchzehen (5 g netto) mit
- 7 g Essigpeperoni (2-3 cm) grob zerkleinern.
- 400 g Wasser hinzufügen und im Thermomix raffeln (einige Sek. auf Stufe 6-8). 15 Min. auf Stufe 2 kochen lassen (100 °C, später 90 °C).
- 1 gestr. TL Salz
- 1 MS gem. schwarzer Pfeffer und
- 1/2 TL Paprika edelsüß hinzugeben, pürieren (einige Sek. auf Stufe 10)
- 90 g gekochte Sojabohnen hinzugeben, auf Stufe 4, Rückwärtsrichtung, vermischen.

5892. Nudel-Kürbis-Pfanne, Januar 2014

In eine Pfanne geben:

- 150 g Wasser
- 1 Prise Salz
- 50 g Bandnudeln und
- 150 g Hokkaido-Kürbis (ohne Kerne, mit Schale), in feinen Streifen; als Gemüsepfanne 10 Min. garen, eine Soße (kl. Mixer) aus:
- 75 g gekochten Sojabohnen
- 5 g Meerrettichcreme
- 10 g Walnussöl
- 50 g Wasser einrühren und kurz aufkochen.

Hinweis: *Der Meerrettich war zu wenig, um wirklich durchzuschmecken.*

5893. Marzipanschicht-Schokolade, Januar 2014

Stufe 1:

- 100 g Mischung aus Kakaonibs und -bohnen (etwa 50:50)
- 100 g Cashewbruch
- 1 Prise Salz
- 1 Tonkabohne

Stufe 2:

- 30 g Sesamöl
- 60 g Honig
- 10 g Carobpulver
- 10 g Kakaopulver
- 50 g Erdnüsse gesalzen & geröstet
- 50 g Kokosöl
- 60 g Kakaobutter

Weitere Zutaten:

- 250 g Honigmarzipan (ein Block, gekauft)
- 75 g Erdnüsse (s.o.)

Schokolade zubereiten (s. 5860). Die Blockformen (8 Blocks) dünn ausgießen, sodass die Rillen gerade bedeckt sind, einige Min. in den Tiefkühlschrank stellen. Die Schokolade sollte noch nicht ganz fest sein. In dieser Zeit das Marzipan so zuschneiden, dass es die Formen füllt. Auf die halbkalte Schokolade geben. Die restliche Schokolade darauf verteilen. Mit den Erdnüssen bestreuen, etwas eindrücken.

5894. Brot ohne Kneten IV (Triticale), Januar 2014

Vorläufer: 5873

Stufe 1 (24 Std. vorher):

- 200 g Roggen
- 200 g Wasser
- 150 g Sauerteig

Stufe 2 (12 Std. vorher):

- 400 g Sauerteigansatz
- 300 g Roggen
- 300 g Wasser

Stufe 3 (Backen, bei mir ein Morgen):

- 150 g Roggen
- 150 g Triticale (Weizen)
- 1 EL Kümmelsamen
- 1 gestr. EL Salz
- 1 EL Brotgewürz
- 1000 g Sauerteig (= Stufe 2)
- 75 g Sesam
- 175 g Wasser

Stufe 1: Roggen fein mahlen, mit Wasser und altem Sauerteig mischen. In einer Plastiktüte ca. 12 Std. stehen lassen.

Stufe 2: 150 g von der Stufe 1 abnehmen und in einem gut schließenden Schraubglas in den Kühlschrank stellen für das nächste Backen. Roggen fein mahlen, mit Sauerteigansatz und 300 g Wasser verrühren (ein Kochlöffel reicht)

Stufe 3 und Fertigstellung Sesam in einer Pfanne rösten, bis er duftet (Induktion: Stufe 8 von 15). Roggen, Triticale und Kümmel zusammen fein mahlen und mit Salz und Sesam mischen. Mit dem Wasser zum Sauerteig geben und mit einem großen Löffel gründlich verrühren, bis kein Mehl mehr sichtbar ist. Eine 30-cm-Brotform, Profi-Emaille von Dr. Oetker, mit Butter einfetten. Teig in die Form geben, mit der nassen Hand herunterdrücken und glatt streichen. Mit einem scharfen Messer einschneiden. Form in eine große Plastiktüte geben und 3,5 Std. gehen lassen. In den letzten 20 Min. den Ofen auf 240 °C (Heißluft) vorheizen, 1 Std. bei 200 °C backen.

5895. Vorratsdressing süßlich 2, Januar 2014

Vorläufer: 5864

Im Vitamix bis lauwarm schlagen:

- 100 g Mandelöl
- 110 g Apfelessig
- 100 g Mandeln
- 18 g Salz
- 2 g schwarzer Pfeffer gem.
- 20 g Honig
- 300 g Wasser

Hinweis: *Den Senf habe ich vergessen, nehme ich ja sonst. Ist auch lecker ohne!*

5896. Gemüserestepfanne, Januar 2014

Käsereste, Gemüsereste (teils aus der Tiefkühltruhe) - zusammengemixt zu einem leckeren Essen (für 2 Personen; mit Rohkost vorher und Brot dazu).

Als Gemüsepfanne 5 Min. dünsten, derweil den Ofen auf 200 °C (Heißluft) vorheizen:

- 55 g Wasser
- 190 g Hokkaido
- 140 g tiefgekühlte grüne Bohnen
- 70 g Tiefkühlerbsen
- 100 g Babyspinat, gefroren

Für die Soße mixen im Vitamix:

- 300 g Wasser
- 20 g Mandeln
- 20 g Mandelöl
- 180 g gekochte Sojabohnen (mit rel. viel Flüssigkeit)
- 1 TL Salz
- 1/2 gestr. TL schwarzer Pfeffer
- 1/2 TL Paprika edelsüß und
- 10 g Apfelessig; über das Gemüse gießen, auf eine Hälfte
- 100 g Käse, in Streifen, legen

In den Ofen schieben und 20-25 Min. backen (da mein Ofen zwischendurch ausgegangen ist und ich nicht weiß wann, ist das eine Schätzung).

5897. Restepfanne, Januar 2014

Meine Vorräte gehen zur Neige, sehr schön, das einmal zu sehen. Im Kühlschrank lag ein aufgetautes Brötchen, schon drei Tage - nicht wieder einfrierfähig. Und diverse Gemüsereste hatte ich auch. Ein Salat vorher war fein.

Als Gemüsepfanne 10 Min. in einer 20-cm-Alugusspfanne dünsten:

- 70 g Wasser
- 10 g Sonnenblumenöl
- 1 Tomate (100 g) in Scheiben
- 2 Knoblauchzehen, abgezogen & in Scheiben
- 1 Brötchen (Rotkornweizen, 65 g) in Scheiben
- 90 g tiefgekühlte Wachs- und lila Bohnen und
- 60 g Tiefkühlerbsen. Eine Soße aus dem kleinen Mixer darüber gießen aus:
- 15 g Cashewbruch
- 1 gute Prise Salz
- 1 cm Essigpeperoni (7/4573)
- 1 MS Chilipulver
- 10 g Peperoniessig
- 60 g Wasser; gut durchkochen lassen.

5898. Wirsing mit Bandnudeln, Januar 2014

Er heißt auch „Der Dr. Erwin-S-Wirsing" nach seinem Erfinder Dr. Erwin S. Sehr einfach - mit nur einer Herdplatte, allerdings im Gegensatz zum Original von Dr. Ewald S. mit 2 Töpfen.

- 120 g Vollkornbandnudeln
- 1 TL Salz und
- reichlich Wasser zum Kochen bringen und 9 Min. kochen. Abtropfen lassen und im heißen Topf, Deckel aufgelegt, warm halten.
- 50 g Wasser in eine 20-cm-Pfanne geben,
- 120 g Wirsing ganz fein schneiden (Strunk ausschneiden & anderweitig verwenden), hinzufügen & als Gemüsepfanne 11. Min. dünsten.
- 35 g Vorratsdressing (z. B. 5895) mit
- 65 g Wasser mixen, unterrühren, kurz aufkochen.

Man kann den Wirsing auch einfach mit etwas Mandelöl und Zitronensaft verrühren.

5899. Wirsing schlicht mit Kartoffeln, Januar 2014

2 Personen; 24-cm-Pfanne (Woll)

Eine Gemüsepfanne (15 Min. Dünstzeit) herstellen aus

- 75 g Wasser
- 10 g Sesamöl
- 385 g Kartoffeln (festkochend) gewaschen, gebürstet, in Scheiben;
- 55 g Zwiebeln (netto), gewürfelt
- 210 g Wirsing, gewaschen, in feinen Streifen

Eine Soße mixen aus:

- 25 g Cashewnussbruch
- 10 g Peperoniessig (7/4573)
- 10 g Dinkelmehl
- 1 Stück Essigpeperoni (5 g)
- 1 TL Salz
- 150 g Wasser

Soße unterrühren, aufkochen.

5900. Standardsalatsoße „Eric", Januar 2014

Für ein 1-Liter-Glas:

- 150 g Sonnenblumenöl
- 150 g Apfelessig
- 50 g Honig
- 20 g Salz
- 3-5 g gem. schwz. Pfeffer
- 1 EL Gute Laune-Blütenmischung von Sonnentor
- 500 g Wasser

5901. Orientalischer Mungaufstrich, Januar 2014

- 100 g Mungbohnen
- 350 g Wasser
- 100 g wilde Erdnüsse
- 15 g Kurkumawurzel frisch
- 20 g Tamari Rohkostqualität
- 60 g Öl (hier: Sonnenblumenöl mit eingelegtem Bohnenkraut)
- 15 g Salz
- 3 g schwarzer gem. Pfeffer
- 75 g Apfelessig

Mungbohnen mit Wasser im Schnellkochtopf, Stufe 2, 11-12 Min. kochen. Abkühlen lassen (lauwarm) und mit den anderen Zutaten im Vitamix (Stößel) zu einer Paste verarbeiten. Dickt nach.

5902. Wirsing mit Linsen, Januar 2014

Für 2 Personen

- 150 g rote Linsen
- 450 g Wasser
- 30 g grüne Rosinen und
- 200 g Wirsing (netto), in feinen Streifen als Gemüsepfanne (24 cm) 15 Min. dünsten.
- 1 TL Salz und
- 30 g Butter zum Abschmecken zugeben.

Tipps: *Statt Butter geht auch ein Öl, z. B. ein Nussöl.*

5903. Tonkaschoko doppel im 1,4-Liter-Becher, Januar 2014

Stufe 1:

- 200 g Cashewnussbruch
- 150 g Kakaonibs
- 1 Prise Salz

Stufe 2:

- 30 g Sesamöl
- 10 g Carob
- 20 g Kakaopulver
- 80 g Kokosöl
- 120 g Kakaobutter
- 100 g Mandeln
- 125 g Honig

Herstellung beschrieben in 5860.

Hinweis: *Wird grisselig.*

5904. Orangenschoko doppelt im 2-Liter-Becher, Januar 2014

Wird super und reicht genau für meine Blockformen (6 x 2 und 2 x 2).
Stufe 1:

- 200 g Cashewnussbruch
- 200 g Kakaobohnen/Kakaonibs-Mischung
- 1 Prise Salz
- 5 g getr. Orangenschalen

Stufe 2:

- 50 g Sesamöl
- 20 g Kakaopulver
- 20 g Carobpulver
- 120 g Honig
- 75 g Kokosöl
- 115 g Kakaobutter

Herstellung beschrieben in 5860.

5905. Rote Bete mit Kichererbsen, Januar 2014

- 130 g Kichererbsen in reichlich Wasser ca. 10 Std. einweichen, im Schnellkochtopf, Stufe 2, mit
- 200 g Einweichwasser 20 Min. garen. In einer 20-cm-Wollpfanne als Gemüsepfanne dünsten:
- 75 g Wasser
- 130 g Rote Bete in Streifen
- 85 g Zwiebel (netto), kleingeschnitten.
- 125 g gekochte Kichererbsen hinzufügen. Im Magic vermixen:
- 10 g Mandeln
- 1 Stück Essigpeperoni (Peperoni in Essig eingelegt, 7/4573)
- 2 TL Peperoniessig (der Essig davon)
- 50 g Wasser, unterrühren, erhitzen, bis es dickt.

5906. Brot ohne Kneten V (Einkorn), Januar 2014

Vorläufer: 5894

Stufe 1 (24 Std. vorher):

- 200 g Roggen
- 200 g Wasser
- 150 g Sauerteig

Stufe 2 (12 Std. vorher):

- 400 g Sauerteigansatz
- 300 g Roggen
- 300 g Wasser

Stufe 3 (Backen, bei mir ein Morgen):

- 150 g Roggen
- 150 g Einkorn
- 1 EL Koriandersamen
- 1 gestr. EL Salz
- 1000 g Sauerteig (= Stufe 2)
- 75 g Leinsamen
- 175 g Wasser
- Butter für die Form

Stufe 1: Roggen fein mahlen, mit Wasser und altem Sauerteig mischen. In einer Plastiktüte ca. 12 Std. stehen lassen.

Stufe 2: 150 g von der Stufe 1 abnehmen und in einem gut schließenden Schraubglas in den Kühlschrank stellen für das nächste Backen. Roggen fein mahlen, mit Sauerteigansatz und 300 g Wasser verrühren (ein Kochlöffel reicht)

Stufe 3 und Fertigstellung: Roggen, Einkorn, Fenchel und Koriander zusammen fein mahlen und mit Salz und Leinsamen mischen. Mit dem Wasser zum Sauerteig geben und mit einem großen Löffel gründlich verrühren, bis kein Mehl mehr sichtbar ist. Eine 30-cm-Brotform, Profi-Emaille von Dr. Oetker, mit Butter einfetten. Teig in die Form geben, mit der nassen Hand herunterdrücken und glatt streichen. Mit einem scharfen Messer einschneiden. Form in eine große Plastiktüte geben und 3 Std. gehen lassen. In den letzten 20 Min. den Ofen auf 240 °C (Heißluft) vorheizen, 1 Std. bei 200 °C backen.

5907. Nudeln mit Bohnen 2014, Januar 2014

Als Gemüsepfanne 11-12 Min:

- 75 g Rigatoni aus schwarzem Emmer (aus Küchenmaschine)
- 190 g tiefgekühlte lila Bohnen
- 80 g Zwiebel, kleingeschnitten (netto)
- 250 g Wasser. Im kleinen Mixer verquirlen:
- 15 g Weizenmehl
- 1 geh. TL Tomatenmark
- 1 gestr. TL Salz
- 1 gestr. TL Paprika edelsüß
- 1 Prise schwarzer gem. Pfeffer
- 60-70 g Wasser; einrühren und aufkochen.

5908. Blumenkohl mit Nudeln, Januar 2014

- 75 g Bandnudeln (Spielberger)
- 190 g Blumenkohl netto in Scheibchen
- 25 g Rucola kleingeschnitten und
- 240-250 g Wasser als Gemüsepfanne 11 Min. garen. Für die Soße im kleinen Mixer verquirlen:
- 15 g Mandeln
- 10 g Sonnenblumenöl
- 1 gestr. TL Salz und
- 50 g Wasser. Einrühren, aufkochen. Fertig.

5909. Blumenkohl mit Kartoffeln, Januar 2014

Für 2 Personen

- 90 g Wasser
- 10 g Kokosöl
- 390 g Kartoffeln, gebürstet unter fließendem Wasser, in Scheiben
- 330 g Blumenkohl, netto, in Scheibchen und
- 35 g Rucola, gewaschen in Stückchen, Gemüsepfanne herstellen (24 cm Alugusspfanne). Im kleinen Mixer mixen:
- 10 g Weizenmehl
- 20 g Sahne
- 1 TL Salz
- 15 g Zitronensaft und
- 100 g Wasser, unterrühren und kurz eindicken lassen (evtl. aufkochen).

5910. Fixer Bratapfel, Januar 2014

Für 2 Personen – zwei ofenfeste Förmchen (kleinere Müslischalen-Größe).

- 1 Apfel (185 g)
- 20 g Mandeln
- 45 g Sahne
- 40 g Honig
- 1/2 TL Vanille
- 1/2 TL Zimt
- 200 g Wasser

Apfel halbieren, jede Hälfte vorsichtig in Stücke schneiden und wieder als Hälften zusammengesetzt mit der Schnittfläche nach unten in die Förmchen legen. Die restlichen Zutaten im kleinen Mixer verquirlen und über die Äpfel verteilen. In den kalten Ofen schieben und 25-30 Min. bei 200 °C (Heißluft) backen.

5911. Hirsepfanne ohne Überraschungen, Januar 2014

Für 2 Personen

Als Gemüsepfanne 20 Min dünsten:

- 150 g Hirse
- 450 g Wasser
- 180 g Porreegrün in Streifen
- 120 g Möhren in 3-4 mm dicken Scheiben
- 20 g Rucola, klein geschnitten. Mit
- etwas Salz und
- gem. schwarzer Pfeffer würzen, mit
- 25 g Butter (oder 25 g Nussöl) verrühren

5912. Kartoffel-Gemüse-Pfanne, Januar 2014

Für 2 Personen mit einer kleinen Rohkost vorher.

- 85 g Wasser
- 15 g Sonnenblumenöl
- 350 g Kartoffeln, gebürstet unter laufendem Wasser, in Scheiben
- 40 g Brot, in Würfeln
- 145 g Porreeringe und
- 115 g Möhren in Scheiben. Als Gemüsepfanne 15 Min. dünsten. Dann im kleinen Mixer für die Soße:
- 10 g Zitronensaft
- 1 TL Salz
- etwas frisch gem. schwarzer Pfeffer
- 10 g Weizenmehl
- 10 g Sonnenblumenöl und
- 50 g Wasser verquirlen, unterrühren & 1 x kurz aufkochen.

5913. Noisette doppelt, Januar 2014

Stufe 1:
- 250 g Haselnüsse
- 50 g Cashewnüsse
- 200 g Kakaonibs
- 1 Bittermandel
- 1 Prise Salz

Stufe 2:
- 50 g Sesamöl
- 120 g Honig
- 20 g Carobpulver
- 75 g Kokosöl
- 110 g Kakaobutter

Herstellung wie in 5860 beschrieben, aber im 2-L-Becher. Reicht reichlich für 1 große + 2 kleine Blockformen.

5914. Hefebrot über Nacht in 2 Schritten, Januar 2014

Stufe 1 (Vorabend):
- 1/2 P frische Hefe (10 g)
- 500 g Wasser
- 500 g Weizen

Stufe 2 (morgens):
- 100 g Dinkel
- 150 g Emmer
- 1 gestr. EL Salz
- 1 EL Brotgewürz gem.
- Ansatz von Stufe 1
- Butter für die Form

Stufe 1: Hefe in Wasser auflösen (verrühren). Weizen fein mahlen, mit dem Hefewasser gut mischen. Abgedeckt 10-12 Std. (über Nacht) bei Raumtemperatur stehen lassen.

Stufe 2: Getreide mahlen, mit Salz und Brotgewürz mischen. In der Küchenmaschine gründlich durchkneten. Der Teigkloß löst sich schließlich von der Wand, auch wenn er recht klebrig ist.

Fertigstellung: Eine 30-cm-Brotform gut einfetten. Teig hineingeben, mit nasser Hand glattstreichen. Abgedeckt 30 Min. gehen lassen, Ofen auf 230 °C (Heißluft) vorheizen. Brot einschieben und 50-55 Min. bei 200 °C backen. Auf einen Gitterrost stürzen, Klopfprobe machen und gut mit Wasser einsprühen.

5915. Maronenschokodrink, Januar 2014

Im Vitamix auf höchster Stufe bis zum Stocken laufen lassen:
- 30 g Reisbrei (Rundkorn-Naturreis 100:400 g)
- 15 g Kakaonibs
- 30 g getr. Maronen
- 25 g Honig
- 310 g Wasser

5916. Kohlrabi mit zweierlei Bohnen, Januar 2014

- 5 EL Wasser
- 200 g Kohlrabi netto in feinen Stiften
- 1 Tomate (125 g), gewürfelt als Gemüsepfanne 12 Min. dünsten.
- 150 g gekochte Kichererbsen einrühren. Für die Soße im Magic:
- 50 g gekochte Sojabohnen
- 1 TL Salz
- 10 g Sonnenblumenöl
- 50 g Wasser verquirlen und aufkochen.

Wenn die Soße zu dünn ist, eine Weile einkochen lassen (d. h. ohne Deckel köcheln).

5917. Baumkuchen, Geburtstag Eric 2014, Januar 2014

Einen Teig mit den Rührbesen des Handgeräts herstellen aus:

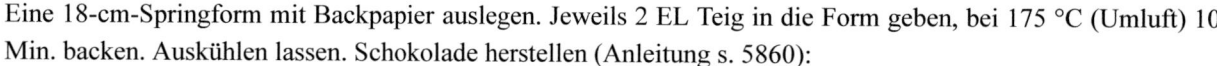

- 125 g Dinkel, fein gemahlen
- 80 g Sonnenblumenöl
- 125 g Honig
- 2 MS gem. Vanille
- 1 EL Weinbrand
- 1 geh. TL Weinsteinbackpulver
- 120 g Reisbrei (5839)
- 100-120 g Wasser

Eine 18-cm-Springform mit Backpapier auslegen. Jeweils 2 EL Teig in die Form geben, bei 175 °C (Umluft) 10 Min. backen. Auskühlen lassen. Schokolade herstellen (Anleitung s. 5860):

- Stufe 1: 100 g Nibs, 100 g Cashewnüsse, 1 Prise Salz, 1 Stück Orangenschale getr.
- Stufe 2: 40 g Kokosöl, 10 g Kakaopulver, 60 g Honig, 60 g Kakaobutter

Den Kuchen auf der Oberfläche damit bestreichen,

- Marzipan (gekauft)

in Streifen schneiden und die Oberfläche dicht damit belegen. 20 Min. in den Tiefkühlschrank setzen. Mehr Schokolade darüber gehen, dass es über den Rand tropft. Die Schokolade ist reichlich und der Rest kann anderweitig verwendet werden.

5918. Zwiebeldatschi, Januar 2014

Für 2 Personen. Teig war ausgesprochen lecker! Beim ersten Versuch hatte ich die Soße mit 200 g Wasser angerichtet - viel zu viel! Mit 75 g war gerade richtig.

Teig:

- 1/2 P Hefe und
- 140 g Wasser
- 10 g Essig
- 10 g Öl in den Thermomix geben,
- 250 g Dinkel, fein gemahlen und
- 1 gestr. TL Salz hinzufügen, auf der Teigstufe 2 Min. kneten lassen.

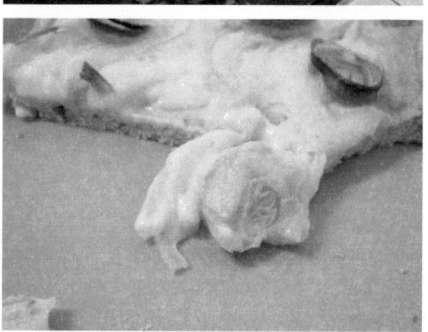

Gut gehen lassen, ca. 45-60 Min. In Größe einer Dauerbackfolie ausrollen, die Ränder einrollen. Für den Belag im Vitamix gut mixen:

- 100 g Reisbrei (5839)
- 1 Knoblauchzehe geschält (ca. 3 g)
- 25 g Cashewnüsse
- 1 TL Salz (8 g)
- 25 g Sonnenblumenöl
- 10 g Apfelessig
- 75 g Wasser

Auf den Teig gießen. Belegen mit

- 130 g Zwiebel (brutto), geschält, in dünnen Scheiben
- 35 g Porreeringe, dünne Ringe

In den minimal vorgeheizten Ofen schieben und 15 Min. bei 200 °C und 10 Min. bei 175 °C backen.

5919. Shiitake schnell und einfach, Januar 2014

- 110 g Kichererbsen, 8 Std. eingeweicht, Schnellkochtopf 17 Min. mit
- 170 g Wasser garen.
- 15 g Öl und
- 40 g Wasser in eine kleine Pfanne geben,
- 100 g Shiitake in Streifen hinzufügen. Als Gemüsepfanne 5 Min. dünsten. Kichererbsen hinzufügen,
- salzen, mit
- gem. schwarzer Pfeffer bestreuen, Flüssigkeit einkochen,
- 1 TL Mandelmus (20 g) einrühren zum Dicken.

5920. Gemüsepfanne mit Sojabohnen, Januar 2014

Für 2 Personen

- 130 g Sojabohnen in reichlich Wasser ca. 8-12 Std. einweichen.

In einem Sieb abspülen, mit 200 g Wasser im Schnellkochtopf 11 Min. auf Stufe 2 kochen. Abdampfen lassen. Während die Bohnen garen (und abdampfen), als Gemüsepfanne zuberei-ten:

- 75 g Wasser
- 410 g Gemüse (je etwa ein Viertel geputzter Rosenkohl, Blumenkohl, Kohlrabi geschält, Möhre)

12 Min. dünsten.

- 1 TL Salz darüber streuen, mit
- ca. 30-40 g Butterstreifen belegen und mit
- ca. 200 g gekochten Sojabohnen bedecken. Kurz erhitzen, bis die Butter geschmolzen ist und servieren.

5921. Brot ohne Kneten mit Gehhilfe, Januar 2014

Stufe 1 (24 Std. vorher):
- 200 g Roggen
- 200 g Wasser
- 150 g Sauerteig

Stufe 2 (12 Std. vorher):
- 400 g Sauerteigansatz
- 300 g Roggen
- 300 g Wasser

Stufe 3 (bei mir ein Morgen):
- 100 g Roggen
- 200 g Emmer
- 1 gestr. TL Trockenhefe
- 1 EL Brotgewürz
- 1 gestr. EL Salz
- 1000 g Sauerteig (= Stufe 2)
- 75 g Sesamsaat
- 175 g Wasser
- Butter für die Form

Stufe 1: Roggen fein mahlen, mit Wasser und altem Sauerteig mischen. In einer Plastiktüte ca. 12 Std. stehen lassen.

Stufe 2: 150 g von der Stufe 1 abnehmen und in einem gut schließenden Schraubglas in den Kühlschrank stellen für das nächste Backen. Roggen fein mahlen, mit Sauerteigansatz und 300 g Wasser verrühren (ein Kochlöffel reicht).

Stufe 3: Roggen und Emmer fein mahlen und mit Salz, Hefe und Sesam mischen. Mit dem Wasser zum Sauer-teig geben und mit einem großen Löffel gründlich verrühren, bis kein Mehl mehr sichtbar ist. Eine 30-cm-Brot-form, Profi-Emaille von Dr. Oetker, gut einfetten. Teig hineingeben, mit der nassen Hand herunterdrücken und glattstreichen. Mit einem scharfen Messer einschneiden.

Form in eine große Plastiktüte geben und 2 Std. gehen lassen. Ofen auf 230 °C (Heißluft) vorheizen, 1 Std. bei 200 °C backen. Durch die Hefe habe ich 1 Std. Gehzeit gespart!

5922. Brokkoli in Sojabohnen, Januar 2014

- 5 EL Wasser in eine Pfanne geben (55 g),
- 250 g Brokkoli klein schneiden, in die Pfanne geben und als Gemüsepfanne 10 Min. garen. Im kleinen Mixer:
- 100 g gek. Sojabohnen
- 10 g Sonnenblumenöl
- 3 g Essigpeperoni (Peperonistücke in Essig eingelegt, 7/4573)
- 10 g Peperoniessig (Essig von Essigpeperoni)
- 30 g Wasser verquirlen, unterrühren. Becher mit
- 35 g Wasser nachspülen, ebenfalls unterrühren und kurz aufkochen.

Hinweis: Leckerer ist es, die Kichererbsen einfach so hinzu-gegeben und eine Soße zusätzlich zu machen.

5923. Plümeliger Hokkaido, Januar 2014

Gemüsepfanne 10 Min.:
- 50 g Wasser
- 5 g Sonnenblumenöl
- 25 g Zwiebel netto in feinen Scheiben
- 320 g Kartoffeln in Scheiben
- 300 g Kürbis (ungeschält, kernlos) in Stücken
- 60 g getrocknete Pflaumen

Soße (im kleinen Mixer):
- 20 g Mandeln
- 1 TL Salz
- 10 g Sonnenblumenöl
- 100 g Wasser
- 10 g Essig

5924. Brot ohne Kneten mit Gehhilfe Nr. 2, Februar 2014

Vorläufer 5920.

Stufe 1 (24 Std. vorher):	Stufe 3 (bei mir ein Morgen):
• 200 g Roggen	• 75 g Roggen
• 200 g Wasser	• 225 g Dinkel
• 150 g Sauerteig	• 1,5 gestr. TL Trockenhefe (5 g)
Stufe 2 (12 Std. vorher):	• 1 geh. EL Brotgewürz
• 400 g Sauerteigansatz	• 1 gestr. EL Salz
• 300 g Roggen	• 1000 g Sauerteig (= Stufe 2)
• 300 g Wasser	• 75 g Sonnenblumenkerne
	• 175 g Wasser
•	• Butter für die Form

Stufe 1: Roggen fein mahlen, mit Wasser und altem Sauerteig mischen. In einer Plastiktüte ca. 12 Std. stehen lassen.

Stufe 2: 150 g von der Stufe 1 abnehmen und in einem gut schließenden Schraubglas in den Kühlschrank stellen für das nächste Backen. Roggen fein mahlen, mit Sauerteigansatz und 300 g Wasser verrühren (ein Kochlöffel reicht).

Stufe 3: Roggen und Dinkel fein mahlen und mit Salz, Hefe und Sonnenblumenkernen mischen. Mit dem Wasser zum Sauerteig geben und mit einem großen Löffel gründlich verrühren, bis kein Mehl mehr sichtbar ist. Eine 30-cm-Brotform, Profi-Emaille von Dr. Oetker, gut einfetten. Teig hineingeben, mit der nassen Hand herunterdrücken und glattstreichen. Mit einem scharfen Messer einschneiden.

Form in eine große Plastiktüte geben und 2 Std. gehen lassen. Dann den Ofen 20 Min. auf 230 °C (Heißluft) vorheizen, 1 Std. bei 200 °C backen.

Hinweis: *Durch die Hefe habe ich 1 Std. Gehzeit gespart, die etwa doppelte Menge Hefe hat aber zeitlich nichts gebracht, nur ist das Brot noch etwas grobporiger und sehr lecker.*

5925. Mangold mit Kartoffeln, Februar 2014
- 15 g Sonnenblumenöl
- 35 g Wasser
- 270 g Kartoffeln, gebürstet unter Wasser, in Scheiben
- 220 g gewaschener Mangold, kurz ausgeschüttelt, in Streifen.
- 1 TL Salz. Als Gemüsepfanne 15 Min.

5926. Hokkaido doch anders, Februar 2014

- 75 g Bandnudeln Spielberger
- 310 g Wasser und
- 250 g Hokkaido, gewürfelt (netto, ohne Kerne, aber mit Schale) als Gemüsepfanne, 12 Min.. Dann einrühren:
- 65 g gekochte schwarze Bohnen. Für die Soße im kleinen Mixer gut schlagen:
- 15 g Sonnenblumenöl
- 15 g Sonnenblumenkerne
- 1 EL Peperoniessig (7/4573)
- 4 g Salz
- 30 g Wasser. Unterrühren und aufkochen lassen.

Hinweis: Eigentlich sollte das eine Pizza werden, aber dann bin ich nachmittags eingeschlafen, da war es dafür zu spät. So habe ich einfach gegriffen, was in der Küche war, nur damit es schnell geht. Ergebnis: Leckerer wäre eine Pizza auch nicht gewesen.

5927. Brot ohne Kneten mit Gehhilfe Nr. 3, Februar 2014

Vorläufer 5923.

Stufe 1 (24 Std. vorher):
- 200 g Roggen
- 200 g Wasser
- 150 g Sauerteig

Stufe 2 (12 Std. vorher):
- 400 g Sauerteigansatz
- 300 g Roggen
- 300 g Wasser

Stufe 3 (bei mir ein Morgen):
- 1/2 P frische Hefe
- 200 g lauwarmes Wasser
- 75 g Roggen
- 225 g Dinkel
- 1 geh. EL Brotgewürz
- 1 gestr. EL Salz
- 1000 g Sauerteig (= Stufe 2)
- 75 g Sonnenblumenkerne
- Butter für die Form

Stufe 1: Roggen fein mahlen, mit Wasser und altem Sauerteig mischen. In einer Plastiktüte ca. 12 Std. stehen lassen.

Stufe 2: 150 g von der Stufe 1 abnehmen und in einem gut schließenden Schraubglas in den Kühlschrank stellen für das nächste Backen. Roggen fein mahlen, mit Sauerteigansatz und 300 g Wasser verrühren (ein Kochlöffel reicht).

Stufe 3: Hefe im Wasser auflösen. Getreide fein mahlen und mit Salz, Hefe und Sonnenblumenkernen mischen. Mit dem Hefewasser zum Sauerteig geben und mit einem großen Löffel gründlich verrühren, bis kein Mehl mehr sichtbar ist. Eine 30-cm-Brotform, Profi-Emaille von Dr. Oetker, gut einfetten. Teig hineingeben, mit der nassen Hand herunterdrücken und glattstreichen. Mit einem scharfen Messer einschneiden. Form in eine Plastiktüte geben und 2 Std. gehen lassen. Ofen 20 Min. auf 230 °C (Heißluft) vorheizen, 1 Std. bei 200 °C backen.

Hinweis: Brot nach dem Backen etwa 7-8 Std. ruhen lassen vor dem Anschneiden.

5928. Frühstück zum Kauen, Februar 2014

- 1 Apfel (105 g) in P schneiden
- 1 Banane (145 g netto) in Scheiben schneiden, in eine Schüssel geben und mit
- 2 EL Sahne (20 g) übergießen;
- 2 EL Nackthafer und
- 1 EL Leinsamen flocken, über das Obst verteilen und mit
- 1 EL Buchweizen bestreuen, darüber noch
- 15 g (1 EL) Pekannüsse

5929. Paratonka-Schokolade, Februar 2014

Vorgehensweise beschrieben in 5860, aber 2-Liter-Becher.

Stufe 1:

- 200 g Paranüsse
- 200 g Kakaonibs
- 1 Prise Salz
- 1 Tonkabohne

Stufe 2 (Stufe 1 vorher nicht rausnehmen):

- 50 g Sesamöl
- 15 g Carob
- 20 g Kakaopulver
- 120 g Honig
- 60 g Kakaobutter
- 130 g Kokosöl

Weitere Zutaten:

- 45 g Paranüsse (ganz zum Schluss fein hinein mahlen, fällt nicht aus).

5930. Nudeln mit Porree: schnell und einfach, Feb. 2014

- 5 EL Wasser (60 g; bei einer schlecht schließenden Pfanne 100 g)
- 65 g Porree, halbiert in Ringen
- 30 g Petersilienwurzel (oder Möhre, oder was gerade als Rest vorhanden ist). als Gemüsepfanne garen; sobald das Gemüse kocht (Kochzeit: 7-10 Min.) die Nudeln aufsetzen:
- 100 g Naturata Spiralnudeln
- Wasser
- 2 TL Salz und sobald sie kochen, 7-8 Min. kochen lassen; für die Soße im kleinen Mixer verquirlen:
- 10 Apfelkernöl (habe ich geschenkt bekommen, sehr apart! Kalt gepresst) o. Ä.
- 20 g Sonnenblumenkerne
- 20 g Tomatenmark
- 1 EL Apfelessig
- 1 gestr. TL Salz
- 1 Knoblauchzehe geschält & klein geschnitten
- 100 g Wasser; unter das Gemüse rühren und kurz aufkochen. Nudeln in einem Sieb abtropfen lassen.

Hinweis: *Das Ganze hat mich nicht mal 20 Min. Zeit gekostet.*

5931. Wassermelonen-FKG, Februar 2014

Vegane Rohkost; für 2 Personen

- 260 g Melone (netto)
- 2 Bananen (260 g netto)
- 2 EL Zitronensaft
- 2 Äpfel (200 g)
- 6 EL Rotkornweizen
- 2 EL Leinsamen
- 10 Paranüsse

Melone aus der Schale lösen, Bananen schälen. Beides grob vorschneiden und mit dem Zitronensaft pürieren. Auf zwei Schüsseln verteilen. Äpfel würfeln oder in feine Streifen schneiden, auf dem Melonenpüree verteilen. Getreide und Leinsamen flocken, vorsichtig damit die rosa Flüssigkeit abdecken. Mit je 5 Paranüssen dekorieren.

5932. Brot ohne Kneten mit Gehhilfe 2 Stufen, Feb. 2014

Stufe 1 (12 Std. vorher):

- 500 g Roggen
- 530 g Wasser
- 150 g Sauerteig

Stufe 2 (bei mir ein Morgen):

- 1/2 P frische Hefe (21 g)
- 200 g lauwarmes Wasser
- 75 g Roggen
- 225 g Weizen
- 1 geh. EL Brotgewürz
- 1 gestr. EL Salz
- 75 g Sesamsaat ungeschält
- 1000 g Sauerteigansatz (s.o.)
- Butter für die Form

Stufe 1: Roggen fein mahlen, mit Wasser und altem Sauerteig mischen. In einer Plastiktüte ca. 12 Std. stehen lassen. 150 g von der Stufe 1 abnehmen und in einem gut schließenden Schraubglas in den Kühlschrank stellen für das nächste Backen.

Stufe 2: Hefe im Wasser auflösen. Roggen und Weizen fein mahlen und mit Salz, Hefe und Sonnenblumenkernen mischen. Mit dem Hefewasser zum Sauerteig geben und mit einem großen Löffel gründlich verrühren, bis kein Mehl mehr sichtbar ist. Eine 30-cm-Brotform, Profi-Emaille von Dr. Oetker, gut einfetten. Teig hineingeben, mit der nassen Hand herunterdrücken und glattstreichen. Mit einem scharfen Messer einschneiden.

Form in eine große Plastiktüte geben und 90 Min. gehen lassen. Ofen auf 230 °C (Heißluft) vorheizen (etwa 20 Min.), 1 Std. bei 200 °C backen. *Durch die frische Hefe habe ich fast 1,5 Std. Gehzeit gespart. Das Brot sollte nach dem Backen etwa 7-8 Std. ruhen, bevor es angeschnitten wird, weil es dann deutlich besser schmeckt.*

5933. Pizza-fix, Februar 2014

45 Min.; 24-cm-Emailprofi-Pizzaform

- 1-2 TL Öl auf der Form verpinseln.

Teig:

- 135 g dünn geschnittenes Brot; die Form möglichst passend damit auslegen, ruhig am Rand etwas stückeln.

Belag 1:

- 20 g Tomatenmark
- 1 Prise gem. schwarzer Pfeffer
- 1 gute Prise Salz
- 1 Knoblauchzehe, geschält, in Scheiben, und
- 100 g Wasser zusammen im kleinen Mixer gut verquirlen. Auf dem Brot verteilen, evtl. den Pinsel zu Hilfe nehmen.

Belag 2:

- 1 Zwiebel (90 g brutto); in feine Scheiben schneiden.

Belag 3:

- 50 g Sonnenblumenkerne
- 35 g Rundkorn-Naturreis
- 20 g Sonnenblumenöl
- 20 g Essig
- 5 g Essigpeperoni
- 1 knapper gestr. TL Salz und
- 200 g Wasser zusammen im Vitamix gut durchquirlen, etwa 1-2 Min. Die Masse soll noch nicht stocken, nur der Reis und alle anderen Zutaten sollen völlig fein gemahlen sein, die Masse war warm bei mir. Über die Pizza geben (ist dickflüssig) und verstreichen.

In den letzten 3-5 Min. den Ofen auf 230 °C aufheizen. Pizza einschieben und 25 Min. bei 225 °C backen, bis die Oberfläche goldbraun ist.

5934. Mangold mit Hirse, Februar 2014

- 100 g Hirse in eine 24-cm-Alugusspfanne einwiegen,
- 300 g Wasser hinzugeben und 40-60 Min. stehen lassen.
- 300 g Mangold (ich habe das Ende unten abgeschnitten), gewaschen und in Streifen, ausgedrückt gewogen, hinzufügen. Deckel auflegen. Als Gemüsepfanne 13 Min. dünsten. Mit
- 1 TL Salz bestreuen und
- 2 EL Sonnenblumenöl begießen, kurz unterrühren.

Hinweis: Dieses Gericht ist ganz einfach und hier schmeckt man auch den Mangold richtig, so wie er ist. Der leicht erdige Geschmack wird ja sonst häufig von Gewürzen überdeckt.

5935. Brot ohne Kneten mit Gehhilfe Nr. 4, Februar 2014

Vorläufer 5927.

Stufe 1 (24 Std. vorher):
- 200 g Roggen
- 200 g Wasser
- 150 g Sauerteig

Stufe 2 (12 Std. vorher):
- 400 g Sauerteigansatz
- 300 g Roggen
- 300 g Wasser

Stufe 3 (bei mir ein Morgen):
- 1/2 P frische Hefe
- 200 g lauwarmes Wasser
- 75 g Roggen
- 100 g Emmer
- 125 g Dinkel
- 1 gestr. EL Koriandersamen
- 1 gestr. EL Salz
- 1000 g Sauerteig (= Stufe 2)
- 25 g Sonnenblumenkerne
- 25 g Leinsamen
- 25 g Sesamsaat
- Butter für die Form

Stufe 1: Roggen fein mahlen, mit Wasser und altem Sauerteig mischen. In einer Plastiktüte ca. 12 Std. stehen lassen.

Stufe 2: 150 g von der Stufe 1 abnehmen und in einem gut schließenden Schraubglas in den Kühlschrank stellen für das nächste Backen. Roggen fein mahlen, mit Sauerteigansatz und 300 g Wasser verrühren (ein Kochlöffel reicht).

Stufe 3: Hefe im Wasser auflösen. Getreide mischen und die ersten Löffel mit den Koriandersamen fein mahlen, dann den Rest mahlen. Mit Salz, Hefe und Saaten mischen. Mit dem Hefewasser zum Sauerteig geben und mit einem großen Löffel gründlich verrühren, bis kein Mehl mehr sichtbar ist. Eine 30-cm-Brotform, Profi-Emaille von Dr. Oetker, gut einfetten. Teig hineingeben, mit der nassen Hand herunterdrücken und glattstreichen. Mit einem scharfen Messer einschneiden. Form in eine große Plastiktüte geben und 75 Min. gehen lassen. 15 Min. den Ofen auf 230 °C (Heißluft) vorheizen, 1 Std. bei 200 °C backen. Noch heiß auf ein Kuchengitter stürzen und mit Wasser einsprühen.

5936. Mangold in nackthafrigem Koriander-Umfeld, Februar 2014

- 200 g Mangold (ungewaschen gewogen), waschen, in Streifen schneiden und
- 225 g Kartoffeln, gebürstet, in 3-4 mm dicke Scheiben geschnitten in die Pfanne (24 cm, Aluguss) geben. Oberfläche damit abdecken. Im Vitamix gut mixen:
- 35 g Haselnüsse
- 35 g Nackthafer
- 15 g Sonnenblumenöl
- 1 g Koriandersamen
- 1 geh. TL Salz
- 350 g Wasser. In die Pfanne gießen. In den kalten Ofen schieben, bei 225 °C eine halbe Std. zugedeckt und 20 Min. offen backen.

5937. Mangoldsuppe, Februar 2014

In diesem Rezept kommt die Geschmacksverwandtschaft von Mangold und Spinat stark durch. Auch hier - einfache Zutaten, leckerer Geschmack. Zubereitung beschrieben im Thermomix. Alternativ im Topf kochen und in einem Mixer pürieren.

- 195 g Mangold, waschen, grob vorschneiden, in den Thermomix geben
- 125 g Kartoffeln, abbürsten unter fließendem Wasser, vorschneiden, hinzufügen
- 400 g Wasser auf das Gemüse gießen. Auf Stufe 5 bis 8 einige Sek. schneiden lassen. 16 Min. auf 100 °C, Stufe 1-2, kochen.
- 1 TL Salz hinzufügen, pürieren. Die Hälfte in eine Suppenschüssel gießen
- 1/2 Tomate (es reicht für 2 Teller/Schüsseln), würfeln, die Hälfte in die Suppe geben, von
- 2 EL Sahne den ersten in die Suppenschüssel geben.

Hinweis: *Wer wenig Sahne isst, wird erstaunt sein (zumindest ich war das), wie so eine kleine Menge Sahne ein großes Geschmackserlebnis wird.*

5938. Fast klassische Gemüsepfanne, Februar 2014

In eine Pfanne geben:

- 55 g Wasser
- 190 g Blumenkohlscheibe, klein geschnitten
- 4 Wirsingblätter, gewaschen und in Streifen geschnitten (100 g)
- 1 Tomate gewürfelt (125 g)
- 2 kleine Kartoffeln (75 g), gebürstet unter fließendem Wasser, in Scheiben
- 1 Zwiebel (netto 40 g), geschält, gewürfelt, oben drüber verteilt, und
- 1 Knoblauchzehe, abgezogen, gewürfelt als Gemüsepfanne 15 Min. dünsten. Dann mit
- 1 gestr. TL Salz bestreuen und
- 20 g Butter in Stückchen auflegen, schmelzen lassen.

5939. Brot ohne Kneten mit Gehhilfe in 2 Stufen (II), Feb. 2014

Vorläufer: 5932. Für Frau E.

Stufe 1 (12 Std. vorher):
- 500 g Roggen
- 520 g Wasser
- 150 g Sauerteig

Stufe 2 (bei mir ein Morgen):
- 1/2 P frische Hefe (21 g)
- 200 g lauwarmes Wasser
- 75 g Roggen
- 100 g Nackthafer
- 125 g Weizen
- 1 geh. EL Brotgewürz
- 1 gestr. EL Salz
- 75 g Sonnenblumenkerne
- 1000 g Sauerteigansatz (s.o.)
- Butter für die Form

Stufe 1: Roggen fein mahlen, mit Wasser und altem Sauerteig mischen. In einer Plastiktüte ca. 12 Std. stehen lassen. 150 g von der Stufe 1 abnehmen und in einem gut schließenden Schraubglas in den Kühlschrank stellen für das nächste Backen.

Stufe 2: Hefe im Wasser auflösen. Roggen, Hafer und Weizen fein mahlen und mit Salz, Hefe und Sonnenblumenkernen mischen. Mit dem Hefewasser zum Sauerteig geben und mit einem großen Löffel gründlich verrühren, bis kein Mehl mehr sichtbar ist. Eine 30-cm-Brotform, Profi-Emaille von Dr. Oetker, gut einfetten. Teig hineingeben, mit der nassen Hand herunterdrücken und glattstreichen. Mit einem scharfen Messer einschneiden. Form in eine große Plastiktüte geben und 60 Min. gehen lassen. Ofen auf 230 °C (Heißluft) vorheizen (etwa 15 Min.), 1 Std. bei 200 °C backen.

Hinweis: Gutes Brot zum Verschenken.

5940. Ingwer-Dressing, Februar 2014

Im Vitamix zu einer lauwarmen, dicklichen Masse schlagen:

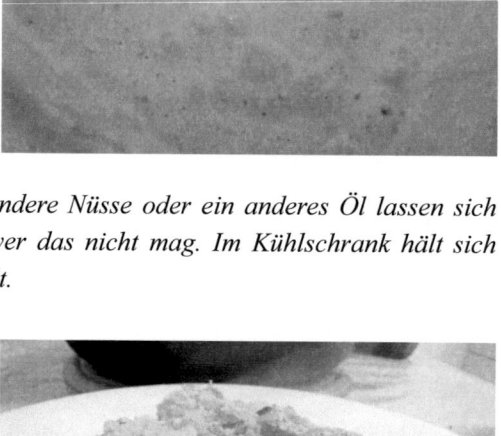

- 100 g Mandeln
- 110 g Sonnenblumenöl
- 110 g Apfelessig
- 25 g Salz
- 2 g schwarzer Pfeffer, gemahlen
- 4 g Ingwerpulver
- 40 g Senf
- 50 g Honig
- 200 g Wasser

Hinweise: Nach kurzem Stehen bekommt die Soße eine puddingartige Konsistenz. Ich verdünne 1 plus 2 oder 1 plus 3. Durch andere Nüsse oder ein anderes Öl lassen sich leicht Variationen erreichen. Auch der Ingwer kann wegfallen, wer das nicht mag. Im Kühlschrank hält sich diese Grundsoße mindestens 2 Wochen, wenn im Vitamix hergestellt.

5941. Wirsing überbacken, Februar 2014

- 100 g rote Linsen
- 300 g Wirsing in Streifen und
- 130 g Tomate gewürfelt als Gemüsepfanne 10 Min.
- In dieser Zeit den Ofen (Umluft) auf 230 °C vorheizen. Eine Soße im kleinen Mixer, großer Becher, zubereiten aus:
- 50 g Sonnenblumenkerne
- 10 g Sonnenblumenöl
- 1 TL Salz
- 20 g Tomatenmark
- 4 g Essigpeperoni (7/4573) und
- 175 g Wasser auf dem Gemüse verteilen.
- 1 Zwiebel (35 g brutto), schälen & in feine Scheiben schneiden. Auf die Soße streuen, im vorgeheizten Ofen 20 Min bei 225 °C backen.

5942. Cashew-Riegel, Februar 2014

Stufe 1:

- 200 g Kakaonibs
- 200 g Cashewnüsse
- 1 Prise Salz
- 5 g getr. Orangenschale

Stufe 2 (Stufe 1 nicht aus dem Becher nehmen):

- 50 g Sesamöl
- 20 g Kakaopulver
- 15 g Carobpulver
- 130 g Honig
- 110 g Kokosöl
- 90 g Kakaobutter

Weitere Zutaten:

- 100 g Cashewnüsse (besser 50 g)

Verarbeitung, nur im 2-L-Becher, wie in 5860 beschrieben.

5943. Brot ohne Kneten mit Gehhilfe Nr. 5, Februar 2014

Vorläufer 5935.

Stufe 1 (24 Std. vorher):
- 300 g Roggen
- 300 g Wasser
- 150 g Sauerteig

Stufe 2 (12 Std. vorher):
- 600 g Sauerteigansatz
- 200 g Roggen
- 200 g Wasser

Stufe 3 (bei mir ein Morgen):
- 1/2 P frische Hefe
- 190 g lauwarmes Wasser
- 100 g Nackthafer
- 1 gestr. EL Koriandersamen
- 75 g Roggen
- 25 g Emmer
- 100 g Weizen
- 1 gestr. EL Salz
- 1000 g Sauerteig (= Stufe 2)
- 75 g Sonnenblumenkerne
- Butter für die Form

Stufe 1: Roggen fein mahlen, mit Wasser und altem Sauerteig mischen. In einer Plastiktüte ca. 12 Std. stehen lassen.

Stufe 2: 150 g von der Stufe 1 abnehmen und in einem gut schließenden Schraubglas in den Kühlschrank stellen für das nächste Backen. Roggen fein mahlen, mit Sauerteigansatz und 300 g Wasser verrühren (ein Kochlöffel reicht).

Stufe 3: Hefe im Wasser auflösen. Hafer mit Koriander in einer trockenen Pfanne rösten und mahlen. Restliches Getreide mischen und fein mahlen. Mit Salz, Hefe und Saaten mischen. Mit dem Hefewasser zum Sauerteig geben und mit einem großen Löffel gründlich verrühren, bis kein Mehl mehr sichtbar ist. Eine 30-cm-Brotform, Profi-Emaille von Dr. Oetker, gut einfetten. Teig hineingeben, mit der nassen Hand herunterdrücken und glattstreichen. Mit einem scharfen Messer einschneiden. Form in eine große Plastiktüte geben und 75 Min. gehen lassen. 15 Min. den Ofen auf 230 °C (Heißluft) vorheizen, 1 Std. bei 200 °C backen. Noch heiß auf ein Kuchengitter stürzen und mit Wasser einsprühen.

5944. Wirsing mit Kartoffelhut, März 2014

Kartoffeln:
- 300 g Kartoffeln

In Folie 1 Std. bei 200 °C im Ofen garen (ich mache das immer, wenn ich Brot backe); wenn sie bis lauwarm abgekühlt sind, schälen.

Wirsing:
- 50 g Wasser
- 210 g Wirsing in Streifen und
- 60 g Zwiebel (netto) in feinen Scheiben

Als Gemüsepfanne (20 cm) 6 Min. dünsten.

Soße:
- 20 g Mandeln
- 20 g Dinkelmehl
- 1 TL Salz und
- 150 g Wasser.

Im kleinen Mixer zu einer Soße verquirlen. Während der Wirsingzubereitung den Ofen auf 230 °C vorheizen. Die Soße über das Gemüse gießen. Kartoffeln in Scheiben schneiden, Gemüse dicht damit belegen. Mit dem Pinsel
- 10-20 g Sonnenblumenöl auf den Kartoffeln verteilen, Ofen auf 200 °C stellen und 20 Min. backen.

5945. Brat-Dünstkartoffeln mit grünem Pfiff, März 2014

Als Gemüsepfanne 15 Min. dünsten (bei festkochenden Kartoffeln):

- 20 g Erdnussöl
- 30 g Wasser
- 270 g Kartoffeln, abgebürstet, in Scheiben
- 95 g Zwiebel, abgezogen, in Scheiben / Ringen, zwischendrin ein bisschen
- Salz streuen. Dann
- 65 g tiefgekühlte Erbsen einrühren und gut durcherhitzen. Fertig.

5946. Porree-Nudeln in Gorgonzola, März 2014

Mit Tiereiweiß! Sehr schnell.

- 100 g Vollkornnudeln (Spirali und Band) mit
- 160 g Porree und
- 330 g Wasser als Gemüsepfanne 8-9 Min. dünsten.
- 50 g Gorgonzola hinzugeben, unterrühren und warten, bis der Käse sich aufgelöst hat. Evtl. bis zur gewünschten Dicke einkochen, mit
- 1-3 Prisen Salz abschmecken.

5947. Porree oriental, März 2014

Mit ein paar Zusätzen erhält das Gericht eine vage orientalische Note. Und es ist völlig unkompliziert in der Herstellung. Die Mandeln lassen sich gegen andere Nüsse, die Rosinen gegen andere Trockenfrüchte (Feigen, Aprikosen, Pflaumen - dann klein geschnitten) austauschen.

- 100 g Hirse in eine Pfanne geben,
- 230 g Porree (netto), gewaschen, in Streifen/Scheiben
- 25 g grüne Rosinen
- 25 g Mandeln
- 1 große Knoblauchzehe, abgezogen & in Scheiben geschnitten
- 5 g Essigpeperoni (7/4573) (oder 1 getr. Chilischote)
- 1 TL Currypulver (selbstgemacht; 6/3949) und
- 310 g Wasser hinzufügen.

Einmal durchrühren. Deckel auflegen, auf höchster Einstellung zum Kochen bringen. Auf kleinste Einstellung drehen und 15 Min. dünsten, ohne den Deckel abzuheben.

- 1 gestr. TL Salz darüberstreuen und unterrühren.

Hinweise: Die Dünstzeit der Gemüsepfanne richtet sich nach der Hirse. Wer es schneller möchte, weicht die Hirse 4-5 Std. vorher in dem Wasser ein, dann sollten auch 10 Min. reichen. Dieses war die ganz feine Hirse, kann sein, dass die mit den etwas größeren Körnern eine andere Garzeit hat. Hier war die Hirse ganz, ganz weich, wie ich das gerne mag. Wer lieber bissfest isst, sollte es mit 12-13 Min. probieren.

5948. Drei-Minuten-Weißkohlsalat, März 2014

In der angegebenen Reihenfolge in den Thermomix geben:

- 20 g Sonnenblumenöl
- 10 g Apfelessig
- 40 g Wasser
- 20 g Zwiebel (netto), grob vorgeschnitten
- 250 g Weißkohl, grob vorgeschnitten
- 1 Apfel (110 g), geviertelt im TM 8 Sek./Stufe 5. In Schüssel und mit
- 10 g Mandeln (oder Petersilie) dekorieren.

5949. Brot ohne Kneten + Gehhilfe in 2 Stufen (III), März 2014

Vorläufer: 5935.

Stufe 1 (12 Std. vorher):

- 500 g Roggen
- 520 g Wasser
- 150 g Sauerteig

Stufe 2 (bei mir ein Morgen):

- 1/2 P frische Hefe (21 g)
- 160 g lauwarmes Wasser
- 75 g Roggen
- 100 g Nackthafer
- 125 g Dinkel
- 1 TL Brotgewürz
- 1 gestr. EL Salz
- 20 g Sesamsaat
- 1000 g Sauerteigansatz (s.o.)
- Butter für die Form

Stufe 1: Roggen fein mahlen, mit Wasser und altem Sauerteig mischen. In einer Plastiktüte ca. 12 Std. stehen lassen. 150 g von der Stufe 1 abnehmen und in einem gut schließenden Schraubglas in den Kühlschrank stellen für das nächste Backen. *Da der Roggen vom Biohof Lex sehr hell und rundlich ist, vermutete ich schon beim letzten Brot leicht andere Backeigenschaften. Daher nahm ich statt der in diesem Rezept sonst üblichen 200 g Wasser nur 160 g. Es hätte ruhig noch etwas weniger sein können!*

Stufe 2: Hefe im Wasser auflösen. Hafer und Dinkel fein mahlen und mit Salz und Sesam mischen. Mit dem Hefewasser zum Sauerteig geben und mit einem großen Löffel gründlich verrühren, bis kein Mehl mehr sichtbar ist. Eine 30-cm-Brotform, Profi-Emaille von Dr. Oetker, gut einfetten. Teig hineingeben, mit der nassen Hand herunterdrücken und glattstreichen. Mit einem scharfen Messer einschneiden.

Form in eine große Plastiktüte geben und 60 Min. gehen lassen. Ofen auf 230 °C (Heißluft) vorheizen (etwa 15 Min.), 1 Std. bei 200 °C backen.

Hinweis: *Der Teig ging sehr stark, es hätte auch gereicht, 45 Min. gehen zu lassen und dann 15 Min. vorzuheizen. – Problemloses Brot zum Verschenken, da sehr wenig gewürzt und kaum Saaten.*

5950. Eric's Favorite Ingwer-Haferkekse II, März 2014

- 250 g Dinkel
- 100 g Emmer
- 100 + 50 g Nackthafer
- 1 Prise Salz
- 1 P Backpulver minus 1 TL
- 1 EL getr. gem. Ingwer (ca. 12 g)
- 100 g Sonnenblumenöl
- 20 g Carob
- 215 g flüssiger Honig
- 60 g Wasser

Dinkel, Emmer und 100 g Hafer mischen und fein mahlen. Den restlichen Hafer flocken. Alle trockenen Zutaten miteinander mischen. Flüssigkeiten und Honig hinzufügen. Zum Beispiel mit einem Handrührgerät mit Knethaken zu einem Teig verarbeiten. Aus dem Teig mit den Händen (ab und an anfeuchten) gut walnussgroße Kugeln formen und nebeneinander auf zwei mit Dauerbackfolie ausgelegte Backbleche legen. Mit der Gabel flachdrücken, die Gabel ebenfalls ab und zu in Wasser tauchen. Backblech in den auf 160 °C (Heißluft) vorgeheizten Ofen schieben, 20 Min. backen. Ofen ausstellen und evtl. 5 Min. nachbacken.

Tipp: *Wer keinen flüssigen Honig hat, kann den festen Honig auf niedriger Temperatur in einer Pfanne zerlassen.*

5951. Brot ohne Kneten mit Gehhilfe Nr. 6, März 2014

Vorläufer 5943. Unterscheidet sich von Brot ohne Kneten mit Gehhilfe in 2 Stufen (III) außer durch den Mandeln eigentlich nur durch die Stufen. Dabei habe ich festgestellt - wieder einmal - dass merkwürdigerweise die 2-Stufen-Variante deutlich schneller geht.

Stufe 1 (24 Std. vorher):
- 200 g Roggen
- 200 g Wasser
- 150 g Sauerteig

Stufe 2 (12 Std. vorher):
- 400 g Sauerteigansatz
- 300 g Roggen
- 300 g Wasser

Stufe 3 (Backen, bei mir ein Morgen):
- 1/2 P frische Hefe (21 g)
- 160 g lauwarmes Wasser
- 75 g Roggen
- 100 g Nackthafer
- 125 g Dinkel
- 1 EL Brotgewürz
- 1 gestr. EL Salz
- 75 g Mandeln, grob gehackt
- 1000 g Sauerteigansatz
- Butter für die Form

Stufe 1: Roggen fein mahlen, mit Wasser und altem Sauerteig mischen. In einer Plastiktüte ca. 12 Std. stehen lassen. *(Da bei mir deutlich mehr als 12 Std. dazwischen liegen, habe ich die Schüssel für einen Nachmittag komplett in den Kühlschrank gestellt.)*

Stufe 2: 150 g von der Stufe 1 abnehmen und in einem gut schließenden Schraubglas in den Kühlschrank stellen für das nächste Backen. Roggen fein mahlen, mit Sauerteigansatz und 300 g Wasser verrühren (ein Kochlöffel reicht).

Stufe 3: Hefe im Wasser auflösen. Roggen, Hafer und Dinkel fein mahlen und mit Salz und Sesam mischen. Mit dem Hefewasser zum Sauerteig geben und mit einem großen Löffel gründlich verrühren, bis kein Mehl mehr sichtbar ist. Eine 30-cm-Brotform, Profi-Emaille von Dr. Oetker, gut einfetten. Teig hineingeben, mit der nassen Hand herunterdrücken und glatt streichen. Mit einem scharfen Messer einschneiden.

Form in eine große Plastiktüte geben und 60 Min. gehen lassen. Ofen auf 230 °C (Heißluft) vorheizen (etwa 15 Min.), 1 Std. bei 200 °C backen.

5952. Hanf-Dressing, März 2014

Im Vitamix zu einer lauwarmen, dicklichen Masse schlagen:

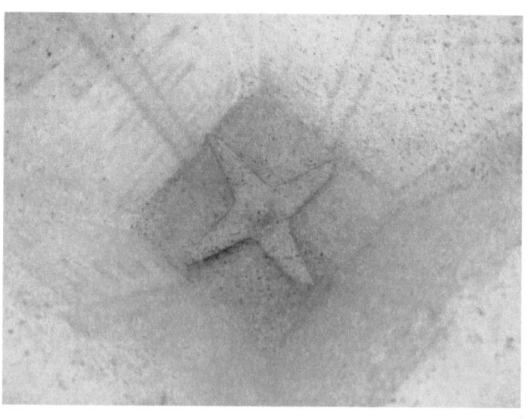

- 100 g Mandeln
- 110 g Sonnenblumenöl
- 90 g Apfelessig
- 1 EL Salz (um die 20 g)
- 1 TL schwarzer Pfeffer, gemahlen
- 20 g Hanfsamen
- 20 g Senf
- 50 g Honig
- 305 g Wasser

Im Kühlschrank hält sich diese Grundsoße mindestens 2 Wochen, wenn im Vitamix hergestellt.

5953. Restequiche, März 2014

- Mit Öl einpinseln eine Quicheform, Durchmesser 24 cm.
- 200-220 g Pellkartoffeln (ich hatte morgens beim Brotbacken einige Kartoffeln in Folie mitgebacken), netto, in Scheiben schneiden. Die Form damit auslegen.
- 1 größere Zwiebel (90 g) abziehen, halbieren und in feine Scheiben schneiden. Auf den Kartoffeln verteilen. Im Vitamix
- 105 g Brot, vorgeschnitten (vom Vortag)
- 1 Tomate (96 g)
- 150 g Wasser
- 15 g Öl
- 10 g Apfelessig
- 10 g Mandeln
- 1 gestr. TL Salz im Vitamix zu einer cremigen Masse schlagen und auf den Zwiebeln verteilen. Mit
- 15 g Sonnenblumenkernen bestreuen.

In den kalten Ofen schieben und 30 Min. bei 220 °C (Heißluft) backen.

5954. Hirse-Zwiebel-Brei, März 2014

Als Gemüsepfanne 15 Min.:

- 100 g Hirse
- 130 g Zwiebel (netto) gewürfelt
- 330 g Wasser. Dann
- 2-3 Prisen Salz und
- 2 geh. EL Hanf-Dressing (5952) unterrühren.

Hinweis: Sehr einfach und lecker!

5955. Spinat einfach, März 2014

- 50 g Wasser
- 20 g Sonnenblumenöl
- 370 g Kartoffeln, festkochend, unter fließendem Wasser abbürsten und in Scheiben schneiden
- 1 rote Zwiebel (netto 45 g) in dünnen Scheiben und
- 300 g Spinat (gewaschen, geschleudert, klein geschnitten - also noch leicht nass im Gewicht) als Gemüsepfanne 15 Min. dünsten. im kleinen Mixer
- 75 g Wasser
- 10 g Pekannüsse
- 5 g Dinkelmehl
- 1 gestr. TL Salz
- 1 Prise schwarzer gem. Pfeffer verrühren, unter das Gemüse rühren und kurz aufkochen.

Hinweis: Die Dünstzeit der Gemüsepfanne richtet sich nach den Kartoffeln.

5956. Sauerkraut mit Nudeln, März 2014

- 100 g Rigatoni aus schwarzem Emmer mit
- 1 geh. TL Salz
- 2 Lorbeerblätter in
- reichlich Wasser 13 Min. (gerechnet ab Kochzeitpunkt) garen. In einer kleinen Pfanne
- 50 g Wasser mit
- 200 g Sauerkraut (Lebegesund) erhitzen. Im Vitamix
- 40 g Nackthafer
- 10 g Sonnenblumenöl
- 240 g Wasser solange schlagen, bis es leicht dicklich. 100 g dieser Hafersahne und
- 1 TL Salz und die Nudeln zum Kraut geben und gut durchrühren. War alles leicht bitter :-(

5957. Weißer Kakao, März 2014

Es ist natürlich kein Kakao, aber lecker, wie sonst Kakao auch.

Im Vitamix 5 Min. schlagen:

- 2 EL Buchweizen
- 320 g Wasser
- 1 geh. TL Honig
- 1 geh. EL Cashewnüsse
- 1 Stück frischer Ingwer in Größe einer Fingerbeere

5958. Brot ohne Kneten mit Gehhilfe in 2 Stufen IV, März 2014

Vorläufer: 5939.

Stufe 1 (12 Std. vorher):

- 500 g Roggen
- 520 g Wasser
- 150 g Sauerteig

Stufe 2 (Backen, bei mir ein Morgen):

- 75 g Roggen
- 100 g Nackthafer
- 125 g Emmer
- 1 gestr. EL Fenchelsamen
- 1 gestr. EL Salz
- 25 g Sesamkörner, ungeschält
- 25 g Leinsamen
- 25 g Sonnenblumenkerne
- 150 g Wasser
- 1000 g Sauerteigansatz
- 1/2 P frische Hefe (21 g)
- 25 g lauwarmes Wasser
- Butter für die Form

Stufe 1: Roggen fein mahlen, mit Wasser und altem Sauerteig mischen. In einer Plastiktüte ca. 12 Std. stehen lassen. 150 g von Stufe 1 abnehmen und in einem gut schließenden Schraubglas in den Kühlschrank stellen für das nächste Backen.

Stufe 2: Roggen, Hafer und Emmer am Anfang mit dem Fenchel fein mahlen und mit Salz und Saaten mischen. Mit 150 g Wasser zum Sauerteig geben. Hefe in 25 g Wasser auflösen und ebenfalls zugeben. Mit einem großen Löffel gründlich verrühren, bis kein Mehl mehr sichtbar ist. Eine 30-cm-Brotform, Profi-Emaille von Dr. Oetker, gut einfetten. Teig hineingeben, mit der nassen Hand herunterdrücken und glatt streichen. Mit einem scharfen Messer einschneiden.

Form in eine große Plastiktüte geben und 45 Min. gehen lassen. Ofen auf 230 °C (Heißluft) vorheizen (etwa 15 Min.), 1 Std. bei 200 °C backen. Der Teig ging wieder sehr stark, auch noch ein Ofentrieb.

Hinweis: *Ich hatte die Hefe erst vergessen und hatte die 150 g Wasser, die ich nur nehmen wollte, schon zum Teig gegeben. Das nachträgliche Lösen in 25 g Wasser aber hat dem Brot in keiner Weise geschadet.*

5959. Sauerkraut-Blumenkohl-Salat, März 2014

- 20 g Sonnenblumenöl
- 10-15 g Apfelessig
- 1 Prise Salz und
- 10 g Honig mit einer Gabel in einer Schüssel gut verschlagen, bis der Honig gelöst ist.
- 140 g Blumenkohl, klein geschnitten,
- 100 g Sauerkraut, ebenfalls geschnitten
- 30 g Radicchio, „gewürfelt"
- 20 g Haselnüsse, grob gehackt (z. B. kleiner Mixer, hochstehendes Messer)

Alles gut vermengen. War ein aus Zeitnot geborener Salat, der mir dann aber sehr gut geschmeckt hat!

5960. Schnecken-Pizza, März 2014

(Am Vortag) Hafermilch im Vitamix:

- 40 g Nackthafer
- 10 g Sonnenblumenöl
- 240 g Wasser so lange schlagen, bis es leicht dicklich ist.

Teig:

- 125 g Dinkel fein mahlen, mit
- 2-3 Prisen Salz mischen und
- 85 g Hafermilch (oder ca. 65-70 g Wasser) verkneten. In einer Pengschüssel direkt auf die warme (nicht heiße Heizung stellen). Ofen (Heißluft) auf 225 °C stellen.

Belag:

- 1 Tomate (130 g) in möglichst dünne Scheiben schneiden
- 1 weiße Zwiebel (85 g netto) und 1 rotte Zwiebel (30 g netto) abziehen und in feine Scheiben = Ringe schneiden.

Guss:

- 30 g Mandeln
- 5 g Salz
- 15 g Sonnenblumenöl
- 15 g Apfelessig
- 60 g Wasser 1 Min. im kleinen Mixer verquirlen. Eine 24-cm Profi-Emaille-Pizzaform mit
- 1-2 TL Öl auspinseln.

Arbeitsfläche anfeuchten, Küchenhandtuch darauf legen, darüber eine Dauerbackfolie. Den Teig etwas größer als die Form ausrollen, vorsichtig von der Folie ziehen und auf die Form geben. Überragenden Teig zu einer Rolle am Rand formen. Tomaten auf den Teig legen, mit

- 1-2 TL Pizzakräutern

bestreuen. Zwiebeln darüber verteilen. Guss darüber gießen. In den heißen Ofen schieben, 5 Min. bei 225 °C und 20 Min. bei 200 °C backen.

Ich wollte testen, wie schnell ich eine echte Pizza herstellen kann. Und habe festgestellt: Puh, ich bin langsam. Gemessen habe ich die Zeit, von dem Augenblick an, in dem ich in die Küche gekommen bin. Es stand nichts bereit, es war nichts vorbereitet außer der Hafermilch, da hätte ich aber genauso gut Wasser (allerdings etwas weniger) nehmen können. Um 16.10 Uhr habe ich angefangen, um 16.35 Uhr war die Pizza im Ofen. Schon mal grottenschlecht! Dann habe ich sie auch noch unendliche 25 Min. backen lassen. Echt mies. Erst um 17 Uhr stand sie vor mir auf dem Tisch.

Damit der Teig fix geht, habe ich 1/2 P Hefe auf 125 g genommen. Also das ging, aber ich habe schon leckerere Teige gegessen. Um Zeit zu sparen, habe ich auch die Tomaten einfach nur aufgeschnitten, sonst mache ich im kleinen Mixer einen richtigen Belag draus, ist auch netter.

Insgesamt war es lecker, wenn auch nicht die beste Pizza meines Lebens. Allerdings war der Belag lecker. Da der Teig nicht sooo umwerfend ist, sollte man darauf achten, dass der Rand nicht zu dick wird.

5961. Nougatschokolade, März 2014

Stufe 1:

- 150 g Haselnüsse
- 50 g Mandeln
- 1 Prise Salz
- 1 Tonkabohne
- 5 g getr. Orangenschalen

Herstellung s. 5860.

Stufe 2:

- 30 g Sesamöl
- 20 g Sonnenblumenöl
- 20 g Carobpulver
- 20 g Kakaopulver
- 130 g Honig
- 50 g Kokosöl
- 50 g Kakaobutter

Anmerkungen: *Warum der Vitamix hier plötzlich in Stufe 2 gestreikt hat, keine Ahnung. Auch wurde die Schokolade nicht flüssig. Ob das an den Haselnüssen liegt? War aber am Ende lecker.*

5962. Topinambur mit Spinat in Erdnusssoße, März 2014

Topinambur sind recht stärkehaltig und können sehr gut statt Kartoffeln verwendet werden, gibt dem Ganzen einen etwas anderen Geschmack!

Als Gemüsepfanne (15 Min dünsten) zubereiten:

- 20 g Erdnussöl
- 30 g Wasser
- 215 g Topinambur in Scheiben
- 250 g Spinat (Winterspinat, d. h. recht grob; gewaschen und klein geschnitten, Stängel außer den Wurzelansätzen mit verwendet; wer gut ausschüttelt, erhält eine etwas sämigere Soße)

Als Soße im kleinen Mixer verquirlen:

- 30 g Erdnüsse, geröstet & gesalzen
- 10 g Peperoniessig
- 5 g Essigpeperoni (beide Rezepte zu finden unter 7/4573)
- 15 g Honig
- 1 Prise Salz
- 50 g Wasser
- 1 geschälte Knoblauchzehe

Unterrühren, aufkochen und nach Bedarf einkochen (d. h. offen kochen, bis genügend Flüssigkeit verdampft ist).

5963. Brot ohne Kneten + Gehhilfe in 2 Stufen (V), März 2014

(Vorläufer 5939)

Stufe 1 (12 Std. vorher):

- 500 g Roggen
- 520 g Wasser
- 150 g Sauerteig

Stufe 2 (bei mir ein Morgen):

- 150 g Wasser
- 1/2 P frische Hefe (21 g)
- 85 g Roggen
- 100 g Nackthafer
- 115 g Weizen (alte Schweizer Sorte vom Biohof Lex)
- 1 TL Fenchelsamen
- 1 TL Kümmel
- 1 TL Koriandersamen
- 1 gestr. EL Salz
- 75 g Sesamsaat ungeschält
- 1 EL Balsamico
- 1000 g Sauerteigansatz (s.o.)
- Butter für die Form

Stufe 1: Roggen fein mahlen, mit Wasser und altem Sauerteig mischen. In einer Plastiktüte ca. 12 Std. stehen lassen. 150 g von der Stufe 1 abnehmen und in einem gut schließenden Schraubglas in den Kühlschrank stellen für das nächste Backen.

Stufe 2: Hefe im Wasser auflösen. Roggen, Hafer und Weizen am Anfang mit den Gewürzen fein mahlen und mit Salz und Sesam mischen. Mit dem Hefewasser Sauerteig geben und mit einem großen Löffel gründlich verrühren, bis kein Mehl mehr sichtbar ist. Eine 30-cm-Brotform, Profi-Emaille von Dr. Oetker, gut einfetten. Teig hineingeben, mit der nassen Hand herunterdrücken und glattstreichen. Mit einem scharfen Messer einschneiden. Form in eine große Plastiktüte geben und 45 Min. gehen lassen. Ofen auf 230 °C (Heißluft) vorheizen (etwa 15 Min.), 40 Min. bei 230 °C, 20 Min. bei 175 °C backen (hatte vergessen, den Ofen herunterzustellen). Der Teig ging stark, auch noch ein Ofentrieb.

5964. Nusskekse glutenfrei, März 2014

- 125 g Mandeln
- 125 g Sonnenblumenkerne
- 125 g Reis
- 50 g Kichererbsen
- 1 TL Koriander ungemahlen
- 125 g Buchweizen
- 1 Prise Salz
- 2 TL Weinsteinbackpulver
- 1/2 TL gem. Vanille
- 200 g flüssiger Honig
- 75 g Sonnenblumenöl
- 50 g Wasser

Mandeln und Sonnenblumenkerne mahlen. Reis mit Koriander mahlen, dann den Buchweizen („reinigt" die Mühle). Zum Schluss die Kichererbsen mahlen. Alle trockenen Zutaten miteinander verrühren, die restlichen Zutaten hinzugeben und mit einem Handrührgerät gründlich verarbeiten. Zwischen den Händen ca. walnussgroße Kugeln formen (Hände ab und zu befeuchten), nebeneinander auf ein mit Dauerbackfolie ausgelegtes Backblech legen. Mit einer in Wasser getauchten Gabel flach drücken. Ergibt zwei Backbleche. In den 5 Min. vorgeheizten Ofen (Heißluft) schieben und 15-17 Min. bei 175 °C backen. Auf einem Kuchengitter auskühlen lassen.

5965. Lauch-Moussaka, März 2014

Vorbereitung auf eine echte Moussaka.

In eine kleine Pfanne geben:

- 20 g Erdnussöl
- 1 Zwiebel (75 g netto) gehackt
- 1 Tomate (125 g) in P; auf höchster Einstellung erhitzen, dann
- 40 g Nacktgerste, geflockt, oben drauf streuen, auf etwa halber Hitze einige Min. erhitzen.
- 65 g Wasser hinzufügen, durchrühren und leicht salzen.

Für das Gemüse:

- 10 g Erdnussöl
- 210 g Kartoffeln (abgebürstet unter fließendem Wasser, in Scheiben)S
- 140 g Lauch, meist grüne Teile (evtl. gewaschen, in Ringe geschnitten)

Für die Soße:

- 30 g Naturreis
- 30 g Sonnenblumenkerne
- 1/2 TL Salz
- 1-2 Prisen schwarzer gem. Pfeffer
- 250 + 75 g Wasser

Ofen auf 225 °C (Heißluft) stellen. Öl in eine 24 cm-Wollpfanne geben, auf dem Boden verteilen. Den Boden mit Kartoffelscheiben auslegen (90 g). Darauf 90 g Lauch geben, mit der Tomaten-Gerste-Mischung bedecken. Den Rest Kartoffelscheiben als Lage auflegen, dann den restlichen Lauch darüber streuen.

Reis, Kerne, Salz, Pfeffer und 250 g Wasser im Vitamix bis zum Stocken laufen lassen (etwa 4.30 Min.), über das Gemüse gießen. Den Becher mit 75 g Wasser nachspülen, ebenfalls dazugeben. Deckel auflegen, Form in den Ofen schieben. 45 Min. bei 200 °C backen, dann den Deckel abnehmen und weitere 15 Min. backen. Es hätte obendrauf gerne etwas brauner sein können, aber dann wäre es vermutlich zu trocken gewesen. So war es absolut lecker!

5966. Moussaka-Pfanne, März 2014

In der angegebenen Reihenfolge in eine 24-cm-Alugusspfanne geben:

- 30 g Erdnussöl
- 20 g Wasser
- 120 g Kartoffeln, gewaschen, gebürstet & in dünnen Scheiben
- 1/2 Tomate in Streifen (45 g)
- 55 g Zwiebeln in dünnen Scheiben (netto)
- 30 g Nacktgerste, geflockt
- 300 g Auberginen, in Scheiben.
- etwas Salz zwischen den Schichten
- Wie eine Gemüsepfanne anbraten, dann auf Stufe 4 (von 15; Induktion) 10 Min. braten. Eine Soße im kleinen Mixer zubereiten aus:
- 35 g Sonnenblumenkerne
- 75 g Wasser
- 1 Prise Salz
- 1 EL Essig
- 1/2 Knoblauchzehe geschält & in Scheiben (2 g)

Über das Gericht gießen, Deckel wieder auflegen und 2 Min. stocken lassen. *Aus dem Ofen schmeckt sicher besser, aber es war schon ziemlich lecker.*

5967. Naturata-Nudeln mit Auberginencremsoße, März 2014

In der angegebenen Reihenfolge in eine 20-cm-Alugusspfanne geben:

- 100 g Naturata-Spirelli (aus Dinkelmehl)
- 1 Tomate, gewürfelt (115 g)
- 2 rote Zwiebeln, geschält, gewürfelt (65 g netto)
- 130 g Aubergine, gewürfelt
- 2 Prisen Salz
- 250 g Wasser

Als Gemüsepfanne 11 Min. dünsten. Das wird dann alles sehr schön weich, wer es lieber bissfest mag, muss die Kochzeit verkürzen. im kleinen Mixer 50 Sek. verquirlen:

- 35 g Cashewnussbruch
- 5 g Erdnussöl
- 1/4 TL schwarzer gem. Pfeffer (ich wollte es pfeffrig)
- 2 Prisen Salz
- 50 g + 30 g Wasser

In die Pfanne geben, gut umrühren, den Becher und das Messer mit 30 g Wasser schütteln, Wasser auch in die Pfanne geben und kurz aufkochen.

Hinweis: *Schnell, einfach und doch sehr luxuriös.*

5968. Radieschengrün mit Linsen, März 2014

- 90 g rote Linsen
- 75 g Zwiebel (netto), geschält, gehackt
- 160 g Radieschengrün (trocken), gewaschen, geschnitten
- 45 g Grüne-Soße-Mischung (lebe gesund; sonst irgendwelche Kräuter oder irgendein Gemüse) und
- 270 g Wasser als Gemüsepfanne 14 Min. dünsten.
- 35 g Sonnenblumenkerne
- 15 g Erdnussöl
- 1 gestr. TL Salz
- 1/4 gestr. TL gem. schwarzer Pfeffer und
- 1 kleine Prise Zimt im kleinen Mixer verquirlen
- 75 g Wasser unter das Gemüse rühren und offen auf mittlerer Einstellung noch 3-4 Min. nachgaren.

5969. Naturata-Nudeln mit Auberginencremsoße II, März 2014

In der angegebenen Reihenfolge in eine 20-cm-Wollpfanne geben:

- 100 g Naturata-Spirelli (aus Dinkelmehl)
- 45 g Porreegrün in Streifen
- 185 g Aubergine, gewürfelt
- 2 Prisen Salz
- 250 g Wasser

Wie eine Gemüsepfanne 11 Min. dünsten lassen. Das wird dann alles sehr schön weich, wer es lieber bissfest mag, muss die Kochzeit verkürzen. Ich hatte heute Hunger auf eine schwere, cremige Soße, also nix F over K ;-) Im kleinen Mixer 50 Sek. verquirlen:

- 35 g Cashewnussbruch
- 5 g Erdnussöl
- 1/4 TL schwarzer gem. Pfeffer (ich wollte es pfeffrig)
- 2 Prisen Salz
- 15 g Tomatenmark
- 1 Stück Tomate (35 g), gewürfelt
- 75 g Wasser. In die Pfanne geben, gut umrühren, den Becher und das Messer mit
- 30 g Wasser schütteln, Wasser auch in die Pfanne geben und kurz aufkochen.

Hinweis: *Schnell, einfach und genauso lecker wie gestern.*

5970. Kohlrabi-Nudel-Salat, März 2014

Blitzgericht.

- 100 g Vollkorn-Spirelli (Naturata) in kochendem Salzwasser 6-7 Min. kochen, abtropfen lassen, kalt abspülen.
- 1 Kohlrabi (320 g brutto, 270 g netto) schälen, zerkleinern. im kleinen Mixer:
- 20 g Mandeln
- 1 gestr. TL Salz (3-4 g)
- 1 MS gem. schwarzer Pfeffer
- 20 g Sonnenblumenöl
- 10 g Apfelessig
- 50 g Wasser für 45 Sek. schlagen. Die Soße muss pikant abgeschmeckt sein, weil Nudeln und Kohlrabi den Geschmack abschwächen. Alle Zutaten in einer Schüssel gut mischen,
- 2 Radieschen vierteln, als Deko auflegen.

Hinweis: *Ein feines Beispiel, wie sich wirklich blitzschnell etwas Leckeres in der Küche herstellen lässt. Die Nudeln kann man gegen 300 g gekochte Kartoffeln, die Kohlrabi auch gegen Möhren oder Spitzkohl tauschen, so als Varianten.*

5971. Petersilienwurzel-Nudel-Gericht, März 2014

- 100 g Naturata-Spirelli (aus Dinkelmehl)
- 1 Zwiebel (90 g netto), geschält & gewürfelt
- 135 g Petersilienwurzel (netto), in Scheiben/Halbscheiben
- 1 große Tomate gewürfelt (150 g)
- 2 Prisen Salz und
- 250 g Wasser als Gemüsepfanne (20 cm) 9-10 min. dünsten. im kleinen Mixer 50 Sek. verquirlen:
- 25 g Cashewnussbruch
- Saft und Fleisch von 1/2 Zitrone (25 g)
- 10 g Sonnenblumenöl
- 1/4 TL schwarzer gem. Pfeffer (ich wollte es pfeffrig)
- 2 Prisen Salz
- 70 g Wasser. In die Pfanne geben, gut umrühren und kurz aufkochen.

5972. Moussaka, März 2014

Weniger fett als das Original. Man kann alles schon gut vormittags oder am Vorabend vorbereiten, sodass die reine Zubereitung quasi nur noch die Ofenzeit + 5 Min. ist. Also ein prima Essen für Gäste!

- 300-325 g Kartoffeln (280 g Nettogewicht) mit
- 160 g Wasser im Schnellkochtopf 9 Min. (je nach Kartoffelsorte und -größe) garen. Kurz kalt überbrausen, 5-10 Min. liegen lassen und noch heiß pellen. In eine kleine Pfanne geben:
- 20 g Erdnussöl
- 1 Zwiebel (90 g netto) gehackt
- 1 Tomate (125 g) in P; auf höchster Einstellung erhitzen, dann
- 30 g Nacktgerste, geflockt, oben drauf streuen, auf etwa halber Hitze einige Min. erhitzen.
- 50 g Wasser hinzufügen. Für die Soße:
- 30 g Naturreis
- 30 g Cashewnusskerne
- 1/2 TL Salz
- 1-2 Prisen schwarzer gem. Pfeffer und
- 325 g Wasser im Vitamix bis zum Stocken laufen lassen (etwa 4.30 Min.). Für das Gemüse
- 15 g Erdnussöl
- 200 g Aubergine (netto, in dünnen Scheiben).

Ofen auf 225 °C (Heißluft) stellen. Öl in eine 24 cm-Alugusspfanne geben, auf dem Boden verteilen. Pellkartoffel in Scheiben schneiden, die Hälfte auf dem Boden auslegen. Darauf 100 g Auberginenscheiben verteilen, mit der Tomaten-Gerste-Mischung bedecken. Den Rest Kartoffelscheiben als Lage auflegen, dann die anderen Auberginenscheiben darüber legen. Soße über das Gemüse gießen. Deckel auflegen, Form in den Ofen schieben. 30 Min. bei 200 °C backen, dann den Deckel abnehmen und weitere 15 Min. bei 225 °C backen.

5973. Saure Gewürzkräuterbrötchen, März 2014

Am Vorabend:
- 200 g Weizen (alte Schweizer Sorte vom Biohof Lex)
- 200 g Wasser
- 1 TL Sauerteig (15 g) miteinander verrühren, in einer kleinen Peng-Schüssel (o. Ä.) übernacht säuern lassen.

Morgens:
- 45 g Nackthafer
- 305 g Weizen zusammen mahlen, mit
- 1 Tüte Trockenhefe
- 2 TL Salz
- 2 TL Gewürzkräutermischung von Sonnentor (oder irgendwelche anderen Kräuter) verrühren. Vorteig und
- 150 g Wasser hinzugeben, gut kneten lassen.

1 Std. gehen lassen.

Kugeln zu je 90 g (abwiegen) unter Spannung formen und nebeneinander auf ein Backblech setzen. Die Oberfläche mit Wasser einsprühen und mit einer Kaiserbrötchenform eindrücken. Unter Gärfolie 15 Min. gehen lassen, während der Ofen auf 230 °C (Heißluft) vorheizt. 25 Min. bei 200 °C backen. Auf einem Gitterrost abkühlen lassen. Die Brötchen haben eine sehr schöne Struktur.

5974. Gemüse-Nudel-Gericht, März 2014

In der angegebenen Reihenfolge in eine 20-cm-Alusgusspfanne geben:

- 90 g Naturata-Spirelli (aus Dinkelmehl)
- 100 g Petersilienwurzel (netto), in Scheiben/Halbscheiben
- 130 g Kohlrabi (netto), in kleinen Stückchen
- 110 g Auberginen, in dünnen Halbscheiben
- 245 g Wasser

Wie eine Gemüsepfanne 10 Min. kochen / dünsten lassen. Das wird dann alles sehr schön weich, wer es lieber bissfest mag, muss die Kochzeit verkürzen. Im kleinen Mixer 50 Sek. verquirlen:

- 35 g Sonnenblumenkerne
- Saft und Fleisch von 1/2 Zitrone (25 g)
- 15 g Erdnussöl
- 1/4 TL schwarzer gem. Pfeffer (ich wollte es pfeffrig)
- 1 gestr. TL Salz
- 75 g Wasser. In die Pfanne geben, gut umrühren und kurz aufkochen.

Hinweise: Dies ist eine gute Methode, kleine Gemüsereste zu verarbeiten. Da gibt es dann vielleicht einmal Zusammenstellung, die man sonst nicht wagen würde. Ich käme normalerweise nicht auf die Idee, dass Auberginen und Kohlrabi gut zueinander passen. Aber sie tun es. – Ich habe gelernt: Fett bringt einfach leckeren Geschmack ans Essen, Forks over Knives hin oder her. Außerdem habe ich wieder einmal festgestellt, dass ich Zitronensaft auch in warmen Soßen leckerer finde als Essig. Auch Kohlrabi sind so ein Gemüse, dass ich ganz gerne roh esse, aber auf dessen gekochte Variante ich ab und an nicht verzichten möchte.

5975. Radieschengrün mit Linsen, März 2014

- 90 g rote Linsen
- 75 g Zwiebel (netto), geschält, gehackt
- 160 g Radieschengrün (trocken gewogen), gewaschen, geschnitten

- 45 g Grüne-Soße-Mischung (lebe gesund; sonst irgendwelche Kräuter oder irgendein Gemüse) und
- 270 g Wasser als Gemüsepfanne 14 Min. dünsten. Im kleinen Mixer verquirlen:
- 35 g Sonnenblumenkerne
- 15 g Erdnussöl
- 1 gestr. TL Salz
- 1/4 gestr. TL gem. schwarzer Pfeffer
- 1 kleine Prise Zimt
- 75 g Wasser unter das Gemüse rühren und offen auf mittlerer Einstellung noch 3-4 Min. nachgaren.

5976. Radieschen-Pesto mit Bärlauch, März 2014

Im Vitamix sehr gründlich verarbeiten:

- 170 g Radieschengrün, gewaschen, getr.
- 50 g Rucola, gewaschen, getr.
- 50 g Bärlauch, gewaschen, getr.
- 150 g Sonnenblumenöl
- 50 g Apfelessig
- 20 g Salz
- 1 gestr. TL schwarzer gem. Pfeffer
- 1/2 TL Koriandersaat
- 150 g Sonnenblumenkerne

In zwei Schraubgläser füllen und im Kühlschrank aufbewahren.

5977. Brot ohne Kneten mit Gehhilfe in 2 Stufen (VI), März 2014

(Vorläufer 5963; für M.)

Stufe 1 (12 Std. vorher):
- 500 g Roggen
- 530 g Wasser
- 135 g Sauerteig

Stufe 2 (bei mir ein Morgen):
- 170 g Wasser
- 1/2 P frische Hefe (21 g)
- 75 g Roggen
- 100 g Hafer
- 125 g Weizen (alte Schweizer Sorte vom Biohof Lex)
- 1 EL Brotgewürz
- 1 gestr. EL Salz
- 75 g Sesamsaat ungeschält
- 1 EL Balsamico
- 1000 g Sauerteigansatz (s.o.)
- Butter für die Form

Stufe 1: Roggen fein mahlen, mit Wasser und altem Sauerteig mischen. In einer Plastiktüte ca. 12 Std. stehen lassen. 150 g von der Stufe 1 abnehmen und in einem gut schließenden Schraubglas in den Kühlschrank stellen für das nächste Backen.

Stufe 2: Hefe im Wasser auflösen. Roggen, Hafer und Weizen fein mahlen und mit Salz, Brotgewürz und Sesam mischen. Mit dem Hefewasser zum Sauerteig geben. Mit einem großen Löffel gründlich verrühren, bis kein Mehl mehr sichtbar ist. Eine 30-cm-Brotform, Profi-Emaille von Dr. Oetker, gut einfetten. Teig hineingeben, mit der nassen Hand herunterdrücken und glattstreichen. Mit einem scharfen Messer einschneiden.

Form in eine große Plastiktüte geben und 40 Min. gehen lassen. Ofen auf 230 °C (Heißluft) vorheizen (etwa 15 Min.), 60 Min. bei 200 °C backen. Der Teig ging stark, auch noch ein Ofentrieb.

5978. Mandelreisbrei, März 2014

Im Vitamix bis zum Stocken auf höchster Stufe laufen lassen (etwa 4 Min. 30 Sek.):
- 50 g Naturreis, Langkorn
- 50 g Mandeln
- 300 g Wasser

Schmeckt auch schon ohne Süße lecker.

5979. Gestockte Mangold-Pfanne, März 2014

Als Gemüsepfanne 12 Min. dünsten:
- 200 g Wasser
- 190 g Mangold, gewaschen, trockengeschleudert, in Streifen (netto)
- 120 g Zwieblen, geschält, in Würfeln (netto)
- 75 g Nacktgerste, geflockt

Nach 10 Min. einmal umrühren. Im kleinen Mixer gut verquirlen:
- 30 g Kichererbsen, in der Mühle gemahlen
- 20 g Mandeln, im kleinen Mixer gemahlen
- 10 g Erdnussöl
- 1 gestr. TL Salz
- 1/4 gestr. TL Chilipulver

Unter das Gemüse rühren. Wieder auf eine ziemlich hohe Einstellung geben (z. B. 12-10 von 15) und 3 Min. stocken lassen. In einer beschichteten Pfanne bildet sich eine braune Kruste.

5980. Reispudding vegan & glutenfrei, März 2014

- 60 g Mandelreisbrei (5978)
- 1 kleine Banane (110 g netto)
- etwas Carobpulver

Etwa 60 g der Banane mit der Gabel zerdrücken und schaumig schlagen. Mit dem Mandelreisbrei verrühren. Den Rest der Banane kleinschneiden und unterziehen. 1/2 TL Carobpulver darauf sieben.

Tipp: Wer es süßer möchte, muss darauf achten, dass die Banane recht reif ist. Oder mit Dattelstückchen nachhelfen.

5981. Baguettinos, März 2014

Wenn ich die diversen Rezepte richtig verstanden habe, wird außer in eingedeutschten Rezepten Baguette mit angesäuertem Teig hergestellt. Hier habe ich zum ersten Mal einen Reisbrei in Hefegebäck verarbeitet. Wurde gut.

24 Std. vorher (der Morgen vorher):

- 100 g Weizen (alter Schweizer Weizen, Biohof Lex) fein mahlen, mit
- 100 g Wasser und
- 5 g Sauerteig in einer Pengdose verrühren lassen und 12 Std. stehen lassen.

12 Std. vorher (am Vorabend):

- 100 g Weizen fein mahlen, mit
- 100 g Wasser und dem Ansatz verrühren. In einer Pengdose 12 Std. stehen lassen.

Am Backmorgen:

- 240 g Weizen mit
- 60 g Roggen und
- 50 g Nackthafer mischen, fein mahlen
- 1/4 P Hefe (10-11 g) in
- 75 g Wasser auflösen. Mit
- 100 g Mandelreisbrei (5978) und
- 2 TL Salz zum Mehl geben und in einer Maschine gründlich verkneten.

1 Std. abgedeckt gehen lassen. Nochmals durchkneten und in Stücken zu 90 g (wiegen) zu Kugeln unter Spannung formen, dann länglich rollen. Nebeneinander auf ein mit Dauerbackfolie ausgelegtes Backblech legen, mit einem scharfen Messer jeweils 2 Mal schräg einschneiden und mit Wasser einsprühen. Unter Gärfolie 20 Min. gehen lassen. In den letzten 15 Min. den Backofen auf 230 °C (Heißluft) vorheizen. Baguettinos nochmals einsprühen und 25 Min. bei 200 °C backen. Klopfprobe machen, auf ein Kuchengitter geben und mit Wasser einsprühen.

5982. Schokokekse glutenfrei, März 2014

- 80 g Kichererbsen mit
- 20 g Mungbohnen fein mahlen, dann (das reinigt auch die Mühle)
- 60 g Natur-Langkornreis fein mahlen. Mit
- 1 gestr. TL gem. Vanille
- 1 TL Weinsteinbackpulver
- 2 geh. TL Kakao und
- 1 Prise Salz vermengen.
- 1 kleinere Kartoffel (70 g) unter fließendem Wasser abbürsten, in Stücke schneiden und im kleinen Mixer mit dem hochstehenden Messer mixen.
- 90 g Honig
- 10 g Wasser und
- 20 g Sonnenblumenöl hinzufügen, nochmals gut zu einer glatten Masse schlagen.

Die trockenen Zutaten mit der Kartoffelmasse mit Hilfe eines kleinen Löffels verrühren bzw. verkneten. Mit den feuchten Händen zu Kugeln formen, etwa walnussgroß. Nebeneinander auf ein mit Dauerbackfolie ausgelegtes Backblech legen, die Oberfläche mit einem Teelöffel eindrücken. Im ca. 5 Min. auf 175 °C (Heißluft) Ofen 15 Min. backen. Bei mir war das etwas zu lang, also besser nach 12 Min. nachschauen. Auf ein Kuchengitter legen und abkühlen lassen.

Tipps: Der Trick beim glutenfreien Backen ist es, die Teigmasse klebrig genug zu bekommen. Da hilft einmal Kichererbsenmehl. Da das sehr kompakt wird, ist eine Kombination mit gemahlenem Reis gut. Das wird dann auch ein wenig knusprig. Ebenfalls gut zum Binden, das sollte man einmal im Hinterkopf behalten, ist das Einarbeiten von Kartoffeln.

5983. Pizza glutenfrei, März 2014

36 Std. vorher:
- 50 g Langkorn-Naturreis fein mahlen und mit
- 60 g Wasser verrühren. In einer kleinen Pengschüssel bei Raumtemperatur ca. 12 Std. stehen lassen.

24 Std. vorher:
- 50 g Langkorn-Naturreis fein mahlen, mit
- 25 g Wasser und dem ersten Ansatz verrühren; wie beschrieben 12 Std. stehen lassen.

12 Std. vorher (bei mir morgens):
- 50 g roten Mais fein mahlen, mit
- 1 TL Trockenhefe (= 4 g) und
- 2 Prisen Salz mischen, mit dem Ansatz verkneten und wie beschrieben 12 Std. stehen lassen; ab und an einmal durchkneten.

Eine 24-cm-Pizzaform (Profiemaille) gut mit Öl einpinseln. Den Teig mit den Fingern auseinanderdrücken, bis er die Form füllt. Evtl. einen kleinen Rand hochdrücken. Ofen (Heißluft) auf 230 °C stellen.

Grundierung:
- 1 Tomate (100 g) klein geschnitten mit
- 10 g Tomatenmark und
- 1 Prise Salz im Mixer (hochstehendes Messer) verquirlen, mit einem Pinsel auf dem Teig verteilen.

Belag:
- 35 g Zwiebel (netto) in feine Scheiben geschnitten, auf der Tomatenschicht verteilen, mit
- 1 gestr. TL Pizzakräuter bestreuen.

Guss:
- 80 g Kartoffeln, unter fließendem Wasser abgebürstet, in Stücke vorgeschnitten
- 80 g Mandelreisbrei (5978)
- 1/2 TL Salz
- 15 g Erdnussöl
- 50 g Wasser im kleinen Mixer, hochstehendes Messer, gut verquirlen. Auf die Zwiebeln gießen.

In den Ofen schieben, 20 Min. bei 225 °C backen, dann 5 Min. im ausgeschalteten Ofen nachbacken lassen.

Hinweis: Der Teig klebt wie verrückt an der Form. Schmeckt okay, aber nichts, das ich wiederholen möchte.

5984. Radieschen-Aufstrich, April 2014

- 25 g Radieschen-Pesto mit Bärlauch (5976)
- 110 g Langkorn-Naturreis
- 30 g Hanf
- 70 g Sonnenblumenkerne
- 1/2 TL Bockshornkleesaat
- 300 g Wasser und
- 1 geh. TL Salz im Vitamix etwa 4,5 Min. schlagen, bis die Masse stockt.
- 50 g Radieschen-Pesto mit Bärlauch hinzugeben und nochmals durchschlagen.

In Schraubgläser füllen und im Kühlschrank aufbewahren.

5985. Nudeln in Radieschen-Aufstrich, April 2014

- 75 g Vollkorn-Spirelli
- 15 g Rucola, gewaschen, klein geschnitten
- 25 g Bärlauch, gewaschen, klein geschnitten
- 1 Prise Salz
- 1 TL Öl
- 225 g Wasser als Gemüsepfanne 8 Min. kochen, einmal umrühren, dann
- 45 g Radieschen-Aufstrich (5984 o. Ä.) unterrühren und aufkochen.

5986. Schnelles Radieschendressing, April 2014

Reicht für eine große Portion Salat.

- 1 geh. TL Radieschen-Pesto mit Bärlauch (5976 o. Ä.)
- 1 TL Öl
- 3 EL Wasser

Mit einer Gabel verquirlen.

5987. Brokkoli-Pfanne, April 2014

Für 2 Personen, vorher eine kleine Rohkost.

Als Gemüsepfanne 13 Min. dünsten (Deckel auflegen, auf höchster Einstellung zum Kochen bringen. Auf kleinste Einstellung drehen und angegebene Zeit dünsten, ohne den Deckel abzuheben):

- 15 g Erdnussöl
- 100 g Wasser
- 345 g Kartoffeln, unter fließendem Wasser abgebürstet, in Scheiben (netto)
- 350 g Brokkoli, auch den Strunk (in Scheiben), ansonsten in Röschen (netto). Wenn das Gemüse gar ist,
- 2 EL (90 g) Radieschen-Aufstrich (5984 o. Ä.),
- 1 gestr. TL Salz und
- Ca. 150 g Wasser unterrühren. Die Wassermenge richtet sich danach, wie dünn man gerne die Soße hat und wie viel Wasser verkocht ist. Bei mir war alles Wasser verkocht. Kurz aufkochen und noch
- 1 EL Zitronensaft einrühren.

5988. Große Kokosschokolade, April 2014

- Stufe 1:
- 100 g Kakaonibs
- 100 g Kokosraspeln
- 1 Prise Salz
- 2 g getr. Orangenschale
- 1 Tonkabohne

Stufe 2:
- 50 g Sonnenblumenöl
- 135 g Honig
- 20 g Carob
- 100 g Kokosöl
- 100 g Kakaobutter

Weitere Zutaten:
- 50 g Kokosraspeln (in den Vitamix, wenn Schokolade schön)

Verarbeitung s. 5860.

5989. Brot o. Kneten mit Gehhilfe in 2 Stufen (VII), April 2014
(Vorläufer 5977)

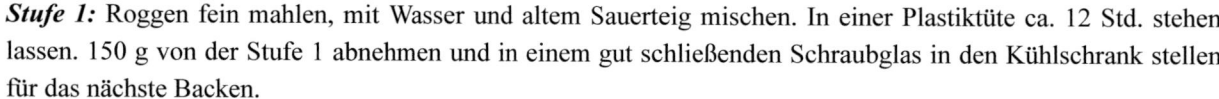

Stufe 1 (12 Std. vorher):
- 500 g Roggen
- 520 g Wasser
- 150 g Sauerteig

Stufe 2 (bei mir ein Morgen, Getreide abends gemahlen):
- 160 g Wasser
- 1/2 P frische Hefe (21 g)
- 75 g Roggen
- 105 g Hafer
- 125 g Weizen (alte Schweizer Sorte vom Biohof Lex)
- 75 g Hanfkörner
- 1 EL Brotgewürz
- 1 gestr. EL Salz
- 2 EL Balsamico
- 1000 g Sauerteigansatz (s.o.)
- Butter für die Form

Stufe 1: Roggen fein mahlen, mit Wasser und altem Sauerteig mischen. In einer Plastiktüte ca. 12 Std. stehen lassen. 150 g von der Stufe 1 abnehmen und in einem gut schließenden Schraubglas in den Kühlschrank stellen für das nächste Backen.

Stufe 2: Hafer in einer Pfanne mittelbraun rösten. Roggen, Hafer und Weizen fein mahlen, im ersten Teil gemischt mit den Hanfkörnern, und mit dem Salz mischen. Hefe im Wasser auflösen und mit dem Mehl zum Sauerteig geben. Mit einem großen Löffel gründlich verrühren, bis kein Mehl mehr sichtbar ist. Eine 30-cm-Brotform, Profi-Emaille von Dr. Oetker, gut einfetten. Teig hineingeben, mit der nassen Hand herunterdrücken und glatt streichen. Mit einem scharfen Messer einschneiden. Backen siehe Vorläufer 5977.

5990. Gerstenteller mit Bärlauch, April 2014

- 100 g Nacktgerste flocken, in eine beschichtete Pfanne (Aluguss, 24 cm) geben,
- 25 g Sesamsaat, ungeschält hinzufügen. Auf großer Hitze eine Weile rösten, bis es gut riecht.
- 2 EL Erdnussöl unterrühren, solange weiter auf größerer Hitze weiterrühren, bis die Gerste etwas dunkler wird.
- 5 g Rucola und
- 35 g Bärlauch waschen und trocken schleudern, in feine Streifen schneiden.
- 320 g Wasser und
- 1 gestr. TL Salz (oder weniger) unter die Gerste rühren, auf Stufe 8 von 15 weiter erhitzen. Nach einer Weile, wenn die Masse fast stockt,
- 15 g Zitronensaft und
- 1 EL Radieschen-Pesto mit Bärlauch (5976 o. Ä.) unterziehen. Solange weiter erhitzen, bis die Masse sich gut vom Boden löst. Auf einen Teller stürzen, und mit
- ca. 10 Möhrenscheiben dekorieren.

5991. Bärlauch-Dressing, April 2014

- 120 g Sonnenblumenkerne
- 120 g Apfelessig
- 120 g Sonnenblumenöl
- 90 g Bärlauch, gewaschen, vorgeschnitten
- 300 g Wasser
- 35 g Salz
- 2 g gem. schwarzer Pfeffer
- 40 g Senf und
- 50 g Honig im Vitamix schlagen, bis lauwarm.

5992. Brot o. Kneten mit Gehhilfe in 2 Stufen (VIII), April 2014

(Vorläufer 5989)

Stufe 1 (12 Std. vorher):
- 500 g Roggen
- 520 g Wasser
- 150 g Sauerteig

Stufe 2 (bei mir ein Morgen, Getreide abends gemahlen):
- 170 g Wasser
- 1/4 P frische Hefe (10 g)
- 75 g Roggen
- 225 g Weizen (alte Schweizer Sorte vom Biohof Lex)
- 1 EL Kümmel
- 1 gestr. EL Salz
- 75 g Leinsamen
- 2 EL Balsamico
- 1000 g Sauerteigansatz (s.o.)
- Butter für die Form

Stufe 1: Roggen fein mahlen, mit Wasser und altem Sauerteig mischen. In einer Plastiktüte ca. 12 Std. stehen lassen. 150 g von der Stufe 1 abnehmen und in einem gut schließenden Schraubglas in den Kühlschrank stellen für das nächste Backen.

Stufe 2: Hefe im Wasser auflösen. Roggen und Weizen mischen, ein Viertel mit dem Kümmel mahlen, dann den Rest fein mahlen und mit Salz mischen. Mehl, Hefewasser, Leinsamen und Essig zum Sauerteig geben. Mit einem großen Löffel gründlich verrühren, bis kein Mehl mehr sichtbar ist. Eine 30-cm-Brotform, Profi-Emaille von Dr. Oetker, gut einfetten. Teig hineingeben, mit der nassen Hand herunterdrücken und glattstreichen. Mit einem scharfen Messer einschneiden.

Form in eine große Plastiktüte geben und 60 Min. gehen lassen. Ofen auf 230 °C (Heißluft) vorheizen (etwa 15 Min.), 60 Min. bei 200 °C backen.

Hinweis: Da ich nur so wenig Hefe genommen hatte, habe ich länger gehen lassen, das war auch richtig. Aus demselben Grund habe ich auch den Hafer o. Ä. weggelassen.

5993. Maul-Mandel-Mokolade, April 2014

Stufe 1:
- 50 g Kakaonibs
- 150 g Kakaobohnen
- 100 g Cashewnüsse
- 100 g Sonnenblumenkerne
- 1 Prise Salz

Stufe 2:
- 50 g Sonnenblumenöl
- 135 g Honig
- 1/2 TL gem. Vanille
- 10 g Kakaopulver
- 10 g Carobpulver
- 80 g Kokosöl
- 120 g Kakaobutter

Stufe 3 = weitere Zutaten:
- 100 g Maulbeeren mit
- 75 g Mandeln im Zerkleinerer hacken (getrennt wäre besser)
- 1 TL Ingwerpulver

Wie die Stufen verarbeitet werden, lässt sich z. B.in Nr. 5860 nachlesen.

5994. Zucchiniknäcke glutenfrei, April 2014

- 120 g roter Mais
- 120 g Kichererbsen
- 100 g Reis
- 40 g brauner Leinsamen
- 1 TL Salz
- 1 geh. TL Pizzagewürz
- 50 g Sonnenblumenkerne
- 50 g Sonnenblumenöl
- 100 g Zucchini
- 10 g Apfelessig
- 150 g Wasser

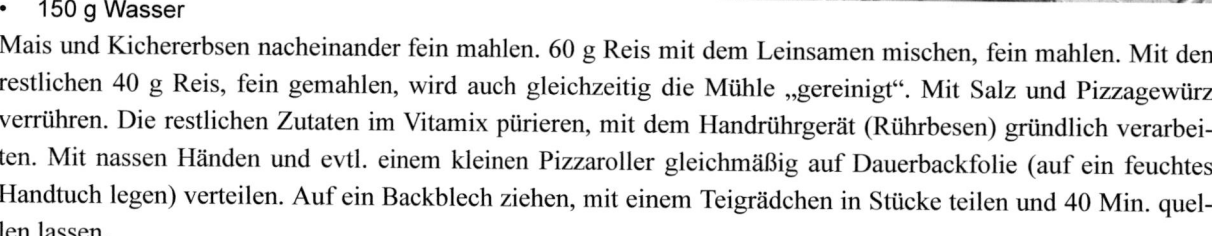

Mais und Kichererbsen nacheinander fein mahlen. 60 g Reis mit dem Leinsamen mischen, fein mahlen. Mit den restlichen 40 g Reis, fein gemahlen, wird auch gleichzeitig die Mühle „gereinigt". Mit Salz und Pizzagewürz verrühren. Die restlichen Zutaten im Vitamix pürieren, mit dem Handrührgerät (Rührbesen) gründlich verarbeiten. Mit nassen Händen und evtl. einem kleinen Pizzaroller gleichmäßig auf Dauerbackfolie (auf ein feuchtes Handtuch legen) verteilen. Auf ein Backblech ziehen, mit einem Teigrädchen in Stücke teilen und 40 Min. quellen lassen.

In den 200 °C heißen Ofen (Heißluft; ich hatte gerade Brot gebacken) schieben und 55-60 Min. bei 150 °C backen. Auf einem Kuchengitter auskühlen lassen.

5995. Piroggen mit Bärlauch, April 2014

- 1/2 P Trockenhefe (= 4 g) in
- 100 g Wasser auflösen
- 100 g Weizen fein mahlen und mit dem Hefewasser verrühren. In einer Pengschüssel 30 Min. gehen lassen.
- 125 g Weizen feinmahlen, mit
- 1 gestr. TL Salz
- 10 g Sonnenblumenöl
- 10 g Apfelessig
- 35 g Wasser und dem Teigansatz gut verkneten, zu einer Kugel unter Spannung formen und in einer Pengschüssel 30 Min. gehen lassen.

Während der Teig geht, die Füllung vorbereiten und den Ofen auf 230 °C (Heißluft) vorheizen:

- 30 g Bärlauch waschen, trocken schleudern/drücken und in feine Streifen schneiden.
- 1 Zwiebel (40 g netto) fein hacken
- 35 g Mandeln grob mahlen
- 30 g Nacktgerste flocken, hinzugeben:
- 1 gute Prise Salz
- 1 MS schwarzer gem. Pfeffer
- 35 g Radieschen-Aufstrich (5984 o. Ä.)
- 10 g Sonnenblumenöl und
- 35 g Wasser hinzufügen, gut verrühren

Teig ausrollen (2-3 mm) dick, Kreise etwa in der Größe eines Honigglasdeckels ausrollen. In die Mitte einer Hälfte 1 TL Füllung geben, zusammenklappen, mit den Fingern die Ränder festdrücken und mit einer Gabel fixieren, das gibt auch ein schönes Muster. Nebeneinander auf ein mit Dauerbackfolie ausgelegtes Backblech legen. In den Ofen schieben und 30 Min. bei 200 °C backen.

Dazu gab's *Brokkoligemüse*. Als Gemüsepfanne 10-12 Min.:

- 65 g Wasser
- 220 g Broccoli mit Strunk in Scheiben bzw. Röschen. Für die Soße im kleinen Mixer
- 30 g Radieschen-Aufstrich (5984 o. Ä.)
- 1-2 Prisen Salz
- 8 g Zitronensaft und
- 50 g Wasser verquirlen. Unter das Gemüse ziehen und aufkochen.

5996. Kartoffelpfanne mit Paprika, April 2014

Als Gemüsepfanne 15 Min. dünsten:

- 25 g Erdnussöl
- 75 g Wasser
- 345 g kleine Kartoffeln, einmal halb durchgeschnitten, mit der Schnittfläche noch unten (bei anderen Kartoffeln in Scheiben)
- 165 g rote Paprika, netto, gewürfelt
- 20 g geriebener Knoblauch; mit
- 1 gestr. TL Salz und
- 1/4 TL schwarzer gem. Pfeffer bestreuen,
- 25 g Radieschen-Aufstrich (5984 o. Ä.) einrühren und kurz aufkochen.

Tipp: Radieschen-Aufstrich kann durch Reisbrei (5848), Sojabrei (5766) oder Nussmus ersetzt werden.

5997. Bärlauch-Radieschen-Aufstrich, April 2014

Im Schnellkochtopf 10 Min. auf Stufe II:

- 50 g geschälte Mungbohnen
- 50 g ungeschälte Mungbohnen
- 2-3 Lorbeerblätter
- 400 g Wasser
- Nach dem Kochen die Lorbeerblätter entfernen und die gekochten Bohnen mit dem Kochwasser in den Vitamix geben. Folgendes hinzugeben und sehr gut mixen:
- 50 g Sonnenblumenöl
- 50 g Sonnenblumenkerne
- 20 g Salz
- 2 g Pfeffer
- 2 Knoblauchzehen (nett 6 g; bei mir in Essig eingelegt)
- 50 g Apfelessig
- 50 g Radieschen-Pesto mit Bärlauch (5976 o. Ä.)
- 10 g Essigpeperoni

5998. Kartoffeln mit grünem Knoblauch, April 2014

- 15 g Erdnussöl
- 60 g Wasser
- 250 g kleine Delikatesskartoffeln (d. h. kleine Kartoffeln), gewaschen und längs halbiert
- 1/2 Tomate gewürfelt (75 g)
- 60 g grüner Knoblauch in Ringen und
- etwas Salz. Als Gemüsepfanne 15 Min. dünsten. it
- 50 g Bärlauch-Radieschen-Aufstrich (5997 o. Ä.) und
- 1-2 Prisen gem. Muskatnuss verrühren, kurz aufkochen.

5999. Champs mit Brot, April 2014

- 20 g Kokosöl
- 30 g Wasser
- 250 g braune Champignons, grob zerteilt und
- 120 g Mangold (gewaschen, trocken gedrückt, geschnitten) als Gemüsepfanne 9 Min. Im kleinen Mixer verquirlen:
- 1 TL Curry (selbstgemacht oder gekauft
- 1 gestr. TL Salz
- 40 g Bärlauch-Radieschen-Aufstrich
- 10 g Kokosraspeln
- 40 g Wasser
- 2-3 geh. TL Dinkelmehl

Tipp: Ich habe das Brot hineingebröckelt und fand's total lecker.

6000. Brot o. Kneten Gehhilfe 2 St. (IX) Altbrot, Apr. 2014

(Vorläufer 5992)

Stufe 1 (12 Std. vorher):
- 500 g Roggen
- 540 g Wasser
- 150 g Sauerteig

Altbrot:
- 175 g altes Brot
- 175 g heißes Wasser

Stufe 2 (bei mir ein Morgen, Getreide abends gemahlen):
- 1/2 P frische Hefe (20 g)
- 85 g Wasser
- 75 g Roggen
- 65 g Weizen (alte Schweizer Sorte vom Biohof Lex)
- 1 EL Brotgewürz
- 1 EL Salz
- 1 EL Apfelessig
- 1000 g Sauerteigansatz (s.o.)
- Butter für die Form in

Stufe 1: Roggen fein mahlen, mit Wasser und altem Sauerteig mischen. Brot würfeln, mit dem Wasser übergießen und in einer dicht schließenden Dose über Nacht aufbewahren. Es ist dann morgens durchgefeuchtet. In einer Plastiktüte ca. 12 Std. stehen lassen. 150 g von der Stufe 1 abnehmen und in einem gut schließenden Schraubglas in den Kühlschrank stellen für das nächste Backen.

Stufe 2: Hefe im Wasser auflösen. Getreide fein mahlen und mit den trockenen Zutaten mischen. Eingeweichtes Brot mit Essig und Hefewasser cremig mixen (kleiner Mixer *).

Alle Zutaten zusammengeben und mit einem großen Löffel gründlich verrühren, bis kein Mehl mehr sichtbar ist. Eine 30-cm-Brotform, Profi-Emaille von Dr. Oetker, gut einfetten. Teig hineingeben, mit der nassen Hand herunterdrücken und glatt streichen. Mit einem scharfen Messer einschneiden.

Form in eine große Plastiktüte geben und 75 Min. (1 1/4 Std.) gehen lassen. Ofen auf 230 °C (Heißluft) vorheizen (etwa 15 Min.), 60 Min. bei 200 °C backen.

* Ich habe das extra nicht im Vitamix gemacht, weil ich fürchte, die Messer würden die Hefezellen zerschneiden und somit unwirksam machen. Thermomix wäre auch eine Option gewesen, aber das war mir zu viel sauber zu machen. Da das Brot am Ende etwas zusammengefallen ist, wäre wohl weniger Wasser im Sauerteig oder für das Auflösen der Hefe besser gewesen.

6001. Liebstöckel-Pesto, April 2014

Im Vitamix sehr gut mischen:
- 100 g Sonnenblumenkerne
- 100 g Sonnenblumenöl
- 100 g Apfelessig
- 25 g Salz
- 55 g Honig
- 25 g Hanfsamen
- 20 g Garam Masala (6/4361 oder gekauft)
- 1 g gem. schwarzer Pfeffer
- 20 g Tamari (Rohkost)
- 155 g Liebstöckel frisch, vorgeschnitten

In ein mittelgroßes Schraubglas geben und geschlossen im Kühlschrank aufbewahren.

6002. Liebstöckel-Aufstrich, April 2014

Im Vitamix zum Stocken bringen (etwa 3,5 Min.):

- 70 g Liebstöckel-Pesto (6001; Rest nach der Herstellung)
- 50 g geschälte Mungbohnen (gelb)
- 4 g Bockshornkleesamen (1 gestr. TL)
- 10 g Salz (könnte wegfallen, war ziemlich salzig)
- 210 g Sonnenblumenkerne
- 150 g Wasser

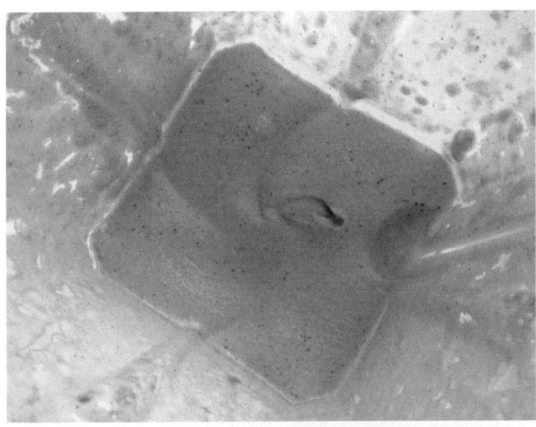

6003. Christianes Schokonusskuchen mit Obst, April 2014

- 25 g Langkorn-Naturreis
- 225 g Wasser
- 250 g Haselnüsse
- 200 g Weizen
- 50 g Hafer
- 1 P Weinsteinbackpulver
- 175 g Honig
- 1/2 TL gem. Vanille
- 1 Pr Salz
- 2 EL Kakaopulver (20 g)
- 1 EL Carob (15 g)
- 1 Birne (180 g)
- 1 Apfel (90 g)
- 40 g Honig
- 35 g Wasser
- 30 g Pekannüsse

Reis mit 225 g Wasser im Vitamix bis zum Stocken auf höchster Geschwindigkeit mixen (ca. 4 Min.). In eine Schüssel umfüllen und unter gelegentlichem Umrühren abkühlen lassen.

Nüsse im Thermomix fein mahlen (ca. 5 sec. Stufe 10). Getreide in der Mühle fein mahlen und Reisbrei, Backpulver, Kakao, Carob, Vanille, Salz und Backpulver zugeben und alles auf der Knetstufe 2,5 Min. vermischen. Eine Springform (24 cm) am Boden mit Backpapier überspannen, etwa die Hälfte des Teiges hineingeben und mit der nassen Hand gleichmäßig verteilen. Birne und Apfel würfeln (Kerngehäuse nicht entfernen) und auf dem Teig verteilen. Den verbliebenen Teig mit 40 g Honig, 35 g Wasser und den Pekannüssen wenige Sekunden auf Stufe 5 mischen. Den Teig über das Obst geben und mit einem in Wasser getauchten Spatel glatt streichen. Den Backofen auf 175 °C vorheizen und ca. 45-50 min. backen.

*Das **Originalrezept** lautete:*

- *250 g Haselnüsse*
- *250 g Dinkel, fein gemahlen*
- *1 Pk Backpulver*
- *150 g Honig*
- *Mark einer Vanilleschote*
- *1 Pr Salz*
- *2 EL Kakaopulver*
- *1 EL Carob*
- *125 ml Wasser*
- *125 ml Nussmilch*
  - aus 25 Cashewnüssen
  - und 100 g Wasser
- *2 -3 Winteräpfel (z. B. Ontario)*

Zubereitung im Thermomix: Nüsse fein mahlen (ca. 5 sec. Stufe 10). Dinkelmehl, Kakao, Carob, Vanillemark, Salz und Backpulver zugeben und alles auf Stufe 5 vermischen. In einem kleinen Mixer die Nussmilch herstellen (Cashews mit dem Wasser ca. 1 min pürieren). Nussmilch zusammen mit dem Honig zu den trockenen Zutaten geben, weitere 125 ml Wasser zugeben und alles verrühren (Stufe 5). Die Hälfte des Teigs in eine gefettete Springform geben.

Die Winteräpfel vom Kernhaus befreien und würfeln (ca. 1 cm). Apfelwürfel auf dem Teig verteilen. Dann die zweite Teighälfte darüberstreichen. Den Backofen auf 180 °C vorheizen und eine Springform fetten. Den Teig in die Form füllen und ca. 45-50 min. backen (je nach Backofen länger oder kürzer, mit Holzstäbchen testen). Variation: Statt der Äpfel Kirschen unter den Teig mischen. Eine Handvoll Kakaonibs zum Teig geben.

6004. Fenchel mit Kartoffel in Liebstöckelsoße, April 2014

- 20 g Erdnussöl
- 40 g Wasser
- 245 g Kartoffeln, unter fließendem Wasser abgebürstet, in Scheiben
- 155 g Fenchel, in Streifen
- 1 große Tomate (125 g) gewürfelt und
- 1 Prise Salz als Gemüsepfanne 14 Min.
- 1 EL Liebstöckel-Aufstrich (6002) unterrühren, kurz aufkochen.

6005. Christianes Nudeln mit Bohnen, April 2014

- 75 g Vollkornspiralnudeln (angegebene Kochzeit: 7 Min.) in eine Pfanne geben. Im kleinen Mixer
- 1 gewürfelte Tomate (90 g)
- 10 g Sonnenblumenöl
- 1 abgezogene Knoblauchzehe in Scheiben
- 1 gestr. TL Salz
- 175 g Wasser gut verquirlen. In die Pfanne gießen,
- 100 g gekochte weiße Bohnen und
- 25 g halbierte schwarze Oliven ohne Kern hinzufügen. Zum Kochen bringen, umrühren und 9 Min. köcheln.
- 25 g Liebstöckel-Aufstrich (6002)

unterrühren und aufkochen, bis der Aufstrich sich gelöst hat. Die weißen Bohnen habe ich morgens im Schnellkochtopf gekocht (größere Menge) unter Hinzufügen von 2 Lorbeerblättern.

Tipp: Christiane hatte Jumbobohnen, die waren leckerer.

6006. Nudeln mit Restgemüse, April 2014

- 100 g Vollkorn-Spirelli
- 160 g gemischten geraffelten Salat (Möhre, Fenchel, Paprika)
- 55 g Porree (netto) in feinen Ringen
- 1/2 Tomate (45 g), gewürfelt
- 250 g Wasser in einer Pfanne 10 Min. ähnlich einer Gemüsepfanne köcheln.
- 15 g Liebstöckel-Aufstrich (6002) unterrühren.

6007. Kichererbsen-Bärlauch-Soße, April 2014

Test: Kann ich Kichererbsen im Vitamix auch ungekocht weich schlagen lassen? Yep, es geht :-) Als Aufstrich ein bisschen zu dünnflüssig, zumindest im warmen Zustand. Gut als Soßengrundlage.

Auf höchster Stufe im Vitamix schlagen:

- 50 g Kichererbsen
- 25 g Sonnenblumenöl
- 25 g Mandeln
- 5 g Salz
-
- 1 g Koriandersamen
- 300 g Wasser
- 35 g Bärlauch

6008. Grüne Austernpilze, April 2014

- 15 g Sonnenblumenöl
- 55 g Wasser
- 280 g Kartoffeln (netto), unter Wasser gebürstet, in Scheiben
- 210 g Austernpilze, klein geschnitten
- 50 g Kichererbsen-Bärlauch-Soße (6007)
- 30 g Wasser

Öl, Wasser, Kartoffeln und Pilze in dieser Reihenfolge in eine 20-cm Pfanne geben. Als Gemüsepfanne 11 Min. dünsten, Die Bärlauchsoße mit 30 g Wasser mischen, unterrühren und kurz aufkochen.

6009. Soft Easter Eggs, April 2014

Frei nach einem Rezept von Agnes (18. April 2014).

- 50 g Langkorn-Naturreis
- 50 g Haselnüsse
- 1/2 TL Vanille
- 100 g Honig
- 10 g Kakaopulver
- 150 g Wasser
- 125 g Nacktgerste
- 20 g Kakaobutter
- Carob oder Kakao zum Bestreuen

Reis, Nüsse, Vanille, Honig, Kakao und Wasser im Vitamix bis zum Stocken schlagen. In den Thermomix umfüllen. Gerste fein mahlen, in den Thermomix geben und 2-2,5 Min. auf der Knetstufe kneten lassen. Mit einem Teelöffel Nocken abstechen und auf einen mit Haushaltsfolie bespannten Teller setzen. Mit feuchten Händen aus den Nocken Eier formen. Oder gleich aus der Masse mit nassen Händen Eier formen (macht die Hände allerdings dreckiger). Wegen des hohen Wasseranteils werden die Eier nicht fest, sind aber lecker.

6010. Feine Möhrenkekse, April 2014

Vitamix:
- 200 g Möhren (netto, ungeschält)
- 60 g Sonnenblumenöl
- 1 Prise Salz
- 200 g Honig
- 40 g Wasser

Thermomix:
- 50 g Mandeln
- 400 g Weizen, fein gemahlen
- 50 g Nackthafer, fein gemahlen
- 1 P Backpulver
- 1/2 TL Vanille
- 1 geh. TL gem. Ingwer (kann wegbleiben oder durch Zimt ersetzt werden)

Die Vitamix-Zutaten ganz fein schlagen. Die Mandeln im Thermomix mahlen, das Getreide in der Mühle. Getreide mit Backpulver, Vanille und Ingwer mischen. Mit dem Vitamix-Inhalt in den Thermomix geben und 2,5 bis 3 Min. auf der Knetstufe verarbeiten.

Ofen auf 160 °C (Heißluft) stellen. Zwischen den nassen Händen Kugeln formen (etwas größer als Walnüsse), nebeneinander auf zwei mit Dauerbackfolie ausgelegte Backbleche setzen. Mit einer Gabel flachdrücken, und in einem zweiten Gang nochmals mit der Gabel drücken, aber in die andere Richtung, sodass sich ein kleines Würfelmuster ergibt. In den heißen Ofen schieben und ca. 25 Min. bei 160 °C backen. Auf einem Kuchengitter auskühlen lassen.

6011. Kakao mit Pulver, April 2014

- 2 TL Kakaopulver
- 2 TL gem. Weizen
- 20 g Honig
- 1 gestr. EL Mandeln
- 20 g Sahne
- 350 g kochendes Wasser

Im Vitamix 2-3 Min. auf der Höchststufe schlagen.

6012. Christianes Schokonusskuchen mit Obst II, April 1014

- 25 g Langkorn-Naturreis
- 280 g Wasser
- 250 g Haselnüsse
- 200 g Weizen
- 75 g Nackthafer
- 1 P Backpulver
- 225 g Honig
- 1 gestr. TL Zimt
- 1 Pr Salz
- 2 EL Kakaopulver (20 g)
- 1 EL Carob (15 g)
- 2 Äpfel (265 g netto)
- 50 g Wasser

Reis und 50 g Haselnüsse mahlen, mit 280 g kochendem Wasser und Salz im Vitamix ca. 3 Min. mixen. In eine Schüssel umfüllen und unter gelegentlichem Umrühren abkühlen lassen.

200 g Nüsse im T; fein mahlen (ca. 5 Sek./Stufe 10). Getreide in der Mühle fein mahlen und mit den anderen trockenen Zutaten (Backpulver, Kakao, Carob, Zimt und Backpulver) mischen, in den TM füllen und alles auf der Knetstufe 2,5 Min. vermischen. Eine Springform (24 cm) am Boden mit Backpapier überspannen, etwa die Hälfte des Teiges hineingeben und gleichmäßig verteilen. Äpfel vorschneiden und im Vitamix nicht zu fein pürieren. Auf den Teig streichen. Den verbliebenen Teig mit 50 g Wasser wenige Sekunden auf Stufe 5 mischen. Den Teig über das Obst geben und mit einem in Wasser getauchten Spatel glatt streichen.
Den Backofen auf 175 °C vorheizen und ca. 45-50 min. backen.

6013. Brot ohne Kneten Gehhilfe 2 St. (X) Apfel, April 2014

Vorläufer 6000

Stufe 1 (12 Std. vorher):
- 500 g Roggen
- 500 g Wasser
- 150 g Sauerteig

Stufe 2 (bei mir ein Morgen):
- 1/2 P frische Hefe (20 g)
- 75 g Wasser
- 1 Apfel (100 g)
- 100 g Wasser
- 1 EL Apfelessig
- 75 g Roggen
- 125 g Weizen
- 100 g Nackthafer
- 1 EL Koriandersamen
- 1 EL Salz
- Walnüsse, grob zwischen den Händen zerdrückt
- 1000 g Sauerteigansatz (s.o.)
- Butter für die Form

Stufe 1: Roggen fein mahlen, mit Wasser und altem Sauerteig mischen. Brot würfeln, mit dem Wasser übergießen und in einer dicht schließenden Dose über Nacht aufbewahren. Es ist dann morgens durchgefeuchtet. In einer Plastiktüte ca. 12 Std. stehen lassen. 150 g von der Stufe 1 abnehmen und in einem gut schließenden Schraubglas in den Kühlschrank stellen für das nächste Backen.

Stufe 2: Hefe im Wasser auflösen. Getreide fein mahlen und mit den trockenen Zutaten mischen.

Hefe im Wasser auflösen. Apfel vorschneiden und mit 100 g Wasser und Essig pürieren. Getreide mit dem Koriander fein mahlen und mit den trockenen Zutaten mischen. Apfel- und Hefewasser mit dem Getreide zum Sauerteig geben und mit einem großen Löffel gründlich verrühren, bis kein Mehl mehr sichtbar ist. Eine 30-cm-Brotform, Profi-Emaille von Dr. Oetker, gut einfetten. Teig hineingeben, mit der nassen Hand herunterdrücken und glattstreichen. Mit einem scharfen Messer einschneiden. Form in eine große Plastiktüte geben und 45 Min. gehen lassen. Ofen auf 230 °C (Heißluft) vorheizen (etwa 15 Min.), 60 Min. bei 200 °C backen.

6014. Spinat-Bärlauch-Lasagne, April 2014

Teig:

- 150 g Weizen, mahlen
- 10 g Sonnenblumenöl
- 2 gute Prisen Salz und
- 70 g Wasser zu einem festen Teig verkneten, Kugel formen, abgedeckt beiseitestellen.

Gemüse:

- 50 g Wasser
- 1 Prise Salz
- 115 g Spinat, gewaschen, trocken geschleudert, in Streifen
- 55 g Bärlauch, gewaschen, ausgedrückt, in Streifen
- 1 Knoblauchzehe in Scheiben

Soße:

- 50 g Sojabohnen
- 1/2 TL Koriandersamen
- 1 gestr. TL Salz
- 15 g Apfelessig
- 15 g Sonnenblumenöl und
- 300 g Wasser zusammen im Vitamix 4,5 Min. schlagen lassen.

„Käse"

- etwa 1/3 der Soße
- 15 g Kochwasser vom Spinat und
- 30 g Sonnenblumenkerne, im Vitamix schlagen, bis eine homogene Masse

Ofen (Heißluft) auf 230 °C vorheizen. Ein Drittel der Soße in eine ofenfeste Form geben, eine Hälfte des Teigs passend ausrollen und darauf legen. Mit der Hälfte des Gemüses bedecken. Das zweite Drittel Soße darüber gießen, eine Teigplatte aus der zweiten Hälfte ausrollen, auf das Gemüse geben. Jetzt erst den „Käse" herstellen und auf der Teigplatte verteilen. In den heißen Ofen geben und 30 Min. bei 190 °C backen.

Hinweis: *Kein Erfolg: Das Ganze war viel zu salzig, die Flüssigkeit hätte mindestens 100 g mehr sein müssen, der Teig war zu dick und außerdem würde ich demnächst wieder nur eine Nusssoße nehmen oder Reis. Sojabohnen schmecken mir da nicht.*

6015. Scones mit Datteln, April 2014

- 250 g Dinkel
- 100 g Weizen
- 2 geh. TL Backpulver
- 1 Prise Salz
- 1 gestr. TL Vanille
- 60 g Honig
- 50 g Sonnenblumenöl
- 150 g Mandelreisbrei (5978)
- 30 g Wasser
- 4 Datteln (netto 50 g), entsteint

Dinkel und Weizen fein mahlen. Mit den anderen trockenen Zutaten vermischen. Honig, Öl und Reisbrei hinzugeben, kurz mit dem Handrührgerät vermischen. Wenn kein „Mehl" mehr sichtbar ist, das Wasser esslöffelweise hinzufügen, bis der Teig glatt knetbar ist. Datteln in feine Stücke schneiden, einarbeiten. Mit den Händen zu einem etwa 2 cm hohen Rechteck auseinanderdrücken. Einmal längs durchschneiden, 2 x quer = 6 Stücke. Diese jeweils diagonal durchschneiden und nebeneinander auf ein mit Dauerbackfolie ausgelegtes Backblech legen.

Ofen 5 Min. auf 180 °C (Heißluft) vorheizen und 15-20 Min. backen.

6016. Pizza auf Reis-Mandel-Creme-Basis, April 2014

Teig:

- 10 g frische Hefe (etwa 1/4 P)
- 50 g Wasser
- 75 g Dinkel
- 50 g Weizen
- 1-2 Prisen Salz
- 40 g Reis-Mandel-Creme (5978)

Grundbelag:

- 1 Knoblauchzehe (5 g)
- 50 g Tomate
- 25 g Reis-Mandel-Creme (s. o.)
- 10 g Öl

Belag:

- 20 g Porree (weiß) in feinen Ringen
- 50 g tiefgekühlter Mais
- 185-190 g Tomate
- 1 TL Pizzagewürz

Soße:

- 30 g Wasser
- 15 g geschälte Mandeln
- 100 g Reis-Mandel-Creme (5978)
- 15 g Sonnenblumenöl
- 2 Prisen Salz

Soße: im kleinen Mixer, flaches Messer, gut verquirlen.

Teig: Hefe im Wasser verrühren und auflösen. Alle Zutaten miteinander verkneten, bis ein glatter Teig entsteht (mit der Hand ca. 5 Min.). Zu einer Kugel unter Spannung formen und abgedeckt ca. 30 Min. gehen lassen. Eine Pizza-Emailform (24 cm) einfetten (Öl). Den Teig auf einer glatten Oberfläche nochmals gut durchkneten, zu einer Kugel formen und mit Hilfe von ein wenig Streumehl auf Größe der Pizzaform mit den Händen auseinanderdrücken. Immer wieder wenden. Auf die Form legen (ich mache das so: Teig halb auf halb, Viertel auf Viertel legen. Das Viertel in die Ecke einer Form geben, auseinanderklappen). Mehrmals mit der Gabel einstechen.

Grundbelag: Zutaten mit dem hochstehenden Messer im kleinen Mixer verquirlen.

Belag: Porree und Mais auf dem Teig verteilen, die Tomate in nicht zu dicke Scheiben schneiden und auf das Gemüse legen. Das Gewürz zwischen den Händen verreiben und über die Tomaten streuen.

Soße mit einem Teelöffel auf die Tomaten auftragen.

Ofen auf 230 °C (Heißluft) vorheizen. Pizza einschieben und 20 Min. bei 225 °C backen.

6017. Kohlrabiblätter-Pfanne mit Kartoffeln, April 2014

Für 2 Personen

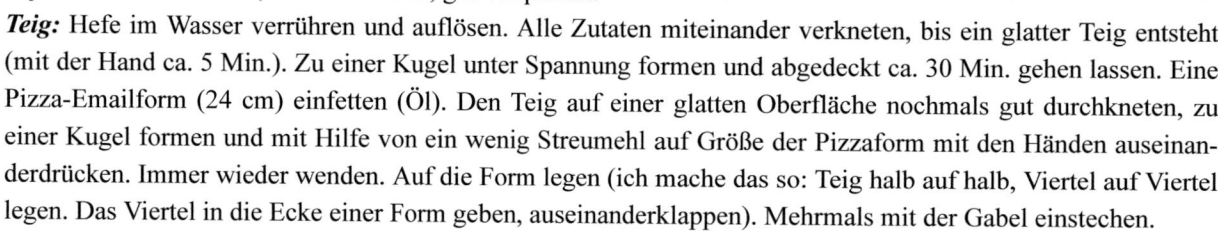

Als Gemüsepfanne 20 Min. dünsten:

- 20 g Kokosöl
- 80 g Wasser
- 350 g Kartoffeln, netto, ungeschält, abgebürstet unter fließendem Wasser, in Scheiben
- 210 g Kohlrabistängel mit Blättern, fein geschnitten
- 150 g Porree, in Streifen

Für die Soße im kleinen Mixer gut verquirlen:

- 1 Stück geschälte Zitrone, 10 g
- 10 g geschälte Mandeln
- 10 g Weizenmehl
- 4-5 g Salz
- 10 g Sonnenblumenöl
- 210 g Wasser

Unterrühren, aufkochen, mit halb aufgelegtem Deckel (damit die Soße nicht wieder flüssig wird) noch 5 Min. leicht köcheln lassen.

6018. Brot ohne Kneten mit Gehhilfe in 2 Stufen (XI) schlicht, April 2014

Vorläufer 6013

Stufe 1 (12 Std. vorher):
- 650 g Roggen
- 670 g Wasser
- 150 g Sauerteig

Stufe 2 (bei mir ein Morgen):
- 1/2 P frische Hefe
- 160 g lauwarmes Wasser
- 75 g Roggen
- 100 g Nackthafer
- 125 g Weizen
- 1 TL Brotgewürz
- 1 gestr. EL Salz
- 10 g Sesamkörner, ungeschält
- 10 g brauner Leinsamen
- 10 g Apfelessig
- 1000 g Sauerteigansatz
- Butter für die Form

Stufe 1: Roggen fein mahlen, mit Wasser und altem Sauerteig mischen. 12 Std. stehenlassen und 150 g von der Stufe 1 abnehmen und in einem gut schließenden Schraubglas in den Kühlschrank stellen für das nächste Backen. 300 g abnehmen, gut versiegeln und verschicken.

Stufe 2: Hefe im Wasser auflösen. Roggen, Hafer und Weizen fein mahlen und mit Salz und Sesam mischen. Mit Hefewasser und Essig zum Sauerteig geben und mit einem großen Löffel gründlich verrühren, bis kein Mehl mehr sichtbar ist. Eine 30-cm-Brotform, Profi-Emaille von Dr. Oetker, gut einfetten. Teig hineingeben, mit der nassen Hand herunterdrücken und glattstreichen. Mit einem scharfen Messer einschneiden. Form in eine große Plastiktüte geben und 45 Min. gehen lassen. Ofen auf 230 °C (Heißluft) vorheizen (etwa 15 Min.), 60 Min. bei 200 °C backen.

6019. Bärlauch-Dressing light, April 2014

Im Vitamix gut verschlagen:
- 100 g Sonnenblumenöl
- 100 g Apfelessig
- 25-27 g Salz
- 2 g schwarzer gem. Pfeffer
- 65 g grüner Knoblauch
- 140 g Bärlauch (mit Stängeln; gewaschen & trocken geschleudert gewogen)
- 50 g Honig
- 140 g Wasser

Für die Verwendung verdünnen 1:1 mit Wasser.

6020. Fruchtaufstrich, April 2014

- 1 kleinen Apfel in Stücke schneiden, mit
- 50 g Süßer Stützbrei à la Barbara (6035) im kleinen Mixer verquirlen.

Hinweis: *Denkbar einfach, wenn der Stützbrei schon fertig ist, und lecker. Jede andere Art dieser Reis- und anderer Breie und Cremes ist ebenso geeignet, nur muss man dann eventuell mit Honig nachhelfen. So ist es vegan.*

6021. Brotplätzchen, April 2014

- 55 g Brot
- 75 g kochendes Wasser
- 35 g Nackthafer
- 2 Prisen Salz
- 150 g Wasser
- 50 g Linsensprossen
- 15 g Erdnussöl zum Ausbraten

Brot 8 Std. im Wasser in einem geschlossenen Behälter einweichen. Hafer flocken. Mit Brot, Salz und Wasser im Vitamix verquirlen (nicht auf der Höchststufe) und Linsensprossen einrühren. Öl in einer AMT-Pfanne erhitzen, Teig in Plätzchengröße hineingeben. Auf jeder Seite ca. 10 Min. auf einer hoch-mittleren Stufe braten.

Hinweis: Der Teig war innen weicher als geplant. Ich hätte besser doch, wie ursprünglich geplant, 30-50 g gemahlene Kichererbsen hinzugegeben. Ich hatte es einfach vergessen. Geschmack war aber gut.

6022. Creme-Kakao, April 2014

Im Vitamix 4,5 Min. auf Höchststufe:

- 1-2 EL Dinkelmandelcreme (6022)
- 1 geh. TL Kakao
- 3 entsteinte Datteln

6023. Dinkelmandelcreme, April 2014

Im Vitamix bis zum Stocken laufen lassen (etwa 4 Min. 30 Sek.):

- 50 g Dinkel
- 50 g Mandeln, geschält (funktioniert auch mit ungeschälten Mandeln, wird dann aber dunkler)
- 300 g Wasser

Tipp: Beim Abkühlen gelegentlich umrühren.

6024. Vanillecookies, April 2014

- 125 g Dinkel
- 125 g Weizen
- 50 g Nackthafer
- 1 Prise Salz
- 1 geh. TL gem. Vanille
- 2 TL Backpulver (1/2 Päckchen), sieben
- 120 g Honig
- 50 g Sonnenblumenöl
- 100 g Dinkelmandelcreme (6022)

Getreide zusammen mahlen und mit den anderen trockenen Zutaten vermischen. Restliche Zutaten hinzugeben und z. B. mit den Knethaken eines Handrührgeräts kurz durcharbeiten. Auf einer Haushaltsfolie zu einer ca. 35 cm langen Rolle formen und 3 Std. in den Kühlschrank legen. Ofen auf 160 °C (Heißluft) stellen. Mit einem scharfen, in Wasser getauchten Messer 0,5 cm dicke Scheiben abschneiden und auf ein mit Dauerbackfolie ausgelegtes Backblech legen. 20 Min. bei 160 °C backen und auf einem Gitterrost auskühlen lassen. Die Kekse werden sehr „crunchy"!

Nach Wunsch mit **Schokoklecksen** verzieren:

- 35 g Kakaobutter
- 40 g Honig
- 15 g Kakaopulver (= 1 geh. EL)
- 1 gestr. TL Vanille

Fett und Honig auf kleiner Einstellung zerlassen, mit einem Schneebesen mit Kakao und Vanille verschlagen. Mit einem Teelöffel Kleckse auf die Plätzchen setzen.

6025. Spargelauflauf mit Nudeln, April 2014

- 2 x 40 g Vollkornspirali
- 185 g grüner Spargel netto
- 145 g Porree netto
- 100 g Dinkelmandelcreme (6022)
- 20 g Radieschen-Pesto mit Bärlauch (5976)
- 4 g Salz
- 20 g Cashewnüsse
- 400 g Wasser

40 g Nudeln in eine 20-cm-Pfanne geben, Spargelenden abschneiden (waren nicht schön), den Spargel in Stücke schneiden und über die Nudeln verteilen. Restliche Nudeln auf den Spargel schütten. Porree waschen, in Ringe / Scheiben schneiden und über die Nudeln geben. Aus Mandelcreme, Pesto, Salz, Cashews und Wasser mit dem kl. Mixer, großer Becher, eine glatte Soße mischen und in die Pfanne gießen. Deckel auflegen und bei 200 °C (Heißluft) 20 Min. backen, dann den Deckel abnehmen und nochmals 20 Min. backen.

6026. Cashewreiscreme, April 2014

Im Vitamix bis zum Stocken auf höchster Stufe laufen lassen (etwa 4 Min. 30 Sek.):

- 40 g Langkornnaturreis
- 40 g Cashewkerne
- 300 g Wasser

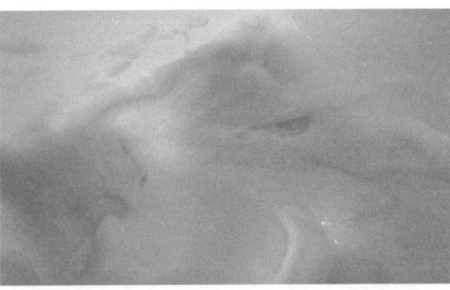

Beim Abkühlen gelegentlich umrühren, damit sich keine Haut bildet (zur Weiterverarbeitung nicht so günstig).

6027. Sonntagskakao Luxury Class, April 2014

Im Vitamix 4,5 Min. auf Höchststufe:

- 50-70 g Cashewreiscreme (6025; Rest nach der Herstellung)
- 1 geh. TL Kakao (5 g)
- 10 g Cashewkerne
- 310 g Wasser

In eine große Tasse gießen und

- 1 TL Honig und
- 2 TL Sahne einrühren.

Hinweis: *So wird der Honig nicht so komplett totgekocht.*

6028. Erdbeerpudding, April 2014

- 1 kleine Banane (85 g netto)
- 185 g Erdbeeren netto
- 1 TL Honig (10 g; je nach Süße der Erdbeeren und der Banane)
- 80 g Cashewreiscreme (6025)
- 1 EL Nackthafer
- 2 TL Kakaonibs

Banane, Erdbeere, Honig und Creme in einem Mixer gut mischen (ich habe den Vitamix genommen, aber jeder andere Mixer tut es auch, es muss ja nicht superfein sein). In eine Schüssel umfüllen, Hafer flocken, am Rand entlang streuen, dann am Rand die Kakaonibs verteilen.

Tipp: *Statt Haferflocken gehen auch Buchweizenflocken.*

6029. Sponge Cake, April 2014

- 100 g Dinkel
- 100 g Weizen
- 1 geh. TL Vanille
- 1 Prise Salz
- 2 TL Weinsteinbackpulver
- 180 g Cashewreiscreme (6025)
- 50 g Sonnenblumenöl
- 125 g Honig
- 50 g Buchara Weinbeeren (große dunkle Beeren, sonst Rosinen o. Ä.)
- Butter für die Form

Getreide fein mahlen, mit Vanille, Salz und Backpulver verrühren. Creme, Sonnenblumenöl und Honig hinzugeben, mit den Rührhaken eines Handrührgeräts alles miteinander gut mischen. Dann die Weinbeeren vorsichtig unterrühren. Eine 20-cm Pushup-Springform (Woll) am Boden einfetten. Teig hineingeben, mit einem immer wieder in Wasser getauchten Spatel glatt streichen. In den auf 175 °C vorgeheizten Ofen (Heißluft) geben und 40 Min. backen. Stäbchenprobe machen. Auf einem Gitterrost auskühlen lassen und aus der Form nehmen.

Einen Schokoguss im Wasserbad herstellen aus:

- 25 g Kakaobutter
- 30 g Honig
- 15 g Kokosöl
- 10 g Kakaopulver
- 1 gestr. TL Vanille

Hinweis: *Kokosöl ist nicht ideal.*

6030. Einfache Spinatpfanne, April 2014

Als Gemüsepfanne 15 Min., 20-cm-Alugusspfanne:

- 30 g Kokosöl (bei kleiner Hitze zerlassen)
- 240 g Kartoffel, abgebürstet unter fließendem Wasser, in Scheiben
- 230 g Spinat, gewaschen, trocken geschleudert, in Streifen
- 50 g grüner Knoblauch (sieht ähnlich aus wie Frühlingszwiebeln), in Stücke geschnitten. Dann
- mit etwas Salz und
- gem. schwarzer Pfeffer bestreuen, verrühren.

6031. Grüner Spargel im Quasieintopf, April 2014

- 270 g Kartoffeln, netto, unter fließendem Wasser abgebürstet, in dickere Scheiben geschnitten
- 110 g (netto) grüner Spargel, Enden abgeschnitten und in Stücke geteilt
- 110 g (netto) Möhre, in dickere Scheiben geschnitten
- 130 g Wasser
- 1 Stück Essigpeperoni (7/4573)
- 12 g Peperoniessig (ebenda)
- 10 g Sonnenblumenöl
- 10 g Cashewnüsse
- 1 TL Salz
- 30 g Wasser
- 10 g Weizenmehl

Da Spargel länger gart als Kartoffeln bzw. Möhren, habe ich ich anderen Gemüse dicker geschnitten. Kartoffeln, Spargel, Möhren und Wasser in den Schnellkochtopf geben. 5 Min. auf Stufe II kochen lassen, dann langsam abdampfen lassen. Die restlichen Zutaten im Mixer gut verquirlen, Kochwasser (soweit es einfach möglich ist) hinzufügen und nochmals durchquirlen. Unterrühren und kurz aufkochen.

6032. Kohlrabigrün + Eiszapfenblätter Nudeln, Apr. 2014

- 170 g Kohlrabiblätter mit Stängeln (trocken gewogen)
- 110 g Eiszapfenblätter (von einem Bund, trocken gewogen); ersatzweise Radieschenblätter oder was sonst an härterem Gemüse noch vorhanden ist
- 125 g Wasser

Gemüse sehr sorgfältig waschen, am Ende der Stängel und auf den Blättern verbirgt sich gerne Erde! In Stücke schneiden, mit dem Wasser in einen Schnellkochtopf geben und auf Stufe 2 für 8 Min. (besser: 10 Min.) garen. Während der Topf abdampft

- 95 g Vollkornspirali in
- reichlich Wasser und
- 1 TL Salz 7 Min. kochen. In dieser Zeit im kleinen Mixer
- 15 g Radieschen-Pesto mit Bärlauch (5976)
- 30 g Wasser
- 10 g Cashewnüsse
- 1 geh. TL Weizenmehl (7 g; 10 g wäre besser gewesen) und
- etwas Pfeffer verquirlen.

Unter das heiße Gemüse rühren. Sobald die Nudeln gar sind, in ein Sieb abgießen. Das Gemüse kurz aufkochen lassen, bis die Soße etwas dickt.

Hinweis: Eiszapfen sind eine Art Radieschen / Rettiche, die nicht ganz so scharf sind. Ich kenne sie erst seit wenigen Wochen!

6033. Mangold mit Waldpilzen und Linsen, April 2014

- 30 g getrocknete Pilze (nicht gekauft!, das ist auf gekaufte Ware nicht übertragbar) in
- 250 g warmem Wasser ca. 1 Std. einweichen. Das überschüssige Wasser in eine Pfanne gießen, und mit ca.
- 85 g Wasser auf 270 g Flüssigkeit auffüllen.
- 90 g rote Linsen, die Pilze (90 g) und
- 240 g Mangold (netto, nass ausgedrückt gewogen) und
- 1 Tomate (110 g) in Würfeln hinzugeben. Als Gemüsepfanne 16 Min. garen. In den letzten 5 Min.
- 1 EL Apfelessig
- 1 gestr. TL Salz
- etwas gem. schwarzer Pfeffer und
- 1 EL Sonnenblumenöl hinzugeben. Offen etwas einkochen lassen.

6034. Eiszapfen in Erdnusssoße, Mai 2014

- 95 g Vollkorn-Spirelli
- 130 g Grün der Eiszapfen, gewaschen, trockengeschleudert, fein geschnitten
- 30 g Rucola, vorbereitet wie Eiszapfengrün
- 90 g Eiszapfen, in Scheiben
- 1 Prise Salz und
- 245 g Wasser als Gemüsepfanne 12 Min.
- 20 g Erdnussbutter (ohne alles, Rapunzel)
- 1 Stück Essigpeperoni
- 10 g Peperoniessig (7/4573)
- 1/2 TL Salz
- 1 gestr. TL Curry
- 10 g Honig
- 5 g Weizenmehl
- 45 g Kochflüssigkeit im kleinen Mixer mixen und in die Pfanne rühren, einmal aufkochen.

6035. Süßer Stützbrei à la Barbara, Mai 2014

- 30 g Kichererbsen
- 50 g Rundkorn-Naturreis
- 1 Prise Salz
- 100 g Feigen
- 50 g Datteln
- 400 g Wasser

Erbsen und Reis nacheinander fein mahlen. Trockenobst in Stücke schneiden (z. B. mit der Schere). Alles im Vitamix auf der Höchststufe bis zum Stocken laufen lassen (4-4,5 Min.)

6036. Gestützter Kakao, Mai 2014

Im Vitamix 3,5-4 Min. laufen lassen:

- 55-60 g Süßer Stützbrei à la Barbara (6035; Rest von der Herstellung)
- 1 geh. TL Kakaopulver (10 g)
- 15 g Erdnussmus (Rapunzel, 100% Erdnüsse o. Ä.)
- 15-20 g Datteln entsteint (2 Stück)
- 4 g frischer Ingwer
- 320 g Wasser

6037. Faule Fladen, Mai 2014

- 1/2 P Hefe (20 g)
- 200 g Wasser
- 330 g Weizen
- 170 g Dinkel
- 2 gestr. TL Salz
- 20 g Apfelessig
- 100 g Wasser

Hefe in 200 g kaltem Wasser auflösen. Weizen und Dinkel fein mahlen, mit Salz mischen. Hefewasser, Essig und 100 g Wasser hinzugeben und z. B. in einer Küchenmaschine gut durchkneten lassen. Eine Dauerbackfolie auf ein Handtuch legen (damit die Folie nicht verrutscht), mit Mehl bestreuen.

Den Teig mit den Händen auf eine Höhe von etwa 8-10 mm auseinanderdrücken. Mit einem Glas mit scharfem Rand Kreise ausstechen, nebeneinander auf ein mit Dauerbackfolie ausgelegtes Backblech legen. Restteige zusammenkneten und das Ausstechen wiederholen, bis der Teig verbraucht ist. Mit Wasser einsprühen, mit Gärfolie abdecken und 1 Std. gehen lassen. Ofen auf 230 °C (Heißluft) stellen, 15 Min. vorheizen. Blech einschieben und 5 Min. bei 225 °C, 15 Min. bei 200 °C und 3-5 Min. bei 175 °C backen.

Klopfprobe machen. Auf ein Kuchengitter legen und mit heißem Wasser einsprühen.

6038. Veganer Pudding mit Papaya, Mai 2014

- 1 geh. EL Süßer Stützbrei à la Barbara (85 g) (6035)
- 75 g Papaya (netto)
- 1 geh. TL Kakaonibs

Brei in die Mitte eines kleinen Glastellers geben. 5 mm-dicke Scheiben von einer Papaya abschneiden, Kerne entfernen und schälen. In Stücke schneiden, um den Pudding legen. Mit Kakaonibs bestreuen.

6039. Nusstarte in Ute-Barbara-Ute-Gestalt, Mai 2014

Barbara hatte ein Rezept von mir (5/3091) abgewandelt und mir ein Stück zum Probieren geschickt. So lecker! Also habe ich ihre Version leicht abgeändert nachgebacken.

- 150 g Nackthafer
- 60 g Haselnüsse
- 60 g Mandeln
- 1 TL Zimt
- 300 g Süßer Stützbrei à la Barbara (6035)
- 1 TL Zimt
- 1/2 TL Vanille
- 140 g weicher Honig
- 40 g Sonnenblumenöl
- 20 g Kokosflocken
- 2 TL Weinsteinbackpulver

Hafer flocken, Nüsse grob hacken (Zerkleinerer). Alles in eine Schüssel geben und mit einem Löffel gut verrühren. Ca. 25 Min. stehen lassen (das muss nicht sein, aber ich habe in der Zeit Brötchen gebacken). Zwei 24-cm-Pizzaformen, Profi-Emaille, gut mit Butter einfetten. Die Masse darin verteilen und im vorgeheizten Backofen bei 175 °C (Heißluft) 20 Min backen. In der Form auskühlen lassen. Auf den „Kopf" stürzen, dann ist die Oberfläche glatt.

Schokoguss:
- 45 g Kakaobutter
- 45 g Honig
- 20 g Kakaopulver, schwach entölt, gesiebt
- 15 g Carobpulver-gesiebt
- 1/2 TL Vanille
- 50 g Süßer Stützbrei à la Barbara (6035)

Kakaobutter und Honig vorsichtig in einer Pfanne schmelzen lassen (ich habe eine Induktionsplatte, bei der die Stufe 1 sehr niedrig ist). Die trockenen Zutaten sieben und mit einem Schneebesen in die Buttermasse rühren. Die Hälfte auf eine der beiden Tarten löffeln und mit einem Pinsel verstreichen. Die zweite Hälfte schnell mit dem Stützbrei verrühren und auf die zweite Tarte geben, mit einem Messer oder einem Pinsel (wird streifig) verteilen. Im Kühlschrank fest werden lassen.

6040. Mangoldzapfen-Auflauf, Mai 2014

- 170 g Mangold
- 125 g Eiszapfen (oder Radieschen)
- 30 g Kichererbsen
- 20 g Cashewnüsse
- 1 gestr. TL Salz
- 1 MS schwarzer Pfeffer
- 1 TL Garam Masala (6/4361)
- 10 g Sonnenblumenöl
- 2 eingelegte (in Essig) Knoblauchzehen (oder frisch)
- 12 g Kurkumawurzel
- 30 g Süßer Stützbrei à la Barbara (6035)
- 325 g + 50 g Wasser
- 75 g Nackthafer
- 1 EL Sesam ungeschält

Mangold waschen, trocken schleudern und in Streifen schneiden, in eine 24-cm-ofenfeste Pfanne geben. Eiszapfen in Scheiben schneiden, auf dem Mangold verteilen. Kichererbsen, Nüsse, Gewürze, Öl, Knoblauch, Kurkuma, Stützbrei und 325 g Wasser im Vitamix gründlich durchmixen (es darf warm werden, aber stockt nicht). Über das Gemüse gießen. Hafer flocken, mit dem Sesam vermischen und oben auf das Gemüse streuen. Deckel auflegen und in den kalten Ofen schieben und 30 Min. bei 200 °C garen, Deckel entfernen und weitere 15 Min. backen.

6041. Brot ohne Kneten mit Gehhilfe in 2 Stufen (XII) doppelröst, Mai 2014

Vorläufer 6018

Stufe 1 (12 Std. vorher):

- 500 g Roggen
- 520 g Wasser
- 150 g Sauerteig

Stufe 2 (bei mir ein Morgen):

- 1/2 P frische Hefe
- 190 g lauwarmes Wasser
- 75 g Roggen
- 100 g Nacktgerste
- 75 g Haselnüsse
- 125 g Weizen
- 1 gestr. EL Koriandersamen
- 1 gestr. EL Salz
- 10 g Balsamicoessig
- 1000 g Sauerteigansatz
- Butter für die Form

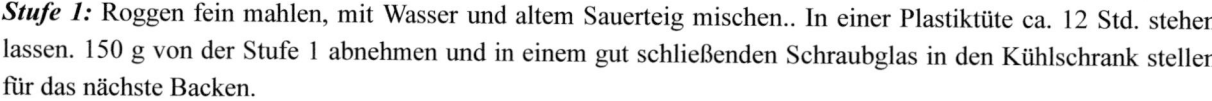

Stufe 1: Roggen fein mahlen, mit Wasser und altem Sauerteig mischen.. In einer Plastiktüte ca. 12 Std. stehen lassen. 150 g von der Stufe 1 abnehmen und in einem gut schließenden Schraubglas in den Kühlschrank stellen für das nächste Backen.

Stufe 2: Hefe im Wasser auflösen. Gerste in der Pfanne rösten, zu dem anderen Getreide geben und das erste Drittel des Getreides mit dem Koriander fein mahlen, dann den Getreiderest. Haselnüsse rösten und im Zerkleinerer mittelgrob hacken. Alle Zutaten zum Sauerteig geben und mit einem großen Löffel gründlich verrühren, bis kein Mehl mehr sichtbar ist. Eine 30-cm-Brotform, Profi-Emaille von Dr. Oetker, gut einfetten. Teig hineingeben, mit der nassen Hand herunterdrücken und glattstreichen. Mit einem scharfen Messer einschneiden. Form in eine große Plastiktüte geben und 40 Min. gehen lassen. Ofen auf 230 °C (Heißluft) vorheizen (etwa 15 Min.), 1 Std. bei 200 °C backen. Mit Wasser einsprühen und auf einem Kuchengitter abkühlen lassen.

6042. Kopfsalat Thai, Mai 2014

Dressing:

- 10 g Mandeln
- 10 g Peperoniessig (7/4573)
- 1 Stück Essigpeperoni (3 g)
- 10 g Sonnenblumenöl
- 2-3 g Salz im Mixer verquirlen. In eine Schüssel umfüllen.

Salat:

- 70 g Kopfsalat mit
- 10-15 g Rucola gut waschen, abtropfen lassen und ggf. trocken schleudern. Zum Dressing geben.
- 1 kleinere Banane (145 g brutto, 95 g netto) längs halbieren und in Halbscheiben schneiden. In die Schüssel geben und alles gut vermengen. Den Rand der Schüssel mit
- 25 g Linsensprossen bestreuen.

6043. Mangold-Mais-Pfanne, Mai 2014

- 20 g Erdnussöl
- 30 g Wasser
- 245 g Kartoffeln, gebürstet, in Scheiben
- 145 g Mangold in Streifen und
- 145 g Tiefkühlmais als Gemüsepfanne 15 Min., dann
- Salz
- Pfeffer

6044. Apfelkekse, Mai 2014

Mir war nach Apfelkeksen. In meinen Büchern gab es nichts, nur mit Trockenobst. Im Internet war ich bald ermüdet, da wurde ein und dasselbe Rezept auf 1000 Plattformen breitgetreten. Also musste ich selbst ran.

- 40 g Kichererbsen
- 25 g Rundkornnaturreis
- 75 g Feigen (ohne Stiel)
- 85 g Datteln
- 10 g Sonnenblumenöl
- 300 g Wasser

Diese Zutaten im Vitamix mit Hilfe des Stößels solange mixen, bis die Masse fest ist. Da der Wasseranteil relativ gering ist, geht es nicht ohne Stößel, sonst stockt das Messer nach 30 Sekunden und die Kichererbsen sind noch spürbar. Es gehört ein bisschen Übung dazu, das „echte" Stocken zu hören. Anhaltspunkt: Die Fülllinie ist deutlich niedriger als zu Beginn. Brei in eine Schüssel geben und die folgenden Zutaten hinzufügen:

- 1 gestr. TL Vanille
- 100 g Haselnüsse, grob gehackt im Zerkleinerer
- 75 g Cashewnüsse, grob gehackt im Zerkleinerer. Zusammen hacken geht nicht, weil die Cashewnüsse weicher sind.
- 100 g Nackthafer, geflockt
- 220 g Apfelstücke im Zerkleinerer mit
- 60 g Honig (wer zu den Erleuchteten gehört, die kaum noch Süße brauchen, kann ihn weglassen) fein hacken.
- 1 Prise Salz

Mit einem Löffel die Zutaten in der Schüssel gründlich verrühren. Ofen auf 175 °C (Heißluft) stellen. Zwei Backbleche mit Dauerbackfolie auslegen. Mit einem Teelöffel Häufchen nebeneinander auf die Folie setzen. Mit einem nassen Löffel etwas glatt streichen. 30 Min. backen, dann vorsichtig auf zwei Kuchengitter geben und erkalten lassen.

Hinweis: *Ich habe nach 20 Min. nachgeschaut, da lösten die Kekse sich aber noch überhaupt nicht von der Folie. Nach 30 Min. waren die Ecken dunkel, die Kekse fertig. Hier muss man also ganz vorsichtig auf die Zeit schauen.*

6045. Mais mit Nudeln, Mai 2014

Im Moment versuche ich, gewisse Vorräte aufzubrauchen. Wie z. B. Tiefkühlmais und tiefgekühlte Petersilie. Jedes transportierte Teil kostet und ist lästig beim Umzug.

In eine 20-cm-Pfanne geben:

- 95 g Vollkorn-Spirelli (aus 100% Dinkelmehl)
- 105 g Eiszapfen (oder Radieschen) in Scheiben
- 200 g Tiefkühlmais
- 225 g Wasser; Deckel auflegen, auf höchster Einstellung zum Kochen bringen. Auf kleinste Einstellung drehen und 11 Min. dünsten, ohne den Deckel abzuheben.

Im kleinen Mixer

- 15 g Mandeln
- 30 g Wasser
- 1 TL Weizenmehl (5 g) und
- 1/2 TL Salz verquirlen. Unter die Nudeln rühren und einmal kurz aufkochen. Mit
- 1 TL Tiefkühlpetersilie dekorieren.

6046. Nussfettcreme, Mai 2014

Dieses Nussmus hat einen hohen Fettanteil (etwa 17 % Öl). Das hat den Vorteile, dass es im Vitamix ruckzuck geht und ich den Fettanteil im Essen etwas senken kann. Wie das? Statt Öl kann ich nun in vielen Fällen einfach etwas von dieser Creme nehmen.

- 250 g Macadamianüsse
- 250 g Cashewnüsse
- 105 g Sonnenblumenöl

Im Vitamix mit steigender Geschwindigkeit schlagen, bis es eine ganz glatt, leicht fließende Masse ist. Dünn auf Brot gestrichen und mit ein bisschen Salz bestreut finde ich das als Aufstrich auch extrem lecker!

6047. Kräuterdressing, Mai 2014

Im Vitamix gut verschlagen:

- 50 g Nussfettcreme (6046)
- 95 g Sonnenblumenöl
- 115 g Apfelessig
- 25-30 g Salz
- 2 g schwarzer gem. Pfeffer
- 120 g Kräutermischung (von Lebegesund)
- 110 g Rucola
- 60 g Honig
- 140 g Wasser

Verdünnen 1:1 mit Wasser.

6048. Lauchpfanne, Mai 2014

Als Gemüsepfanne 15 Min.:

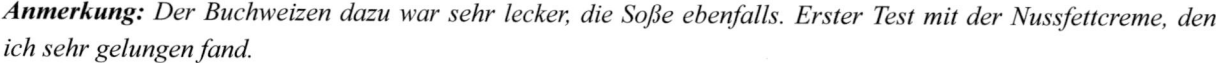

- 140 g Wasser
- 30 g Buchweizen
- 345 g Kartoffeln, unter Wasser abgebürstet, in Scheiben
- 345 g Lauch, gewaschen, in Streifen

Im kleinen Mixer die folgenden Zutaten verquirlen, in die Pfanne einrühren, kurz aufkochen & fertig:

- 1 EL Nussfettcreme (30 g) (6046 o. Ä.)
- 3-5 g Salz
- 1 MS schwarzer Pfeffer
- 1 TL Weizenmehl (5 g)
- 15 g Zitronensaft und -fleisch
- 165 g Wasser

Anmerkung: *Der Buchweizen dazu war sehr lecker, die Soße ebenfalls. Erster Test mit der Nussfettcreme, den ich sehr gelungen fand.*

6049. Manderdölcreme, Mai 2014

Zum Fettanteil s. 6046.

- 90 g Sonnenblumenöl
- 200 g geröstete, geölte Erdnüsse
- 250 g Mandeln

Im Vitamix mit steigender Geschwindigkeit schlagen, bis es eine ganz glatte, sehr zähfließende Masse ist. Dünn auf Brot gestrichen und mit ein bisschen Salz bestreut finde ich das als Aufstrich auch extrem lecker!

In einem Schraubglas im Kühlschrank aufbewahren.

6050. Mandel-Erdnussdressing, Mai 2014

Im Vitamix gut verquirlen:

- 35 g Manderdölcreme (6049)
- 20 g Zitronensaft
- 60-75 g Wasser
- 1 Pr. Salz

Anmerkung: Die Manderdölcreme war ein Rest nach Herstellung. Diese Portion reicht für eine große Schüssel Salat. Ich finde sie hervorragend. Durch den Zitronensaft wird das Dressing trotz ungeschälter Mandeln hell.

6051. Getränk zur Nacht, Mai 2014

Im Vitamix 4 Min. 30 Sek.:

- 1 geh. EL Rundkorn-Naturreis
- 1 geh. EL Sonnenblumenkerne
- 2 Datteln, entsteint (kleinere)
- 1 Stück Ingwer (Größe wie Spitze des kleinen Fingers)

6052. Bitterkakao, Mai 2014

Im Vitamix 4 Min. (dann stockt es):

- 1 geh. EL Rundkorn-Naturreis
- 2 EL Hanfsamen (20 g)
- 2 Datteln, entsteint (kleinere; 17 g)
- 1 Stück Ingwer (6 g)
- 300 g Wasser

Tipp: Während mir sonst zwei dieser Datteln gut ausreichen, war das hier nicht so: es bleibt ein leicht bitterer Geschmack. Wer gerne süß mag, sollte hier also stärker süßen. Auch dicken die Hanfsamen zusätzlich ein.

6053. Wunderbrötchen, Mai 2014

- 45 g Mandeln
- 1/2 P Hefe (ca. 20 g)
- 100 g Wasser
- 50 g Nackthafer
- 50 g Roggen
- 450 g Weizen
- 2 TL Salz
- 10 g Apfelessig
- 10 g Manderdölcreme (6049)
- 240 g Wasser

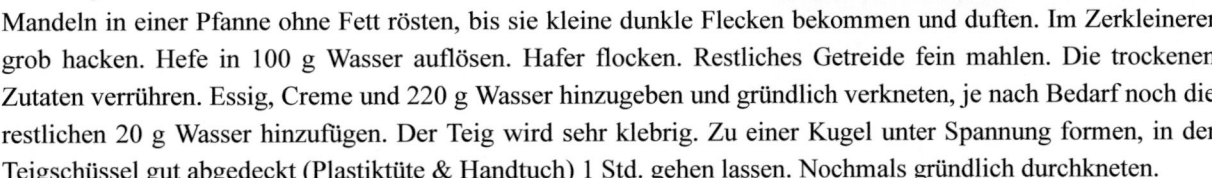

Mandeln in einer Pfanne ohne Fett rösten, bis sie kleine dunkle Flecken bekommen und duften. Im Zerkleinerer grob hacken. Hefe in 100 g Wasser auflösen. Hafer flocken. Restliches Getreide fein mahlen. Die trockenen Zutaten verrühren. Essig, Creme und 220 g Wasser hinzugeben und gründlich verkneten, je nach Bedarf noch die restlichen 20 g Wasser hinzufügen. Der Teig wird sehr klebrig. Zu einer Kugel unter Spannung formen, in der Teigschüssel gut abgedeckt (Plastiktüte & Handtuch) 1 Std. gehen lassen. Nochmals gründlich durchkneten.

In 12 gleichmäßige Portionen teilen, jeden Teigballen durchkneten und zu einer Kugel unter Spannung formen, leicht längliche Form geben. Nebeneinander auf ein mit Dauerbackfolie ausgelegtes Backblech legen, mit Wasser einsprühen. Mit Gärfolie abdecken und 20 Min. gehen lassen. Ofen (Heißluft) auf 230 °C vorheizen, in diesen 15 Min. die Brötchen weiter gehen lassen. Mit einem scharfen Messer einmal längs einschneiden, mit Wasser einsprühen und in den Ofen schieben. 25 Min. bei 200 °C backen. Klopfprobe machen, auf einem Gitterrost abkühlen lassen.

Hinweis: Die Brötchen sind jetzt nicht von der Sorte „superlocker", haben aber eine sehr leckere Kruste.

6054. Zauberdressing, Mai 2014

Wenn die richtigen Zutaten im Kühlschrank stehen, ist das in wenigen Sekunden zusammengezaubert. Salz benötigt das Dressing nicht, ich hatte noch eine Prise zugegeben, aber das war eindeutig zu viel.

Im kleinen Mixer verquirlen:

- 1 geh. TL Liebstöckel-Pesto (17 g) (6001 o. Ä.)
- 1 TL Manderdölcreme (18 g) (6049 o. Ä.)
- 10 g Zitronensaft frisch
- 50 g Wasser

Das reichte aus für 145 g Kopfsalat, fein geschnitten.

6055. Porree zwischen Teigplatten (dt. Lasagne), Mai 2014

Teig:

- 125 g Weizen
- 10 g Nussfettcreme (6046 o. Ä.)
- 60 g Wasser
- 1 gute Prise Salz

Füllung:

- 140 g Porree (netto)
- 190 g passierte Tomaten (lebegesund)
- 125 g Wasser
- 2 g Salz
- 10 g Nussfettcreme (6046 o. Ä.)

Belag:

- 20 g Nussfettcreme (6046 o. Ä.)
- 2 g Salz
- 20 g Sonnenblumenkerne
- 2 TL Apfelessig
- 100 g Wasser
- 20 g Sesamkörner, ungeschält, zum Bestreuen

Teig: Weizen fein mahlen, mit den anderen Zutaten zu einem festen, aber elastischen Teig verkneten. Halbieren und jede Hälfte in Größe einer 20-cm-Pfanne ausrollen. Den Ofen (Heißluft) auf 230 °C vorheizen. *Füllung:* Porree waschen, in Ringe schneiden. Die restlichen Zutaten im kleinen Mixer verquirlen. Die Hälfte der roten Soße in die Pfanne gießen, die Hälfte des Porrees darauf legen. Eine Teigplatte auflegen. Rest Füllung auf die Platte gießen bzw. legen, die zweite Platte auflegen. *Belag:* Die Zutaten außer dem Sesam im kleinen Mixer verquirlen. *Fertigstellung:* Belag auf die oberste Teigplatte gießen und mit Sesam bestreuen. Deckel auflegen und die Pfanne in den vorgeheizten Ofen schieben. 30 Min. bei 225 °C backen, Deckel abnehmen und weitere 10 Min. backen.

Tipp: Die passierten Tomaten sind eine Offenbarung! Gerade im Winter, wenn die Tomaten aus Italien und Spanien eingeführt werden, sind für mich diese passierten Tomaten aus dem Spessart eine gute Kochalternative.

6056. Süßer Stützbrei Karamell, Mai 2014

- 50 g Mandeln
- 50 g Rundkorn-Naturreis
- 75 g getr. Soft-Aprikosen
- 50 g Datteln
- 400 g heißes Wasser

Alles im Vitamix auf der Höchststufe bis zum Stocken laufen lassen (3 Min.)

Hinweis: Der leichte Karamell-Geschmack könnte von den Aprikosen herrühren.

6057. Brot ohne Kneten, Gehhilfe 2 St. (XIII) leicht röst, Mai 2014

Vorläufer: 6041.

Stufe 1 (12 Std. vorher):

- 500 g Roggen
- 500 g Wasser
- 150 g Sauerteig

Stufe 2 (Backen, bei mir ein Morgen):

- 1/2 P frische Hefe (20 g)
- 180 g lauwarmes Wasser
- 75 g Roggen
- 100 g Nacktgerste
- 125 g Weizen
- 1 TL Brotgewürz
- 1 gestr. EL Salz
- 40 g Sesamkörner, ungeschält
- 10 g Apfelessig
- 1000 g Sauerteigansatz
- 20 g Butter für die Form

Stufe 1: Roggen fein mahlen, mit Wasser und altem Sauerteig mischen.. In einer Plastiktüte ca. 12 Std. stehen lassen. 150 g von der Stufe 1 abnehmen und in einem gut schließenden Schraubglas in den Kühlschrank stellen für das nächste Backen.

Stufe 2: 50 g Gerste in der trockenen Pfanne rösten. Hefe im Wasser auflösen. Roggen, gesamte Gerste und Weizen fein mahlen und mit Salz und Sesam mischen. Mit Hefewasser und Essig zum Sauerteig geben und mit einem großen Löffel gründlich verrühren, bis kein Mehl mehr sichtbar ist. Eine 30-cm-Brotform, Profi-Emaille von Dr. Oetker, gut einfetten. Teig hineingeben, mit der nassen Hand herunterdrücken und glatt streichen. Mit einem scharfen Messer mehrmals schräg einschneiden. Form in eine große Plastiktüte geben und 45 Min. gehen lassen.

Ofen auf 230 °C (Heißluft) vorheizen (etwa 15 Min.), 1 Std. bei 200 °C backen.

6058. Caramelkakao, Mai 2014

Im Vitamix 3,5-4 Min. laufen lassen:

- 80 g Süßer Stützbrei Karamell (6056; Rest Herstellung)
- 12 g Kakaonibs
- 10 g Mandeln
- 1 g gem. Vanille
- 1 Dattel (10 g)
- 320 g Wasser

6059. Sponge Muffins ohne Fett, Mai 2014

- 50 g Mandeln
- 200 g Weizen
- 1 geh. TL Vanille
- 1 Prise Salz
- 1 P (= 4 gestr. TL) Weinsteinbackpulver
- 250 g Süßer Stützbrei Karamell (6056)
- 60 g Mineralwasser
- 100 g Honig

Mandeln im kleinen Mixer fein mahlen, Weizen in der Mühle fein mahlen, mit Vanille, Salz und Backpulver verrühren. Creme, Wasser und Honig hinzugeben, mit den Rührhaken eines Handrührgeräts alles miteinander gut mischen. In 12 Muffin-förmchen jeweils 2 TL Teig füllen. In den auf 175 °C vorgeheizten Ofen (Heißluft) geben und 25 Min. backen. Stäbchenprobe machen. Auf einem Gitterrost auskühlen lassen und aus der Form nehmen.

6060. Zauberdressing II, Mai 2014

Wenn die richtigen Zutaten im Kühlschrank stehen, ist das in wenigen Sekunden fertig. Salz benötigt das Dressing nicht.

Im kleinen Mixer verquirlen:

- 1 geh. TL Süßer Stützbrei Karamell (17 g; 6056 o. Ä.)
- 1 geh. TL Liebstöckel-Pesto (18 g; 6/4501 o. Ä.)
- 1 TL Nussfettcreme (13 g; 6046 o. Ä.)
- 1 Stück Essigpeperoni (3 g; 7/4573)
- 10 g Apfelessig
- 50 g Wasser

Das reichte aus für 90 g Kopfsalat, fein geschnitten, und eine gewürfelte Tomate (65 g).

6061. Versteckte Kartoffelpizza, Mai 2014

Pellkartoffeln extra zu kochen ist mir meist zu aufwändig. Wenn ich Brot backe, lege ich immer einige Kartoffeln in Folie gewickelt mit in den Backofen. Anschließend kann ich sie in Salat oder andere Speisen einarbeiten. Solche Kartoffeln werden im folgenden Rezept verwendet.

Teig:

- 1 kleinere Kartoffel (33 g netto) würfeln und mit
- 100 g Wasser im kleinen Mixer verquirlen,
- 1/4 P frische Hefe (10 g) hineinbröseln und verrühren.
- 120 g Weizen fein mahlen, mit dem Kartoffel-Hefe-Wasser verrühren und leicht verkneten - der Teig ist sehr klebrig.
- Butter zum Einfetten der Form

Belag 1:

- 100 g passierte Tomaten („lebegesund") mit
- 3 g Salz und
- 1 kleinere Kartoffel (33 g netto), gewürfelt verquirlen.

Belag 2:

65 g tiefgekühlter Mais

Belag 3:

- 100 g Kartoffeln, gewürfelt mit
- 30 g Nussfettcreme
- 15 g Apfelessig
- 1 kleine Knoblauchzehe
- 200 g Wasser
- 3-4 g Salz im kleinen Mixer, hoher Becher, hochstehendes Messer, zu einer glatten Creme schlagen.

Teig: Teig in der Schüssel abgedeckt 30-40 Min. gehen lassen. Da er recht feucht ist, geht er prächtig. Eine Quicheform (24 cm) einfetten. Den Teig hineingeben und mit den Händen auseinanderdrücken, sodass sich ein Rand hochdrückt. Streumehl zu Hilfe nehmen und den Boden mehrmals mit einer Gabel einstechen. Die Form in eine Plastiktüte geben und gehen lassen, bis der Rest fertig ist. Ofen auf 225 °C (Heißluft) stellen, Gitterrost ist im Ofen.

Form aus der Plastiktüte nehmen, Belag 1 mit einem Löffel darauf streichen, Mais (Belag 2) darüber streuen und mit Belag 3 abschließen. In den heißen Ofen geben und 25 Min. backen.

Fazit: Der Teig ist ausgesprochen locker und lecker! Der Rest ist leider im Vergleich zum Boden enorm heiß, ich habe mir saftig den Gaumen verbrannt, mehrmals. Belag 3 könnte deutlich trockener sein, bei einem nächsten Mal würde ich die Hälfte Menge Wasser nehmen.

6062. Tomatensuppe aus der Tube, Mai 2014

- 30 g getr. Tomaten
- 200 g passierte Tomaten (lebegesund)
- 315 g Wasser
- 1 gestr. TL Salz
- 1 gute MS schwarzer Pfeffer
- 1 EL Manderdölcreme (20 g; 6049 o. Ä.)
- 60 g gekochte weiße Bohnen
- 1/2 TL Honig (5 g)
- 1 EL Apfelessig

Getrocknete und passierte Tomaten mit dem Wasser fein pürieren (am besten im Vitamix). Mit Salz, Pfeffer und Creme in einem Topf erhitzen, bis sich die Creme aufgelöst hat. Restliche Zutaten hinzugeben und erhitzen, bis alles gleichmäßig warm ist. Ich hätte am Anfang eine Knoblauchzehe mitpürieren sollen!

Hinweise: Ich bevorzuge immer frische Tomaten, auch für Suppe, aber das Gemüse diese Woche war komplett aufgebraucht, gerade einen Salat hatte ich noch hinbekommen und kein Brot. Da musste noch etwas her. – War nicht übel, aber es fehlte die Raffinesse, und dafür fehlte mir die Zeit.

6063. Kohlrabidressing, Mai 2014

Im Vitamix gut verschlagen:

- 100 g Manderdölcreme (6049 o. Ä.)
- 100 g Sonnenblumenöl
- 130 g Apfelessig
- 35 g Knoblauchessig (von eingelegtem Knoblauch)
- 45 g Salz
- 2 g schwarzer gem. Pfeffer
- 350 g Kohlrabigrün
- 100 g Rucola
- 60 g Honig
- 40 g Senf

Tipp: Verdünnen 1:2 oder 1:3 mit Wasser.

6064. Tomatendressing, Mai 2014

Im kleinen Mixer mit dem hochstehenden Messer gut schlagen:

- 15 g Zitronensaft
- 20 g Sonnenblumenkerne
- 3 g Salz
- 1/2 Tomate (60 g)
- 50 g Wasser

Dazu hatte ich einen gemischten Salat (Sellerie, Apfel, Salatgurke, Eiszapfen, Kopfsalat) mit Sprossen.

Hinweis: Ein sehr leichtes, schmackhaftes Dressing!

6065. Süßer Stützbrei Coconut, Mai 2014

- 15 g weiße Bohnen
- 50 g Rundkorn-Naturreis
- 115 g getr. Soft-Aprikosen
- 75 g Kokosraspel
- 425 g heißes Wasser

Alles im Vitamix auf der Höchststufe bis zum Stocken laufen lassen, dabei den Stößel benutzen, weil die Masse sich sonst nicht mehr bewegt (4,5 Min.)

6066. Focaccia ganz einfach, Mai 2014

- 1/4 P Hefe (10 g)
- 195 g Wasser
- 200 g Weizen
- 1 gute Prise Salz
- (50-100 g Cocktailtomaten)
- (1-2 EL Sesam ungeschält)
- Hagelsalz
- 2-3 EL Sonnenblumenöl

Abends: Hefe in Wasser auflösen. Weizen fein mahlen und mit dem Salz in das Wasser einrühren. Gut verschließen, in eine Plastiktüte stellen und in den Kühlschrank stellen. Etwa 1,5 Std. vor der Weiterverarbeitung aus dem Kühlschrank nehmen.

Nächsten Tag: Ofen auf 230 °C (Heißluft) stellen. Wenn noch etwa 5 Min. bis zum Erreichen der Temperatur übrig sind (bei mir nach 10 Min.): Teig mit möglichst wenig „Bewegung" auf ein mit Dauerbackfolie ausgelegtes Backblech gleiten lassen. Wenn Tomaten gewünscht sind, halbieren, mit der Schnittfläche nach oben in die Focaccia drücken (50 g für eine halbe Focaccia, 100 g, wenn es die Ganze sein soll). Wer keine Tomaten möchte, kann die Focaccia mit Sesam bestreuen, aber es reicht auch einfach so. Mit Salz bestreuen, das Öl darüber geben. In den Ofen schieben, auf 200 °C stellen und 30 Min. backen. Auf ein Gitterrost geben und etwa 10 Min. abkühlen lassen. Noch lauwarm essen.

Hinweis: Reste schmecken auch in den nächsten beiden Tagen noch, kalt oder warm.

6067. Spargel-Kartoffelsalat lauwarm, Mai 2014

Gekocht habe ich 500 g Spargel und 500 g Kartoffeln; jeweils die Hälfte hat mein Gast mit Butter und Salz gegessen, mir hat meine Version superlecker geschmeckt!

- 500 g Spargel (250 für den Salat)
- 500 g Kartoffeln (250 für den Salat)
- 25 g Cashewnüsse
- 5 g Sonnenblumenöl
- 25 g Zitronensaft
- 75 g Wasser (50 g hätten gereicht)
- 1 MS schwarzer gem. Pfeffer
- 1 gestr. TL Salz
- 75 g Cocktailtomaten
- 25 g Linsensprossen

Spargel schälen (von unten) und evtl. quer halbieren, damit er in den Topf passt. Auf Stufe II ungeschälte Kartoffeln im Schnellkochtopf 11 Min. (meine waren sehr groß, normalerweise gare ich Pellkartoffeln 10 Min. im Schnellkochtopf) und in einem anderen Schnellkochtopf ebenfalls auf Stufe II den Spargel 5 Min. garen. Dabei jeweils die Mindestmenge Wasser verwenden, zum Spargel evtl. etwas Salz geben.

Nüsse, Öl, Zitronensaft, Wasser, Pfeffer und Salz im kleinen Mixer verquirlen. In eine Schüssel geben, Cocktailtomaten (halbiert) und Linsensprossen hinzugeben. Die Hälfte des Spargels in Stücke schneiden, noch heiß hinzufügen. Die Hälfte der Kartoffeln pellen, in Scheiben oder Halbscheiben schneiden, ebenfalls hinzugeben. Gründlich mischen und evtl. durchziehen lassen. Schmeckt aber auch lauwarm.

6068. Erdnussölcreme, Mai 2014

- 435 g geröstete, gesalzene Erdnüsse
- 65 g Cashewnüsse
- 60 g Erdnussöl im Vitamix mischen, bis es flüssig ist.

6069. Coconut Cocoa, Mai 2014

Im Vitamix 4,5 Min. laufen lassen:

- 95 g Süßer Stützbrei Coconut (6065; Rest von der Herstellung)
- 15 g Kakaonibs
- 50 g Mandeln
- 2 Datteln (13 g)
- 5 g frischer Ingwer
- 305 g Wasser

6070. Coconut-Muffins ohne Fett, Mai 2014

- 200 g Demeter-Weizen
- 50 g Kokosraspel
- 1 geh. TL Vanille
- 1 Prise Salz
- 1 P (= 4 gestr. TL) Weinsteinbackpulver
- 250 g Süßer Stützbrei Coconut (6065)
- 100 g Mineralwasser
- 100 g Honig

Weizen in der Mühle fein mahlen, mit Kokosraspeln, Vanille, Salz und Backpulver (gesiebt) verrühren. Creme, Wasser und Honig hinzugeben, mit den Rührbesen eines Handrührgeräts alles miteinander gut mischen. In 16 Muffinförmchen jeweils 2 TL Teig füllen. In den auf 175 °C vorgeheizten Ofen (Heißluft) geben und 20 Min. backen, 5 Min. bei 150 °C nachbacken. Stäbchenprobe machen. Auf einem Gitterrost auskühlen lassen und aus der Form nehmen.

6071. Sellerie in Erdnusssoße, Mai 2014

In eine 20-cm-Alugusspfanne geben und als Gemüsepfanne 11 Min. garen:

- 230 g Wasser
- 100 g Vollkorn-Spiralnudeln (aus 100 % Dinkelmehl)
- 230 g Sellerie, grob geraspelt

Im kleinen Mixer verrühren:

- 40 g Erdnussölcreme (6068)
- 15 g Zitronensaft
- 1 Knoblauchzehe, geschält
- 1-2 MS schwarzer Pfeffer
- 1/2-1 TL Salz
- 50 g passierte Tomaten
- 50 g Wasser

Unter die Nudeln rühren und servieren.

6072. Erdnussdressing, Mai 2014

Im kleinen Mixer verquirlen:

- 1 EL Erdnussölcreme (28 g; 6068 o. Ä.)
- 1 TL Senf (mittelscharf) (8 g)
- 1 Prise Salz
- 1 gute MS schwarzer Pfeffer
- 50 g Wasser

Reicht für eine größere Portion gemischten Salat.

6073. Nusstarte rustikal, Mai 2014

Vorläufer: 6039

- 120 g Nackthafer
- 30 g Demeter-Roggen
- 65 g Walnüsse
- 65 g Mandeln
- 1 TL Zimt
- 1 TL gem. Vanille
- 1 Päckchen Weinsteinbackpulver
- 275 g Süßer Stützbrei Coconut (6065)
- 140 g weicher Honig
- 60 g Nussfettcreme (6046)
- 20 g Kokosflocken

Hafer und Roggen flocken, Nüsse getrennt grob hacken (Zerkleinerer); weil die Nüsse unterschiedlich hart sind, könnten sie beim gemeinsamen Hacken sonst teils gemahlen werden. Alles in eine Schüssel geben und mit einem Löffel gut verrühren. Zwei 24-cm-Pizzaformen, Profi-Emaille, gut mit Butter einfetten. Die Masse darin verteilen (jeweils ca. 375-380 g). Etwa 15 Min. stehen lassen (das muss nicht sein, aber ich hatte noch Brot im Ofen) und im vorgeheizten Backofen bei 175 °C (Heißluft) 20 Min backen. In der Form auskühlen lassen. Auf den „Kopf" stürzen, dann ist die Oberfläche glatt.

Zutaten für den Schokoguss:

- 45 g Kakaobutter
- 45 g Honig (flüssig)
- 20 g Nussfettcreme (6046)
- 20 g Kakaopulver, schwach entölt, gesiebt
- 15 g Carobpulver, gesiebt
- 1/2 TL Vanille
- 1/2 TL Zimt

Kakaobutter vorsichtig in einer Pfanne schmelzen lassen (ich habe eine Induktionsplatte, bei der die Stufe 1 sehr niedrig ist). Die trockenen Zutaten sieben, mit einem Schneebesen in die flüssigen Zutaten rühren und dann gut mit der flüssigen Butter verrühren. Jeweils die Hälfte auf eine Tarte geben und mit einem Löffel verstreichen. Im Kühlschrank fest werden lassen.

6074. FKG Deluxe für Freitag, Mai 2014

Für 2 Personen.

- 6 EL Nackthafer
- 2 EL Leinsamen
- 40 g getr. Mango
- 25 g Cashewnüsse
- 275 g Wasser
- ca. 500 g Erdbeeren (brutto)
- 1 Apfel (150 g)
- 1 Banane (100 g netto)
- 2 EL Kokosraspeln

Hafer und Leinsamen zusammen flocken, auf 2 Schüsseln verteilen. Mango in Stücke reißen, mit Nüssen und Wasser im Vitamix auf der höchsten Stufe zu einer glatten Creme schlagen. Jeweils mit den Flocken vermischen. Die Erdbeeren putzen, etwa ein Drittel von den besonders schönen Früchten beiseitelegen, die anderen in dem benutzten Vitamixbecher mit dem vorgeschnittenen Apfel und der geschälten Banane pürieren. Über die Flocken verteilen. Die intakten Erdbeeren bis auf zwei kleinere halbieren und dekorativ auf das Fruchtpüree legen. Mit den Kokosraspeln bestreuen. In die Mitte jeweils eine Erdbeere setzen.

6075. Selleriepizza knusperli, Mai 2014

Teig:

- 1/4 P Hefe (10 g) in
- 70 g warmem Wasser auflösen.
- 60 g Demeter-Roggen flocken,
- 65 g Buchweizen fein mahlen. Zusammen mit
- 10 g Apfelessig und
- 1 Prise Salz mit einem Löffel mit dem Hefewasser gut verrühren, zu einer Art Kugel drücken. In einer kleinen Pengschüssel gehen lassen, bis die anderen Schritte fertig sind.

Tomatensauce:

- 105 g passierte Tomaten (lebe-gesund)
- 1 gute Prise Salz
- 1 Knoblauchzehe, abgezogen in Scheiben
- 10 g Nussfettcreme (6046) und
- 20 g Wasser im Mixer glatt verquirlen.

Selleriebelag:

- 125 g Sellerie, vorgeschnitten und
- 15 g Walnüsse im Zerkleinerer fein hacken.

Tomate:

- 1 Tomate, 120 g, in möglichst feine Scheiben geschnitten

Belag:

- 1 gute Prise Salz
- 30 g Nussfettcreme (6046)
- 10 g Essig und
- 30 g Wasser im Mixer glatt schlagen. Mit
- 25 g Sonnenblumenkerne, geflockt, vermischen.

Eine Pizzaform (24 cm Durchmesser) mit Butter einfetten. (Ofen auf 230 °C, Heißluft stellen, Gitterrost ist im Ofen.) Den Teig mit der nassen Hand gleichmäßig in die Pizzaform drücken. Die Tomatensoße so darüber verteilen, dass alle Teigstücke bedeckt sind, auch der Rand. Den Selleriebelag über die Soße streuen. Mit den Tomatenscheiben belegen. Wo die Tomaten nicht abdecken, den Belag hinklecksen und dann auch über die Tomaten dünn verteilen. Sobald der Ofen vorgeheizt ist, die Pizza auf den Gitterrost setzen. 25 Min. bei 225 °C backen.

Hinweise: Die Pizza ist knusprig. Wer lieber etwas feuchten Belag hat, sollte ein anderes Gemüse wählen.

6076. Dünstkartoffeln für 2, Mai 2014

In der aufgeführten Reihenfolge in eine 24-cm-Pfanne geben und als Gemüse-pfanne 14 Min. garen (Messerprobe machen):

- 20 g Erdnussöl
- 80 g Wasser
- 510 g Kartoffeln, abgebürstet unter fließendem Wasser, in Scheiben geschnitten
- 1-2 Prisen Salz

Mein Gast hat einfach Butter und Salz dazu gegessen, ich hab's erst mit einem Pesto versucht, aber dann haben sie mir einfach so besser geschmeckt. Dazu müssen es natürlich gute Kartoffeln sein.

6077. Brot ohne Kneten mit Gehhilfe in 2 Stufen, Mai 2014

Vorläufer: 6057

Stufe 1 (12 Std. vorher):
- 500 g Roggen
- 520 g Wasser
- 150 g Sauerteig

Stufe 2 (Backen, bei mir ein Morgen):
- 1/2 P frische Hefe (20 g)
- 150 g lauwarmes Wasser
- 100 g Nacktgerste
- 75 g Roggen
- 125 g Weizen
- 2 EL Brotgewürz
- 1 EL Salz
- 20 g Apfelessig
- 20 g Wasser
- 1000 g Sauerteigansatz
- 100 g Sonnenblumenkerne
- 20 g Butter für die Form

Stufe 1: Roggen fein mahlen, mit Wasser und altem Sauerteig mischen. In einer Plastiktüte ca. 12 Std. stehen lassen.

Stufe 2: 150 g von der Stufe 1 abnehmen und in einem gut schließenden Schraubglas in den Kühlschrank stellen für das nächste Backen. Hefe im Wasser auflösen. Getreide fein mahlen. Alle Zutaten zum Sauerteig geben und mit einem großen Löffel gründlich verrühren, bis kein Mehl mehr sichtbar ist. Eine 30-cm-Brotform, Profi-Emaille von Dr. Oetker, gut einfetten. Teig hineingeben, mit der nassen Hand herunterdrücken und glattstreichen. Mit einem scharfen Messer einschneiden. Form in eine große Plastiktüte geben und 45 Min. gehen lassen. Ofen auf 230 °C (Heißluft) vorheizen (etwa 15 Min.), 1 Std. bei 200 °C backen. Mit Wasser einsprühen und auf einem Kuchengitter abkühlen lassen.

6078. Brot ohne Kneten mit Gehhilfe in 2 Stufen rein Weizen, Mai 2014

Vorläufer: 6057

Stufe 1 (12 Std. vorher):
- siehe 6075

Stufe 2 (Backen, bei mir ein Morgen):
- 1/2 P frische Hefe
- 170 g lauwarmes Wasser
- 60 g Roggen
- 240 g Weizen
- 2 EL Brotgewürz
- 1 EL Salz
- 20 g Apfelessig
- 1000 g Sauerteigansatz
- 80 g Sonnenblumenkerne
- 20 g Butter für die Form

Stufe 1: wie 6075

Stufe 2: 150 g Sauerteig als Ansatz verwahren. Hefe im Wasser auflösen. Getreide fein mahlen. Alle Zutaten zum Sauerteig geben und mit einem großen Löffel gründlich verrühren, bis kein Mehl mehr sichtbar ist. Eine 30-cm-Brotform, Profi-Emaille von Dr. Oetker, gut einfetten. Teig hineingeben, mit der nassen Hand herunterdrücken und glattstreichen. Mit einem scharfen Messer einschneiden. Form in eine große Plastiktüte geben und 45 Min. gehen lassen. Ofen auf 230 °C (Heißluft) vorheizen (etwa 15 Min.), 1 Std. bei 200 °C backen. Mit Wasser einsprühen und auf einem Kuchengitter abkühlen lassen.

6079. Feiger Stützbrei, Mai 2014

Im Vitamix ca. 4 Min. auf höchster Geschwindigkeit schlagen, Stößel zu Hilfe nehmen, da die Masse sonst zu früh stockt:

- 50 g Naturreis
- 20 g Buchweizen
- 40 g Mandeln
- 200 g getr. Feigen
- 500 g Wasser

6080. Gefeigelter Kakao, Mai 2014

- Im Vitamix ca. 4 Min. schlagen:
- 60 g Feiger Stützbrei (6079 o. Ä.; Rest von der Herstellung)
- 8 g Kakaopulver
- 2 Datteln
- 15 g Mandeln
- 310 g Wasser

6081. Rhabarbertorte mit Kruste, Mai 2014

Boden:
- 250 g Weizen
- 1 P Backpulver
- 1 Prise Salz
- 1/2 TL gem. Vanille
- 125 g Feiger Stützbrei (6079)
- 20 g Sonnenblumenöl
- 100 g Wasser
- 100 g Honig

Belag:
- 285 g Rhabarber (brutto)
- 250 g Feiger Stützbrei (6079 o. Ä.)
- 50 g Wasser
- 100 g Honig
- 50 g Sonnenblumenkerne
- 25 g Nackthafer

Boden: Weizen fein mahlen. Backpulver sieben und mit den anderen trockenen Zutaten hinzufügen und durchmischen. Die restlichen Zutaten für den Boden hinzugeben und mit den Rührhaken eines Handrührgeräts zu einem Rührteig (sollte schwer reißend von den Haken fallen) verarbeiten. Eine 24-cm-Springform mit Backpapier überspannen. Den Teig mit einem Esslöffel in der Form verteilen.

Belag: Rhabarber waschen, Enden abschneiden und in 2-3 cm lange Stücke teilen. Auf dem Boden verteilen und ganz leicht eindrücken.

250 g Stützbrei, 50 g Wasser und 100 g Honig mit dem Handrührgerät verrühren. Sonnenblumenkerne (sehr vorsichtig!) und Hafer flocken, unter den aufgearbeiteten Stützbrei rühren und gleichmäßig auf dem Rhabarber verteilen. In den auf 175 °C (Heißluft) vorgeheizten Ofen (ich hatte vorher Brötchen gebacken) auf dem Gitterrost einschieben. 45 Min. bei 175 °C backen. Auf einem Kuchengitter abkühlen lassen.

6082. Luftbrötchen, Mai 2014

Am Vorabend (ca. 9 Std. vor der weiteren Zubereitung)
- 1/4 P Hefe (bei mir 14 g) in
- 320 g Wasser auflösen.
- 320 g Demeterweizen fein mahlen, und mit
- 1 gestr. TL Salz mit einem Löffel gründlich verrühren.

In eine gut schließende (Peng-)Schüssel geben, in eine Plastiktüte stecken und über Nacht im Kühlschrank aufbewahren. Morgens aus dem Kühlschrank nehmen und 45 Min. draußen stehen lassen.

- 175 g Demeterweizen und
- 20 g Buchweizen mit
- 1 gestr. TL Salz vermischen. In eine Knetschüssel geben,
- 55 g Feiger Stützbrei (6079 o. Ä.)
- 10 g Apfelessig
- 100 g Wasser unterkneten.

Es ergibt sich ein weicher, klebriger Teig. Gut abgedeckt 1 Std. gehen lassen. Mit nassen Händen erneut durchkneten. Zu einer Kugel formen und mit einem Teigschaber in 9 etwa gleichgroße Teil schneiden. Mit nassen Händen aus jedem Teil möglichst eine Kugel unter Spannung formen. Nebeneinander auf ein mit Dauerbackfolie ausgelegtes Backblech setzen, mit der Schere oben einmal einschneiden und unter Gärfolie gehen lassen, bis der Ofen auf 230 °C vorgeheizt ist (= ca. 15 Min.). Mit Wasser einsprühen, einschieben und 7 Min. bei 230 °C und 13 Min. bei 200 °C backen. Klopfprobe machen, auf ein Kuchengitter stellen und mit Wasser einsprühen.

Die hohe Temperatur kann heruntergestellt werden, sobald die Brötchen „geschossen" sind und man erkennen kann, dass sie eine feste Oberfläche haben, also nicht zusammensacken werden.

6083. Zucchini-Nudel-Auflauf, Mai 2014

In eine 24-cm-Alugusspfanne geben:

- 100 Vollkorn-Dinkel-Spirali-Nudeln
- 120 g grüner Knoblauch (netto), ohne Wurzeln, in Stücke geschnitten
- 190 g Zucchini in Scheiben (1 normale). Darüber eine Soße (Mixer) aus:
- 50 g passierte Tomaten
- 25 g Erdnussölcreme
- 1 MS schwarzer gem. Pfeffer
- 1 cm Essigpeperoni
- 1 TL Salz
- 500 g Wasser

In den kalten Ofen schieben und 30-35 Min. bei 225 °C backen.

Hinweis: Der Knoblauch war leider bei mir teilweise noch etwas hart.

6084. Brot ohne Kneten mit Gehhilfe in 2 Stufen, Mini-Buchweizen, Mai 2014

Vorläufer: 6077

Stufe 1 (12 Std. vorher):
- 500 g Roggen
- 500 g Wasser
- 150 g Sauerteig

Stufe 2 (Backen, bei mir ein Morgen):
- 1/2 P frische Hefe
- 180 g lauwarmes Wasser
- 75 g Roggen
- 50 g Buchweizen
- 50 g Nackthafer
- 125 g Weizen
- 1,5 TL Brotgewürz
- 1 gestr. EL Salz
- 20 g Apfelessig
- 1000 g Sauerteigansatz
- 20 g Butter für die Form

Stufe 1: Roggen fein mahlen, mit Wasser und altem Sauerteig mischen. In einer Plastiktüte ca. 12 Std. stehen lassen.

Stufe 2: 150 g von der Stufe 1 abnehmen und in einem gut schließenden Schraubglas in den Kühlschrank stellen für das nächste Backen. Hefe im Wasser auflösen. Roggen, Buchweizen, Hafer und Weizen fein mahlen und mit Salz mischen. Mit Hefewasser und Essig zum Sauerteig geben und mit einem großen Löffel gründlich verrühren, bis kein Mehl mehr sichtbar ist. Eine 30-cm-Brotform, Profi-Emaille von Dr. Oetker, gut einfetten. Teig hineingeben, mit der nassen Hand herunterdrücken und glattstreichen. Mit einem scharfen Messer mehrmals schräg einschneiden. Form in eine große Plastiktüte geben und 45 Min. gehen lassen.

Ofen auf 230 °C (Heißluft) vorheizen (etwa 15 Min.), 1 Stunde bei 200 °C backen.

6085. Rhabarber-Schoko-Muffins, Mai 2014

- 250 g Dinkel
- 1/2 TL Vanille
- 1 Prise Salz
- 1 P Backpulver
- 1 EL Kakao (8 g)
- 1 EL Carob (8 g)
- 125 g Feiger Stützbrei (6079)
- 105 g Wasser
- 105 g Honig
- 140 g Rhabarber (netto, d. h. ohne Enden)

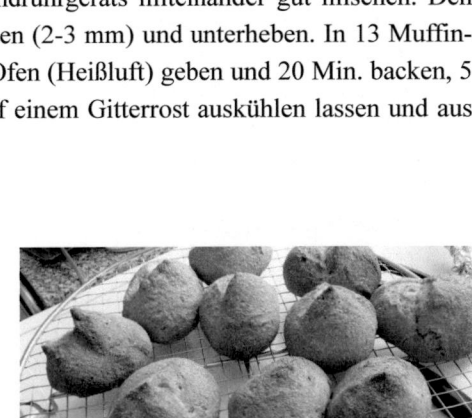

Dinkel in der Mühle fein mahlen. Backpulver, Kakao und Carob sieben, mit dem Mehl vermischen. Creme, Wasser und Honig hinzugeben, alles mit den Rührbesen eines Handrührgeräts miteinander gut mischen. Den gewaschenen, abgetrockneten Rhabarber in dünne Scheiben schneiden (2-3 mm) und unterheben. In 13 Muffin-förmchen jeweils 2 TL Teig füllen. In den auf 175 °C vorgeheizten Ofen (Heißluft) geben und 20 Min. backen, 5 Min. im abgestellten Ofen nachbacken. Stäbchenprobe machen. Auf einem Gitterrost auskühlen lassen und aus der Form nehmen.

Hinweis: Sie sind extrem locker geworden!

6086. Kartoffelbrötchen, Mai 2014

- 250 g Demeterweizen
- 250 g Dinkel
- 2 P Trockenhefe (18 g)
- 2 TL Salz
- 125 g Pellkartoffeln (netto)
- 50 g Feiger Stützbrei (6079)
- 275 g Wasser

Getreide fein mahlen, mit Hefe und Salz mischen. Kartoffeln, Stütz-brei und Wasser im Vitamix gut verquirlen. In der Küchenmaschine zusammen kneten, ca. 5 Min. Mit der Hand nochmals nachkneten - der Teig ist sehr weich! Teigschüssel in eine Plastiktüte geben und 1 Std. gehen lassen. Nochmals durchkneten. Zu Brötchen formen, auf das Backblech legen und abgedeckt ca. 30 Min. gehen lassen. Ofen auf 190 °C (Heiß-luft) vorheizen und 20-25 Min. bei 190 °C backen.

6087. Chickpea Coca, Mai 2014

Im Vitamix 4,5 Min. auf der Höchststufe laufen lassen:

- 15 g Kakaonibs
- 15 g Cashewnüsse
- 30 g gekochte Kichererbsen
- 5 g frischer Ingwer (ungeschält)
- 2 Datteln ohne Stein
- 315 g Wasser

6088. Cashonnenölcreme, Mai 2014

Im Vitamix halbflüssig rühren lassen:

- 100 g Sonnenblumenöl
- 200 g Cashewnüsse
- 200 g Sonnenblumenkerne

6089. Buchweizenwähe apart, Mai 2014

Teig (um 13 Uhr hergestellt):

- 30 g Sauerteig in
- 90 g Wasser verrühren, mit
- 130 g Buchweizen, feingemahlen und
- 1 Prise Salz zu einem relativ festen Teig rühren. Gut verschlossen (Peng-Dose) ca. 3,5 Std. stehen lassen.

Eine Quicheform (24 cm) mit Butter einfetten. Den Teig mit nassen Händen darin glattstreichen, einen kleinen Rand hochziehen. (Zum Beispiel) im Zerkleinerer

- 70 g Zucchini
- 90 g Möhre mit etwas Salz fein raspeln, auf den Teig streuen.
- 45 g Rhabarber netto in dünne Scheiben schneiden, auf das Gemüse legen, dazwischen
- 1 Knoblauchzehe, abgezogen, in Scheiben.

Im Vitamix eine Soße herstellen aus:

- 125 g gekochte Kichererbsen
- etwas Salz
- 30 g Cashewnüssen
- 1 MS gem. schwarzer Pfeffer
- 5 g Essigpeperoni (7/4573)
- 20 g Peperoniessig
- 250 g Wasser. Auf die Wähe gießen und mit
- 2 EL Nackthafer, geflockt, bestreuen.

In den leicht vorgeheizten Ofen schieben und bei 225 °C (Heißluft) 30 Min. backen.

Tipp: Bei einem 2. Mal würde ich deutlich weniger Wasser nehmen, z. B. 125 g Wasser und 75 g Kichererbsen.

6090. Tamaridressing, Juni 2014

Im Vitamix zu einer glatten Creme schlagen, in einem größeren Glas mit Schraubverschluss im Kühlschrank aufbewahren:

- 100 g Cashonnenölcreme (6088 o. Ä.)
- 100 g Apfelessig
- 20 g Tamari
- 15 g Honig
- 30 g Kohlstrunk
- 135 g Kohlrabigrün
- 35 g Lauch von Frühlingszwiebeln
- 25 g Salz
- 1 g schwarzer Pfeffer
- 50 g Senf

6091. Frühkohl mit Linsen, Mai 2014

Ich vermute, Frühkohl ist ein junger noch grüner Weißkohl.
Als Gemüsepfanne 15 Min.:

- 55 g rote Linsen
- 275 g Frühkohl in Streifen
- 75 g Frühlingszwiebeln in Streifen etc.
- 200 g Wasser

Unterrühren (alles erst miteinander verrührt):

- 20 g Tamaridressing (6090 o. Ä.)
- 10 g Manderdölcreme (6049 o. Ä.)
- Salz nach Geschmack
- etwas gemahlener schwarzer Pfeffer
- 10 g Zitronensaft, dann
- 90 g gekochte Kichererbsen

6092. Gemüse in Sahnesoße apart, Mai 2014

2 Hauptspeisen.

Als Gemüsepfanne 15 Min. garen:

- 100 g Wasser
- 75 g Frühlingszwiebeln
- 95 g Fenchel
- 90 g Kohlrabi
- 40 g Möhre
- 110 g Zucchini
- 90 g Frühkohl (so von lebegesund benannt)

Eine Soße im Vitamix mixen aus:

- 1 Dattel (13 g)
- 40 g Sahne
- 160 g Wasser
- 15 g Mehl
- 95 g Tamaridressing (6090)

Soße unter das Gemüse rühren, aufkochen. Ist bei meinem Gast gut angekommen! Zu der Gemüsepfanne gab es jeweils ein Brötchen.

6093. Brot ohne Kneten mit Gehhilfe in 2 Stufen (XVIII) Grünkern, Mai 2014

Vorläufer: 6084 – Ich mag Grünkern nicht besonders, er ist ja vom Gedanken her eh vollwertig-grenzwertig. Ab und an kaufe ich ihn, warum auch immer. Dieses 500-g-Paket war schon ein Jahr über die Mindesthaltbarkeit hinaus, aber Getreide hält ja ewig. Außerdem habe ich den Leinsamen einmal mitgemahlen - bis zu einem Verhältnis 1:3 ist das ja okay (anschließend die Mühle mit Reis „sauber" gemahlen).

Stufe 1 (12 Std. vorher):

- 500 g Roggen
- 500 g Wasser
- 150 g Sauerteig

Stufe 2 (Backen, bei mir ein Morgen)

- 1/2 P frische Hefe
- 180 g lauwarmes Wasser
- 75 g Roggen
- 100 g Grünkern
- 125 g Weizen
- 50 g Leinsamen
- 1 EL Brotgewürz
- 1 gestr. EL Salz
- 20 g Apfelessig
- 25 g Sesam ungeschält
- 1000 g Sauerteigansatz
- 18 g Butter für die Form

Stufe 1: Roggen fein mahlen, mit Wasser und altem Sauerteig mischen. In einer Plastiktüte ca. 12 Std. stehen lassen. 150 g von der Stufe 1 abnehmen und in einem gut schließenden Schraubglas in den Kühlschrank stellen für das nächste Backen.

Stufe 2: Hefe im Wasser auflösen. Roggen, Grünkern, Weizen und Leinsamen mischen und fein mahlen und mit Salz und Brotgewürz mischen. Mit Hefewasser und Essig zum Sauerteig geben und mit einem großen Löffel gründlich verrühren, bis kein Mehl mehr sichtbar ist. Eine 30-cm-Brotform, Profi-Emaille von Dr. Oetker, gut einfetten. Teig hineingeben, mit der nassen Hand herunterdrücken und glatt streichen. Mit einem scharfen Messer mehrmals schräg einschneiden. Form in eine große Plastiktüte geben und 45 Min. gehen lassen.

Ofen auf 230 °C (Heißluft) vorheizen (etwa 15 Min.), 10 Min. bei 230 °C, 50 Min. bei 200 °C backen.

6094. Stützcreme mit Leinsamenhilfe, Mai 2014

- 50 g Naturreis
- 100 g geschälte Mandeln (die Creme soll nicht so dunkel werden)
- 20 g Leinsamen
- 400 g Wasser
- 50 g Honig

Alle Zutaten bis auf den Honig in den Vitamix geben und insgesamt etwa 4 Min. schlagen lassen, bis die Masse stockt und das Messer „anders" läuft. Nach 3 Min. den Honig hinzugeben (der Honig muss mitkochen, sonst verflüssigen die Enzyme im Honig die Stärke wieder, bei Bohnen könnte das anders sein).

6095. Pulverkakao, Mai 2014

Der Kakao schmeckt so definitiv schokoladiger.

- 80 g Stützcreme mit Leinsamenhilfe (6094 o. Ä.; Rest von der Herstellung)
- 10 g Kakaopulver
- 2 Datteln (25 g)
- 7 g frischer Ingwer, ungeschält

Die Zutaten im Vitamix schlagen, bis die Masse richtig heiß ist (ca. 4 Min.). Nimmt man kochendes Wasser, lässt sich die Kochzeit sicher noch verkürzen.

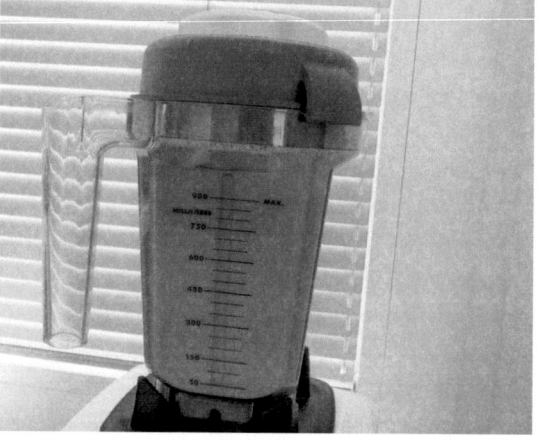

6096. Amerikaner, 1. Versuch, Mai 2014

Angelehnt an ein Rezept von Dr. Oetker.
Teig:

- 200 g Demeter-Weizen
- 1 P Backpulver
- 1 gute Prise Salz
- 1/2 TL gem. Vanille
- 85 g flüssiger Honig
- 200 g Stützcreme mit Leinsamenhilfe (6094)

Guss:

- 75 g Stützcreme (6094 o. Ä.)
- 25 g flüssiger Honig
- 25 g Kakaobutter

Weizen mahlen, Backpulver hinzusieben und alle trockenen Zutaten miteinander mischen. Honig und Stützcreme hinzufügen, mit dem Handrührgerät gut verrühren. Mit einem Esslöffel neun Teighäufchen auf zwei mit Dauerbackfolie ausgelegte Backbleche setzen. Mit der nassen Hand leicht in Form bringen. In den auf 175 °C vorgeheizten Ofen (Heißluft) schieben und 20 Min. bei 160 °C backen. Stäbchenprobe machen, auf einem Kuchengitter auskühlen lassen.

Für den Guss Stützcreme und Honig mit dem Schneebesen verquirlen. Kakaobutter zerlassen (auf niedrigster Induktionsstufe, z. B. 2 von 15 geht das prima) und ebenfalls mit dem Schneebesen einrühren. Mit dem Pinsel auf die abgekühlten Unterflächen der Amerikaner streichen. Kalt werden lassen.

6097. Nussreiscreme, Juni 2014

- 50 g Rundkorn-Naturreis
- 15 g geschälte Mandeln
- 10 g Cashewnussbruch
- 350 g Wasser

Im Vitamix auf höchster Stufe 4 Min. laufen lassen, bis es stockt.

6098. Frühkohl thailändisch, Juni 2014

- 2 EL Olivenöl
- 100 g Grünkern
- 285 g Frühkohl
- 2 Knoblauchzehen
- 300 g Wasser
- 125 g Ananas
- 1 TL Salz
- 1/2 TL Curry
- 100 g Wasser

Olivenöl in einer 24-cm-Pfanne erhitzen. Grünkern flocken und in dem Öl anbraten. Frühkohl klein schneiden, Knoblauchzehen abziehen und in Scheiben schneiden. Beides unter den Grünkern rühren, 300 g Wasser hinzugeben und als Gemüsepfanne 15 Min. dünsten. Ananas würfeln, Pfanne mit Salz und Curry abschmecken. Ananas und 100 g Wasser hinzufügen, gut verrühren und warten, bis die Ananas heiß ist, es sollte nicht zu lange dauern und muss nicht kochen. Sehr sättigend, hätte deutlich weniger Grünkern sein können.

6099. Amerikaner, 2. Versuch, Juni 2014

Vorläufer: 6096.

Teig:
- 200 g Demeter-Weizen
- 1 P Backpulver
- 1 gute Prise Salz
- 1/2 TL gem. Vanille
- 85 g flüssiger Honig
- 35 g Olivenöl
- 205 g Stützcreme mit Leinsamenhilfe (6094 o. Ä.)

Für den Guss
- 25 g Kakaobutter zerlassen,
- 40 g Cashewnüsse mit
- 1 Stück getr. Orangenschale fein mahlen (kleiner Mixer), mit
- 40 g Honig vermixen und mit dem Schneebesen in die Kakaobutter einrühren. Das war zu fest, aber 1 EL Öl ließ sich nicht mehr richtig einmischen.

Weizen mahlen, Backpulver hinzusieben und alle trockenen Zutaten miteinander mischen. Honig, Öl und Stützcreme hinzufügen, mit dem Handrührgerät gut verrühren. Mit einem Esslöffel neun Teighäufchen auf zwei mit Dauerbackfolie ausgelegte Backbleche setzen. Mit der nassen Hand leicht in Form bringen. In den auf 175 °C vorgeheizten Ofen (Heißluft) schieben und 25 Min. bei 160 °C backen. Stäbchenprobe machen, auf einem Kuchengitter auskühlen lassen.

Tipps: Die Masse ist zu wenig, der vorige Guss (6096) war besser. Interessanterweise habe ich für die ersten Amerikaner nur 20 Min. gebraucht. Ich denke nicht, dass das an der Zusammensetzung liegt, sondern daran, dass der Ofen gestern heißer war (vorher habe ich ein Brot gebacken). Immerhin, das hat mich jetzt überrascht, denn ich hatte den Ofen ja auch auf 175 °C vorgeheizt. – Besser als die ersten, aber noch nicht perfekt. Sollte der Teig vielleicht noch etwas weicher sein? Und wie gesagt: Der Guss von Variante 1 war deutlich besser, aber zu weich. Es fehlt auch etwas das Zitronige. Vielleicht versuche ich auch einmal die Zugabe von Natron.

6100. Notfall-Pizza, Juni 2014

- 100 g Dinkel
- 25 g Naturreis
- 10 g frische Hefe (1/4 P)
- 70 g Wasser
- 1 EL Apfelessig
- 30 g Cashonnenölcreme (6088)
- 1 gute Prise Salz
- 1/2 Tomate 58 g
- 30 g Linsensprossen (48 Std.)
- 2 Knoblauchzehen
- 30 g Mandeln
- 20 g Nackthafer
- 1/2 TL Pizzagewürz
- 1 Prise Salz
- 130 g Wasser

Dinkel und Reis fein mahlen. Hefe in Wasser auflösen, mit Apfelessig, Creme, Salz und Mehl zu einem sehr weichen Teig verkneten. Eine 24-cm-Pizzaform mit Butter einfetten. den Teig mit der nassen Hand darin verteilen. Auf den Gitterrost in den kalten Ofen setzen und auf 175 °C (Heißluft) stellen. Dann den Belag vorbereiten, bei mir hat das ca. 8 Min. gedauert.

Tomate in dünne Scheiben schneiden. Knoblauch abziehen und würfeln. Mandeln, Hafer, Gewürz, Salz und Wasser mit dem Mixer gut mischen. Pizza aus dem Ofen holen, Ofen auf 230 °C stellen. Teig mit Tomatenscheiben und Knoblauch belegen, die Sprossen darüberstreuen. Den Inhalt des Magicbechers vorsichtig darüber gießen. In den Ofen schieben und 20 Min. backen.

6101. Schwere Remoulade, Juni 2014

Heute war mir mal nach eine richtig fettige Remoulade. Allerdings habe ich festgestellt, dass so ein Reisbrei eine Superstütze gibt, wenn genügend Fett dabei ist, ohne ganz so fettig zu sein. Ich sollte ihn och mal wieder regelmäßig auf Vorrat haben.

Im kleinen Mixer mixen:

- 20 g Olivenöl
- 10 g Apfelessig
- 20 g geschälte Mandeln
- 10 g Senf
- 3 g Honig
- 75 g Wasser
- 1/2 TL Salz

Tipp: *Lecker mit gemischtem Salat und Spiralnudeln!*

6102. Süße Reissuppe, Juni 2014

- 100 g heiße Nussreiscreme (6097 o. Ä.)
- 1 TL Honig (10 g) und
- 1 Prise Vanille miteinander verrühren.

Hinweis: *Kommt warmem Vanillepudding bzw. Vanillecreme schon recht na.*

6103. Blumenkohldressing (Konzentrat), Juni 2014

Die folgenden Zutaten im Vitamix (1,4- oder 2-Liter-Becher) sehr gut verquirlen. In Schraubgläsern im Kühlschrank aufbewahren und im Verhältnis 1:1 mit Wasser mischen.

- 100 g Sonnenblumenkerne
- 100 g Olivenöl
- 100 g Apfelessig
- 35 g Salz
- 1 g gem. schwarzer Pfeffer
- 15 g Kurkumawurzel
- 105 g Grün von Frühlingszwiebeln
- 500 g Blumenkohlgrün
- 30 g Senf
- 20 g Tamari
- 50 g Honig

6104. Tsatsiki, Juni 2014

- 195 g Nussreiscreme (6097; am Vortag zubereitet ist die Konsistenz goldrichtig!)
- 2-3 g Salz
- 10 g Zitronensaft
- 6 g Olivenöl
- 3 g Knoblauch (oder mehr), netto
- 45 g Salatgurke

Nussreiscreme mit Salz, Zitronensaft und Olivenöl verrühren. Knoblauch abziehen, klein schneiden und mit der Gabel zerdrücken. Salatgurke in feine Streifen schneiden (bei der Menge war es mir zu lästig, dass mit der Elektroraspel zu machen. Bei größeren Mengen lohnt sich das.)

Hinweis: Ich war erst kritisch, weil ich dachte, der Reis schmeckt durch. Überhaupt nicht! Ich möchte wetten, wer es nicht weiß, rät niemals, dass da kein Joghurt u. Ä. drin ist. Ich fand's superlecker! Und der Fettgehalt ist wirklich auch sehr gering.

6105. Brot ohne Kneten mit Gehhilfe in 2 Stufen (XIX) Linsen, Juni 2014

Vorläufer: 6093

Stufe 1 (12 Std. vorher):

- 500 g Roggen
- 500 g Wasser
- 150 g Sauerteig

Stufe 2 (Backen, bei mir ein Morgen)

- 1/2 P frische Hefe (21 g)
- 180 g lauwarmes Wasser
- 25 g rote Linsen
- 75 g Roggen
- 200 g Weizen
- 1 EL Koriandersamen
- 1 gestr. EL Salz
- 10 g Apfelessig
- 75 g Sonnenblumenkerne
- 1000 g Sauerteigansatz
- 25 g Honig
- 15 g Butter für die Form

Stufe 1: Roggen fein mahlen, mit Wasser und altem Sauerteig mischen. In einer Plastiktüte ca. 12 Std. stehen lassen. 150 g von der Stufe 1 abnehmen und in einem gut schließenden Schraubglas in den Kühlschrank stellen für das nächste Backen.

Stufe 2: Hefe im Wasser auflösen. Getreide mischen, etwa 1/4 mit dem Koriander fein mahlen, dann den Rest mahlen. Mit Salz und Sonnenblumenkernen mischen. Mit Hefewasser, Honig und Essig zum Sauerteig geben und mit einem großen Löffel gründlich verrühren, bis kein Mehl mehr sichtbar ist. Eine 30-cm-Brotform, Profi-Emaille von Dr. Oetker, gut einfetten. Teig hineingeben, mit nasser Hand herunterdrücken und glatt streichen. Mit einem scharfen Messer mehrmals schräg einschneiden. Form in eine große Plastiktüte geben, 40 Min. gehen lassen. Ofen auf 230 °C (Heißluft) vorheizen (etwa 12 Min.), 10 Min. bei 230 °C, 50 Min. bei 200 °C backen.

6106. Bohnen mit Nudeln, Juni 2014

Gemüsepfanne 10 Min.:

- 95 g Vollkorn-Spiralnudeln
- 140 g Salatbohnen, netto, in Stücken
- 120 g Blumenkohl
- etwas Salz
- 270 g Wasser

Im Mixer verquirlen:

- 35 g Erdnussölcreme (6068 o. Ä.)
- 15 g Liebstöckel-Pesto (6001)
- 70 g Wasser
- 2 Spritzer Zitronensaft; unterrühren, kurz aufkochen.

Tipp: Einfach mit etwas Butter hätte besser geschmeckt.

6107. Stützcreme mit Leinsamenhilfe II, Juni 2014

- 50 g Naturreis
- 100 g Cashewnussbruch
- 30 g Leinsamen
- 400 g Wasser
- 50 g Honig

Alle Zutaten bis auf den Honig in den Vitamix geben und insgesamt etwa 4 Min. schlagen lassen, bis die Masse stockt und das Messer „anders" läuft. Nach 2,5 Min. den Honig hinzugeben (der Honig muss mitkochen, sonst verflüssigen die Enzyme im Honig die Stärke wieder, bei Bohnen könnte das anders sein).

6108. Mischkakao, Juni 2014

Die Mischung von Kakaonibs mit Pulver ist für Trinkkakao nicht hilfreich - es wird nur weniger süß, aber nicht schokoladiger.

Im Vitamix 4,5 Min. auf der Höchststufe schlagen:

- 75 g Stützcreme mit Leinsamenhilfe II (6107)
- 15 g Kakaonibs
- 5 g Kakaopulver
- 15 g Cashewnussbruch
- 10 g frischer Ingwer
- 350 g Wasser

6109. Amerikaner, 3. Versuch, Juni 2014

Vorläufer 6096 und 6099.

Teig:
- 200 g Demeter-Weizen
- 1 P Backpulver
- 1 TL Natron
- 1 gute Prise Salz
- 1/2 TL gem. Vanille
- 85 g flüssiger Honig
- 250 g Stützcreme, (hier: 6107)
- 1 EL Weinbrand
- 10 g (1 EL) Sonnenblumenöl
- 1/2 TL ger. Zitronenschale

Guss:
- 50 g Stützcreme (s.o.)
- 40 g flüssiger Honig
- 2 EL Zitronensaft
- 55 g Kakaobutter

Weizen mahlen, Backpulver, Natron und Vanille hinzusieben und alle trockenen Zutaten miteinander mischen. Honig, Stützcreme, Weinbrand und Öl hinzufügen, mit dem Handrührgerät gut verrühren. Mit einem Esslöffel zehn Teighäufchen auf zwei mit Dauerbackfolie ausgelegte Backbleche setzen. Mit der nassen Hand leicht in Form bringen. In den auf 175 °C vorgeheizten Ofen (Heißluft) schieben und 20-25 Min. bei 160 °C backen. Stäbchenprobe machen, auf einem Kuchengitter auskühlen lassen. Wenn sich die Amerikaner nicht von der Dauerbackfolie lösen, habe ich „gelernt", sind sie noch nicht fertig.

Für den Guss Stützcreme, Zitronensaft und Honig mit dem Schneebesen verquirlen. Kakaobutter zerlassen und ebenfalls mit dem Schneebesen einrühren. Mit einem Löffel auf die abgekühlten Unterflächen der Amerikaner streichen. Kalt werden lassen. Damit auf den ja selten exakt horizontalen Gebäckstufen der Guss nicht ständig herunterläuft, habe ich sie einzeln auf Tassen oder Gläser gesetzt. Das ging dann viel besser.

6110. Grünkernaufstrich, Juni 2014

Reicht für mehr als ein Honigglas.

- 50 g Grünkern
- 50 g Nackthafer
- 50 g Sonnenblumenkerne
- 320 g Wasser
- 50 g Olivenöl
- 2 Prisen Salz
- 1 TL Sonnentor Kräuterblumengewürz (oder so ähnlich heißt das)
- 1/4 TL schwarzer Pfeffer

Getreide, Kerne, Salz und heißes Wasser im Vitamix bis zum Stocken schlagen lassen, das ging recht schnell (ca. 3 Min.?). Restliche Zutaten hinzugeben und nochmals einige Sekunden auf der Höchststufe mixen. So bleiben die Kräuter noch einigermaßen unversehrt und das Öl wird auch nicht gekocht.

Hinweise: Der Geschmack ist okay, aber haut mich nicht um, ist mir „zu getreidig". – Seit Jahren geistert bei mir eine Kopie aus einem Buch mit einem sehr einfachen Rezept für Grünkernaufstrich über den Schreibtisch. Ich wollte es schon gerade wegwerfen, da dachte ich: Oh, tolle Gelegenheit meinen überalterten Grünkern zu verwenden, statt ihn wegzuwerfen. – Im Originalrezept werden Grünkern und Hafer geschrotet, in heißes Wasser eingerührt, aufgekocht und 5-10 Min. gerührt. Dann wird das Öl mit Salz eingearbeitet. Ich habe einmal etwas Ähnliches gemacht, da braucht man echte Muskelkraft (100 g Getreide auf 160 g Wasser). Leider weiß ich nicht mehr, aus welchem Buch das ist. – Nun, dank Vitamix habe ich eine schnellere und glattere Variante gefunden.

6111. Bohnen mit Linsen, Juni 2014

- 100 g rote Linsen
- 250 g Wasser
- 125 g Salatbohnen netto in Stücken
- 145 g Blumenkohl
- 1 Knoblauchzehe, abgezogen & in Scheiben und
- 1 Frühlingszwiebel, kleingeschnitten, nicht viel Grün (20 g) als Gemüsepfanne 12 Min. Dann
- 15 g Butter
- 1 gestr. TL Salz und
- 10 g Zitronensaft unterrühren.

6112. Brot ohne Kneten mit Gehhilfe in 2 Stufen, Wildreis, Juni 2014

Vorläufer: 6105

Stufe 1 (12 Std. vorher):
- 500 g Roggen
- 500 g Wasser
- 150 g Sauerteig

Stufe 2 (Backen, bei mir ein Morgen):
- 1/4 P frische Hefe (10 g)
- 160 g lauwarmes Wasser
- 25 g Wildreis
- 75 g Grünkern
- 200 g Weizen
- 1 EL Brotgewürz
- 1 gestr. EL Salz
- 10 g Apfelessig
- 75 g Sesam ungeschält
- 1000 g Sauerteigansatz
- 15 g Honig
- 15 g Butter für die Form

Stufe 1: Roggen fein mahlen, mit Wasser und altem Sauerteig mischen. In einer Plastiktüte ca. 12 Std. stehen lassen. 150 g von der Stufe 1 abnehmen und in einem gut schließenden Schraubglas in den Kühlschrank stellen für das nächste Backen.

Stufe 2: Hefe im Wasser auflösen. Getreide mischen, fein mahlen. Mit Salz und Sesam mischen. Mit Hefewasser, Honig und Essig zum Sauerteig geben und mit einem großen Löffel gründlich verrühren, bis kein Mehl mehr sichtbar ist. Eine 30-cm-Brotform, Profi-Emaille von Dr. Oetker, gut einfetten. Teig hineingeben, mit der nassen Hand herunterdrücken und glatt streichen. Mit einem scharfen Messer mehrmals schräg einschneiden. Form in eine große Plastiktüte geben und 45 Min. gehen lassen.

Ofen auf 230 °C (Heißluft) vorheizen (etwa 12 Min.), 10 Min. bei 230 °C, 50 Min. bei 200 °C backen.

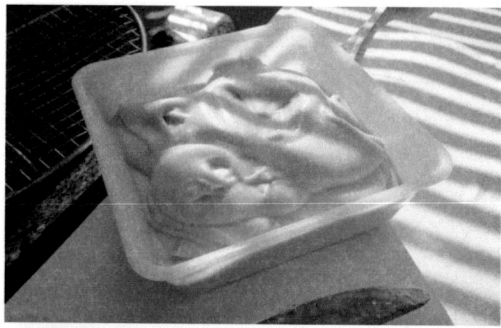

6113. Aromatisierte Stützcreme, Juni 2014

- 50 g Naturreis (Rundkorn)
- 100 g Cashewnüsse
- 2 g getr. Orangenschale
- 50 g Honig und
- 350 g Wasser im Vitamix stocken lassen.

6114. Cremekakao, Juni 2014

Im Vitamix 4,5 Min. auf der Höchststufe schlagen:

- 100 g Aromatisierte Stützcreme
- 15 g Kakaonibs
- 15 g Cashewnussbruch
- 8 g frischer Ingwer
- 1 Dattel ohne Stein (12 g)
- 350 g Wasser

6115. Amerikaner, 4. Versuch, Juni 2014

Vorläufer: 6109.

Teig:

- 200 g Dinkel
- 1 EL Leinsamen
- 1 gute Prise Salz
- 1 P Backpulver
- 1 gestr. TL Natron
- 1 gestr. TL gem. Vanille
- 90 g flüssiger Honig
- 200 g Aromatisierte Stützcreme (6113 o. Ä.)
- 10 g Zitronensaft
- 1 EL (10 g) Olivenöl

Guss:

- 50 g Aromatisierte Stützcreme
- ger. Zitronenschale, frisch (ca. 1/2 gestr. TL)
- 3 g Zitronenfleisch
- 4 g Zitronensaft
- 25 g flüssiger Honig
- 25 g Kakaobutter

Dinkel und Leinsamen mischen, fein mahlen, Backpulver, Vanille und Natron hinzusieben und alle trockenen Zutaten miteinander mischen. Honig, Stützcreme, Zitronensaft und Öl hinzufügen, mit dem Handrührgerät gut verrühren. Mit einem Esslöffel 12 Teighäufchen auf zwei mit Dauerbackfolie ausgelegte Backbleche setzen. Mit der nassen Hand leicht in Form bringen. In den auf 160 °C vorgeheizten Ofen (Heißluft; vom Brotbacken noch heiß) schieben und 20 Min. bei 160 °C backen. Stäbchenprobe machen, auf einem Kuchengitter auskühlen lassen. Für den Guss alle Zutaten bis auf die Kakaobutter mit dem Schneebesen verquirlen. Kakaobutter zerlassen (auf niedrigster Induktionsstufe, z. B. 2 von 15 geht das prima) und ebenfalls mit dem Schneebesen einrühren. Mit einem Löffel auf die abgekühlten Unterflächen der Amerikaner streichen. Kalt werden lassen.

Hinweis: Eric und ich finden im Nachhinein Variante 1 am besten. Daraufhin habe ich diese nochmal wiederholt, aber ich schaff das ja nie mit dem „ganz identisch". Und jetzt würde ich sagen - Nr. 4 ist bombastisch. :-)

6116. Bohnenkartoffelauflauf, Juni 2014

- Ca. 280 g Kartoffeln im Ofen backen (mit Brot zusammen), noch warm pellen. In eine 24 cm-Wollpfanne
- 2 TL Olivenöl geben und den Boden damit auspinseln. Die Kartoffeln in Scheiben schneiden, mit einem Teil den Boden auslegen.
- 155 g Salatbohnen (netto) in Stücke schneiden, darüber verteilen. Mit den restlichen Kartoffeln belegen.
- 1 Tomate (85 g) in dünne Scheiben schneiden und auf die Kartoffeln geben,
- 1 Knoblauchzehe abziehen, in Scheiben schneiden und in die Pfanne geben. Im Mixer
- 125 g Grünkernaufstrich (6110)
- 10 g Zitronensaft
- Salz nach Belieben
- Etwas schwarzer gem. Pfeffer
- 30 g Stützcreme mit Leinsamenhilfe II (6107 o. Ä.)
- 300 g Wasser vermixen, in die Pfanne gießen.

Deckel auflegen. In den auf 225 °C vorgeheizten Ofen (Heißluft) schieben und 30 Min. backen. Deckel abnehmen und weitere 15 Min. backen. Da war bei mir die Soße gerade genug und die Bohnen noch fest, aber gar.

6117. Brot ohne Kneten VI (Grünkern und Wildreis), Juni 2014

Vorläufer 5906.

Stufe 1 (24 Std. vorher):	Stufe 3 (Morgen):
• 500 g Roggen	• 25 g Wildreis
• 500 g Wasser	• 100 g Grünkern
• 150 g Sauerteig	• 175 g Roggen
Stufe 2 (12 Std. vorher):	• 1 EL Brotgewürz
• 400 g Sauerteigansatz	• 1 gestr. EL Salz
• 300 g Roggen	• 1000 g Sauerteig (= Stufe 2)
• 300 g Wasser	• 100 g Sonnenblumenkerne
	• 160 g Wasser
	• 15 g Butter für die Form

Stufe 1: Roggen fein mahlen, mit Wasser und altem Sauerteig mischen. In einer Plastiktüte ca. 12 Std. stehen lassen.

Stufe 2: 150 g von der Stufe 1 abnehmen und in einem gut schließenden Schraubglas in den Kühlschrank stellen für das nächste Backen. Roggen fein mahlen, mit Sauerteigansatz und 300 g Wasser verrühren (ein Kochlöffel reicht).

Stufe 3: Getreide zusammen fein mahlen und mit Salz und Sonnenblumenkernen mischen. Mit dem Wasser zum Sauerteig geben und mit einem großen Löffel gründlich verrühren, bis kein Mehl mehr sichtbar ist. Eine 30-cm-Brotform, Profi-Emaille von Dr. Oetker, gut einfetten. Teig hineingeben, mit der nassen Hand herunterdrücken und glattstreichen. Mit einem scharfen Messer einschneiden.

Form in eine große Plastiktüte geben und 2 Std. gehen lassen. Normalerweise muss ich ein reines Sauerteigbrot 3 Std. gehen lassen. Das hat hier vermutlich zwei Gründe: Erstens habe ich gleich mehr Sauerteig angesetzt und zweitens war es sehr heiß an dem Backtag. Dann 15 Min. den Ofen auf 230 °C (Heißluft) vorheizen. Brot mit Wasser einsprühen, 10 Min. bei 230 °C und 50 Min. bei 200 °C backen. Auf einem Gitterrost mit Wasser einsprühen und abkühlen lassen.

6118. Zucchinimuffins, Juni 2014

- 125 g Zucchini
- 100 g Haselnüsse
- 2 g getr. Orangenschale
- 125 g Stützcreme, hier: Aromatisierte Stützcreme (6113 o. Ä.)
- 50 g Dinkel
- 15 g Wildreis (normaler Naturreis sollte auch funktionieren)
- 1 Prise Salz
- 1 TL Natron
- 2 TL Backpulver (= 1/2 Päckchen)
- 1 EL Olivenöl (10 g)
- 60 g Honig

Während der Zubereitung den Ofen auf 160 °C vorheizen.

Zucchini fein raspeln. Wegen geringer Menge nur im kleinen Mixer pulsiert.

Haselnüsse mit der Schale in zwei Portionen im kleinen Mixer fein mahlen. Dinkel und Reis in der Mühle fein mahlen, mit Salz, Natron und Backpulver verrühren. Alle Zutaten mit dem Handrührgerät (Rührbesen) vermischen. Jeweils 2 TL in ein Silikon-Muffinförmchen geben, bei mir reicht das für 11 Stück.

Muffinförmchen auf ein Backblech stellen, in den heißen Ofen schieben und 25 Min. bei 160 °C backen, noch 5 Min. im abgeschalteten Ofen nachbacken. Nach 20 Min. erschienen sie mir eigentlich okay, aber bei der Stäbchenprobe blieb noch Teig am Stäbchen hängen. Ich hatte noch eine Stützcreme über und habe daher die Muffins noch heiß überzogen:

- 35 g Stützcreme mit Leinsamenhilfe II

Mit einem Pinsel auf den Muffins verteilen, solange sie noch in den Förmchen sind. Wenn sie abgekühlt sind, aus den Förmchen nehmen. Der Guss ist dann ganz dunkel.

6119. Restpfanne schlicht, Juni 2013

Als Gemüsepfanne 13 Min. dünsten:

- 235 g Kartoffeln netto (abgebürstet unter fließendem Wasser, in Scheiben)
- 55 g Spinat netto
- 60 g Frühlingszwiebel
- 80 g Salatbohnen netto in Stücken
- 60 g Zucchini in Scheiben
- 15 g zu lang gewachsene Linsensprossen und
- 100 g Wasser. Dann
- Zitronensaft
- Salz und
- Olivenöl unterrühren. Lecker!

6120. Trifle, Juni 2014

- 110 g Melone (netto)
- Etwa 60 g weicher Kuchen, hier: Amerikaner, 3. Versuch (6109)
- 85 g Stützcreme, hier: Stützcreme mit Leinsamenhilfe II (6107)
- 2 Pekannusshälften

Reicht für ein sogenanntes „Whisky-Glas". Melone klein schneiden, Amerikaner in kleine Würfel schneiden.

Die Hälfte der Melone in das Glas geben, die Hälfte des Amerikaners darüber streuen und festdrücken. Die Hälfte der Stützcreme darauf verteilen. Die Schichten nochmals wiederholen. Zur Dekoration die Nusshälften auflegen.

6121. Frühstückseis mit Kiwi, Juni 2014

Am Vorabend schälen, in Stücke schneiden und einfrieren:

- 1 Banane (140 g netto)
- 1 Kiwi (50 g netto)

Am Morgen:

- 2 EL Nackthafer mit
- 1 EL Dinkel und
- 1 gestr. EL Leinsamen flocken.
- 2 geschälte Kiwi (80 g) und
- 15 g Cashewnussbruch im Vitamix pürieren, Flocken kurz unterziehen. Das gefrorene Obst hinzufügen und bis zur Raute mixen.

6122. Brot ohne Kneten mit Gehhilfe in 2 Stufen (XXI) Kümmel, Juni 2014

Stufe 1 (12 Std. vorher):

- 500 g Roggen
- 500 g Wasser
- 150 g Sauerteig

Stufe 2 (Backen, bei mir ein Morgen):

- 1/4 P frische Hefe (11 g)
- 160 g lauwarmes Wasser
- 15 g Wildreis
- 85 g Grünkern
- 75 g Roggen
- 125 g Dinkel
- 2 TL Kümmel ganz
- 1 gestr. EL Salz
- 10 g Apfelessig
- 10 g Mangoessig (5513 o. Ä.)
- 60 g Sesam ungeschält
- 15 g Leinsamen
- 1000 g Sauerteigansatz
- 15 g Butter für die Form

Hefe im Wasser auflösen. Getreide mischen, erste Hälfte mit dem Kümmel fein mahlen. Mit Salz, Leinsamen und Sesam mischen. Mit Hefewasser und Essig zum Sauerteig geben und mit einem großen Löffel gründlich verrühren, bis kein Mehl mehr sichtbar ist. Eine 30-cm-Brotform, Profi-Emaille von Dr. Oetker, gut einfetten. Teig hineingeben, mit der nassen Hand herunterdrücken und glattstreichen. Mit einem scharfen Messer mehrmals schräg einschneiden. Form in eine große Plastiktüte geben und 45 Min. gehen lassen.

Ofen auf 230 °C (Heißluft) vorheizen (etwa 12 Min.), 10 Min. bei 230 °C, 50 Min. bei 200 °C backen.

6123. Aprikosendressing, Juni 2014

Wenn die Aprikosen nicht allzu süß sind - wunderbar bei Sommerwetter!

Im kleinen Mixer gut verquirlen:

- 1 große entsteinte Aprikose (60 g netto)
- 25 g Manderdölcreme (6049 o. Ä.)
- 5 g Essigpeperoni
- 1 gestr. TL Salz
- 60 g Wasser

6124. Wilder Drink, Juni 2014

Im Vitamix 4,5 Min. laufen lassen:

- 20 g Wildreis
- 20 g Sonnenblumenkerne
- 3 g getr. Orangenschale
- 2 entsteinte Datteln (15 g netto)
- 300 g Wasser

6125. Brot ohne Kneten mit Gehhilfe in 2 Stufen (XXII) Experimentell, Juni 2014

Vorläufer: 6112.

Stufe 1 (12 Std. vorher):

- 500 g Roggen
- 500 g Wasser
- 150 g Sauerteig

Stufe 2 (Backen, bei mir ein Morgen):

- 1/2 P frische Hefe (21 g)
- 160 g lauwarmes Wasser
- 125 g Roggen
- 175 g Dinkel
- 2 TL Fenchelsamen
- 1 gestr. EL Salz
- 10 g Mangoessig (5513 o. Ä.)
- 105 g Blumenkohldressing (6103)
- 75 g Sonnenblumenkerne
- 1000 g Sauerteigansatz
- 15 g Butter für die Form

Stufe 1: Roggen fein mahlen, mit Wasser und altem Sauerteig mischen. In einer Plastiktüte ca. 12 Std. stehen lassen. 150 g von der Stufe 1 abnehmen und in einem gut schließenden Schraubglas in den Kühlschrank stellen für das nächste Backen.

Stufe 2: Hefe im Wasser auflösen. Getreide mischen, erste Hälfte mit dem Fenchel fein mahlen. Mit Salz und Sonnenblumenkernen mischen. Mit Hefewasser, Blumenkohldressing und Essig zum Sauerteig geben und mit einem großen Löffel gründlich verrühren, bis kein Mehl mehr sichtbar ist. Eine 30-cm-Brotform, Profi-Emaille von Dr. Oetker, gut einfetten. Teig hineingeben, mit der nassen Hand herunterdrücken und glatt streichen. Mit einem scharfen Messer mehrmals schräg einschneiden. Form in eine große Plastiktüte geben und 65 Min. gehen lassen. Ofen in den letzten 15 Min. vorheizen auf 230 °C (Heißluft), 60 Min. bei 200 °C backen.

6126. Aprikosenstützcreme, Juni 2014

Im Vitamix stocken lassen (ca. 4 Min.):

- 50 g Naturreis (Rundkorn)
- 100 g Cashewnüsse
- 200 g Softaprikosen
- 500 g Wasser

6127. Dunkelkakao, Juni 2014

Im Vitamix 4,5 Min. auf der Höchststufe schlagen:

- 90 g Aprikosenstützcreme
- 10 g Kakaonibs
- 10 g Wildreis
- 5 g frischer Ingwer (nach Belieben)
- 10 g Carob
- 1 gestr. TL Honig
- 310 g Wasser

6128. Apfelkuchen auf dem Blech, Juni 2014

Teig:

- 350 g Dinkel
- 50 g Nackthafer
- 1 Prise Salz
- 20 g Olivenöl
- 1 Päckchen Weinsteinbackpulver
- 1 gestr. TL Natron
- 1/4 TL gem. Vanille
- 100 g Honig
- 25 g Wasser
- 2 EL Weinbrand
- 350 g Aprikosenstützcreme (6126)

Belag:

- Ca 625 g Äpfel
- 50 g Sonnenblumenkerne
- 50 g Nackthafer
- 200 g Aprikosenstützcreme
- 1 gestr. TL gem. Vanille
- 50 g Honig

Teig: Getreide mischen, mahlen und mit den trockenen Zutaten verrühren. Restliche Zutaten hinzugeben und mit dem Handrührgerät (Rührbesen) gut, aber nicht zu lange verrühren. Mit einem immer wieder in nasses Wasser getauchten Teigschaber auf einem mit Dauerbackfolie ausgelegten Backblech verstreichen. Ofen auf 175 °C vorheizen.

Äpfel halbieren, in dünne Scheiben schneiden und ziegelartig versetzt auf den Teig legen.

Sonnenblumenkerne und Nackthafer vorsichtig (wegen der Kerne) flocken, mit Stützcreme, Vanille und Honig verrühren (Rührbesen) und mit einem Löffel gleichmäßig auf den Äpfeln verteilen. In den heißen Ofen schieben und 25-30 Min. backen. Blech auf einer hitzefesten Oberfläche abkühlen lassen.

6129. Frühlingszwiebelpfanne, Juni 2014

Als Gemüsepfanne 15-16 Min.:

- 15 g Erdnussöl
- 85 g Wasser (65 hätten gereicht)
- 200 g Kartoffeln (netto), gewaschen, in Scheiben
- 18 g getrocknete Tomaten in Scheiben
- 200 g Frühlingszwiebeln in Ringe & Scheiben geschnitten
- 110 g Brokkoli, zerkleinert. Dann bestreuen mit
- 1/2 gestr. TL Salz
- 1 gute MS schwarzer Pfeffer und mit
- 10 g Zitronensaft verrühren.

6130. Brot ohne Kneten VII (mit Schrot), Juni 2014

Vorläufer: 6117.

Stufe 1 (24 Std. vorher):

- 500 g Roggen
- 520 g Wasser
- 150 g Sauerteig

Schrot:

- 100 g Roggen
- 100 g Dinkel
- 160 g Wasser
-

Stufe 2 (Backen, Morgen):

- 100 g Haselnüsse
- 110 g Dinkel
- 110 g Roggen
- 1 EL Brotgewürz
- 1 gestr. EL Salz
- 20 g Mangoessig (5513 o. Ä.)
- 1000 g Sauerteig (= Stufe 2)
- 100 g Wasser
- 15 g Butter für die Form

Stufe 1: Roggen fein mahlen, mit Wasser und altem Sauerteig mischen. In einer Plastiktüte ca. 12 Std. stehen lassen. Roggen und Dinkel sehr grob malen (Stufe 8 von 10, Hawos Novum), mit dem Wasser verrühren und Dose verschließen. Etwa 12 Std. stehen lassen.

Stufe 2: 150 g von der Stufe 1 abnehmen und in einem gut schließenden Schraubglas in den Kühlschrank stellen für das nächste Backen. Roggen fein mahlen, mit Sauerteigansatz und 300 g Wasser verrühren (ein Kochlöffel reicht). Haselnüsse grob hacken. Getreide zusammen fein mahlen und mit Salz, Nüssen und Brotgewürz mischen. Mit dem Wasser zum Sauerteig geben und mit einem großen Löffel gründlich verrühren, bis kein Mehl mehr sichtbar ist. Eine 30-cm-Brotform, Profi-Emaille von Dr. Oetker, gut einfetten. Teig hineingeben, mit der nassen Hand herunterdrücken und glattstreichen. Mit einem scharfen Messer einschneiden.

Form in eine große Plastiktüte geben und 2,5 Std. gehen lassen. Dann 15 Min. den Ofen auf 230 °C (Heißluft) vorheizen. Brot mit Wasser einsprühen, 60 Min. bei 200 °C backen. Auf einem Gitterrost mit Wasser einsprühen und abkühlen lassen.

6131. Bohnenstützcreme süß, Juni 2014

- 150 g weiße Bohnen über Nacht in Wasser einweichen. Im Schnellkochtopf, Stufe II, mit
- 200 g Wasser 13 Min. kochen. Ergibt 400 g gekochte Bohnen.

Im Vitamix schlagen, bis die Masse ohne Körnchen ganz glatt ist:

- 125 g gekochte weiße Bohnen
- 75 g Cashewnüsse
- 175 g Softfeigen (netto, also ohne Stiel)
- 200 g Wasser

6132. Wilder Bohnenkakao, Juni 2014

Im Vitamix 4,5 Min. auf der Höchststufe schlagen:

- 75 g Bohnenstützcreme süß
- 15 g Kakaonibs
- 15 g Wildreis
- 5 g frischer Ingwer (nach Belieben)
- 2 Datteln (20 g)
- 300 g Wasser

Hinweis: Wird dicklich, was ich mag. :-)

6133. Herbe Stützcreme, Juni 2014

Im Vitamix zum Stocken schlagen (ca. 4 Min.):

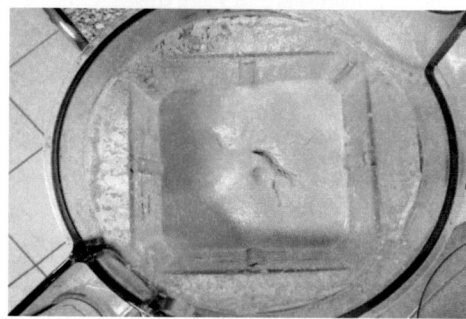

- 100 g Sonnenblumenkerne
- 50 g Naturreis
- 25 g Mungbohnen
- 50 g Honig
- 400 g heißes Leitungswasser

6134. Herber Kakao, Juni 2014

Im Vitamix 4 Min. schlagen auf der Höchststufe:

- 100 g Herbe Stützcreme
- 10 g Kakaopulver
- 20 g Honig
- 5 g getr. Orangenschale
- 280 g Wasser

6135. Nutty Americans, Juni 2014

Vorläufer: 6110

Teig:

- 150 g Haselnüsse
- 150 g Dinkel
- 1 gute Prise Salz
- 1 P. Weinsteinbackpulver
- 1 gestr. TL Natron
- 2 TL Holo natürliches Orangen-aroma (o. Ä.)
- 115 g flüssiger Honig
- 250 g Bohnenstützcreme süß (6132 o Ä.)
- 1 EL (10 g) Olivenöl
- 50 g Wasser

Guss:

- 65 g Bohnenstützcreme süß
- 10 g Kakaopulver
- 1 TL Carobpulver (ca. 3 g)
- 35 g flüssiger Honig
- 30 g Kakaobutter

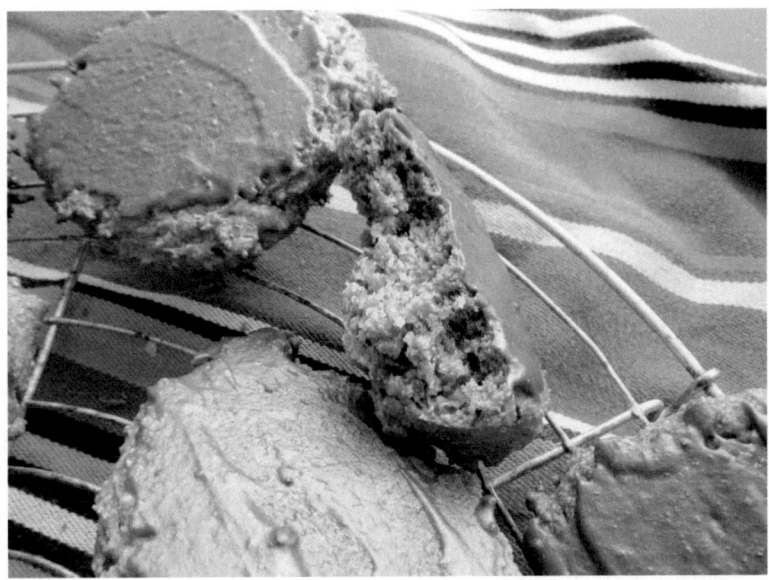

100 g Haselnüsse fein mahlen, 50 g grob hacken. Dinkel fein mahlen, Backpulver und Natron hinzusieben und alle trockenen Zutaten miteinander mischen. Honig, Aroma, Stützcreme, Wasser und Öl hinzufügen, mit dem Handrührgerät gut verrühren. Mit einem Esslöffel etwa 15 Teighäufchen auf zwei mit Dauerbackfolie ausgelegte Backbleche setzen. In den auf 160 °C vorgeheizten Ofen schieben und 25 Min. bei 160 °C backen. Stäbchenprobe machen, auf einem Kuchengitter auskühlen lassen.

Für den Guss alle Zutaten bis auf die Kakaobutter mit dem Handrührgerät, Rührbesen, verquirlen. Kakaobutter zerlassen (auf niedrigster Induktionsstufe, z. B. 2 von 15 geht das prima) und ebenfalls mit dem Handrührgerät einrühren. Mit einem Silikonspatel auf die abgekühlten Unterflächen der Amerikaner streichen. Kalt werden lassen.

Hinweis: *Ich hatte ziemlich viel von dem Guss übrig und, ich gestehe, habe ihn einfach so gegessen.*

6136. Gebohnerte Pizza, Juni 2014

Teig:

- 125 g Dinkel
- 10 g Nackthafer
- 1 gute Prise Salz
- 1/4 Würfel Hefe (10 g)
- 50 g Wasser
- 50 g Bohnenstützcreme süß (6131 o. Ä.)
- ca. 10 g Wasser

Bohnen:

- 50 g Wasser
- 430 g Salatbohnen (netto)

Tomatensoße:

- 4 getr. Tomaten (15 g)
- 20 g Bohnenstützcreme süß (s. o.)
- 25 g weiße Bohnen
- 5 g Essigpeperoni
- 1 gestr. TL Salz
- 1 Prise schwarzer Pfeffer
- 50 g Wasser

Weiterer Belag:

- 125 g gekochte Salatbohnen (s.o.)
- 1 Knoblauchzehe, in feine Scheiben geschnitten

Weiße Soße:

- 75 g gekochte weiße Bohnen
- 20 g Bohnenstützcreme süß (o. Ä.)
- 4 g Salz
- 12 g Zitronensaft
- 10 g Olivenöl
- 50 g Wasser

Dinkel und Hafer fein mahlen, mit dem Salz mischen. Hefe in 50 g Wasser auflösen. Mit der Bohnenstützcreme zum Getreide geben, noch 10 g Wasser hinzufügen (lieber ohne anfangen) und gründlich zu einem leicht klebrigen Teig kneten, der sich zwar nicht ganz von den Fingern, aber von der Pengschüsselwand löst. Zu einer

Kugel unter Spannung formen und mit etwas Mehl bestreuen. Dose mit dem Deckel schließen, in eine Plastiktüte geben und 2 bis 2 1/4 Stunden in den Kühlschrank setzen.

Wasser und Bohnen (je nach Pfannengröße halbiert oder geviertelt) als Gemüsepfanne 11 Min. garen. Die Bohnen waren dann bei mir weich, aber noch ein wenig „bissfest". Die übrig bleibenden Bohnen habe ich in den nächsten Tagen zu meinem gemischten Salat gegeben.

Teig durchkneten, zu einer Kugel unter Spannung formen und 45 Min. in einer geschlossenen (Peng-)Dose gehen lassen. Nochmals durchkneten.

Eine 24-cm-Pizzaform einfetten (z. B. mit Butter). Den Teig in die Mitte geben und gleichmäßig nach außen drücken, bis ein kleiner Rand hochsteht. Den Boden mit einer Gabel mehrmals einstechen.

Alle Zutaten für die Tomatensoße im Vitamix gründlich verquirlen. Wer keinen Vitamix hat, weicht die getrockneten Tomaten ein paar Stunden in dem Wasser ein und mixt dann in einem anderen Mixer.

Die Tomatensoße mit einem Spatel gleichmäßig auf dem Boden verteilen. Die gekochten Salatbohnen eng aneinander auf die Soße legen und mit dem Knoblauch bestreuen. Die Zutaten für die weiße Soße im kleinen Mixer gut verquirlen. Ofen auf 225 °C (Heißluft) stellen und warten, bis die gewünschte Temperatur erreicht ist (bei mir ca. 12 Min.). In dieser Zeit kann der Hefeteig noch gehen. Die weiße Soße gleichmäßig über die Salatbohnen verteilen. In den heißen Ofen schieben und 20 Min. bei 225 °C backen.

6137. Salatbohnen mit Linsen, Juni 2014

Als Gemüsepfanne 15 Min.:

- 95 g rote Linsen
- 80 g Grün von Frühlingszwiebeln
- 2 Zweige Bohnenkraut
- 240 g Bohnen und
- 250 g Wasser. Dann
- 60 g Herbe Stützcreme (6133)
- 1/2 TL Salz
- 2 MS schwarzer Pfeffer
- 45 g Wasser einrühren.

Anmerkung: Das Bohnenkraut war eine kleine Überraschung im Lebegesund-Paket. Diese Aufmerksamkeiten gefallen mir besonders gut!

6138. Carobcreme Nektarinia, Juni 2014

- 1 kleine Banane (70 g netto)
- 4-5 g Carob
- 75 g Herbe Stützcreme
- Ggf. 10 g Honig
- 70 g Nektarine
- 1 TL Kakaonibs
- 1-2 TL Cashewbruch

Banane mit der Gabel gut zerdrücken. Mit einem Teelöffel Carob und Stützcreme einrühren. Abschmecken; wenn es nicht süß genug ist, mit etwas Honig nachsüßen. Nektarine in Stücke schneiden und unterrühren. Mit Kakaonibs und Cashewbruch bestreuen.

Meine Bücher

Ratgeber

- Spiele mit ChatGPT und Bard: Zeitvertreib mit künstlicher Intelligenz. Norderstedt (BoD) 2023.
- Wie erkenne ich KI-generierte Texte? – Ein Ratgeber. Norderstedt (BoD) 2023.
- Rette dein Seelenheil mit ChatGPT: Ein Ratgeber. Norderstedt (BoD) 2023.

Belletristik

- Torge ist verschwunden: Lost Places und Urban Vanishing (mit Janina Schmiedel). Norderstedt (BoD) 2024.
- Iphorismen II: Nachfolger der Iphorismen. Norderstedt (BoD) 2024.
- Iphorismen: Kritische Ausgabe unter Mitwirkung der Professoren Ptaček, Bardeloni und Sibingskin. Norderstedt (BoD) 2024.
- Zitatezirkus: Erkenne den Fake. 2. Bd. der Reihe Textcollagen. Norderstedt (BoD) 2023.
- Wilkesmann von A bis Z – Ein Leben in 26 Buchstaben. Norderstedt (BoD) 2023.
- Freundschaft als Installation. Norderstedt (BoD) 2023.
- Fantastisches Tagebuch. (mit Janina Schmiedel). Norderstedt (BoD) 2023.
- Kriminalalphabet. Norderstedt (BoD) 2023.
- Bernadette K. – Das Leben einer Königin. 1. Bd. Der Reihe Textcollagen. Norderstedt (BoD) 2023.
- Die Iden des Jumi: Ein archäologischer Bestseller. Norderstedt (BoD) 2023.
- Gedanken zum Gedenken: Gedenk-, Aktions- und Feiertage. Norderstedt (BoD) 2023.
- Wer steckt hinter Spam? Ein Roman. Norderstedt (BoD) 2023.
- Chimären: Was Menschen bisher nicht wussten. Norderstedt (BoD) 2023.
- Seite 22, Zeile 22 (mit Janina Schmiedel.) Norderstedt (BoD) 2022.
- Märchen von heute: 61 wundersame Geschichten. Norderstedt (BoD) 2022.
- Präpositionen. Norderstedt (BoD) 2022.
- Eine Hand greift die andere. Norderstedt (BoD) 2022.
- Iphorismische Short Stories. Norderstedt (BoD) 2022.
- Iphorismen. Norderstedt (BoD) 2021.
- OneBBO's Castle lädt ein. Schau uns über die Schulter. Norderstedt (BoD) 2007.

Ernährung

- Am besten vegetarisch mit der Thermo-Küchenmaschine. Potsdam (Dort-Hagenhausen) 2016.
- Hartz IV in aller Munde. Norderstedt (BoD) 2013.
- Indisch inspiriert. München (Dort-Hagenhausen) 2013.
- Jetzt wird gesnackt! Norderstedt (BoD) 2013.
- Immer öfter vegetarisch. München (Dort-Hagenhausen) 2012.
- Rohkost statt Fasten Teil 2: Rezepte für ein Rohkostjahr. Norderstedt (BoD) 2011.
- Mein Kollege kocht Vollwert. Norderstedt (BoD) 2010.
- Schokolade. Norderstedt (BoD) 2010.
- Gemüse in aller Munde. Norderstedt (BoD) 2009.
- Hartz IV in aller Munde. Norderstedt (BoD) 2009.
- Schrot statt Schrott. Norderstedt (BoD) 2008.
- Vollwert? Gold wert! Norderstedt (BoD) 2008.
- Brötchen statt Brot. Norderstedt (BoD) 2007.
- Konfekt statt Sünde. Norderstedt (BoD) 2007.
- Rohkost statt Fasten. Norderstedt (BoD) 2007.

Reihe: Meine Rezeptebibliothek:

- Band 1: 1998 bis März 2006, Rezepte 1-769. Norderstedt (BoD) 2024
- Band 2: März 2006 bis April 2007, Rezepte 770-1503. Norderstedt (BoD) 2024
- Band 3: April bis November 2007, Rezepte 1504-2163. Norderstedt (BoD) 2024.
- Band 4: November 2007 bis September 2008, Rezepte 2164-2913. Norderstedt (BoD) 2024.
- Band 5: September 2008 bis August 2009, Rezepte 2914-3676. Norderstedt (BoD) 2024.
- Band 6: August 2009 bis Dezember 2010, Rezepte 3677-4404. Norderstedt (BoD) 2024.
- Band 7: Januar 2011 bis Dezember 2012, Rezepte 4405-5290. Norderstedt (BoD) 2024.

Stichwortverzeichnis

Aufstrich
- Bärlauch-Radieschen-Aufstrich 243
- Erdnuss-Aufstrich 199
- Fruchtaufstrich 251
- Garam-Bohnen-Aufstrich 202
- Grünkernaufstrich 281
- Hummus 93
- Liebstöckel-Aufstrich 245
- Mischaufstrich Knofi 132
- Mung-Aufstrich plus Dal 155
- Mung-Mung-Aufstrich 152
- Mungaufstrich 116
- Orientalischer Bohnenaufstrich M. 115
- Orientalischer Mungaufstrich 209
- Radieschen-Aufstrich 238
- Samtiger Bärlauchaufstrich 120
- Tomatiger Kicheraufstrich 127

Basics
- Gesüßte Kondensmilch 175

Basics - Dips
- Bohnenmayonnaise 136
- Kichererbsen-Mayonnaise 132
- Meerrettich-Remoulade 133
- Tomaten-Bohnen-Dip 109
- Tsatsiki 279

Basics - Dressing
- Apfeldressing 138
- Aprikosendressing 285
- Bärlauch-Dressing 240
- Bärlauch-Dressing Light 251
- Blumenkohldressing (Konzentrat) 278
- Bohnendressing 153
- Clementinen-Haselnuss-Dressing 203
- Erdnussdressing 267
- Erdnusssoße 70
- Hanf-Dressing 226
- Hirsedressing 147
- Ingwer-Dressing 222
- Kohlrabidressing 265
- Kräuterdressing 260
- Mandel-Erdnussdressing 261
- Reisremoulade 186
- Salatdressing süßscharf 115
- Scharfe Soße 122
- Scharfes Dressing 117
- Schnelles Radieschendressing 239
- Senfdressing 148
- Standardsalatsoße „Eric" 209
- Tamaridressing 274
- Tomatendressing 265
- Tomatendressing für Sommersalat 112
- Vorratsdressing 191
- Vorratsdressing süßlich 197
- Vorratsdressing süßlich 2 208
- Zauberdressing 262
- Zauberdressing II 264

Basics - eingelegt
- Bohnenkraut in Öl 43

Basics - Gewürze
- Moussierte Zitronen 91

Basics - Milchersatz
- Hafermilch im Vitamix 229

Basics - Nusscreme
- Cashonnenölcreme 273
- Erdnussölcreme 266
- Manderdölcreme 260
- Nussfettcreme 260

Basics - Pesto
- Kohlrabi-Pesto 86
- Liebstöckel-Pesto 244
- Radieschen-Pesto mit Bärlauch 235

Basics - Sauerteigansatz
- Sauerteigansatz 6

Basics - Soßen
- Brokkolisoße 148
- Erdnusssoße 255, 267
- Gemüsecremesoße 83
- Kichererbsen-Bärlauch-Soße 246
- Nudeln in Gemüsecremesoße 83
- Reis mit Porree in Erdnusssoße 69
- Reis mit Tomatensoße 106
- Schwere Remoulade 278
- Senfsoße 149
- Tomatensoße 56
- Tomato Sauce 31
- Topinambur mit Spinat in Erdnusssoße 230
- Weiße Soße (Art Spargelsoße) 57

Basics - Stützcreme
- Aprikosenstützcreme 286
- Aromatisierte Stützcreme 282
- Bohnenstützcreme süß 288
- Cashewreiscreme 253
- Feiger Stützbrei 271
- Herbe Stützcreme 288
- Hirsebrei 147
- Mandelreisbrei 236
- Nussreiscreme 276
- Reisbrei 146
- Reisbrei 2 187
- Schokoreisbrei 199
- Sojabohnenbrei 160
- Stützcreme mit Leinsamenhilfe 276
- Stützcreme mit Leinsamenhilfe II 280
- Süßer Stützbrei à la Barbara 256
- Süßer Stützbrei Coconut 265
- Süßer Stützbrei Karamell 262

Basics - wie Käse
- Kräuter-Schmelzkäse 181
- Tomaten-Schmelzkäse 177
- Tomaten-Schmelzkäse 2 180

Basics - Würzen
- Hoisin-Soße..67
- Hoisin-Soße Nr. 2..................................72
- Mango-Essig...78
- Peperonisoße..65

Bratlinge
- Bratlinge locker...................................155
- Brot-Kartoffel-Plätzchen........................35
- Brotplätzchen......................................252
- Getreidelett..173
- K-und-K-Plätzchen...............................169
- Kartoffel-Mais-Plätzchen.......................118
- Resteburger..16
- Sanfte Hirsebratlinge............................149
- Weizenbratlinge mit saurer Hirse...............9

Brot - Brätzeli
- Bärlauchbrätzeli....................................69
- Bohnen-Zwiebel-Cracker........................110
- Brätzeli aus grannigem Weizen.................68
- Brätzeli à la Pizza im Hörnchenautomat.......46
- Brätzeli im Hörnchenautomat Nr. 1.............38
- Brätzeli im Hörnchenautomat Nr. 2.............38
- Brätzeli im Hörnchenautomat Nr. 3.............38
- Brätzeli im Hörnchenautomat Nr. 4.............40
- Brätzeli im Hörnchenautomat Nr. 5.............40
- Brätzeli im Hörnchenautomat Nr. 6.............42
- Brätzeli im Hörnchenautomat, süß..............44
- Brätzeli Kartoffelchips...........................42
- Brätzeli Kichererbsen.............................48
- Brätzeli Maronencracker Nr. 10.................43
- Brätzeli Möhrenchips..............................43
- Brätzeli Rote Bete..................................42
- Hildegards Cracker.................................98
- Keimcräcker mit Zwiebeln......................125
- Kokos-Brätzeli......................................50
- Lauch-Cracker.....................................102
- Linsen-Brätzeli.....................................55
- Oliven-Brätzeli......................................54
- Paprika-Cracker für M...........................135
- Peperoni-Cracker scharf.........................103
- Pepperoni-Brätzeli.................................49
- Reis-Brätzeli..50
- Reis-Mung-Cracker...............................125
- Scharfe Brätzeli.....................................68
- Spinat-Brätzeli......................................48
- Tandoori-Brätzeli...................................49
- Tomaten-Brätzeli...................................54
- Tortilla-Cracker.....................................75
- Weißkohl-Brätzeli im Hörnchenautomat Nr. 21.51

Brot - Fladen
- Einfacher Hafer-Reis-Fladen....................135
- Faule Fladen..256

Brot - Focaccia
- Focaccia ganz einfach............................266
- Focaccia mit Mais..................................79

Brot - Hefe + sauer

- Brot ohne Kneten Gehhilfe 2 St. (IV)...........228
- Brot ohne Kneten Gehhilfe 2 St. (IX)...........244
- Brot ohne Kneten Gehhilfe 2 St. XXII..........286
- Brot ohne Kneten Gehhilfe 2 St.............219, 272
- Brot ohne Kneten Gehhilfe 2 St. (III).............225
- Brot ohne Kneten Gehhilfe 2 St. (V).......230, 236
- Brot ohne Kneten Gehhilfe 2 St. (VII)..........240f
- Brot ohne Kneten Gehhilfe 2 St. (X).............248
- Brot ohne Kneten Gehhilfe 2 St. (XI).............251
- Brot ohne Kneten Gehhilfe 2 St. (XII)..........258
- Brot ohne Kneten Gehhilfe 2 St. (XIII)..........263
- Brot ohne Kneten Gehhilfe 2 St. (XIV)..........270
- Brot ohne Kneten Gehhilfe 2 St. XVIII..........275
- Brot ohne Kneten Gehhilfe in 2 St. Wildreis....281
- Brot ohne Kneten mit Gehhilfe...................215
- Brot ohne Kneten mit Gehhilfe in 2 St. (XXI)..285
- Brot ohne Kneten mit Gehhilfe in 2 St. Linsen.279
- Brot ohne Kneten mit Gehhilfe in 2 Stufen.....270
- Brot ohne Kneten mit Gehhilfe in 2 Stufen (II)221
- Brot ohne Kneten mit Gehhilfe Nr. 2............216
- Brot ohne Kneten mit Gehhilfe Nr. 3............217
- Brot ohne Kneten mit Gehhilfe Nr. 4............220
- Brot ohne Kneten mit Gehhilfe Nr. 5............223
- Brot ohne Kneten mit Gehhilfe Nr. 6............226

Brot - Hefeteig
- Angröggeltes Schnellbrot.........................129
- Brot jetzt mit mir...................................92
- Fermentbrot mit Maishauch......................104
- Fünf-mal-Fünf-Minutenbrot.......................29
- Hefebrot angesäuert...............................173
- Hefebrot über Nacht...............................183
- Hefebrot über Nacht 1/4 Hefe....................196
- Hefebrot über Nacht in 2 Schritten..............213
- Hefeschrotbrot über Nacht.......................192
- Locker-fluffiges Hefebrot.........................178
- Michaelis-Mandel-Brot.............................45

Brot - Kleingebäck
- Baguette-Brötchen.................................161
- Baguette-Brötchen Rotkorn......................171
- Baguettinos...237
- Bärlauch-Brötchen..................................70
- Brötchen mit Maishauch...........................117
- Brötchen über Nacht..............................180
- Kartoffelbrötchen..................................273
- Luftbrötchen..271
- Oregano-Mohn-Brötchen.........................121
- Orient-Kügelkes.....................................72
- Pistazienbrötchen...................................97
- Saure Gewürzkräuterbrötchen...................234
- Schwarze Einkorn-Brötchen.......................59
- Triticale-Mais-Brötchen...........................202
- Weizenröstbrötchen...............................114
- Wunderbrötchen...................................261
- Yellow Buns...139

Brot - Knäckebrot
- Gelbes Hirseknäcke................................146

- Käsecracker 122
- Knusperknäcke 7
- Kräuterknäcke 195
- Mangold-Cracker 90
- Rundknäcker 118
- Zucchiniknäcke glutenfrei 242

Brot - Reste
- Brot ohne Kneten (IX) 244
- Brot-Gemüse-Pfanne 193
- Brot-Gemüse-Pfanne Nr. 2 193
- Brot-Quiche mit Champignons 41
- Brotpizza 219
- Brotplätzchen 252
- Brotresteverwertung 91
- Restequiche 227

Brot - Sauer + Honig-Salz
- Röstgerste-Sauerteigbrot mit Honig-Salz 73

Brot - Sauerteig
- Brot 181
- Brot ohne Kneten 188
- Brot ohne Kneten II 194
- Brot ohne Kneten III (Kamut) 200
- Brot ohne Kneten V 211
- Brot ohne Kneten VI 283
- Brot ohne Kneten VII (mit Schrot) 287
- Brot Zwo 184
- Buchweizen-Sauerteigbrot für Michael 10
- Feines Kartoffelbrot 55
- Feines Möhren-Keimbrot 60
- Freies Roggen-Gerstebrot in 3 Stufen 142
- Freies Roggen-Haferbrot in 3 Stufen 136
- Freies Roggen-Maisbrot in 3 Stufen 147
- Haferbrot für Frau E. 88
- Haferbrot für M. 96
- Haferbrot für mich selbst 83
- Haferbrot in Hitze 118
- Haferbrot zum Verschenken 78
- Haferbrot, sauer & frei 110
- Roggen-Gerste-Formbrot in 3 Stufen 156
- Roggen-Haferbrot in Stufen, sauer & frei 130
- Roggen-Haferbrot, sauer & frei 126
- Roggen-Hirse-Formbrot in 3 Stufen 151
- Rotkorn-Sauerteigbrot 166
- RöstBW-Sauerteigbrot Nr. 1 24
- Röstgerste-Röstkerne-Sauerteigbrot 30
- Röstgerste-Sauerteigbrot im Doppelpack 14
- Röstgerste-Sauerteigbrot mit Quellstück Nr. 3 ... 67
- Rösthafer-Brot mit Quellstück 37
- Rösthafer-Sauerteigbrot, Quellstück 2 43
- Sauerteigbrot mit Maismehl 77
- Tagsüber-Brot mit Urroggen 20

Frühstück - Eiscreme
- FKG-Eis mit Leinsamen 80
- Frühstückseis mit Kiwi 285
- Hafer-Eis 117

Frühstück - FKG

- FKG Deluxe für Freitag 268
- Frühstück zum Kauen 217
- Frühstücks-Beereneis 10
- Luxusfrühstück 30
- Schoko-Hafer-FKG 27
- Schoko-Luxus-FKG 205
- Sommerfrühstück 107
- Wassermelonen-FKG 218

Frühstück - herzhaft
- Kohlrabi-Frühstück 54

Gemüse - Auberginen
- Aubergine mit Erbsen 23
- Aubergine mit Hummus überbacken 96
- Auberginen mit Linsen 23
- Auberginen mit Maroni-Nudeln 161
- Kenwood-Fusili mit Auberginen-Gemüse 105
- Naturata-Nudeln mit Auberginencremsoße II .. 233
- Nudeln mit Auberginencremsoße 232
- Reis mit Aubergine 106
- Salat mit gebackenen Auberginen 162

Gemüse - Banane
- Kochbanane mit Soyabohnen 101
- Kochbanane Teil 1 39
- Kochbanane Teil 2 - Linsensuppe 39
- Kochbanane Teil 4: Dreiländereck 40
- Kochbanane Teil 5: Geroggelt 41
- Kochbananen Teil 3, pseudokaribisch 40

Gemüse - Bohnen
- Bohnen mit Linsen 281
- Bohnen mit Nudeln 157, 279
- Bohnen-Gemüsepfanne 137
- Bohnen-Nudel-Auflauf 152
- Klößchen mit Bohnen 140
- Nudeln mit Bohnen 2014 211
- Reis mit dicken Bohnen indisch 61
- Salatbohnen mit Linsen 290
- Wachsbohnen mediterran 125

Gemüse - Brokkoli
- Broccoligemüse mit Piroggen 242
- Brokkoli in Sojabohnen 215
- Brokkoli, Schmarren mit 26
- Brokkoli-Pfanne 239

Gemüse - Chicorée
- Chicoree mit Roggen als Fotoroman 15

Gemüse - gemischt
- Aubergine Spinat Hirse 72
- Auflauf mit Tücken 201
- Bohnenpfanne mit Auberginen 86
- Bohnenpfanne mit Auberginen 2 87
- Brokkoli-Champignon-Sauce zu Nudeln 25
- Brot-Gemüse-Pfanne Nr. 2 193
- Butterkürbisrest in Kartoffelpfanne 81
- Champignon-Kartoffel-Pfanne 78
- Cottage Stew 73
- Cottage Stew im Concept Pro 75
- Cottage Stew vegan 75

- Dämpfgemüse mit Erdnusssoße 146
- Dinkel mit Mittelmeerpfanne 33
- Falsches Kaninchen 53
- Gemüse-Nudel-Gericht 235
- Gemüsetopf Woll Nr. 1 45
- Hirse mit Gemüse 38
- Hirse mit Gemüse auf Induktion 26
- Hirse mit vier Köstlichkeiten 66
- Hokkaidende Kartoffel-Pfanne Überbacken 205
- Ichwillnicht-Pfännchen 178
- Kartoffel-Butterkürbispfanne 64
- Kartoffel-Gemüsepfanne 63
- Kartoffel-Lauch-Puffer 179
- KKK-Pfanne 171
- Kurkuma-Hirsepfanne 202
- Kürbis-Sauerkraut 197
- Kürbis-Spinat-Auflauf mit Nudeln 184
- Linsen mit Zucchini-Wachsbohnen 121
- Mais-Porree-Kochbanane 101
- Mangold mit Waldpilzen und Linsen 255
- Möhren-Maronen-Spaghetti 202
- Mungbohnen mit Gemüse in Soße 57
- Mungbohnen mit Gemüse slightly exotic 61
- Quinoa-Spitzkohl-Möhrenpfanne 12
- Quinoa-Weißkohl-Tomatenpfanne 12
- Radicchio-Rucola-Pfännchen 174
- Schnelle Nudeln mit Gemüse 73
- Spiralnudeln mit Spinat-Champ-Soße 77
- Steinpilze-Kartoffel-Pie 134
- Szegedinger Gulasch vegetarisch 37
- Topinambur mit Spinat in Erdnusssoße 230
- Weißkartoffeln à la Gulasch 37

Gemüse - Gemüsepfanne
- Brot-Gemüse-Pfanne 193
- Fast klassische Gemüsepfanne 221
- Gemüse in Sahnesoße apart 275
- Gemüsepfanne in Erdnusssoße 68
- Gemüsepfanne mit Nudeln 47
- Gemüsepfanne mit Sojabohnen 215
- Gemüsepfanne Prinzip 6
- Gemüsepfanne Sommerglück 53
- Gemüsepfanne vorbereitet 71
- Gemüserestepfanne 208
- Hirsepfanne ohne Überraschungen 212
- Kartoffel-Rosenkohl-Pfanne 17
- Kürbis-Spinat-Pfanne mit Kartoffeln 183
- Pfeffrige Bohnen-Kartoffelpfanne 155
- Restepfanne 208
- Restpfanne schlicht 284
- Tritipfanne 205

Gemüse - Gurke
- Gefüllte Gurke 91

Gemüse - Kartoffeln
- Brat-Dünstkartoffeln mit grünem Pfiff 224
- Bratdünstkartoffeln 34
- Bratkartoffeln 167

- Doppelkartoffel mit Salat 159
- Dünstbratkartoffeln 191
- Dünstkartoffeln 187
- Dünstkartoffeln für 2 269
- Heilig-Abend-Kartoffelauflauf 8
- Italienische Kartoffelpfanne 119
- Kartoffeln in Mais 85
- Kartoffeln mit Sauerkraut 47
- Kartoffelpüh in rohem Ring 144
- Lex-Kartoffelpfanne 77
- Pfannenkartoffel supersimpel 42

Gemüse - Kartoffeln plus
- Blumenkohl mit Kartoffeln 212
- Bohnenkartoffelauflauf 283
- Fenchel mit Kartoffel in Liebstöckelsoße 246
- Kartoffel mit Kohlrabi 86
- Kartoffel-Gemüse-Pfanne 212
- Kartoffel-Rosenkohl-Pfanne Gratinée 204
- Kartoffel-Tomaten-Karrussel 87
- Kartoffeln mit grünem Knoblauch 243
- Kartoffeln mit Zwiebeln und Speck-weck 112
- Kartoffelpfanne mit Paprika 243
- Kohlrabiblätter-Pfanne mit Kartoffeln 250
- Mangold-Kartoffel-Pfanne (FoK) 132
- Mangold-Kartoffel-Töpfle für Zwei 87
- Wirsing mit Kartoffelhut 223
- Wirsing schlicht mit Kartoffeln 209

Gemüse - Kohl
- Blumenkohl mit Nudeln 211
- Blumenkohlgrün mit Kichererbsen 59
- Blumenkohlschmarren 31
- Blümchen in O-Soße, Roggende 13
- Frühkohl mit Linsen 274
- Frühkohl thailändisch 277
- Gnocchi mit Rotrettich 102
- Grünkohl in Salat und Pfannkuchen 193
- Hirse mit Weißkohl schlicht 10
- Kichererbsen mit Zitronenblumenkohl 50
- Klöße mit Grünkohl 196
- Rosenkohl ganz feige 203
- Rosenkohl-Emmerrigatoni 204
- Rotkohl in Erdnuss-Meerrettich-Soße 22
- Verweißkohlte Mungbohnen mit Red Sauce 57
- Weizen mit Blumenkohl, überbacken 59
- Weißkohl mit Kartoffeln (Schnellkochtopf) 12
- Weißkohl mit Kartoffeln süßlich 56
- Weißkohl mit Roggen in Tomato Sauce 31

Gemüse - Kohlrabi
- Hirse mit Kohlrabi und Maronen 18
- Kohlrabi mit zweierlei Bohnen 213

Gemüse - Kürbis
- Gebratene Kürbisspalten 165
- Hokkaido doch anders 217
- Kürbis-Beilage 186
- Kürbisauflauf 167
- Kürbispfannkuchen 168

- Nudel-Kürbis-Pfanne 206
- Plümeliger Hokkaido............................216

Gemüse - Mais
- Mais mit Nudeln...................................259

Gemüse - Mangold
- Gestockte Mangold-Pfanne.....................236
- Mangold in nackthafrigem Koriander...........220
- Mangold mit Hirse...............................220
- Mangold mit Kartoffeln.........................216
- Mangold-Mais-Pfanne...........................258
- Mangoldzapfen-Auflauf.........................257
- Nudeln in Mangold..............................88

Gemüse - Moussaka
- Lauch-Moussaka.................................231
- Moussaka...234
- Moussaka-Pfanne................................232
- Schummel-Moussaka............................160

Gemüse - Paprika
- Gefüllte Paprika mit Kartoffelecken..............52
- Paprika-Risotto...................................78

Gemüse - Pilze
- Austernpilzpfanne Terracotta.....................48
- Brot-Quiche mit Champignons....................41
- Champignons mit Brot...........................107
- Curryreis mit Austernpilzen.......................62
- Grüne Austernpilze..............................246
- Kicherchampignons megalecker..................32
- Kichererbsenpfannkuchen mit Shiitake-Pilzen...19
- Kichernd süßkartofflige Steinpilze..................8
- Kräuterseitlingpfanne............................164
- Pilzragout...116
- Shiitake schnell und einfach.....................214
- Shiitake-Pilze mit Kicherwaffel...................19
- Steinpilze mit Kichernudeln.......................21

Gemüse - Porree
- Porree oriental...................................224
- Porree-Nudeln in Gorgonzola....................224
- Reis mit Porree in Erdnusssoße 69

Gemüse - Radicchio
- Spaghetti-Eintopf mit Radicchio 201

Gemüse - Radieschen
- Eiszapfen in Erdnusssoße.........................255
- Radieschengrün mit Linsen 232, 235

Gemüse - Resteverwertung
- Nudeln mit Restgemüse...........................246

Gemüse - Sauerkraut
- Kartoffeln mit Sauerkraut..........................47
- Kicherreis mit Sauerkraut..........................27
- Sauerkraut mit Kartoffeln und scharfer Soße.....21
- Sauerkraut mit Nudeln............................227
- Sauerkraut Terracotta..............................51
- Sauerkraut und so...................................18
- Sauerkraut, Pfannkuchen mit 18
- Sauerkraut-Nudelauflauf............................34

Gemüse - Spargel
- Grüner Spargel im Quasieintopf...................254
- Grüner Spargel mit Nudeln........................81

- Grüner Spargel zum Ersten.........................80
- Spargel mit Kichererbsen...........................65
- Spargel mit Quinoa.................................65
- Spargelauflauf mit Nudeln.........................253

Gemüse - Spinat
- Einfache Spinatpfanne.............................254
- Gemischte Spinatpfanne...........................175
- Getreidelett mit Spinat.............................173
- Gnocchi in Spinatsoße.............................109
- Klöße mit Spinat...................................192
- Spinat einfach......................................227
- Spinat in Hafersoße mit Pilzbraten 54
- Spinat indisch......................................107
- Spinat mit Hummus überbacken 93
- Terracotta-Deckel über Spinat......................49
- Unhold-Tagliatelle mit Rahmspinat................63

Gemüse - Stangensellerie
- Stangensellerie mit Reis oriental...................62

Gemüse - Süßkartoffeln
- Batate mit Salat....................................186
- Gestockte Bataten mit Salat........................163

Gemüse - Wirsing
- Wirsing mit Amaranth...............................12
- Wirsing mit Bandnudeln...........................209
- Wirsing mit Linsen.................................210
- Wirsing überbacken................................222
- Wirsingrouladen mit Senfsoße.....................149

Gemüse - Wurzelgemüse
- Lauchpfanne.......................................260
- Nudel-Möhren-Auflauf............................181
- Nudel-Porree-Auflauf..............................182
- Nudeln mit Porree...................................94
- Nudeln mit Porree: schnell und einfach...........218
- Nudeln-Porree-Auflauf.............................177
- Petersilienwurzel-Nudel-Gericht...................233
- Porreetopf in 15 Minuten............................28
- Risotto con Raisins & Lauch........................95
- Rote Bete mit Kichererbsen........................210
- Rote Bete-Gulasch..................................22
- Sellerie in Erdnusssoße.............................267

Gemüse - Zucchini
- Stuffed Zucchini....................................64
- Zucchini mit Spirali à la Coach's Inn..............74
- Zucchini-Nudel-Auflauf............................272

Gemüse - Zwiebeln
- Frühlingszwiebelpfanne............................287
- Reis indisch mit Zwiebeln und Erbsen.............31

Getränke - Kakao kalt
- Dunkle Banane......................................94

Getränke - Kakao warm
- Bitterkakao...261
- Brotkakao..185
- Caramelkakao......................................263
- Carob-Thermomixcremekakao....................101
- Chickpea Cocoa....................................273
- Coconut Cocoa....................................267

- Cremekakao......................................282
- Dunkelkakao....................................286
- Esslöffel-Kakao 124
- Fettfreier (FoK) Kakao 131
- Gefeigelter Kakao............................271
- Gestützter Kakao..............................256
- Herber Kakao...................................288
- Kakao light..89
- Kakao mit Pulver 247
- Kakao-Heilgetränk..............................84
- Kürbiskakao.....................................168
- Mischkakao 280
- Pistazienkakao 85
- Powerdrink.......................................169
- Puffreiskakao vegan............................95
- Pulverkakao......................................276
- Schaumkakao mit Marzipan.................47
- Sonntagskakao Luxury Class...............253
- Wilder Bohnenkakao.........................288

Getränke - kalt
- Erdbeer-Komplettshake.........................80
- Erdbeer-Sahneshake.............................97
- Guaven-Gaumenkitzler..........................95
- Melonenquickie....................................99
- Scharfer Ananas-Shake..........................93
- Sommerblut..95
- Vier-Jahreszeiten-Shake........................91

Getränke - warm
- Erdmandel-O-Drink...............................17
- Getränk zur Nacht...............................261
- Hafer-Heilgetränk.................................83
- Maronenschokodrink...........................213
- Moussierter Carobdrink.......................101
- Orangen-Carob-Drink............................13
- Snickerdrink...22
- Weißer Kakao.....................................228
- Wilder Drink......................................286

Getreide - Amaranth
- Kichererbsen-Amaranth-Schmarren.......26
- Wirsing mit Amaranth...........................12

Getreide - Dinkel
- Dinkel mit Mittelmeerpfanne..................33

Getreide - Gerste
- Gerstenteller mit Bärlauch...................240

Getreide - Hirse
- Hirse mit Gemüse auf Induktion............26
- Hirse mit Kohlrabi und Maronen............18
- Hirse mit vier Köstlichkeiten.................66
- Hirse mit Weißkohl schlicht..................10
- Hirse-Zwiebel-Brei.............................227
- Hirsepfanne ohne Überraschungen........212
- Kurkuma-Hirsepfanne.........................202
- Mangold mit Hirse..............................220
- Weizenbratlinge mit saurer Hirse............9

Getreide - Mais
- Kartoffeln in Mais................................85

Getreide - Nackthafer
- Mangold in nackthafrigem Koriander............220

Getreide - Quinoa
- Quinoa aus dem Reistopf......................58
- Quinoa-Spitzkohl-Möhrenpfanne.............12
- Quinoa-Weißkohl-Tomatenpfanne.............12
- Spargel mit Quinoa..............................65

Getreide - Reis
- Curryreis mit Austernpilzen...................62
- Kicherreis mit Sauerkraut......................27
- Paprika-Risotto....................................78
- Reis im Schnellkochtopf........................53
- Reis mit Aubergine.............................106
- Reis mit Porree in Erdnusssoße..............69
- Reis mit Tomatensoße.........................106
- Risotto con Raisins & Lauch...................95
- Stangensellerie mit Reis oriental............62

Getreide - Roggen
- Roggen als Fotoroman, Chicorée mit.......15
- Roggende Blümchen in O-Soße...............13
- Weißkohl mit Roggen in Tomato Sauce............31

Getreide - Weizen
- Weizen mit Blumenkohl, überbacken............59

Hülsenfrüchte - Bohnen
- Augenpfannkuchen.................................18
- Christianes Nudeln mit Bohnen...............246
- Kochbanane mit Sojabohnen..................101
- Sojabohnen in Gemüsecremesoße.............82

Hülsenfrüchte - Erbsen
- Aubergine mit Erbsen............................23
- Erbsen in Tomatensoße..........................19
- Erbsensuppe Champonella......................41

Hülsenfrüchte - Kichererbsen
- Blumenkohlgrün mit Kichererbsen............59
- Kicherchampignons megalecker...............32
- Kichererbsen geröstet aus der Pfanne............58
- Kichererbsen mit Zitronenblumenkohl............50
- Kichererbsenauflauf in Woll-Gusspfanne............46
- Kichernder vegetarischer Gulasch............36
- Kicherreis mit Sauerkraut......................27
- Rote Bete mit Kichererbsen...................210
- Spargel mit Kichererbsen.......................65

Hülsenfrüchte - Linsen
- Auberginen mit Linsen...........................23
- Bohnen mit Linsen..............................281
- Frühkohl mit Linsen............................274
- Linsen mit Zucchini-Wachsbohnen............121
- Linsencremesuppe...............................106
- Linsensuppe...39
- Mangold mit Waldpilzen und Linsen............255
- Radieschengrün mit Linsen..............232, 235
- Salatbohnen mit Linsen........................290
- Wirsing mit Linsen.............................210

Hülsenfrüchte - Mungbohnen
- Mungbohnen mit Gemüse in Soße............57
- Mungbohnen mit Gemüse slightly exotic............61

- Patisson-Mung-Suppe....................115
- Verweißkohlte Mungbohnen mit Red Sauce.....57

Hülsenfrüchte - Sojabohnen
- Bohnen.....................213
- Brokkoli in Sojabohnen...................215
- Gemüsepfanne mit Sojabohnen..............215

Hülsenfrüchte - Suppe
- Erbsensuppe....................32
- Erbsensuppe Zigeunerart.................35
- Ki-Creme-Suppe.....................29

Indisch - Brot
- Chapati.....................123
- Hafer-Reis-Fladen.................135
- Parat Paratha.....................78
- Reisfladen....................124

Indisch - Hauptspeise
- Blumenkohlgrün mit Kichererbsen..............59
- Indische Pfanne......................198
- Reis indisch mit Zwiebeln und Erbsen...........31
- Reis mit dicken Bohnen...................61
- Spinat indisch.....................107
- Spinatomelette indisch...................190

Indisch - Suppe
- Porreesuppe mit Kichererbsen..............28

Kleingebäck
- Amerikaner, 1. Versuch..................276
- Amerikaner, 2. Versuch..................277
- Amerikaner, 3. Versuch..................280
- Amerikaner, 4. Versuch..................282
- Nutty Americans......................289

Kleingebäck - Muffins
- Coconut-Muffins ohne Fett................267
- Möhrenküchlein.....................52
- Rhabarber-Schoko-Muffins................273
- Sponge Muffins ohne Fett................263
- Zucchinimuffins....................284

Kleingebäck - Plätzchen
- Apfelkekse......................259
- Blitzkekse.....................13
- Blitzkekse, abgemagert................134
- Blitzkekse, abgemagert, darmfreundlich........145
- Bohnenkekse.....................120
- Emmer-Zitrönkes....................90
- Eric's Favorite Ingwer-Haferkekse..............135
- Eric's Favorite Ingwer-Haferkekse II..........225
- Feine Möhrenkekse..................247
- Gefüllte Schokoladenkekse................108
- Ginger & Oatflake Cookies.................74
- Ginger & Oatflake Cookies - Almost Original...79
- Ginger & Oatflake Cookies - Doppelportion.....84
- Ginger & Oatflake Cookies 2................76
- Haferflockenkekse....................179
- Haselkekse im Schokocape................127
- Haselnusskekse.....................98
- Ingwer-Haferkekse ohne Tiereiweiß..............102
- Ingwer-Hasel-Kekse.....................124

- Ingwerkekse mit mehr....................116
- Kokos-Ingwer-Kekse...................154
- Kokos-Schoko-Kekse vegan................112
- Kokosma ohne Krönchen.................103
- Last-Minute-Kekse....................189
- Mandel-Ingwer-Kekse.................151
- Maronen-Keksle.....................93
- Nusskekse glutenfrei.................231
- Orangen-Schoko-Kekse................195
- Rosinen-Hafer-Cookies...................175
- Schnelle Mandelkekse mit Kick..............115
- Schnelle Mandelkekse ohne Tiereiweiß......85, 89
- Schoko-Kokos-Kekse...................140
- Schokokekse glutenfrei...................237
- Schwarz-Weiß-Kekse (FoK).................131
- Scones mit Datteln...................249
- Shortbread mit Mais..................108
- Vanille-Cashew-Quadranten.................89
- Vanillecookies.....................252

Kleingebäck - Weihnachten
- Berliner Brot nach Remscheider Art.............199
- Gewürzplätzchen.....................180
- Lebkuchen für Commitment................162
- Schokoladen-Lebkuchen..................172
- Spekulatius 2013....................174
- Zimtsterne.....................176

Kuchen - gefüllt
- Baumkuchen 214

Kuchen - Hefeteig
- Nuss-Strietzel.....................14

Kuchen - kalt
- Kalter Geburtstagskuchen.................21
- Kalter Geburtstagskuchen, Röstversion..........25

Kuchen - Nuss
- Nusstarte in Ute-Barbara-Ute-Gestalt...........257

Kuchen - Obst
- Apfelkuchen auf dem Blech...............287
- Apfelkuchen sehr fein.................165
- Krümelkuchen Herbst..................159
- Krümelkuchen mit Äpfeln...............164
- Rhabarbertorte mit Kruste................271

Kuchen - Rührteig
- Christianes Schokonusskuchen mit Obst........245
- Christianes Schokonusskuchen mit Obst II.....248
- Königskuchen.....................166
- Marmorkuchen ohne Ei.................145
- Muttis Nusskuchen in FoK 157
- Schokoladenkuchen..................169
- Sponge Cake.....................254
- Zitronenkuchen...................168

Kuchen - Weihnachten
- Weihnachtsstollen..................185

Lasagne
- Kürbislasagne.....................170
- Lasagne M.....................114
- Lasagne unkompliziert...................44

- Pfannenlasagne...98
- Porree zwischen Teigplatten......................262
- Spinat-Bärlauch-Lasagne...........................249
- Wirsing-Zwiebel-Lasagne...........................200
- Zwiebel-Trockenpilz-Lasagne.....................189

Mehlspeisen - Crêpes
- Apfel-Crêpes..156
- Crêpes mit Blumenkohlsalat.........................60
- Gefüllte Crêpes...121

Mehlspeisen - Flammkuchen
- Flammkuchen..111

Mehlspeisen - Gnocchi
- Gnocchi mit Rotrettich...............................102

Mehlspeisen - Klöße
- Klößchen mit Bohnen.................................140
- Klöße mit Grünkohl...................................196
- Klöße mit Kürbis-Sauerkraut........................197
- Klöße mit Spinat.......................................192

Mehlspeisen - Omelette
- Spinatomelette indisch...............................190

Mehlspeisen - Pfannkuchen
- Apfelpfannkuchen......................................142
- Erdige Augenpfannkuchen mit Sauerkraut.......18
- Gelbweizenpfannkuchen..............................139
- Grünkohl in Pfannkuchen............................193
- Kichererbsenpfannkuchen.............................24
- Kichererbsenpfannkuchen mit Shiitake-Pilzen...19
- Kürbis-Zwiebelpfannkuchen.........................172
- Maispfannküchlein......................................85
- Möhrenpfannkuchen...................................150
- Murinata..10
- Shiitake-Pilze mit Kicherwaffel.....................19
- Zwiebelpfannkuchen...................................153

Mehlspeisen - Piroggen
- Piroggen mit Bärlauch................................242

Mehlspeisen - Schmarren
- Spinat-Mais-Schmarren..............................182

Mehlspeisen - Waffeln
- Waffeln mit Himbeereis................................29

Pasta - Nudeln
- Amaranth-Nudeln..25
- Bohnen-Nudel-Auflauf................................152
- Emmernudeln mit Brokkolisoße....................148
- Gerupfte Nudeln...99
- Gnocchi in Spinatsoße................................109
- Kenwood-Fusili mit Auberginen-Gemüse.......105
- Nudeln (Luna von Häussler)........................157
- Nudeln mit Bohnen 2014.............................211
- Sauerkraut-Nudelauflauf...............................34
- Steinpilze mit Kichernudeln...........................21
- Unhold-Tagliatelle mit Rahmspinat.................63

Pasta - Nudeln gekauft
- Bandnudeln..209
- Blumenkohl mit Nudeln..............................211
- Bohnen mit Nudeln....................................279
- Christianes Nudeln mit Bohnen....................246
- Gemüse-Nudel-Gericht................................235

- Gemüsepfanne mit Nudeln............................47
- Hokkaido doch anders................................217
- Kohlrabigrün und Eiszapfenblätter mit Nudeln255
- Kürbis-Spinat-Auflauf mit Nudeln.................184
- Mais mit Nudeln.......................................259
- Möhren-Maronen-Spaghetti.........................202
- Naturata-Nudeln mit Auberginencremsoße.....232
- Naturata-Nudeln mit Auberginencremsoße II..233
- Nudel-Kürbis-Pfanne.................................206
- Nudel-Möhren-Auflauf................................181
- Nudel-Porree-Auflauf.........................177, 182
- Nudeln in Mangold......................................88
- Nudeln in Radieschen-Aufstrich....................239
- Nudeln mit Porree..94
- Nudeln mit Porree: schnell und einfach..........218
- Nudeln mit Restgemüse...............................246
- Petersilienwurzel-Nudel-Gericht...................233
- Porree-Nudeln in Gorgonzola.......................224
- Rigatoni mit Möhren-Nuss-Sauce...................58
- Rigatoni mit Orangen-Sahne-Sauce................62
- Rosenkohl-Emmerrigatoni............................204
- Sauerkraut mit Nudeln...............................227
- Schnelle Nudeln mit Gemüse.........................73
- Sellerie mit Nudeln....................................267
- Spaghetti-Eintopf mit Radicchio...................201
- Spargelauflauf mit Nudeln...........................253
- Spiralnudeln mit Spinat-Champ-Soße..............77
- Zucchini mit Spirali à la Coach's Inn..............74
- Zucchini-Nudel-Auflauf...............................272

Pasta - Ravioli
- Ravioli mit Tomatensoße...............................56

Pizza
- Buchweizenwähe apart................................274
- Gebohnerte Pizza.......................................289
- Kartoffelpizza..60
- Kohlrabi-Möhren-Pizza...................................9
- Mais-Zwiebel-Pizza....................................143
- Maispizza mit grünem Spargel........................81
- Notfall-Pizza..277
- Pizza auf Reis-Mandel-Creme-Basis...............250
- Pizza Cipollata...128
- Pizza Cipollini...187
- Pizza glutenfrei..238
- Pizza-fix...219
- Restequiche...227
- Schnecken-Pizza.......................................229
- Selleriepizza knusperli................................269
- Spinattorte..191
- Versteckte Kartoffelpizza.............................264
- Zwiebeldatschi..214

Salat
- Blumenkohl-Frühlingssalat in Erdnusssoße......70
- Blumenkohlsalat................................123, 178
- Chinakohl-Salat..206
- Crêpes mit Blumenkohlsalat..........................60
- Drei-Minuten-Weißkohlsalat.........................224

- Feldsalat mit süßl. Dressing 203
- Grüner Salat...174
- Kohlrabi-Apfel-Salat...............................119
- Kopfsalat Thai...258
- Leichter Tomaten-Chinakohl-Salat................26
- Mischsalat in scharfer Soße......................122
- Pikanter Möhrensalat..............................152
- Raspelsalat mit scharfem Dressing.............117
- Rot-Grün-Roh 198
- Salat mit gebackenen Auberginen...............162
- Sauerkraut-Blumenkohl-Salat....................228
- Waldorf auf Radicchio.............................179
- Wirsingsalat..186

Salat - Beilage
- Blumenkohlsalat.....................................165
- Gestockte Bataten mit Salat.....................163

Salat - Gemüse
- Blumenkohl mit Senfdressing....................148
- Blumenkohl-Bohnen-Salat........................149
- Blumenkohlsalat.....................................164
- Blumenkohlsalat à la FoK.........................133
- Mais-Zucchinisalat..................................137

Salat - Hauptspeise
- Nudelsalat mit Blumenkohl.......................100
- Sellerie-Rigatoni-Salat...............................66
- Sommer-Blumenkohlsalat.........................100

Salat - Hülsenfrüchte
- Selleriesalat mit Linsen............................138

Salat - Kartoffeln
- Blumenkohl-Kartoffel-Salat.......................158
- Blumenkohl-Kartoffel-Salat „Hot"...............158
- Salat mit Kartoffeln in Bohnenmayonnaise.....136
- Spargel-Kartoffelsalat lauwarm...................266

Salat - Nudeln
- Frischer Nudel-Herbstsalat........................144
- Frischer Nudelsalat.................................190
- Jupiter-Nudelsalat...................................119
- Kohlrabi-Nudel-Salat...............................233
- Nudel-Blumenkohlsalat............................144
- Nudel-Champignon-Salat..........................120
- Nudelsalat in Apfeldressing.......................138
- Nudelsalat in Bohnendressing....................153
- Scharfer Nudelsalat 133

Salat - Vorspeise
- Bataten-Fenchel-Vorspeise.........................11
- Spitzes Muhammara...................................7

Suppe
- Bohnierte Hokkaidosuppe.........................206
- Linsensuppe mit Kochbanane......................39

Suppe - Gemüse
- Kohlsuppe bunt und schärflich.....................44
- Mangoldsuppe..221
- Möhrencremesuppe..................................150
- Patisson-Mung-Suppe..............................115
- Peters Kartoffelsuppe.................................85
- Porreesuppe mit Einlage.............................27

- Porreesuppe mit Kichererbsen ‚Indisch'..........28
- Tomatensuppe aus der Tube......................265
- Zucchinisüppchen für Kranke.......................33

Suppe - Hülsenfrüchte
- Die etwas andere Erbsensuppe 32
- Erbsensuppe Champonella 41
- Erbsensuppe Zigeunerart............................35
- Linsencremesuppe...................................106

Süßes - Dessert
- Amaranthcreme mit Pflaumendecke...............11
- Aprikosen-Sommerhit...............................105
- Carobcreme Nektarinia..............................290
- Emmerschale...94
- Erdbeeren mit Erdbeersoße........................108
- Erdbeerpudding......................................253
- Kleine Erdbeerkaltschale...........................110
- Mango mariniert 206
- Maroni-Heißschale...................................204
- Mousse à la châtaigne...............................203
- Reispudding vegan & glutenfrei....................237
- Schokokaki mit Himbeer...............................7
- Stachelbeerschaumcreme...........................101
- Süße Reissuppe.......................................278
- Tiramisu..113
- Trifle..284
- Veganer Pudding mit Papaya......................256
- Wandelbare Blitzcreme..............................198
- Wandelbares Blitzdessert...........................198

Süßes - Eiscreme
- Allwetter-Kirscheis...................................151
- Ananas-Eiscreme 176
- Aprikoseneis mit Einschlüssen......................135
- Bananen-Grapefruit-Eis vegan......................51
- Bananen-Softeis ‚Apart'..............................91
- Bananen-Zitroneneis vegan...........................50
- Bananeneis pur.......................................152
- Birnchen Helenchen.................................160
- Buntes Eis mit Soja..................................167
- Delonghi-Erdbeereis.................................122
- Delonghi-Fruchteis ohne Banane.................134
- Delonghi-Schokoladen-Bananeneis..............123
- Delonghi-Stachelbeereis............................123
- Erdbeer-Bananen-Eis..................................97
- Erdbeer-Power-Eis...................................129
- Erdbeer-Softeis...89
- Erdbeer-Straciatella.................................126
- Erdbeereis mit Ingwer..............................105
- Falsches Karamelleis..................................99
- Gesnickertes Eis.......................................20
- Heidelbeereis frisch...................................18
- Heidelberg-Eis mit Reis.............................144
- Herbes Bananeneis..................................186
- Johannisbeereis......................................107
- Josta-Eis...153
- Kürbis-Eiscreme 167
- Kürbis-Zitroneneis...................................173

- Kürbiseis roh...168
- Mirabelleneis..137
- Neckisches Bananeneis.........................131
- Orangeat-Eiscreme..............................189
- Papaya-Eis mit Kick............................109
- Papaya-Longhi-Eis...............................128
- Papayaeis zart..100
- Pflaumeneis..159
- Schokoeis light......................................170
- Schokoladeneis DeLonghi....................136
- Stachelbeer-Erdbeereis..........................103
- Stachelbeereis klassisch.........................127
- Stachelbeereis Pinke Pünktchen..................111
- Sternenklares Feigeneis.........................141
- Straciatella..146
- Straciatella dunkel................................104
- Vanille-Eis..129
- Vanille-Eis 5. Versuch...........................154
- Vanille-Eis hemmungslos Nr. 6..................163
- Vanille-Eis Nr. 2....................................137
- Vanille-Eis Nr. 4....................................153
- Vanilleeis Typ H....................................148
- Vier Einser-Eis.......................................163
- Waffeln mit Himbeereis...........................29
- Waldbeeren-Eis......................................100
- Zitronen...177

Süßes - heller Guss
- Guss..168

Süßes - Konfekt
- Ananas-Fruchti..88
- Aprikosen-Fruchtgummi............................87
- Goji-Maom...71
- Kichernder Schokokonfekt......................143
- Kirsch-Fruchtgummi.................................36
- Mandel-Maom..69
- Mandel-Schoko-Konfekt........................141
- Mandelnougat geröstet.............................32
- Maom Banane..47
- Maom gewürzt...75
- Maom-Dreifaltigkeit................................63
- Mischmaom..47
- Nougat Variante 2....................................28
- Nougat Variante 3: Mandelnougat.................30
- Para-Maom...81
- Pflaumen-Maom.......................................82
- Rosinen-Maom Nr. 2................................45
- Rosinen-Maom Nr. 3................................46
- Schoko-Ingwer-Konfekt.........................139
- Schoko-Maom vegan...............................48
- Snickers gefüllt..36
- Soft Easter Eggs.....................................247
- Veganes Rosinen-Maom............................42

Süßes - Obst
- Fixer Bratapfel.......................................212

Süßes - Schokolade
- Amaranth-O-Schokolado..........................11

- Apfelhauch-Schoko mit Knack...................55
- Cashew-Riegel.......................................222
- Crunchy Peanut-Chocolate.......................74
- Crunchy Walnut-Chocolate.......................71
- Doppelknusper-Schokolade Judith Spezial.....163
- FoK-Schokolade, Versuch 1...................130
- Gefüllte O-Schoko...................................13
- Gesonnte-Orangen-Schokolade..............195
- Gewürzschokolade.................................182
- Goji-Pistazienschoko mit Schluck.............76
- Große Kokosschokolade.........................239
- Haferpoppis...90
- Hildegard-Schokolade schwach.................69
- Knusperitis-Schokolade.........................194
- Maca Inside..92
- Magerschokolade mit Kokos...................154
- Magerschokoladen-Versuch Nr. xxx...........150
- Mandel-Cracker-Schokolade.....................49
- Mandelsplitter-Schokolade.....................177
- Mango-Schoko..51
- Mango-Schokolade (weiß)........................38
- Mango-Schokolade (weiß) cremig..............39
- Marzipan-Crunch-Schokolade................190
- Marzipan-Erdnuss-Schokolade.................23
- Marzipanschicht-Schokolade..................207
- Maul-Mandel-Mokolade........................241
- Mon Arachide-Schokolade.......................20
- Müslischokolade.......................................80
- Noisette doppelt.....................................213
- Nougat-Variante mit Quinoa....................97
- Nougatschokolade..................................229
- Nougatschokolade mit Knack....................35
- Orangenschoko doppelt im 2-L-Becher.........210
- Paranoide Orangen-Schokolade.................64
- Paratonka-Schokolade............................218
- Physalis-Schokolade..............................199
- Quinoa-Mandel-Schoki mit O...................84
- Rosinen-Hanf-Schokolade......................141
- Rosinen-Luft-Schokolade.......................126
- Röst-BW-Schoki......................................17
- Schokolade aus dem Vitamix Nr. 4.............86
- Schokolade aus Kakaobohnen Nr. 2............70
- Schödel-Schokolade.................................57
- Sobuschoki..183
- Superknack-Schokolade.........................188
- Tonka-Schokolade mit Cashew..................68
- Tonkaschoko doppel im 1,4-Liter-Becher.....210
- Trauben-Maca-Schokolade.....................129
- Trauben-Nuss-Cremeschokolade................82
- Trauben-Nuss-Scholade fast klassisch.........160
- Trauben-Nussröst-Schoko........................33
- Vegane Pekan-Schokolade mit Ahorn..........113
- Vegane Schokolade mit Ahorn.................112

Süßes - Schokoladenguss
- Blitz-Schokoguss...................................157
- Guss...145

- Schokoguss.............................254, 257, 268
- Schokoklecksen.....................................252
- Schokoladenglasur...................................172
- Schokoladenguss..................125, 127, 140, 166